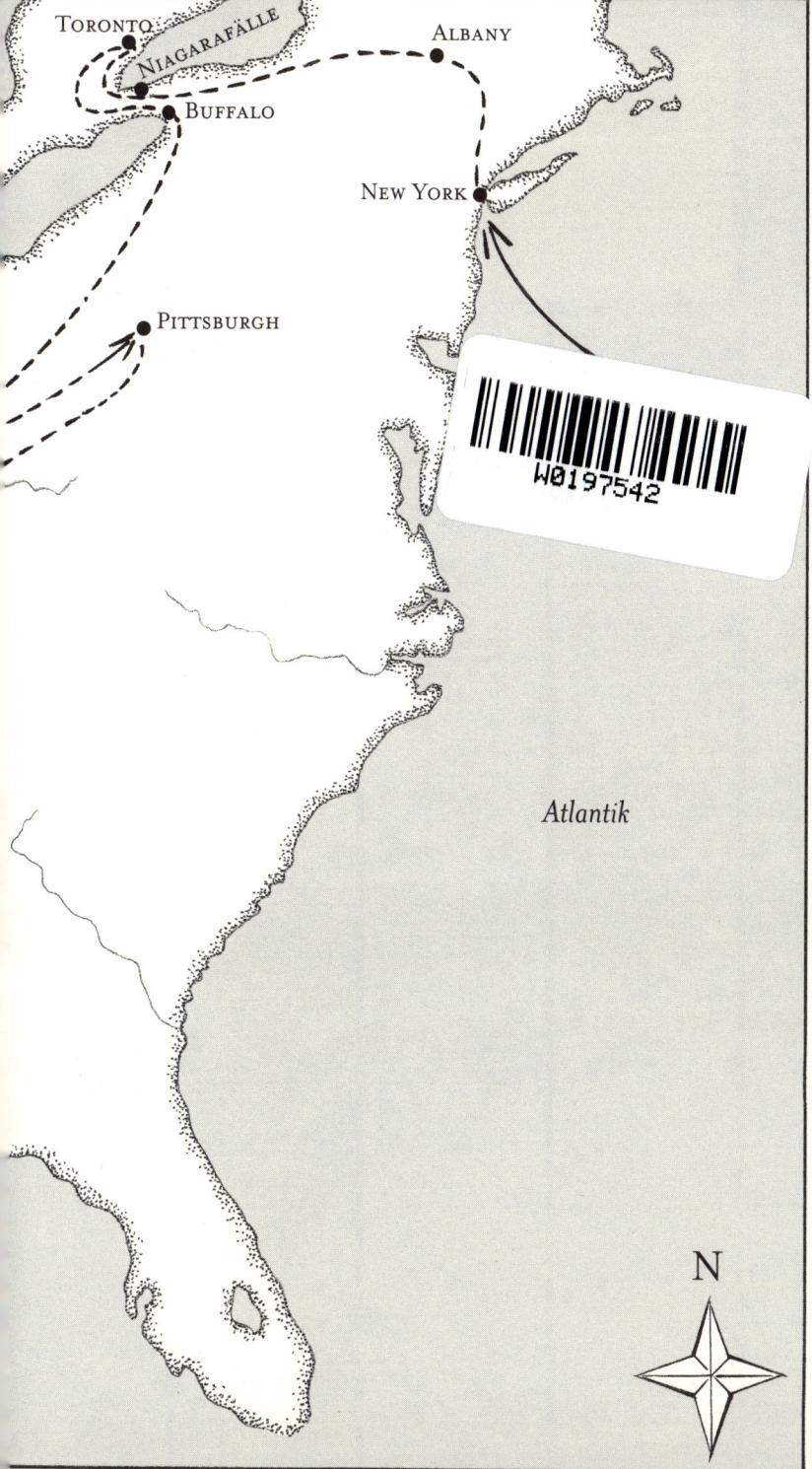

TORONTO

NIAGARAFÄLLE

BUFFALO

ALBANY

NEW YORK

PITTSBURGH

W0197542

Atlantik

N

ALTE ABENTEUERLICHE REISEBERICHTE

FRIEDRICH

GERSTÄCKER

STREIFZÜGE DURCH

AMERIKA

1837 – 1843

Bearbeitet nach der Ausgabe
letzter Hand und herausgegeben
von Thomas Ostwald

EDITION ERDMANN

Inhalt

Vorwort des Herausgebers

Friedrich Gerstäcker – Weltreisender mit Heimweh

Friedrich Wilhelm Christian Gerstäcker kam am 10. Mai 1816 in Hamburg zur Welt. Sein Vater, ein gefeierter Tenor, musste durch seine Theaterverpflichtungen viel reisen und die Familie folgte ihm. So wurde dem jungen Friedrich die Reiselust quasi in die Wiege gelegt. Viel zu früh starb der Vater, der zuletzt eine lebenslange Anstellung in Kassel erhalten hatte. Die jährliche Leibrente reichte für seine Witwe und die drei Kinder nicht aus und so kam Friedrich Gerstäcker zusammen mit seiner Schwester Molly nach Braunschweig zum Onkel Eduard Schütz. Hier wuchsen die beiden auf und besuchten die Schule, bis Friedrich, der kein gutes Verhältnis zu seinem Onkel hatte, wieder zur Mutter nach Leipzig kam und dort die Realschule beendete. Anschließend sollte er in Kassel eine kaufmännische Lehre ergreifen, aber dort hielt er es kaum sechs Monate aus, ehe er zu Fuß zur Mutter marschierte. Angeregt von den Publikationen verschiedener Auswanderervereine wollte er nach Amerika emigrieren und nur mit Mühe gelang es seiner Mutter, ihn zu einer landwirtschaftlichen Lehre zu überreden. Friedrich sollte damit die Grundlage für ein späteres Leben als Farmer in Amerika schaffen. Auf einem Gut bei Haubitz schloss er nach drei Jahren seine Lehre erfolgreich ab.

Dann aber hielt ihn nichts mehr in Deutschland, zumal eine unglückliche Liebe ihm zusätzlich die gewohnte Umgebung verleidete. Im Jahre 1837 verwirklichte er endlich seinen Plan und ging als Zwischendeckpassagier an Bord eines Auswandererschiffes. Noch wenige Monate vor seiner Auswanderung stand das eigentliche Reiseziel nicht mit absoluter Sicherheit fest. In einem Brief an seinen Freund Hermann Schultz denkt er zunächst an die

7

Möglichkeit nach Brasilien zu gehen, ehe er sich dann endgültig für Nordamerika entscheidet.

Friedrich Gerstäcker musste, wie so viele vor und nach ihm, bitteres Lehrgeld bezahlen. Ein betrügerischer Geschäftspartner brachte ihn um sein geringes Kapital. Schließlich schüttelte der junge Reisende alle Fesseln ab. Er ging auf Wanderschaft, um Land und Leute kennen zu lernen. Es wurden sehr umfassende Lehr- und Wanderjahre für ihn, seine Route führte ihn von der kanadischen Grenze bis hinunter nach Texas. Sein Lieblingsaufenthalt war zweifellos die Gegend am Fourche la Fave in Arkansas, wo er zahlreiche Freunde fand und wohl die glücklichste Zeit seiner ersten Amerikareise verlebte. Tagebücher und Briefe beweisen jedoch, dass der Abenteurer starkes Heimweh hatte, das ihn schließlich im Jahre 1843 in die Heimat zurücktrieb.

❊❊❊

Die Legende berichtet, Gerstäcker wäre bereits bei seiner Rückkehr ein gefeierter Schriftsteller gewesen. Er selbst schrieb 1870 in seiner *Selbstbiografie zu einem Bildnis in der Gartenlaube*, dass er bei seinem Kurzaufenthalt in Braunschweig gefragt wurde, ob er der Gerstäcker wäre, der über seine Reise in Robert Hellers Zeitschrift *Rosen* berichtet hätte. Das Geheimnis sollte sich für den Heimkehrer bald aufklären. Die Tagebücher, die er während des Amerika-Aufenthaltes sehr ausführlich geführt und anschließend in die Heimat geschickt hatte, waren von der Mutter an Robert Heller gegeben und teilweise veröffentlicht worden. Der Gerstäcker-Gesellschaft ist es leider bis zum heutigen Tage nicht möglich gewesen, einen dieser Abdrucke nachzuweisen. Die Zeitschrift *Rosen* ist nur in Fragmenten oder in späteren Jahrgängen in den Bibliotheken nachweisbar, sodass sich nicht eindeutig sagen lässt, welche Tagebuch-Teile dort veröffentlicht wurden.

Vier Tagebücher aus dem Nachlass Felix Huchs –

Sohn der Gerstäcker-Tochter Marie und des Rechtsanwalts William Huch – befinden sich im Stadtarchiv Braunschweig. Unter dem Titel *Auf Auswandererseglern. Berichte von Zwischendecks- und Kajütpassagieren* erschien das erste Tagebuch mit dem Bericht der Reise von Leipzig nach New York in der Reihe der Führer des Deutschen Schifffahrtsmuseums, Bremerhaven 1976. Die anderen Tagebücher waren seit der Aufnahme in das Stadtarchiv Braunschweig für viele Gerstäcker-Forscher eine wichtige Quelle. Systematisches Arbeiten wurde jedoch erschwert, da Gerstäckers Handschrift sehr ausgeprägt ist und er teilweise Wortwendungen in kaum lesbaren Zeichen andeutete. Glücklicherweise hat jedoch ein Mitglied der Gesellschaft sich der Mühe unterworfen und die Tagebücher abgeschrieben. Auf diese Weise wurde eine Vergleichslesung für den Nachdruck der ersten Buchausgabe von 1844 erheblich erleichtert. Dabei stellte sich heraus, dass ein Tagebuch vollständig fehlt. Das Tagebuch Nr. 3, »geführt im Staat Arkansas«, berichtet über Gerstäckers Erlebnisse bis zum Februar 1840. Das vierte Tagebuch, »Arkansas im Jahr 1841 und 1842«, beginnt jedoch erst im November 1841. Es erscheint bei der Ausführlichkeit der übrigen Tagebucheintragungen unwahrscheinlich, dass Gerstäcker nahezu anderthalb Jahre kein Tagebuch geführt haben soll. Ein weiterer Umstand ist das Fehlen der Seiten 17–56 im Tagebuch Nr. 2.

Gerstäcker ging es zur Zeit der Niederschrift darum, seiner Mutter Schilderungen von Land und Leuten zu vermitteln. Bereits an Bord der »Constitution«, dem Auswandererschiff, verfasste Gerstäcker Gedichte. Damit verarbeitete er seine Erlebnisse in der Heimat sowie die neuen Eindrücke, die auf ihn einstürmten. Ein gutes Beispiel dafür ist folgendes, 1837 entstandenes Gedicht:

Abschied von Döben

Leb wohl du trautes Döben mein,
leb wohl, leb ewig wohl.
Nimm, da es muss geschieden sein
der letzten Träne Zoll.
Stets wird's das arme Herz wohl hin
zu dir, mein trautes Döben, ziehn.

Leb wohl, du Burg, so stolz und schön,
lug aus in's freie Land.
Wirst du wohl je den wieder sehn,
der Lust und Schmerz hier fand?
Das Herz ist nicht mehr froh und leicht,
die Brust beengt, das Auge feucht.

Ade, ade, mich treibt es fort,
hinaus in's wilde Meer;
drückt auch das bitt're Abschiedswort
das Herz fast allzu schwer.
Lebt wohl! – Doch meine Ahnung spricht:
»Noch scheiden wir für immer nicht.«

Und *wär's* für immer – würd das Meer
auch mir ein frühes Grab,
riss mich der wilden Wogen Heer
mit kaltem Arm hinab,
dann weh ein Gruß vom Ocean
euch nochmals, all ihr Lieben an.

In den Briefen an seine Mutter und seine Schwester
Molly berichtete er zudem weitere Ereignisse ausführlich.
So sind diese Aufzeichnungen Vorstufen zu den späteren
Reiseschilderungen und seinen Erzählungen geworden.
    Nach seiner Rückkehr aus Amerika im Jahre 1843
stellte Friedrich Gerstäcker seine Erlebnisse anhand der
Tagebücher zusammen. Sie waren für ihn eine wesentli-

che Gedächtnisstütze, bildeten jedoch nicht die eigentliche Druckvorlage. Sein Bericht wurde 1844 in der Arnold'schen Buchhandlung, Dresden, veröffentlicht. Im gleichen Jahr erschienen auch die ersten kleineren Erzählungen und Übersetzungen im *Pfennigmagazin* des Verlages Brockhaus, Leipzig, sowie in der *Wiener Zeitschrift*. Seine erste literarische Arbeit nach den *Streif- und Jagdzügen* wurde allerdings eine Übersetzung. *Der indianische Häuptling* von Seba Smith steht am Anfang einer ganzen Reihe von Übersetzungsarbeiten, die Friedrich Gerstäcker bis 1856 anfertigte. Der große schriftstellerische Durchbruch sollte ihm dann 1846 mit den *Regulatoren* gelingen, einem Roman aus Arkansas, der zunächst von verschiedenen Verlagsbuchhandlungen abgelehnt worden war und dann bei Otto Wigand erschien, dessen Verlag später an Hermann Costenoble überging. Zahlreiche Romane und Erzählungen sollten in den nächsten Jahren folgen, dazu viele Skizzen und Novellen.

Im vorliegenden Band plaudert der Abenteurer noch sehr unbefangen über seine Erlebnisse, manches mag holprig erscheinen, anderes wieder zu breit ausgewalzt. Nach Jahren des Umherstreifens musste sich der Autor erst wieder an den Stil und die Konventionen des 19. Jahrhunderts gewöhnen. So ganz ließ er sich freilich nie in die gesellschaftlichen Schablonen zwängen, wie wir wissen. Viele seiner Zeitgenossen bezeichneten ihn deshalb scherzhaft auch als einen gutmütigen, aber dennoch wilden »Bären« oder ähnlich.

Interessant ist aber die Genauigkeit seiner Schilderungen. In den Fünfzigerjahren war der amerikanische Historiker Clarence Evans mit Studenten unterwegs und spürte zahlreiche Orte auf, die Gerstäcker beschrieben hatte. Die Arbeiten Evans bewiesen den Wert der Werke Gerstäckers, denn nicht nur die *Streif- und Jagdzüge* konnten für Wanderungen auf seinen Spuren verwendet werden, sondern auch die zahlreichen Erzählungen, insbesondere die aus Arkansas. Selbst der Richtplatz der Regulatoren aus Gerstäckers gleichnamigem Roman konnte so ausfindig gemacht werden. Der Staat Arkansas verlieh deshalb posthum an Friedrich Gerstäcker die Ehrenbürgerschaft, später erhob Bill Clinton in seiner Eigenschaft als Gouverneur des Staates Arkansas den 10. Mai, Gerstäckers Geburtstag, zum »Gerstäcker-Day«. Kaum ein anderer Autor hatte so informativ über Land und Leute, Leben und Kultur der frühen Pioniere geschrieben wie er. Ob es um die Anfertigung der Alltagsbekleidung ging, die Errichtung eines Blockhauses, das Zubereiten der Mahlzeiten, Gerichtstage, Tanzvergnügen, Patchworkarbeit – und natürlich immer wieder die Jagd, Friedrich Gerstäcker hat alles detailliert geschildert. Wer einmal die Gegend des Lake Nimrod im Hot Springs National Park aufsucht und dort die Jäger und Angler trifft, fühlt sich fast in die Zeit Gerstäckers zurückversetzt. Jedenfalls kann selbst der eilige Tourist unserer Tage mühelos einige Zeit den »Spuren« Gerstäckers folgen.

Was für Amerika gilt, trifft auch für die anderen, von ihm bereisten und dann beschriebenen Länder zu. Im Jahre 1847 hatte Friedrich Gerstäcker Anna Aurora Sauer geheiratet, im Dezember wurde ihr erstes Kind, Alexander Georg Friedrich, geboren. Die unruhige Zeit des Revolutionsjahres 1848 ließ in Gerstäcker den Wunsch aufkommen wieder zu reisen. Er erhielt einen Reisekostenzuschuss vom in Frankfurt neu gegründeten Deutschen Parlament sowie einen Vorschuss vom Verleger Cotta, der seine Reiseberichte in Buchform veröffentlichen wollte. Seine junge Familie hatte Gerstäcker durch die Honorare bereits fertig gestellter Manuskripte abgesichert.

Die neue Reise führte ihn von Bremen zunächst nach Südamerika. Rio de Janeiro und Buenos Aires waren seine Stationen, dann ging es zusammen mit dem Postkurier über die winterlich verschneiten Kordilleren nach Valparaiso. Die weitere Route führte ihn nach Kalifornien, wo vor kurzer Zeit der Goldrausch ausgebrochen war und das Land völlig auf den Kopf stellte. Auch Friedrich Gerstäcker grub und wusch nach dem kostbaren Edelmetall, fand aber bei sehr harter körperlicher Arbeit nur so viel, dass er davon seinen Lebensunterhalt bestreiten konnte. Von Kalifornien brachte ihn ein Walfängerschiff in die Südsee, wo er zunächst auf einer kleinen Insel lebte, bevor er sich Tahiti ansah. Mit einer englischen Brigg ging es dann nach Australien und auch hier erlebte der Reisende den Goldrausch hautnah, bevor es ihn ins Landesinnere trieb. Mit einem selbst gefertigten Boot befuhr er den Murray-River und lotete ihn dabei aus. Seine Zahlen vermerkte er in einer detaillierten Karte ähnlich wie schon vor Jahren beim Mississippi. Die Arbeit in Australien wurde die Grundlage für die Schiffbarkeit auf dem Murray. Letzte Station dieser Reise war schließlich Java, ehe er endlich wieder nach Deutschland zurückkehrte und seine Reiseberichte ausarbeitete. Gerstäcker, der schon an Bord des Schiffes vor Reisebeginn Briefe voller Heimweh an seine Familie und seine Mutter schrieb, war wieder in der Heimat.

Er schrieb fleißig und veröffentlichte in allen bekannten Zeitschriften, stellte seine Erzählungen anschließend für Sammelbände zusammen und arbeitete die Reiseberichte aus und schrieb Romane. Man kannte und schätzte seine Werke schnell in Deutschland und Friedrich Gerstäcker konnte damit seine Familie ernähren.

Aber es hielt ihn nicht sehr lange in der Heimat. Als er von den Plänen einer englischen Company erfuhr in Ecuador eine Siedlung zu errichten, nahm er Kontakt auf und wurde schließlich als Kommissar der Ecuador Landcompany 1860 erneut auf Reisen geschickt. Bis zum Eintreffen der Auswanderer blieb er am Ufer des Pailon und überwachte die ersten Siedlungsversuche in St. Lorenzo, ehe er ins Landesinnere aufbrach und sowohl Peru wie auch Patagonien, schließlich Argentinien und Brasilien besuchte. Bei seiner Rückkehr im Jahre 1861 musste er feststellen, dass seine kranke Frau ihren Gesundheitszu-stand verheimlicht hatte. Sie war mit 39 Jahren gestorben, bevor Gerstäcker wieder zu Hause eintraf.

Um sich abzulenken, stürzte sich der Reisende erneut in seine schriftstellerische Tätigkeit und schrieb in nur fünf Wochen das dreibändige Werk *18 Monate in Südame-rika*, weitere Werke folgten. Als Gerstäcker 1862 die Ein-ladung von Herzog Ernst von Sachsen-Coburg-Gotha zu einer Afrika-Reise erhielt, folgte er ihr gern. Es wurde für ihn eine richtige »Luxusreise« auf dem Nil durch Ägypten. Gerstäcker sollte als Jagdaufseher der Reisegesellschaft bei der Großwildjagd zur Seite stehen und musste erle-ben, dass viele der Europäer an schwerer Malaria erkrank-ten. Da er selbst weitgehend verschont wurde, kümmerte er sich in aufopfernder Weise um die Kranken. 1863 hei-ratete Gerstäcker erneut.

In die Heimat zurückgekehrt, verlegte er auf Wunsch des Herzogs seinen Wohnsitz nach Gotha. Im Jahre 1867 brach er erneut zu einer großen Reise auf, die ihn wieder nach Nordamerika und damit an viele alte Plätze führen sollte, die er während seines ersten Aufenthaltes kennen gelernt hatte. Dann ging es weiter nach Mexiko, wo ein blutiger Aufstand gerade die Herrschaft Kaiser Maximili-ans beendet hatte. Ecuador, die Westindischen Inseln und schließlich Venezuela waren weitere Stationen dieser Reise, ehe er in die Heimat zurückkehrte.

Friedrich Gerstäcker war jetzt einer der bekanntesten Reiseschriftsteller Deutschlands. Die Zeitschriften rissen sich um Artikel oder Erzählungen aus seiner Feder und viele Anfragen von Auswanderungswilligen ließen ihm wenig Ruhe zur schriftstellerischen Arbeit. So verlegte er schließlich im Jahre 1869 seinen Wohnsitz wieder nach Braunschweig, wo er hoffte mehr Ruhe zu finden.

Der Deutsch-Französische Krieg 1870/71 sieht ihn als Kriegsberichterstatter für die populäre *Gartenlaube* seines Freundes Ernst Keil. Mitten in den Vorbereitungen für eine Asien-Reise, die ihn nach Indien, China und Japan führen sollte, ereilte ihn in der Nacht zum 31. Mai 1872 ein Gehirnschlag. Der unruhige Weltreisende, der ständig reisen musste, um seine Eindrücke aufzufrischen, und der schon in Deutschland an Bord des Schiffes Heimweh bekam, starb viel zu früh mit nur 56 Jahren nach einem abenteuerlichen Leben. Seine letzte Ruhestätte fand er auf dem Magnifriedhof in Braunschweig.

✠✠✠

Die Friedrich-Gerstäcker-Gesellschaft in Braunschweig

Friedrich Gerstäckers Leben und Werk faszinierte mich seit meiner frühen Jugendzeit. Glücklicherweise befindet sich ein großer Teil seines schriftlichen Nachlasses im hiesigen Stadtarchiv. Im Jahre 1975 begann ich mit der systematischen Sichtung und Auswertung dieser Unterlagen. Als Ergebnis erschien ein Jahr später meine Arbeit *Friedrich Gerstäcker – Leben und Werk*, die heute in neuer Auflage noch erhältlich ist. Durch diese intensive Beschäftigung mit Gerstäcker entstand ein Freundeskreis, für den es schließlich ein Forum geben musste, um in breiter Form auf diesen interessanten Schriftsteller hinzuweisen. So gründete ich vor mehr als zwanzig Jahren zusammen mit einigen Gleichgesinnten die Friedrich-Gerstäcker-Gesellschaft e.V. in Braunschweig, um Leben und Werk des Reiseschriftstellers öffentlich darzustellen. Nachdrucke der ersten Buchausgaben, Texte der Erstabdrucke in Zeitschriften, Sekundärliteratur sowie eine Gerstäcker-Biografie wurden von ihr herausgegeben. Von der Stadt Braunschweig erhielten wir Räumlichkeiten und richteten ein eigenes, von der Gesellschaft finanziertes Museum ein. Im Gerstäcker-Museum wird mit wechselnden Ausstellungsthemen an Leben und Werk Friedrich Gerstäckers erinnert.

Thomas Ostwald
Präsident der Friedrich Gerstäcker Gesellschaft

15

1. Kapitel

Die Seereise

»Um neun Uhr geht der Kahn ab.«

»Gewiss?« – »Ja, kommen Sie ja nicht später!«

Das war die Warnung, die ich empfing, als ich im Frühjahr 1837 mit dem Eberführer sprach, der mich und mein Gepäck zur »Constitution« bringen sollte. Dieses Schiff war nach New York bestimmt und lag auf der Reede vor Bremerhaven. Man erwartete die Kähne, um die Passagiere und Güter an Bord zu nehmen.

Um neun Uhr war ich an Ort und Stelle, fand aber bald heraus, dass ich mich nicht so hätte beeilen müssen. Anstalten zur Abfahrt wurden nicht gemacht. Ich nahm mir daher Zeit meine kleinen Habseligkeiten durchzusehen, um mich zu überzeugen, ob auch alles Notwendige da sei, und falls nicht das Fehlende noch nachzuholen.

In eine große Kiste, die ich leicht öffnen und schließen konnte, hatte ich Rotweinflaschen, ein Fässchen Sardellen, ein Fässchen Heringe, einen westfälischen Schinken (Oh! Es hätten sechs sein können!), eine bedeutende Menge Zitronen, etwas Rum, Pfeffer, Zucker und mehrere Zinngefäße sowie Löffel, Gabel und Messer eingepackt. Ich fand alles und schlenderte noch recht behaglich an der Weser umher, um den Abgang des Kahnes nicht zu verfehlen. Dabei wunderte ich mich sehr über die immer zahlreicher ankommenden Reisegefährten. Als ich aber die Unmasse Menschen, die alle in dem erbärmlich kleinen Fahrzeug transportiert werden sollten, sah, schien es mir ganz unmöglich, dass es sie alle wirklich aufnehmen konnte. Aber was leistet nicht ein Bremer Kahnführer alles!

Als ich so an eine Kiste gelehnt dastand und allem zusah, kam plötzlich ein junger Mann mit einem blauen Mantel, einer etwas militärischen Mütze und einer Brille, eine lange Pfeife in der einen Hand, einen Tornister in der anderen, auf mich zu, betrachtete mich einen Augenblick und begrüßte mich dann vertraulich. Sein Gesicht kam mir bekannt vor, doch erst, als er seinen Namen nannte, erinnerte ich mich an ihn. Es war H., ein früherer Schulkamerad, der auf demselben Schiff die Reise zum Ort meiner Sehnsucht machen wollte.

Sein Anblick brachte mir erstmalig, seit ich von allem, was mir lieb und teuer war, Abschied genommen hatte, ein Gefühl in meine Brust zurück, als ob ich doch noch nicht so ganz verlassen in der weiten Welt sei. Ich begrüßte ihn herzlich, und dass wir von nun an unzertrennlich waren, verstand sich von selbst.

Wir wanderten noch eine Weile in der Stadt herum und erfuhren, als wir zum Kahn zurückkehrten, dass die Abfahrt erst am nächsten Tag erfolgen sollte. Die meisten Passagiere kehrten am Abend an Land zurück, ich blieb mit H. an Bord bei unseren Sachen. Am nächsten Morgen, dem ersten Pfingstfeiertag, banden wir den Kahn vom Ufer los und gingen mit der Ebbe und einem nicht besonders guten Wind unter Segel. Nur wer selbst einmal eine solche Reise mitgemacht hat, kann sich das Leben und Treiben an Bord vorstellen.

Es handelt sich um einmastige Fahrzeuge mit einem großen Schonersegel und einem so genannten lateinischen, das am Bugspriet befestigt ist. Die Fahrzeuglänge beträgt ungefähr 15 Schritt, seine Breite vielleicht 5–6 Schritt. Im Heck hat es eine Art Kajüte, wenn man ein viereckiges kleines Loch mit zwei Schlafstellen an der einen Seite und einem kleinen Schrank an der anderen, etwa sechs Fuß im Quadrat, so nennen darf.

Diese Kajüte ist für den Kahnführer gedacht. Die 60 Passagiere mit ihren Koffern, Kisten, Hutschachteln, Tüchern voll Proviant, Mänteln, Decken, Matratzen usw., junge und alte Frauen und Männer, Greise und Kinder, stehen, hocken oder lagern wild durcheinander in dem engen, dunstigen Raum des Schiffes.

Als sich alles gelagert und weggepackt hatte und ich eben fest überzeugt war, dass es nicht möglich gewesen wäre, auch nur noch einen weiteren Menschen unterzubringen, kamen noch ein Paar Beine durch die Luken. Ihnen folgte eine blaue Jacke und dann das dicke, rote Gesicht unseres fidelen Kapitäns. Nachdem er eine Weile mit den Füßen nach einem Halt gefühlt hatte, ließ er die Hände los und landete glücklich auf den Hühneraugen eines langen Schneiders, der sich zwischen zwei Kisten geklemmt hatte und dort stehend schlief. Der zog die langen Beine vor Schmerz in die Höhe, war aber so verdutzt, dass er den Kapitän noch höflich um Verzeihung bat.

Was um Himmels willen wollte aber der gute Mann hier unten? Nichts weiter, als sich die hübschen Mädchen unter seinen Passagieren näher ansehen. Dabei stieg und kletterte er sehr freundlich von einer zur anderen und wollte ein paar freundliche Worte wechseln. Aber Wind und Wetter, Ort und Zeit – alles war gegen ihn und er bekam nur ein paar unfreundliche Worte oder ein höhnisches Lächeln als Lohn. Als er bemerkte, dass er keine Erfolge erzielte, begann er mit einigen Schnapsflaschen zu liebäugeln. Das Ergebnis war sehr viel günstiger, denn hier und da wurde eine von ihm entstöpselt und genau untersucht.

Mit einbrechender Dunkelheit musste Anker geworfen werden, wir hatten jetzt die aufkommende Flut gegen uns. Die Segel fielen und für die Nacht hatten wir Ruhe. Ruhe – na ja, ich saß die ganze Nacht auf der Ecke eines Koffers und lehnte den Kopf an eine große Kiste, an deren Vorhängeschloss ich mir die Schläfe wund scheuerte.

Was für ein Anblick am nächsten Morgen, als die aufgehende Sonne die schlafenden und schlaftrunkenen Gruppen des engen Zwischendecks beleuchtete! Man konnte glatt seekrank werden trotz des ruhigen Wetters. Langsam zog unser Kahn den Strom hinunter. Es mochte acht Uhr sein, als uns ein kleines Fischerboot, ein Schellfischfänger, begegnete. Ich kaufte für wenig Geld einige herrliche Schellfische, die uns unser Capitano von seinem dienstbaren Geist auf das Feuer setzen ließ. Natürlich aß er dann auch mit. Als die Flut wieder einsetzte, ankerten wir erneut. H. und ich gingen mit dem einzigen Matrosen an Land, um weiteren Proviant zu holen. Unsere Wasserfahrt drohte etwas langwierig zu werden. Nachmittags lichteten wir bei Ebbe den Anker und kamen bis an das kleine Städtchen Brake. Fröhliche Tanzmusik schallte uns entgegen.

Unser Teerjacke wäre da auch nicht vorbeigefahren, wenn die ganze Bremer Admiralität Schildwache gestanden hätte. Trotz des günstigen Windes und der Ebbe wurde geankert. Der kleine Handkahn, der hinten angebunden war, brachte den jüngeren Teil der Passagiere – mit Ausnahme einiger ganz junger Schreihälse – ans Ufer.

Dort drehten sich dann viele Stunden lang, vielleicht zum letzten Mal auf vaterländischem Boden, die jungen Leute lustig nach dem Takt der Violinen und Klarinette. Mir war jedoch nicht nach Tanzen zumute und in eine Ecke gedrückt, sah ich dem wilden Schwarm der Ausgelassenen zu. Mancher von ihnen hätte sich vielleicht auch lieber in einer stillen Ecke ausgeweint, aber die Musik betäubte ihre brennenden Gedanken und einmal mitgerissen, gaben sie sich ihr umso lieber hin.

Die einbrechende Nacht rüttelte endlich das sonst eben nicht sehr zarte Gewissen unseres »Kapitäns« auf. Der Wind war zur Ausfahrt günstig und er wusste, dass das Schiff auf der Reede wartete. Er trommelte daher seine Ladung zusammen und bald ließen wir die Klänge der Tanzmusik weit hinter uns zurück.

Einen Spaß hatten wir übrigens, wenn auch auf Kosten anderer. In Vegesack hatten wir noch drei Passagiere eingenommen. Ein älterer Mann zwischen 45 und 50, seine Frau, vielleicht Ende dreißig, und den hoffnungsvollen Sohn, ungefähr 18 Jahre alt. Da im Zwischendeck unseres Kahnes aber keine drei Personen mehr untergebracht werden konnten, hatte ihnen Teerjacke, natürlich gegen entsprechende Vergütung, seine Kajüte abgetreten. Es war nicht gerade einfach, die beiden älteren, etwas unbeholfenen Leute hinunterzuschaffen, während der hoffnungsvolle Sohn Wilhelm desto schneller unten ankam. Als er sich nämlich überzeugen wollte, ob seine Eltern gründlich unten wären, rutschte er aus und fuhr wie ein Blitz zwischen ihnen hinab. Dabei riss er seiner Mutter noch den Hut herunter.

Als es schon fast Abend geworden war, fiel es unserem Führer noch ein, dass er Teer brauchte. Der befand sich in seiner Kajüte unter dem Fußboden, in den ein viereckiges Loch mit Deckel geschnitten war.

Der Matrose hatte in Brake etwas zu viel geladen und dabei die alte Frachtregel vergessen, die schwersten Sachen nie in den oberen Raum zu stauen. Er taumelte jetzt in die enge Öffnung und machte dem Kleeblatt klar, dass er das viereckige Loch in der Mitte aufmachen müsse und sie sich deshalb an die Wand stellen sollten. Gesagt, getan. Sich an die Wand zu stellen war übrigens leichter gesagt als getan, da dort schmale Bänke entlangliefen. Der Verschlag wurde trotzdem geöffnet, der eiserne Topf hervorgezogen und mit dem einen scharfen Fuß gerade auf Wilhelms Zehe gestellt. Der zog den Fuß weg und stieß mit der Ferse an die Bank. Aber seine Leidenszeit war noch nicht vorbei. Mit himmlischer Geduld erwartete er den Abzug des Matrosen, der den Topf mit beiden Händen in die Höhe hob, um ihn dem Kahnführer zu reichen. Der schwere Topf mit dem flüssigen Teer drehte sich jedoch in der Hand des Taumelnden, Wilhelm bekam den Teer und der Kapitän den Topf. Während der oben wetterte und fluchte, stand Wilhelm unten wie Butter an der Sonne, mochte sich nicht anfassen und schnitt ein höchst unglückliches Gesicht.

Dazu musste er auch noch Spott ertragen. Ein langer Schneider meinte unter dem Hohnlachen der gefühllosen Passagiere, dass Wilhelm eine sehr glückliche Reise haben müsse, wenn nur etwas Wahrheit in dem alten Sprichwort läge: »Wer gut schmert, der gut fährt.«

Noch eine ganze Nacht mussten wir auf dem schrecklichen Kasten zubringen und es würde Seiten füllen, alle komischen und ernsthaften Geschichten zu erzählen, die da vorfielen. So etwas muss aber wirklich miterlebt worden sein, mit Worten ist es kaum zu beschreiben.

Am nächsten Morgen sahen wir das nächste Ziel unserer Bestimmung, die Barke Constitution, mit aufgehisster Signalflagge vor Anker liegen. Wir machten längsseits fest und sprangen an Bord.

Noch unmöglicher aber wäre es, dem Leser auch nur eine Idee von der Unordnung und Verwirrung zu geben, die bei unserer Ankunft an Bord entstand. Einer der Kähne war schon vor zwei Tagen mit der Hälfte der Passagiere angelangt. Die hatten ihren Vorteil genutzt und sich die besten Kojen oder Schlafstellen ausgesucht und ihr Gepäck gut untergebracht. Man denke sich nun einen von Balken und Brettern begrenzten Raum, 18 Schritt lang, neun Schritt breit und acht Fuß hoch, in der Mitte mit hölzernen Balken versehen, die das Deck stützen und gleichzeitig dazu dienen, das Gepäck zu halten. In diesem Raum stelle man sich an jeder Seite eine doppelte Reihe von Schlafstellen, eine über der anderen, jede ungefähr sechs Fuß lang und sechs Fuß breit, und für fünf Mann gedacht, vor.

Rechnet man also von einer Breite von neun Schritt oder 18 Fuß die Schlafstellen ab, bleiben knapp sechs Fuß Zwischenraum. Da in diesem Raum nun wieder die Kisten und Kästen mit Wäsche und Proviant von allen Passagieren aufgehäuft und mit Seilen und Stricken an den Balken in der Mitte befestigt waren, um das Umherrutschen zu vermeiden, so bleibt an den Seiten nicht mehr Platz als 12 bis 14 Zoll in einer Länge von 36 Fuß für 118 – sage und schreibe – 118 Passagiere!

Als ich den düsteren, dunstigen Raum mit den darin herumkriechenden und kletternden Gestalten vom Deck aus betrachtete, kamen mir sonderbare Vorahnungen vom Wälzen und Schaukeln des Schiffes, vom Loslösen der Seile und dem Umherfliegen des Gepäcks, von Seekrankheit und Erbrechen, auf das zahlreiche Zinngefäße schon deuteten. Ich musste erst nach und nach lernen, in dem furchtbar dunstigen Raum auszuhalten, doch der Mensch ist ein Gewohnheitstier und findet sich nach und nach in alle Verhältnisse.

Die Constitution war eine Barke, d.h. ein dreimastiges Schiff. Die Querrahen am Besanmast fehlen, dafür hat er ein großes Besansegel und Besantoppsegel. Die Seeleute nennen solche Fahrzeuge »Zweieinhalbmaster«. Das Verdeck war ziemlich geräumig, wenn es auch durch das viele Gepäck noch wild und unordentlich aussah. Obwohl wir noch vor Anker lagen, schwankte das Schiff schon ziemlich stark. Jedenfalls kam es mir so vor, weil ich ja das Schaukeln noch nicht gewöhnt war. Endlich wurde es dunkel und ich kroch in das Zwischendeck hinunter, um mir vor einbrechender Finsternis noch meinen Schlafplatz ein wenig zu beschauen.

Wir waren fünf, die das Schicksal in eine sechs mal sechs Fuß große Koje geführt hatte mit der kühnen Idee dem Schlummergott gemeinsam in die Arme zu sinken. Tatsächlich wäre ihm das einzeln auch gar nicht gelungen, so dicht mussten wir uns zusammenlegen. Jeder hatte eine Matratze und eine Decke und wir krochen hinein. Als vier Mann zusammenlagen, von denen zwei etwa jeweils 230 Pfund auf die Waage brachten, war der Raum ausgefüllt. Wo sollte der fünfte Mann hin? Quer darüber? Dagegen protestierte die Unterlage. Unter die Köpfe? Das wäre für H., den fünften Mann, nicht sehr angenehm gewesen. Außerdem war er so eckig und knochig, dass ich für unsere Köpfe fürchtete. Endlich legten wir uns alle auf die Seite und H. schob sich noch hinein. Er passte gerade in die Lücke, ein Umdrehen war jetzt aber nicht mehr möglich. So verbrachten wir die erste Nacht auf dem lange ersehnten Schiff.

Als ich am nächsten Morgen auf der linken Seite erwachte – die rechte war und blieb fest eingeschlafen –, schienen mir sämtliche Glieder wie zerschlagen. Es fehlte nicht viel und ich hätte Heimweh bekommen.

Ein Eimer voll Weserwasser, das hier schon ziemlich salzig ist, diente mir von jetzt an als Waschbecken. Der Wind pfiff recht kalt und unfreundlich durch das Tauwerk und die ganze Sache wollte mir eigentlich nicht besonders gefallen. Das war erst der Anfang der Prosa, wo ich gleich von Anfang an von Poesie geträumt hatte – lieber Gott! Ich schämte mich übrigens den anderen ein Wort davon zu sagen und kam gar nicht auf die Idee, dass es ihnen vielleicht ähnlich zumute war.

Jetzt fing es auch an, unten lebendig zu werden. Als ich durch die enge Öffnung in das Zwischendeck hinuntersah, fiel mir Schillers Taucher lebhaft ein: »Wie's von Salamandern, Molchen und Drachen sich regt in dem furchtbaren Höllenrachen.« Lachen, Singen, Toben, Kinderschreien, Weinen, Beten, Fluchen – alles, alles tönte von da unten herauf und bald kletterte ein verschlafenes Gesicht nach dem anderen die steile Leiter herauf und blinzelte mit an die Dunkelheit gewöhnten Augen der durch dünne, graue Wolken blinkenden Morgensonne entgegen.

Als das wohl eine Stunde gedauert hatte, in der die Leute versuchten sich den Schlaf aus den Augen zu reiben, rief plötzlich eine kräftige Stimme im Vorderteil des Schiffes:

»Schaffen!«

Gleich darauf kam Leben in den Teil unserer Schiffsmannschaft, der schon einige Tage an Bord war und das geheimnisvolle Wort verstand. Aber auch uns sollte es bald erklärt werden, denn es erwies sich als eines der wichtigsten Worte für die ganze Reise. Es hieß nämlich »Frühstück, Mittagessen, Abendbrot«. Wir bekamen Kaffee, Schiffszwieback und Schwarzbrot, alles ziemlich gut. Jeder musste aber mit seinem Kaffeetopf oder Kessel oder was er sonst hatte, hingehen und es sich selber holen.

Jetzt hatte ich erst Zeit meine Reisegefährten etwas genauer zu betrachten. H. habe ich schon erwähnt, die anderen drei waren ein Tischler, ein Doktor und ein Apotheker, diese beiden übrigens kolossale Gestalten, von denen jeder eine Koje allein haben müsste. Alles schien mir aber eine angenehme Gesellschaft zu versprechen.

Die Unordnung, die noch immer auf dem Schiff herrschte, war wirklich grenzenlos. Keiner wusste, wo er hingehörte, jeder fragte nach seinen Sachen, nach einem Koffer oder einer Kiste. Die Frauen und Mädchen, von denen etwa 20 oder 25 an Bord waren, schienen zu gar keinem Resultat zu kommen, und wenigstens acht von ihnen sprachen immer gleichzeitig.

Leid taten mir in dem Gewirr und Lärm einige Damen, die wahrscheinlich aus finanziellen Gründen gezwungen waren die Überfahrt im Zwischendeck zu machen. Sie schienen sich jetzt, wo sie auf alle kleinen Bequemlichkeiten verzichten mussten, an die sie seit Kindheit gewohnt waren, sehr unwohl zu fühlen. Einem einzelnen Mann mag es gefallen, sich unter Deck durchzuschlagen und dieses ganze Leben und Treiben einmal mitzumachen. Ich selber möchte auch für alles in der Welt nicht in der teuren Kajüte gereist sein, aber für eine Frau ist das doch etwas anderes. Was dem Mann zum Spaß und zur Unterhaltung dient, kann eine Frau verletzen oder erschrecken.

Nicht so ängstlich dachten übrigens einige Oldenburger Mädchen über das Leben im Zwischendeck. Sie schienen ganz im richtigen Fahrwasser zu sein. Je toller und wilder es zuging, desto mehr lachten und tobten sie selbst mit. Auch Israels Stamm hatte wohl 60 männliche und weibliche Repräsentanten im Zwischendeck.

Schon ein paar Tage hatte das wilde Leben so gedauert, als endlich der Lotse an Bord kam und die Anker gelichtet wurden.

Jetzt kam Leben in das Schiff. Alles drängte sich froh

und jubelnd durcheinander. Niemand wollte unter Deck bleiben. Mit ziemlich gutem Wind segelten wir aus und erreichten in kurzer Zeit die Nordsee. Der Landstreifen, den wir noch sahen, wurde immer schmaler, der Lotse stieg in seinen kleinen Kutter und verließ uns. Auch dieses Fahrzeug wurde immer kleiner. Jetzt schaute nur noch ein dünner, blauer Streifen mit einem schwarzen Punkt darauf hervor – es war der Kirchturm von Wangerooge und auch der verschwand schließlich.

Dort verschwand die Heimat, das verlassene Vaterland.

In der blauen Ferne, dort hinter den dünnen Wolken, die sich auf dem Wasser lagerten, lebte alles, was mir auf dieser Welt lieb und teuer war – und ich hatte nicht einmal eine Träne, als das letzte Landstück verschwand. Es war, als ob der Quell versiegt sei, und mit trockenen Augen starrte ich noch lange, lange in die teure Himmelsgegend.

Es dunkelte und ich ging früh schlafen. Ich sehnte mich heute danach, ruhig und ungestört meinen Gedanken nachhängen zu können. Auch im übrigen Zwischendeck war es heute weit stiller als die vergangenen Tage. Der Abschied von der Heimat mochte doch einige bedrücken und die weite, öde Wasserwüste, die uns umgab, hatte etwas geheimnisvoll Großartiges, das keinen Scherz und Spott aufkommen ließ.

Das Schiff begann jetzt durch den günstigen Wind zu schaukeln. Ein merkwürdiges Gefühl weckte mich in der Nacht. Ich bemerkte, dass ich mit dem Kopf viel niedriger als mit den Füßen lag. Wir lagen nämlich auf der Steuerbordseite des Schiffes und mit dem Kopf wegen der frischen Luft zum Gang. Der Wind kam jetzt aus Nordost und das Schiff lag ziemlich schräg zur Backbordseite hinüber. Unter Lachen und Fluchen und beträchtlichen Schwierigkeiten veränderten wir unsere Lage und befanden uns dann etwas behaglicher – wenn man das so nennen kann. Denn jetzt waren unsere Köpfe in dem engen, stickigen Raum an der Schiffswand und man konnte kaum atmen.

Die nächste Morgensonne beschien manches leichenblasse, ellenlange Gesicht. Die See ging hoch, das Schiff schwankte und schaukelte furchtbar und hatte die unangenehmste Bewegung, wenn es von den Wellen emporgehoben wurde und dann wieder tief zurücktauchte. Bei manchen Sprüngen ging das so reißend, dass einem der Atem manchmal verging. Diese Bewegung blieb nicht ohne Folgen. Der Magen der meisten unserer lieben Unglücksgefährten revoltierte und das Resultat war fürchterlich.

Glücklicherweise blieben der Doktor, H. und ich völlig von der Seekrankheit verschont. Ich gewöhnte mich sogar an das Elend um mich herum. Angenehm war die Lage der Gesunden an Bord auch nicht. Der Regen kam nämlich in Strömen herunter und so fatal die Nässe auch sein mochte, war es doch im Zwischendeck mit all den Kranken gar nicht auszuhalten.

Ein paar Tage vergingen so wirklich traurig und nur der Wellentanz entschädigte mich etwas für das verzweifelte Leben an Bord. Nach und nach beruhigte sich die See wieder und am Sonntagnachmittag fanden sich wieder einige Gruppen hier und da zusammen. Die Leute suchten die Geselligkeit, aber ein plötzlicher Ausbruch der Seekrankheit störte noch oft die fröhlich begonnene Unterhaltung. Die Kühnsten wagten sich schon wieder auf das Deck, mussten aber oft dafür büßen, wenn eine etwas größere Welle darüber fegte und alle bis auf die Haut durchnässte. Gegen Abend heiterte es etwas auf und ich mischte mich vorn unter die Matrosen, um ihren Erzählungen, Liedern und Seeanekdoten zu lauschen.

Am nächsten Tag war es wieder dasselbe Spiel. Die See zeigte sich rauer und wilder denn je und die Seekrankheit war auf dem höchsten Punkt. Die Sache begann mich anzuekeln und ich kletterte in den Mastkorb hinauf, um wenigstens aus dem Bereich der Kranken zu sein. Ich kam auch nicht eher herunter, als der Koch mit seinem »Schaffen«-Ruf etwas Warmes verkündete. Nur der kleinste Teil der Passagiere beachtete aber diesen Ruf.

Bei dieser Gelegenheit etwas über die Kocherei und Bewirtung auf dem Schiff. Die Küche selber ist ein kleines Bretterhaus auf dem Verdeck, mit Klammern und Tauen so befestigt, dass ihm die über das Schiff schlagenden Wellen nichts anhaben können. Der Verschlag besteht aus zwei Teilen. In dem einen ist ein großer Kochofen für die Kajüte, in dem anderen ein gemauerter Herd mit ungeheuren Kesseln für die Zwischendeckpassagiere.

Morgens gibt es Kaffee, der reichlich und dünn ausgeteilt wird. Man muss aber zu viel Wasser trinken, um eine Tasse Kaffee zu bekommen. Die einzige Rettung war ihn so heiß wie möglich zu schlucken. Es gehört dann wirklich ein Feinschmecker dazu, starken von schwachem zu unterscheiden. Zu diesem Gebräu verarbeiteten wir eine braune, bimssteinartige Masse, die »Schiffszwieback« genannt, aber erst in heißem Kaffee aufgeweicht und mit Butter bestrichen, genießbarer wird, als der erste Anblick verspricht. Butter wird übrigens jeden Sonnabend »gefasst«, wie der Schiffsausdruck lautet. Es war deshalb nötig, ein Gefäß mit einem Deckel dafür zu haben, sowie eine eigene Kaffeekanne. Die Butter, die wir bekamen, war gut und auch reichlich. Wenn man nicht zu dick aufstrich, reichte man eine Woche aus. Aber sie wird nicht jedem Mann gegeben, sondern immer für fünf. Gut, dass wir uns zusammengefunden hatten und nun nicht mit Kreti und Pleti teilen mussten. Sehr gut kam uns auch zustatten, dass wir Zucker mitgenommen hatten. Außer etwas Sirup zum Pudding, der sonntags ausgeteilt wird, gab es nichts Süßes. Weil Kaffeetassen zu zerbrechlich wären, hatten wir uns mit Zinnbechern ausgestattet, die ihren Dienst gut verrichteten. Aber Kaffee oder Tee schmeckt schlecht aus diesen Gefäßen.

Mittags erhielten wir gelbe Erbsen und Speck, das gewöhnliche Montagsessen, Dienstag Bohnen und Pökelfleisch, Mittwoch graue Erbsen und Speck, Donnerstag Erbsen und Pökelfleisch, Freitag Sauerkraut und Speck, Sonnabend Pflaumen und Reis mit Fleisch, Sonntag Pudding und Pökelfleisch. Der Speck und das Pökelfleisch werden am Abend vorher in Salzwasser gelegt. Obwohl das ja selbst salzhaltig ist, entzog es dem stark gesalzenen Fleisch den größten Teil an Salz. Mit den Hülsenfrüchten gekocht, gibt es ein ganz schmackhaftes Essen – besonders, wenn man hungrig ist. Den Pudding, den wir uns selbst zurechtmachen mussten, muss ich aber noch näher beschreiben.

Der Steuermann gab uns schon am Sonnabend den Tipp, uns einen Sack zu nähen, um unseren Pudding darin zu kochen. Wir sollten ihn aber gleich für fünf Mann berechnen. Das ließen wir uns nicht zweimal sagen, und als wir am nächsten Tag damit ankamen, lachte der Steuermann laut auf. Er meinte, unser Sack würde für fünfundzwanzig Mann ausreichen. Wir erhielten reichlich Mehl und Pflaumen. Eine große Schwierigkeit war es, eine Art Trog zu bekommen, in dem wir die Masse ankneten konnten, aber auch das wurde möglich. Zwei von uns streiften die Ärmel hoch und fingen an die Masse zusammen mit Wasser und Butter zusammenzukneten. Dazu kam etwas von unserem Rum, dann alles in den wurstartigen Sack. Fest zugebunden, wurde er seinem Schicksal und dem Koch übergeben, der ihn in einen ungeheuren Kessel zu den anderen Wurstsäcken warf. Um ihn herauszufinden, hatten wir ein Stückchen Holz mit der Kojennummer drangehängt. So wurde auch immer unser Fleisch gekennzeichnet.

Pro Doppelkoje, also für zehn Mann, erhielten wir dazu eine Flasche Sirup. Die Masse war innen noch weißer Brei und nicht ganz gar. Das wurde mit dem Löffel herausgenommen, in den Sack zurückgetan und wieder in den Kessel geworfen. Mit großer Behaglichkeit aßen wir dann unseren ersten Versuch. Am Abend gab es dann Tee und Schiffszwieback und der Tee war auch dünn genug.

Wir waren jetzt der französischen Küste nahe, die erst als blauer Streifen auftauchte und immer deutlicher wurde. Noch vor Dunkelwerden liefen wir nahe genug an

Calais vorbei, um Türme und Häuser zu erkennen. Dann drehten wir ab zur englischen Küste, die wir ebenfalls bald erkennen konnten. Deutlich zeigten sich Dovers beide Leuchttürme, während auch die französischen Leuchtfeuer noch erkennbar waren. Am nächsten Tag kamen wir näher an die englische Küste und konnten die Kreidefelsen an unserer Rechten sehen, die von der glühenden Morgensonne mit rosafarbenem Schimmer übergossen wurden. Gegen Abend passierten wir die Insel Wight. Leider drehte der Wind und wir kamen nur durch Lavieren langsam vorwärts. Überhaupt ist der Kanal bei ungünstigem Wind ein fataler und sogar gefährlicher Platz. Das Fahrwasser ist sehr schmal und bietet nur wenig Platz zum Kreuzen.

Bis zum 27. Mai trieben wir uns im Kanal herum und ließen erst dann die Insel Scilly, das letzte englische Land, zurück.

2. Kapitel

Der Atlantische Ozean

Wir segelten nun im Weltmeer, das uns mit seinem gewaltigen Wasserzirkel umgab. Einen lieblichen Anblick bot die ungeheure Anzahl von Fischerbooten, die sich auf dem keineswegs ruhigen Wasser schaukelten. Ihre gelben, weißen, roten oder schwarzen Segel wirkten sehr malerisch. Das Wasser war übrigens hier noch grün und diese seegrüne Farbe sah vorn am Bugspriet oder hinten am Steuerruder wirklich wundervoll aus. Noch lebendiger wurde das Gemälde durch zahlreiche Braun- und Schweinefische, die sich in Scharen in den Wellen jagten. Auch schwammen viele fremdartige, sonderbar aussehende Sachen im Meer herum, die ich aber nicht näher betrachten konnte, da mir ein Netz fehlte, um sie heraufzuziehen. Deshalb beschloss ich mir in nächster Zeit eins anzufertigen.

Einige Tage ging die Sache so recht gut; das Wetter wurde besser und alle Seekranken, selbst die Frauen, erholten sich und zeigten sich wieder auf dem Deck. Ich hatte mir ein kleines Netz gestrickt, das ich an einer langen Stange befestigte und stets bereithielt, wenn etwas Merkwürdiges am Schiff vorbeischwimmen würde. Tatsächlich war alles, was im Wasser schwamm, für mich merkwürdig oder doch wenigstens untersuchungswürdig. So fing ich dann eine Masse Quallen, die ich in allen Größen und in ganzen Schwärmen entdeckte. Ich fing auch einige Schnecken, die vollkommen unseren Landschnecken ähnelten. In ihren Häusern enthielten sie aber einen stark indigoblauen Stoff, der eine herrliche Farbe geben muss. Ich machte eine Schreibprobe damit und stellte fest, dass die Farbe sich nicht veränderte.

Die schönste von allen Geschöpfen war aber eine große Blasenqualle, die von den Engländern das »portugiesische Kriegsschiff« genannt wird. Ihre langen Fühlfäden hängen weit vom Körper ins Wasser und müssen wohl die Eigenschaft besitzen dem Tier seine Nahrung zu erhaschen. Ich fing ein solches mit dem Netz und kam zufällig mit den Fäden in Berührung. Dabei verspürte ich einen Schmerz auf der Hand wie von Brennnesseln. Bei Nacht glühen diese Tiere wie Phosphor.

Mit günstigem Wind flogen wir der neuen Heimat zu und der Anblick der See und des Himmels war wundervoll. Der Ozean hatte jetzt sein wunderbar schönes Blau angenommen. Ich wäre zu gern hineingesprungen, um mich von diesem klaren Wasser tragen zu lassen. Solchen Wünschen machte aber rasch die obere Flosse eines Haies ein Ende. Als er das Schiff bemerkte, hielt er an und ließ es ruhig vorbeiziehen. Der Gedanke, zwischen die sechs Reihen Zähne einer solchen Bestie zu kommen, hatte doch etwas wenig Poetisches.

Meine Aufmerksamkeit wurde jedoch bald auf etwas anderes gelenkt. Es war ein schwarzer Punkt auf dem Wasser. Wir kamen näher und näher und ich glaubte zuerst an eine Klippe und fragte den Steuermann danach. Der aber meinte, dort könne sich nur etwas Schwimmendes befinden. Als wir wenige Zeit später daran vorüberglitten, erkannten wir die zerrissenen Überreste eines Schiffes. Es gibt wohl nur wenig auf der Welt, das die gute Laune einer Schiffsgesellschaft so schnell verderben kann.

Am 30. Mai war der Wind wieder ungünstig und die See ging hoch. Die meisten Passagiere wurden auch tatsächlich wieder seekrank, aber die Gruppe der Verschonten wurde größer. Eine andere Freude stand uns aber noch bevor. Eines schönen Morgens kam unser Doktor mit einem sehr blassen und bedenklichen Gesicht zu uns und erzählte, dass die Blattern an Bord ausgebrochen seien. Eines der Mädchen hatte sie sehr heftig und bösartig. Der Zimmermann musste deshalb einen Verschlag, in dem Taue und Stricke aufbewahrt wurden, für die Kranke herrichten, um möglichst Ansteckungen zu vermeiden.

Als wir ruhig auf dem Deck standen, gab es auf einmal einen Mordslärm im Zwischendeck. Männer fluchten, Frauen kreischten, Kinderstimmen mischten sich zu einem ohrenzerreißenden Chor. Rasch war ich unten, und hier bot sich ein komisches Schauspiel. Alles, was nur klettern konnte, hatte sich in die obersten Kojen, auf Kisten und Koffer gerettet, um vom Boden wegzukommen. Dort stand ganz allein ein kleiner weißer Spitz, knurrte und biss um sich und der Schaum stand ihm vor dem Maul. Jeder glaubte, dass der Hund tollwütig war. Er biss in die umherliegenden Sachen und geriet zwischen zwei kleine Kisten, wo ich ihn, ehe er sich wieder befreien konnte, im Genick packte. Machtlos schnappte und zappelte er dabei, aber nie werde ich den Schrei vergessen, den die Frauen in der Koje gerade über mir ausstießen, als ich den Hund emporhob und ihnen dadurch etwas näher kam. Ich ließ das arme Geschöpf jedoch nicht los, trug es die Leiter hinauf und warf es über Bord.

Er war der einzige Hund an Bord und gehörte dem guten Wilhelm, der in Bremerhaven mit Teer übergossen wurde. Er blieb jetzt ganz ruhig und meinte nur, dass es gut wäre, dass das Tier weg sei, es wäre ihm doch immer nur mit den Pfoten ins Essen gekommen. Sein Vater und er blieben noch lange auf Deck, und als sie wieder hinuntergingen, bekamen sie einen nicht gerade freundlichen Empfang von der alten Frau, die seekrank im Bett lag.

»Wilhelm, du und dein Vater – ihr seid beides dumme Jungen, lassen mich arme, alte, kranke Frau hier unten allein liegen und laufen auf dem Deck herum!«, brachte sie nur stoßweise heraus. Wilhelm, der größte Tollpatsch, der mir je im Leben begegnet ist, führte seine Verteidigungsrede auf Plattdeutsch und setzte sich dabei auf die Hutschachtel seiner Mutter, ohne es zu merken. Als sie mit ihm zusammenbrach, erhielt er einige Ohrfeigen.

Bis zum 4. Juni hatte sich der Wind ganz gelegt und die See glich einem Spiegel, der nur durch die Bewegung des Schiffes gestört, aber nicht unterbrochen wurde. Das Schiff lag endlich ganz ruhig und wieder packte mich die Badelust. Der Kapitän hatte das aber wegen der vielen Haie streng verboten. H. und ich sprangen aber am frühen Morgen, als er noch schlief, über Bord und wälzten uns mit unbeschreiblicher Wonne in den klaren Fluten. Danach packte mich aber eine Müdigkeit, die ich noch nach keinem Flussbad gespürt hatte, und ich verschlief den Mittag. Als ich um zwei Uhr wieder auf das Deck trat, wurde flott getanzt. Das Schiff lag aber nicht völlig ruhig, sondern schwankte gelegentlich stark hin und her. Es war dann lustig die Paare zu sehen, die mit vorgebeugtem Körper das Gleichgewicht halten wollten, dann aber in einem Knäuel auf die andere Seite rollten.

Als es dunkel wurde, hörte das Tanzen auf, aber desto schöner und wunderbarer wurde die See. Mit Sonnenuntergang hatte sich eine kleine Brise erhoben, die die ruhige Oberfläche kräuselte und uns leise vor sich her trieb.

Die dunkle See schien dabei mit Myriaden Funken und Sternen bedeckt. Im Schaum des Schiffes glühte es, als würden die Wellen brennen. Jede Woge, die am Bug emporspritzte, leuchtete so, dass ich die Buchstaben in einem Buch genau erkennen konnte, auch hinten am Steuerruder war der Anblick herrlich. Es war zwar den Zwischendeckspassagieren nicht erlaubt, die Grenzen an Deck zu überschreiten, aber der liebenswürdige Kapitän Volkmann achtete nicht streng auf die Einhaltung dieser Regel. So konnte ich oft stundenlang dem Funkeln und Strahlen am Steuerruder zusehen.

Als ich noch so dastand, hörte ich ein Brausen und Schnauben und sah auf. Ein ungeheurer Braunfisch von 18–20 Fuß Länge schnitt mit seinem dunklen Körper durch das blitzende und leuchtende Wasser, sodass er wie im Feuer zu schwimmen schien. Dicht unter mir, nahe am Steuerruder, verschwand er.

Am nächsten Tag begegneten wir einem Schiff und fuhren keine fünfzig Schritt entfernt vorüber. Die Kapitäne riefen sich die Längen- und Breitengrade zu, unter denen sie sich befanden, um ihre eigenen Berechnungen zu vergleichen, dazu den Ort der Abfahrt und ihr Ziel. Von unserem Schiff stieg die Bremer Flagge, vom anderen die der Vereinigten Staaten von Nordamerika empor. Der Amerikaner war nach Oporto in Portugal bestimmt.

Es ist ein eigenartiges Gefühl, auf dem ungeheuren Ozean ein anderes Schiff, eine andere kleine Welt, herankommen zu sehen, es anzurufen und bald darauf wieder verschwinden zu sehen. Dann kommt dem armen Auswanderer die Wasserwüste wieder noch verlassener vor.

Am 7. Juni flog das Schiff förmlich durch die Wellen. Die See ging nicht sehr hoch, sodass nur wenige seekrank waren. Die meisten Passagiere hatten sich auf dem Deck in malerischen Gruppen versammelt. Hier lagen einige auf den Planken und spielten Karten, dort hatte sich eine fromme alte Frau mit einem Gebetbuch in eine Ecke gesetzt. Ein paar Mädchen strickten und lasen. Häufig konnte man auch abgesonderte Gestalten sehen, die ihre Stirn kraus zogen und allerlei sonderbare Laute nachahmten. Aus einem kleinen Buch versuchten sie sich englische Redensarten einzuprägen.

Diese ruhigen, angenehmen Tage haben wir unter uns Frikadellentage genannt. Wir erhielten mehr salziges Fleisch und Speck, als wir essen konnten. An den ruhigen Tagen taten wir fünf uns zusammen und hackten mit Messern, Beilen und Hirschfängern alles so klein, wie nur irgendwie möglich. Dann wurde es mit ein paar Eiern angerührt, Frikadellen geformt, unter die auch klein gestoßener Schiffszwieback kam, und das buken wir dann mit Butter – deshalb Frikadellentage, denn bei Sturm war das nicht möglich.

Häufig zeigten sich jetzt auch die Schweinefische, die wohl ihren Namen von der spitzen, rüsselförmigen Schnauze haben. In Herden spielten sie vorn um das Schiff und sprangen sich jagend mit dem ganzen Körper aus dem Wasser.

Schon befürchtete ich wegen des anhaltenden ruhigen Wetters gar keinen Sturm zu erleben, aber das war unbegründet. Am 16. fing der Wind gewaltig an zu blasen, die Wellen wurden höher und höher, die Gesichter länger und länger und gegen Mitternacht fuhr das Schiff ganz auf der Seite liegend, durch einen richtigen Sturm. Der Wind pfiff durch das Takelwerk wie durch einen entblätterten Wald, melancholisch klappten die Taue an die Masten. Ich fühlte mich wohl bei diesem Aufruhr der Elemente, und über Bord gelehnt, sah ich dem Toben und Stürmen der rastlosen Wogen stundenlang zu. Erst gegen Morgen suchte ich meine Matratze wieder auf, die ich aus der Koje gezogen hatte. Es war völlig unmöglich, zu fünft darin zu schlafen.

Der nächste Tag beleuchtete ein wildes, herrliches Schauspiel. Hochauf bäumten und wälzten sich die ungeheuren blauen Wellen, mit durchsichtig grünem Kamm und weißem Silberschaum gekrönt. Sie hoben sich einen Augenblick in ihrer vergänglichen Herrlichkeit, schienen dann in sich selber zu versinken, um einer anderen, noch gewaltigeren Woge Platz zu machen.

Mitten in diesen himmelhoch spritzenden Wellen kam jetzt eine Schar ungeheurer schwarzer Braunfische geschwommen, die sich mit Lust im dem kochenden Ozean zu tummeln schienen. In die höchsten Wellen stürzten sich diese 15–20 Fuß langen Kolosse, ließen sich auf den höchsten Gipfel heben und stürzten sich dann spielend und schnaubend in den blauen Abgrund. Es war ein großartiger Anblick. Die Seeleute wollen aus dem Zug, den diese Tiere nehmen, die kommende Richtung des Windes prophezeien, sind sich dabei aber nicht ganz einig. Einige behaupten, der Wind werde daher kommen, wohin sie ziehen, andere, dass der Wind ihnen folgt.

Der Sturm wurde jetzt so heftig, dass das Steuerruder festgebunden werden musste und das Schiff wie ein Spiel der Wellen und Winde auf den Wogen tanzte. Plötzlich entdeckten wir ein Fahrzeug, das mit nur wenigen Segeln pfeilschnell vor dem Sturm daherjagte. Wir selber wurden aber so hin und her geworfen, dass wir nur ab und zu das Segel erkennen konnten. Es schoss schnell an uns vorüber und war in kurzer Zeit verschwunden. Sich an Deck aufzuhalten wurde jetzt unangenehm, denn die Wellen schlugen mit Macht von vorn und der Seite über Bord. Wer ihnen trotzen wollte, musste zumindest damit rechnen, völlig durchnässt zu werden.

Am 19. Juni ließ der Sturm morgens etwas nach, fing aber am Abend mit doppelter Kraft wieder an. In unserem Zwischendeck sah es jetzt entsetzlich aus. Die Seekrankheit hatte ihren Höhepunkt erreicht, mit wenigen Ausnahmen war alles krank. Besonderen Spaß machten uns einige junge Leute, die ergeben mit ihren Zinneimern zwischen den Knien den Ausgang abwarteten. H. und ich legten ein Stück richtig fetten Speck in eine Schüssel und deckten sie zu. Dann gingen wir zu den Leidenden und erkundigten uns, wie es ihnen ging. Sie schüttelten nur stumm den Kopf. Ob sie nicht etwas zu sich nehmen wollten?, erkundigte sich H. Schon der Gedanke an Essen verursachte neue Übelkeit, aber wir waren noch nicht befriedigt. Ich nahm den Deckel ab und H. fragte wieder, indem er die fette Speckscheibe in die Höhe hob, ob nicht jemand etwas Speck wolle. Als ob das ein Zauberwort war, löste das die Seekrankheit bei allen gleichzeitig aus und fast erschrocken über das rasche Gelingen unseres Planes zogen wir uns wieder auf das Deck zurück.

Zu Mittag bekamen wir Erbsensuppe. Ich hatte mir eben einen Teller gefüllt, wozu viel Geschicklichkeit gehörte, als H. fluchend und schimpfend die Leiter herunterkam. Er erzählte, wie ihn einer der Oldenburger ganz mit Erbsensuppe begossen habe und wies rot vor Zorn auf seine bekleckerte Jacke. Ich lehnte etwas weiter zurück gegen unsere Koje, als in diesem Augenblick eine Zinnschüssel mit Erbsensuppe durch die Öffnung herabflog und auch noch auf H. landete. Das war aber nur der Anfang, denn gleich darauf folgte unser Wilhelm mit dem Kopf voran nach. Beide stürzten in die Brühe. Es wäre vergeblich, die Wut meines Freundes zu beschreiben. Wir mussten hinzuspringen und Wilhelm aus seinen Klauen befreien, er hätte ihn sonst erwürgt. Mit den Szenen und Anekdoten, die sich während des Sturmes im Zwischendeck abspielten, hätte man ganze Bände füllen können. Leider kann man nicht alles davon erzählen, denn die Natur hilft sich oft auf nicht gerade geheimnisvolle, aber wunderbare Weise.

Am 2. Juli legte sich der Sturm, wenn auch die See noch ungeheuer hoch ging und das Schiff erheblich hin und her schwankte. Man löste das Steuerruder wieder, die Reffs wurden aus dem Mastsegel genommen, Fock-, Vortopp-, Topp- und Besansegel sowie der Klüver gesetzt und wir fuhren wieder – zwar nicht direkt auf unserem Kurs, aber es ging weiter.

An diesem Nachmittag begegneten wir erneut einem

Schiff, diesmal unter der Bremer Flagge. Die Kapitäne tauschten ihre Mitteilungen über ein Sprachrohr aus und zogen bei der Trennung die Flaggen dreimal auf und ab. Wir eilten dem fremden Land entgegen, das andere Schiff mit vollen Segeln der Heimat und mit wehmütigem Blick sah ich ihm nach, bis es am Horizont verschwand.

Es fing an, langweilig zu werden, und wir hatten keine Aussicht mit dem ungünstigen Wind die ferne Küste bald zu erreichen. Wir näherten uns jetzt der Bank von Neufundland und dichter Nebel begann die See zu bedecken. Da gegen Abend wieder ein Schiff gesichtet wurde, und gleich darauf der Nebel dicker und dicker wurde, musste ein Mann ständig auf dem Deck die Glocke läuten oder in ein langes Blechhorn stoßen. Der Ton schallte weit über das Wasser und sollte einen Zusammenstoß verhindern. Unser Kapitän schien auch erhebliche Angst vor Eisbergen zu haben, vor denen ihn der andere Kapitän gewarnt hatte. Häufig wurde das Thermometer in die See gelassen, denn bei der Annäherung von Eisbergen fällt die Wassertemperatur erheblich.

Der Nebel lag feucht und dick auf dem Wasser, die Luft war kühl und unsere Mäntel mussten uns wärmen. Der Wind wehte noch immer aus Nordwest.

Die Blattern schienen uns auch nicht verlassen zu wollen, denn nun hatte sie auch ein Matrose bekommen und wurde ebenfalls in die Krankenstube gebracht. Am 28. Juni war die Kälte so stark wie bei uns im Dezember. Wenn die meisten Passagiere nicht mit Gewalt und Schwefelräucherungen auf das Deck getrieben wären, hätte sich keiner aus der Dunsthöhle heraufgewagt. Es wundert mich noch heute, dass wir nicht mehr Kranke an Bord hatten, denn die frische Luft ist doch die Hauptstütze der Gesundheit.

In der Nacht drehte sich der Wind zu unseren Gunsten, wobei es ziemlich stark zu regnen anfing. Da ich mit meiner Matratze direkt unter der Öffnung lag, wurde ich völlig durchnässt, bevor ich erwachte.

Jetzt rückte der 4. Juli, der Freiheitstag der Amerikaner, heran. Der Kapitän teilte uns mit, dass es ein Fest gäbe und für alle Punsch. Auch wir beschlossen nun etwas vorzubereiten. Ein junger Mann, der schon einmal in Amerika gewesen war, entwarf dafür einen Plan.

Zuerst wurde ein Transparent mit dem amerikanischen Wappen gemalt, den Streifen und Sternen mit dem aufsteigenden Adler, dazu die Namen der vier Revolutionshelden: Washington, Lafayette, Franklin und Kosciuszko als Unterschrift. Einer der Passagiere hatte Schwärmer und Feuerwerk dabei und stellte sie zur Verfügung. In der Nacht vom 3. auf den 4. Juli begannen die Feiern um Mitternacht. Das Transparent wurde zuerst angezündet und dazu ein extra für das Fest getextetes Lied zu der Melodie »God save the king« gesungen. Dann brannte man das Feuerwerk ab, die Schwärmer schossen wir aus unseren Flinten. Die Nacht war ruhig und die dahinsausenden Feuerstrahlen sahen mit ihrem Widerschein auf dem dunklen Wasser herrlich aus.

Der Kapitän rief jetzt unsere Koje zusammen mit einigen anderen in die Kajüte, wo Punsch herumgereicht wurde. Der Steuermann teilte den anderen Passagieren und Matrosen Punsch auf dem Deck aus und achtete besonders darauf, dass der weibliche Teil der Auswanderer genügend zu trinken erhielt. Die Folgen blieben nicht aus.

Wir hatten ungefähr anderthalb Stunden ruhig in der Kajüte gesessen, getrunken und gelacht. Ich war dabei vorsichtig genug, nicht mehr als ein Glas zu trinken, da mir der Punsch ungeheuer stark vorkam und für meinen Geschmack zu süß war. Da bemerkte ich verwundert, dass der Doktor und auch einige andere sonderbar glänzende Augen bekamen und äußerst lustig wurden. Ich stand auf, die anderen folgten mir auf das Deck, um dem immer lauter werdenden Spektakel dort zuzusehen.

Allmächtiger, wie sah es da aus! Die Matrosen waren auf die Masten gestiegen und ließen von dort Schwärmer in die dunkle Nacht hinauszischen. Die Schiffsglocke wurde geläutet wie bei Feueralarm und aus allen brauchbaren Flinten wurden Schwärmer und blinde Ladungen geschossen. Vor dem großen Mast befand sich der Haupttummelplatz.

Einer der Passagiere, ein ausgezeichneter Violinspieler, hatte sich freundlich bereit gefunden etwas aufzuspielen. Als es ihm zu wild wurde, zog er sich zurück und ein anderer sprang für ihn ein. Er kratzte aber so jämmerlich auf seiner Violine herum, dass nur das übrige Spektakel diesen Lärm erträglich machte. Trotzdem drehte und tanzte alles wie irre um ihn herum, keiner kümmerte sich um das Schaukeln des Schiffes, das oft die ganze Tänzerreihe auf einmal zu einer Bordwand schleuderte. Als ich an Deck kam, fiel mir die sonst kränklich und mürrisch an Deck umherschleichende Mutter Wilhelms um den Hals und bat mich auf jeden Fall mit ihr zu tanzen. Dicht neben ihr stand ein alter Seiler, der bis zum heutigen Tage unter Bauchschmerzen gelitten hatte. Jetzt drehte er sich auf einem Bein um sich selbst und pfiff dazu. Der lange Schneider lag ausgestreckt auf dem Deck und musste mit mehreren Mann zur Seite getragen werden. Von den hundertachtzehn Passagieren waren keine sechs mehr nüchtern. Eine einzelne betrunkene Frau ist schon ekelhaft, hier waren es mehr als dreißig und das wurde interessant. Ich kletterte in das kleine Boot vor dem Mast und beobachtete das Treiben aus sicherer Entfernung. Da saß ich wohl eine Stunde und konnte mich nicht erinnern jemals mehr gelacht zu haben. Als ich schließlich müde zur Koje ging, erfuhr ich, dass es der Steuermann wirklich darauf angelegt hatte, alle betrunken zu machen. Er hatte schließlich kaum noch Wasser zum Punsch getan, den Rum heiß gemacht und gut gesüßt.

Am nächsten Morgen war ich schon mit Tagesanbruch wieder auf und half noch manches von den gefallenen Opfern ins Bett zu bringen, dann herrschte für mehrere Stunden Totenstille an Deck. Nur zwei meiner Gefährten ließen sich sehen und als dann nach und nach andere heraufkamen, hatten sie bleiche Gesichter und klagten über Kopfschmerzen und Übelkeit. Sie schlichen an Deck herum, unter ihnen auch Wilhelm, der sich im Rausch in eine Wanne mit Wasser gesetzt hatte. Sie diente dazu, dem Fleisch das Salz zu entziehen, und er lag bis Tagesanbruch in der Brühe. Damit war mir der Appetit etwas verdorben.

Gegen Abend gab es Wetterleuchten und um elf Uhr brach das furchtbarste Gewitter, das ich je erlebt habe, über uns herein. Die Bramsegel sollten gelöst und eingerefft werden. Ich hatte mir viel Mühe gegeben die Handgriffe an Bord zu erlernen und war oft mit nach oben in die Masten gegangen. Deshalb sprang ich auch jetzt mit den Matrosen hinauf, um das Manöver auszuführen. Aber das Gewitter und den Anblick werde ich nie vergessen, der sich mir dort bot.

Wir waren zu dritt am Bramsegel und versuchten die losen Falten des Tuches zusammenzunehmen, während der Wind wie toll mit den gelösten Enden spielte. Blitz auf Blitz, Schlag auf Schlag leuchtete und donnerte es am dunklen Himmel. Jetzt erhellte ein gellender, blendender Strahl das Ganze tageshell. Der Ozean war wie mit glühendem Schaum bedeckt. Dann plötzlich fürchterliche Dunkelheit und wir konnten weder das Tau noch die Rah sehen. Gleich darauf das Schmettern und Donnern des erzürnten Himmels. Es war großartig und ich möchte die Erinnerung an diesen Augenblick nicht vermissen.

Bis zum 10. Juli blieb uns der Wind günstig, dann ließ er wieder einmal für eine Weile nach. Das Schiff lag fast bewegungslos und da alles von Seekrankheit und Punsch geheilt war, trieb sich der größte Teil der Passagiere an Deck umher.

Gegen Mittag schwamm seit langer Zeit wieder einmal ein Hai an das Schiff heran und zog ruhig mit uns dahin. Obwohl wir Fleisch an Haken auswarfen, beachtete er die Köder nicht. Er hatte zwei Lotsenfische bei sich mit fingerbreiten weißen und roten Streifen, die ständig vor ihm hin und her kreuzten. Ich schoss einen von ihnen, konnte ihn aber nicht einholen. Oft begleiten fünf oder sechs von ihnen einen Hai, die er nie verschlingt. Auch ein großer Schwertfisch kam bis zum Schiff heran.

Mehrere Seeschwalben oder Sturmvögel begleiteten uns und ich schoss einen von ihnen. Mit dem Netz holte ich ihn herein, als er vorbeitrieb. Sie sind ungefähr so groß wie unsere Schwalben, fliegen auch ähnlich wie sie, tragen aber eine Schwimmhaut zwischen den Zehen und tauchen gut. Auch ihr Schnabel ist anders eingerichtet, denn sie haben ein großes, hornartiges Luft- oder Nasenloch.

Der Wind frischte kaum auf und es kam uns so vor, als würde das Schiff einschlafen. Auch die muntersten Passagiere wurden immer unleidlicher. Einige fingen Streit und Zank an, andere vegetierten nur noch vor sich hin. Sie blieben Tag und Nacht in ihrer Koje liegen und machten sich nicht die Mühe sich zu waschen. Ob sie das Wasser nicht vergeuden wollten, weil wir in der Nähe von Sandbänken waren? Wir fünf trieben auch wieder viel Unsinn und eigentlich kann man kaum glauben, dass erwachsene Männer auf so etwas kamen. Wir spielten auch einmal Soldaten. Handwerker, Kaufleute, Apotheker, Juden, Christen, Matrosen, Alt und Jung – alle machten mit. Wir rüsteten uns mit Stangen, Besen, Haken, Harpunen, Hirschfängern, dem Alarmhorn und Fahnen aus und waren wie die kleinen Kinder bewaffnet. Alles wurde aufgeführt – Rebellion, Desertation, Kriegsgericht, Standgericht, Sturmläuten. Als der Doktor die Nase rümpfte und von Kindereien sprach, wurde er furchtbar verhöhnt. Der Landbewohner kann sich aber auch keine Vorstellung von der Langeweile an Bord eines Seglers machen. Tag für Tag, Woche für Woche vergeht und nichts als Himmel und Meer umgibt die Reisenden. Da ist es kein Wunder, wenn selbst ernste Menschen über die Stränge schlagen und mit kindlichem Übermut alles betäuben, was in der langen Zeit in ihnen aufkeimen mag.

Am 18. Juli flog das Schiff lustig durch die Wellen, der günstige Wind erfüllte unsere Herzen mit neuer Hoffnung. Heute hatten sich sogar die Oldenburger Bauern an Deck versammelt und sangen im Chor ein sehr schönes Lied.

»Morgen kommen wir an Land!« Wie ein leises Flüstern lief es über das Deck und drang in die untersten, entferntesten Räume. An Land – tausendmal ersehnt – wie oft waren wir schon vertröstet worden! Trotz aller Täuschungen haben wir uns immer wieder auf den Augenblick gefreut. Im Osten fing es an zu dämmern, als ich aus meiner Hängematte sprang. Die hatte ich mir längst selbst gemacht, weil ich das Schlafen auf dem engen Raum nicht mehr aushalten konnte. Ich kletterte auf die Vorbramrah.

Ruhig, nur von einem leisen Südostwind gekräuselt, lag das Meer tief unter mir und schien tanzend und spielend dem gewaltigen Schiff erst auszuweichen und ihm dann plätschernd zu folgen. Ich kletterte in die oberste Stenge hinauf, umfasste sie mit dem linken Arm und atmete mit Wonne die frische Morgenluft ein. Heller und heller wurde der Horizont, klarer, immer klarer die Aussicht. Die Nebel schwanden, ein fernes, dumpfes, donnerähnliches Brausen schlug an das lauschende Ohr – das war die Brandung, dort lag Amerika! Immer deutlicher trat jetzt ein schwacher blauer Streifen über dem dunklen Wellenhorizont hervor.

»Land!«, schrie ich hinunter.

»Land, Land!«, tönte es im Zwischendeck von einer Lippe zur anderen.

Wie Ameisen aus ihrem bedrohten Bau kamen die schlaftrunkenen Passagiere hervor, stellten sich vorn ans Bugspriet, rissen die verschlafenen Augen auf und riefen: »Land!«

Natürlich konnte von Deck aus niemand etwas erkennen.

Auch der lange Schneider kam, in einer Hand seinen

Butterteller, in der anderen einen Schiffszwieback, setzte beides schnell auf einen der Hühnerkästen, die erst am Vortag vor die Winde gestellt wurden, und eilte mit den anderen nach vorn das ersehnte Land zu erspähen.

Wilhelm, der wahrscheinlich dachte, dass er Amerika noch früh genug zu sehen bekäme, ließ sich ruhig auf einem der Hühnerkästen nieder und natürlich gerade auf die Butter. Mit den Fersen klopfte er gemütlich gegen die Latten, saß da, pfiff, und sah träumend ins Blaue. Der Schneider kehrte zurück und blieb starr vor Verwunderung mit offenem Mund stehen, als er dieses Bild unschuldiger Gemütlichkeit mit seiner Butter sah. Wilhelm ahnte nichts Böses und ergötzte sich am Gesicht des Schneiders. Endlich löste sich dessen Zunge.

»Ne, der Unglücksmensch!« Damit riss er Wilhelm hoch und über sein Knie, um seine Kehrseite den Umstehenden zu zeigen. »Da hat er sie!«

Näher und näher kamen wir jetzt der ersehnten Küste, schon konnte man das waldige Land, schon grüne Felder erkennen. Jetzt die einzelnen Bäume, Häuser, Farmerwohnungen und Leuchttürme, es war ein wundervoller Anblick. Doch wir genossen ihn nicht lange, denn der Kapitän traute sich nicht näher ans Ufer zu laufen. Deshalb lavierten wir wieder ab, sodass wir gegen Abend kaum noch das Land vom Wasser unterscheiden konnten.

Am 19. Juli fuhren wir wieder mit vollen Segeln darauf zu. Ungefähr gegen elf Uhr kam uns ein kleiner Kutter entgegen, die nordamerikanische Flagge flatterte an seiner Segelstange, wir hissten die Bremer Flagge. Es war der Lotse.

Jetzt kam neues Leben an Bord. So nahe vor dem Hafen wurde frisches Wasser ausgeteilt, da das Seewasser, mit dem wir uns bis jetzt abgerieben hatten, keine Seife annimmt. Das ganze Schiff glich einer Reinigungsanstalt. Überall wurde geputzt und geschrubbt. Hier schmückte sich eine junge israelische Dame vor einem Stückchen Spiegelglas mit falschen Ohrringen, dort wusch sich ein armer Teufel noch in aller Eile ein Hemd aus, an jeder Seite saßen mehrere Frauen und kämmten und bürsteten die Kinder. Dort stiefelte ein halbes Dutzend Passagiere bereits fix und fertig stolz in ihrem Sonntagsstaat umher. Dort an der Winde lag der Seiler auf dem Bauch und der Schneider nähte ihm auf die einzige Hose einen riesigen Flicken. Als die Nadel einmal zu tief fuhr, sprang er wild auf und presste die Hand auf den Flicken.

Der Lotse kam geschniegelt und modern gekleidet mit schwarzem Frack und Zylinder an Bord und brachte uns bald in die Einfahrt des New Yorker Hafens nach Staten Island. Wo nehme ich jetzt die Feder her, um das zu schildern, was wir fühlten? Der Anblick des im herrlichen Grün prangenden Landes, der üppigen Felder, zwischen denen hier und da wieder der dunkelgrüne, herrliche Urwald durchschimmerte – das rechts und links der Einfahrt liegende Fort mit dem freundlichen, blauen Himmel über uns, die leise plätschernden Wogen unter uns – alles ließ mir das Herz aufgehen und es trieb mich, allein zu sein. Ich stieg in den Mastkorb hinauf und schaute von dort mit entzückten und nassen Augen auf das wundervolle Land, das uns hier mit liebevollen Armen zu umfangen schien. Die Frage drängte sich mir auf, warum das nicht die Heimat sein konnte und ich alles verlassen musste, woran mein Herz hing, um diesen Anblick zu erleben?

Die Matrosen, die wie Katzen die Strickleiter herauflfefen, störten mich bei meinen Betrachtungen. Die Segel wurden befestigt und in wenigen Minuten rauschte der schwere Anker in die Tiefe.

Unter gelber Flagge kam jetzt ein kleines Schiff von Staten Island. Es brachte einen Arzt an Bord, der die Mannschaft und die Passagiere untersuchen musste. Zum Glück waren unsere Pockenkranken genesen, die Leute sahen alle wohl und frisch aus und der Doktor bemerkte trotz seiner sechseckigen Brille keine Spur vergangener

Krankheit. Mit einem »All well« verließ er das Schiff wieder. Gegen Abend sprangen H., der Doktor und ich wieder über Bord, um zu baden.

Diese Nacht durften wir das Schiff nicht verlassen. Erst am 20. Juli wurden wir mit unserem Gepäck durch einen kleinen Schoner in ein großes, viereckiges Blockhaus gebracht, das einige hundert Schritt vom Land lag. Dort mussten wir eine kleine Quarantäne aushalten und nachsehen lassen, ob unsere Koffer etwas zu versteuern oder nur zu waschen enthielten. Mit der Steuer wurde es übrigens nicht sehr streng genommen und niemand musste etwas bezahlen. Strenger wurde die Wäsche durchgesehen, wobei einige wirklich Schauder erregende Stücke entdeckt wurden, die einige unter den sauberen Sachen versteckt hatten. Große Kübel wurden herbeigeschafft und die guten Leute mussten das bislang Versäumte nachholen.

Wir fünf hatten stets alles auf dem Schiff gereinigt, in dem wir die getragenen Sachen an ein Tau gebunden hatten und etwa vierundzwanzig Stunden hinter dem Schiff herziehen ließen. Das machte die Wäsche zwar nicht weiß, aber tragbar, und war sehr praktisch.

Nach vierundsechzig Tagen in Freud und Leid verließen wir nun die Constitution und nahmen Abschied von der Mannschaft. Mir kam es so vor, als wenn wir liebe Bekannte zurückließen. Als die Bootsleute abstießen, brachten wir noch ein donnerndes Hoch heraus, das die Matrosen mit dem üblichen »Hipp, hipp, hurra!« dreimal beantworteten.

Obwohl das Blockhaus, in das man uns brachte, Quarantänestation genannt wurde, hielt man es damit auch nicht sehr streng und ein großer Teil von uns fuhr noch an diesem Abend mit einem Kahn an Land. Erstmalig betraten wir die Neue Welt, für uns wahrscheinlich eine neue, wunderschöne, herrliche, aber doch eine neue und deshalb fremde Welt.

Sonderbare Gefühle bestürmten mich, als ich unter

fremden Bäumen an den blassen Amerikanern vorbei die Straßen entlangging und mir ein ruhiges Plätzchen suchte, um meinen Gedanken nachzuhängen. Erst spät kehrte ich wieder zu den anderen zurück, die ich bei Bier, Butterbrot und Käse versammelt fand. Was sollten auch die trüben Gedanken, jetzt mussten wir sehen, wie wir durchkamen.

Während wir noch zechten und die lang entbehrten Sachen uns schmeckten, kam ein Fremder in unsere Stube und sprach uns in deutscher Sprache an. Es war ein Bäcker, der schon über dreißig Jahre in Amerika lebte und sich ein kleines Vermögen erarbeitet hatte. Er kam nur, um uns einige gut gemeinte Warnungen zu geben. Die Mühe hätte er sich sparen können, denn wir wussten wie alle Neuankömmlinge alles besser.

Er hatte die meiste Zeit in Pennsylvanien gelebt und sprach alle mit Du an. »Nehmt euch vor den Amerikanern in Acht!«, sagte er. »Sie betrügen euch, wo sie können. Wenn ihr aber mal einem vertrauen müsst, so vertraut lieber einem Amerikaner als einem Deutschen. Es ist zwar eine Schande, aber wahr. Hütet euch vor ihnen, denn sie sind gegen ihre Landsleute schlimmer als gegen alle anderen, weil die immer die dümmsten sind. Wenn ihr nach New York kommt, geht nicht in die Kneipen nahe am Wasser. Wilhelm Tell und wie sie alle heißen – es sind alle Mordhöhlen. Tut ihr es doch, dürft ihr euch hinterher nicht beklagen.«

So sprach er noch einige Zeit auf uns ein und obwohl ich keine Ausnahme war und dem Mann nicht glauben wollte, weil es nicht in meine Vorstellungen passte, konnte ich später feststellen, dass er Recht gehabt hatte. Dass er allerdings nur die ausgewanderten Deutschen anprangerte, war nicht richtig. Sie waren zwar für ihre Landsleute, die sie sich gezielt aussuchten, die schlimmsten. So wie sich die Franzosen Franzosen und Engländer Engländer aussuchten, machten es auch die Deutschen. Sie trösteten sich selbst damit, dass die dummen Neuankömmlinge doch ihr Geld hier loswurden, und da konnten sie es auch gleich einem Landsmann geben.

Nach zehn Uhr kehrten wir wieder zu unserer Baracke zurück, wo sich die Passagiere in malerischen Gruppen lagerten. Dort verbrachten wir alle die Nacht.

Als die Sachen unserer Reisegesellschaft genau durchgesehen wurden, fand sich doch mehr Unrat, als man erwartet hatte. Wir fünf hatten diesen ekelhaften Anblick satt und gingen morgens auf ein Dampfboot, das von Staten Island nach New York abging. Die Strecke von zwei Meilen legte es in einer halben Stunde zurück.

Vor uns lag das ungeheure Häusermeer New York, von einem Mastwald begrenzt.

3. Kapitel

Streifzug durch die Vereinigten Staaten – New York

Kaum landete das Dampfboot, drängte sich eine Unmasse von Karrenführern um uns, die sich alle anboten unsere Sachen an den Ort ihrer Bestimmung zu liefern. Wir wählten uns zwei aus, die unsere Koffer und Kisten aufluden. Dafür mussten wir zusammen einen Dollar zahlen, hatten aber auch ein ziemliches Stück zu fahren. Der zweirädrige Transportkarren wird mit einem Ende auf der Erde abgestellt, dadurch kann man auch schwere Stücke gut aufladen. Einer der Reisegefährten kannte das Boarding Haus von Schwarz und dorthin zogen wir jetzt. Eine schmutzigere Wirtschaft als die der Madame Schwarz habe ich aber noch nie gesehen und noch heute erfasst mich Ekel, wenn ich an die von Wanzenblut geblümten Betten denke.

Natürlich war ich die ersten Tage nicht viel im Haus, sondern schlenderte durch die breiten, herrlichen Straßen New Yorks und bewunderte die prachtvollen Gebäude. Was mich faszinierte, waren die zahlreichen Schiffe, die vor der auf einer Insel liegenden Stadt aufgereiht lagen, sodass das ganze New York einen Hafen bildete. Damals lagen ungefähr 1.500 große und kleine Schiffe um die Stadt herum. Ganz entzückt war ich auch von dem Überfluss an Südfrüchten, der hier herrschte. In allen Straßen standen Wagen voller Ananas, Orangen und Kokosnüsse.

Ich war ein paar Stunden gelaufen und wollte eben wieder zu unserem Gasthaus gehen, als mir eine sonderbare Gruppe entgegenkam. Es war der Begräbniszug eines armen Iren. Der Zug wurde von einem großen, viereckigen Leichenwagen angeführt, der mit schmutzigem, früher vielleicht einmal schwarz gewesenem Zeug behangen war. Der Kutscher machte in seinem blauen, abgeschabten Frack keinen traurigen Eindruck. Er hatte den linken Fuß auf das rechte Knie gelegt und den linken Ellbogen auf das linke Knie gestützt. Die Hutkrempe hing ihm herunter und die Hosen waren vor langer Zeit einmal weiß. Mit größter Behaglichkeit kaute er an einem Apfel und trieb mit der anderen Hand gelegentlich sein Pferd an. Den Zügel hatte er sich um das linke Knie geschlungen. Hinterher fuhren sechs zweirädrige Karren, so genannte Drays, mit denen man auch das Gepäck transportierte. Auf jedem saßen zehn bis zwölf Trauergäste Rücken an Rücken und ließen die Beine heraushängen, Männer und Frauen bunt gemischt. Alle waren hell gekleidet, aßen, tranken und lachten. Ein wirklich originelles Begräbnis.

Überhaupt bot sich mir hier so viel Neues und Wunderbares, dass ich Stunden brauchte, um von einer Straße in die andere zu kommen. Immer, wenn ich endlich gehen wollte, kam mir etwas dazwischen und ich kehrte erst spätabends wieder in mein Wirtshaus zurück.

Ich fand meine Reisegefährten vor und wir hatten uns

viel zu erzählen. Als wir endlich gegen Mitternacht ins Bett gehen wollten, hörten wir den Ruf »Fire, fire, fire!« durch die stillen Gassen. Ich sprang auf und sah aus dem Fenster. Der Himmel über den Häusern gegenüber war glutrot. Keiner wollte aber mitkommen und so sprang ich allein die Treppe hinunter und lief dem hellen Schein entgegen. Eine Straße nach der anderen lief ich, aber erst nach einer Dreiviertelstunde erreichte ich die Brandstätte. Es war ein kleines Holzgebäude, das die herbeigeeilten Spritzen schon gelöscht hatten. Ich kam gerade noch, um das Verlöschen des Feuers zu sehen.

Unter den Geretteten befanden sich auch mehrere Deutsche und ich fragte jetzt einen von ihnen, wie weit ich es bis zu meiner Wohnung in der Pearlstreet hätte. Zu meinem Schreck erfuhr ich, dass ich mehr als zwei englische Meilen von meinem Bett entfernt war. Der Mann versicherte mir auch, dass ich die ganze Nacht beschäftigt wäre, wenn ich zu jedem Feuer in New York laufen wolle, denn es würde mehrfach in jeder Nacht irgendwo brennen. In den drei Monaten, die ich in New York zubrachte, gab es auch tatsächlich kaum eine Nacht ohne Feueralarm. Die Wehren arbeiten hier sehr gut, angesehene Bürger sind Feuerwehrleute und die Spritzen sind sehr elegant aus Messing und Stahl. Gezogen werden sie nur von Menschen. Was für ein Unterschied zu unseren alten roten Donnerkästen, bei denen es allein eine halbe Stunde dauert, bis die Pferde angeschirrt sind!

Acht Tage waren so schnell in New York vergangen und ich hatte viele Deutsche kennen gelernt. Der Aufenthalt im Wirtshaus war mir unerträglich geworden, denn keine Nacht konnte ich schlafen. Ich legte mich eigentlich nur hin, um die Wanzen zu füttern.

Durch einen Braunschweiger lernte ich eine deutsche Familie kennen, zu der ich ziehen konnte und für Kost und Logis wöchentlich drei Dollar zahlte, damals ein normaler Preis. Für die Wäsche musste ich extra vier Cents pro Stück bezahlen.

Ich war mit der Absicht nach New York gekommen von hier aus nach Vera Cruz per Schiff zu reisen, hörte aber über die mexikanischen Verhältnisse nur Ungünstiges. Immer mehr Leute rieten mir ab in das unruhige Land zu reisen und deshalb entschloss ich mich mir zuerst einmal die Vereinigten Staaten anzusehen, ehe ich in andere Länder reiste.

Bessere Aussichten schienen sich im Land selbst zu bieten. In New York sprach ich einen jungen Farmer aus Illinois. Er erzählte mir, dass es für einen Landmann leicht sei, dort Land zu pachten. Amerikanische Pacht bedeutete, ein Stück »geklärtes« Land mit entsprechenden Gebäuden zu pachten und zu bebauen. Der Eigentümer gibt dazu das Handwerkszeug und erhält ein Drittel der Ernte. Nach seiner Aussage konnten zwei Mann leicht 60 Morgen Acker bearbeiten. Er verschwieg aber dabei, dass es sich um Leute handeln musste, denen die amerikanische Landwirtschaft gut vertraut war.

Verwundert war ich eigentlich keine richtigen Soldaten in New York zu sehen. Es gab manchmal ein paar militärisch aussehende Burschen mit blauen Jacken und Hosen und Mützen aus Wachstuch. Das waren Uncle Sams Soldaten, die für acht Dollar den Monat sich für den Staat aufopferten. Man findet unter ihnen selten Leute, die Lust zum Arbeiten haben. Mit Ausnahme der Offiziere werden sie auch nicht geachtet. Sonst gibt es noch Bürgermilizen, mehrere amerikanische und deutsche Kompanien, die zu Festen ausrücken und ziemlich geschmackvoll uniformiert sind.

Vor kurzem hatte sich auch eine Anzahl Schotten vereint und eine Kompanie gebildet. Sie trugen die altschottische Hochländertracht. Die verschiedenen Clans in ihren Farben, mit Plaid und Federbarett und blauen Mützen, Schild, Claymore und ihren Standarten, dazu die Anführer mit Adlerfedern geschmückt, die Dudelsackspieler lustig ihre schottischen Nationallieder spielend. So zogen sie durch den größten Teil der Stadt und sahen prachtvoll aus. Ein Artikel am nächsten Tag im »Herald« ließ sich darüber aus, dass anständige Leute nicht mit »bloßen Beinen« durch die Straßen ziehen würden, und dann noch mit Musik!

Sehr viele Auswanderer kamen noch in diesen Tagen an und füllten die Wirtshäuser. Ich wunderte mich darüber, dass die Amerikaner sich nicht so um die Fremden drängten, wie ich mir eingebildet hatte. Deutsche und Iren galten kaum mehr als die Schwarzen. Ausnahmen gab es natürlich auch hier, denn der gebildete Amerikaner kann schon Unterschiede machen. Ich hatte mir aber vorgestellt, dass die Deutschen ein besseres Ansehen genossen.

Einen sehr unangenehmen Eindruck hinterlässt aber beim Europäer die Behandlung der armen Schwarzen. Obwohl New York kein Sklavenstaat ist, werden sie doch kaum besser als das Vieh behandelt. Sie genießen zwar jetzt einige Rechte, die sie vor zwei Jahren noch nicht hatten und die sie General Jackson verdanken. Aber sie dürfen nicht mit dem Omnibus fahren, im Theater nur in der Galerie sitzen, müssen mit wenigen Ausnahmen Kirchen für sich haben, dürfen nicht vor Gericht gegen einen Weißen schwören usw.

Die amerikanische Unabhängigkeitserklärung sagt ausdrücklich, dass alle Menschen gleich sein sollen. Trotzdem existiert in diesem Land die Sklaverei.

Vor amerikanischen und deutschen Schwindlern hatte man mich genügend gewarnt. Deshalb glaubte ich auch mein kleines Kapital von 200 Dollar vor allen Fallen bewahren zu können. Als ich nun einige Wochen in New York verlebt hatte, machte mir mein deutscher Hauswirt Vorschläge mit ihm zusammen ein Zigarrengeschäft zu eröffnen. Er behauptete das Geschäft bestens zu kennen und ich hatte etwas Kapital. Es bestand gar kein Zweifel, dass wir in ein paar Jahren unser Kapital verhundertfacht hätten.

Zuerst hielt mich eine Ahnung zurück, denn ich hatte zu viel über die Deutschen gehört – aber doch nicht von meinem Hauswirt – das waren ja ganz andere. Es dauerte auch nicht lange und ich war von der Idee restlos überzeugt. Der deutsche Zigarrenhändler Wagner wollte verkaufen und ins Landesinnere ziehen – wir wollten kaufen und wurden schnell handelseinig.

Ich steckte also mein Geld in das gefüllte Lager. Wie ich später herausfand, handelte es sich meistens um verfälschte Waren schlechter Qualität. Mein Kompagnon nahm noch weitere Ware auf Kredit dazu und fand merkwürdigerweise auch Leute, die ihm borgten. Innerhalb kurzer Zeit stand am Broadway ein Zigarren- und Tabakladen unserer Firma, bei der ich als »Co.« mit angeführt wurde.

Lange genug in Amerika, fing ich nun auch an mich zu amerikanisieren. Ich staunte jetzt nicht mehr, wenn eine dicke, fette Mulattin mit der Pfeife im Mund über die Straße ging oder ich höchst geschmackvoll angezogene Damen ohne Strümpfe in den Schuhen bemerkte. Mir fiel auch der Herr im schwarzen Frack, schwarzer Hose und goldener Uhrkette nicht mehr auf, der mit einem Korb über dem Arm zum Markt ging. Ich drehte mich auch nicht mehr um, wenn ein typischer Yankee bei schlechtem Wetter eben im gestreckten Galopp vom Markt zurückritt, am linken Arm einen Korb mit Gemüse, in der rechten Hand einen aufgespannten Regenschirm. Man gewöhnt sich an alles.

In dieser Zeit bekam ich auch manchmal Lust zu einer kleinen Jagd. Durch einen Bekannten hatte ich erfahren, dass die Ufer des Hudson sehr reizvoll lägen. So gingen wir eines schönen Morgens bewaffnet an Bord eines der unzähligen Dampfboote und fuhren den Hudson hinauf. Der Fahrpreis war gering, die Fahrt war wegen der wundervollen Landschaft das Hundertfache wert.

Der Hudson ist unbestritten der schönste Fluss, den ich je gesehen habe. Der stille, spiegelglatte und doch majestätisch breite Strom mit seinen ungeheuren schroffen Felsufern, dazu die kleinen Häuser und Städte, die sich an seine Ufer schmiegen, dazu Tausende von Fahrzeugen, die alles beleben – das erfüllte mein Herz mit Bewunderung und Wonne.

Weil das Boot erst spät losgefahren war, kamen wir bei Dunkelheit am Ort unserer Bestimmung an und übernachteten in einem Wirtshaus. Am nächsten Morgen durchsuchten wir die Felder und Wälder nach Beute. Müde und matt vom vielen Zäuneklettern und Springen über umgestürzte Bäume, vom Durchwaten der Moräste und Übersteigen der Hügel kamen wir abends bei einem Verwandten meines Freundes an, der uns gastfreundlich aufnahm. Wir hatten während des ganzen Tages weder eine Feder noch etwas anderes gesehen. Unser Gastgeber meinte, wir verständen nicht, das amerikanische Wild aufzuspüren, und er wolle uns am nächsten Tag führen.

Schon vor Tagesanbruch waren wir marschfertig und zogen in die wundervolle, würzige Luft hinaus. Wir hegten Mordgedanken und überlegten schon, ob unsere Jagdtaschen alles Wild auch aufnehmen konnten. Heute wiederholte sich die gleiche Jagd wie gestern: Hier schlichen wir an einem Waldsaum entlang, dort an einem Fenzzaun, hier durchstöberten wir einen Busch, dort durchwateten wir Strecken sumpfigen Landes von Tagesanbruch bis zum späten Nachmittag. Es war kein Schuss gefallen. Das kühlte doch unsere Jagdbegierde ab. Als wir wieder in der Nähe des Stromes ein Dampfboot sahen, winkten wir und ließen uns an Bord nehmen. Müde und hungrig und ohne ein Stück amerikanisches Wild kehrten wir nach New York zurück.

Die Jagd im Osten der Vereinigten Staaten, insbesondere in der Nähe großer Städte, ist auch zu unbedeutend, um überhaupt mit einem Gewehr loszuziehen. Hier und da trifft man auf kleine Scharen einer Rebhuhnart, die die Amerikaner Wachteln nennen. Manchmal sieht man ein Kaninchen und eine ziemlich große Art Lerchen. Alles andere Wild ist dort aber längst vertilgt. Trotzdem laufen Scharen von Jägern umher und machen selbst den kleinsten Singvögeln das Leben schwer. Nur Wassergeflügel gibt es auf dem Hudson und in den nördlichen Seen und Sümpfen des Staates New York in größerer Menge.

Nach dieser Exkursion trieb mich nichts mehr so schnell aus der Stadt, ich kümmerte mich eifrig um meine Geschäfte. Dabei gab ich mir besondere Mühe die englische Sprache zu erlernen. Obwohl ich mich schon etwas in Deutschland vorbereitet hatte, kam es mir hier wie Chinesisch vor. Als sich mein Ohr jedoch an den Klang gewöhnt hatte, half mir das Grundwissen gut weiter.

Mein Geschäftsleben gestaltete sich sehr traurig. Vom Broadway zogen wir bald wegen der hohen Miete in den Keller des Hauses in der Nassaustreet, wo wir auch wohnten. Dadurch sparten wir zwar Miete, verloren aber auch viele Kunden. Die einzelnen Jungen, die abends kamen und mit Zimtöl betupfte Cent-Zigarren kauften, konnten uns dafür nicht entschädigen. Auch mit meinem Partner war ich nicht zufrieden, denn ich hatte eigentlich zwei. Seine Frau regierte mehr mit, als mir lieb war. Eine flüchtig gezogene Bilanz brachte mir die Erkenntnis, dass wir mein kleines Kapital schon um einen bedeutenden Teil vermindert hatten, von Gewinn keine Rede.

Als mir so die Augen geöffnet wurden, fragte ich mich, ob das eigentlich der Zweck war, für den ich die Heimat verlassen hatte. Tag für Tag reifte der Entschluss in mir diesem Leben zu entsagen und hinaus in die Welt zu ziehen. Lange überlegen ist nicht meine Sache, dem Entschluss folgte bald die Tat. Mein Partner sollte bis Ende März alles im Geschäft behalten und mir dann meine Einlage zurückzahlen. Zwei Koffer mit Wäsche und Büchern ließ ich zurück und nahm bloß etwas saubere Wäsche, Pulver, Blei und meine Doppelflinte sowie etwas Reisegeld mit. Wohin ich eigentlich wollte, war mir selbst nicht klar. Auf alle Fälle wollte ich zum Niagarafall und deshalb zunächst nach Albany, von dort dann nach Niagara. Alles Weitere würde sich ergeben.

Frei war ich, frei. Hoch und froh hob sich mir zum ersten Mal wieder die Brust im Gefühl völliger Unabhängigkeit. Ich beneidete nicht mehr die Vögel, deren Zug nach Süden ich noch vor kurzer Zeit wehmütig verfolgt hatte. Auch ich war frei wie sie und willig meine gelösten Schwingen zu gebrauchen.

4. Kapitel

State of New York

Nachmittags um fünf Uhr ging das neue Dampfboot Diamant am 24. Oktober von New York nach Albany und ich stand auf seinem Deck. Tief atmete ich durch und genoss mit verzücktem Blick die immer großartiger und herrlicher aussehende Landschaft. Durch mein Äußeres unterschied ich mich deutlich von den Amerikanern, aber das kümmerte mich nicht. Ich trug meine kurze grüne Jagdjacke, eine eng anliegende Lederhose, dazu Wasserstiefel. Auf dem Kopf hatte ich eine grüne Pelzmütze, den Hemdkragen ließ ich offen.

Kalt und feucht brach die Nacht herein und als am anderen Morgen die Sonne aus trüber Wolkendecke brach, schimmerten schon in den Strahlen die Turmspitzen von Albany. Die weitere Verbindung war ein Zug nach Utica, denn die Stadt mit ihren Häusern und gewinnsüchtigen Menschen lockte mich nicht. Dafür war ich nicht nach Amerika gekommen, ich suchte die Natur.

Ich kann mich noch gut an das Gefühl erinnern, das die erste Fahrt mit der Eisenbahn bei mir verursachte. Das Klappern und Schnauben der Maschine, das rasche Durchschneiden der Luft, dazu das fremde, wunderbare Land, das pfeilschnell an uns vorüberzog – ich konnte mich nicht satt sehen und erhielt einen mächtigen Eindruck vom Reisen mit der Eisenbahn.

Ich fuhr natürlich aufgrund meiner finanziellen Mittel dritter Klasse zwischen einer keineswegs mehr gemischten Gesellschaft. Es waren fast alles irische Arbeiter, die irgendwo in das Land zogen, um an einem Kanal oder der Eisenbahn zu hacken und zu graben. Diese Gruppe war nicht sehr angenehm, zumal viele von ihnen betrunken waren. Zum Glück saß ich am Fenster und hielt mich, so gut es ging, fern. Plötzlich gab es aber einen wilden Tumult und lautes, schallendes Gelächter in der Gruppe. Ich drehte mich um und sah, dass sich der Kontrolleur mit einem angetrunkenen Iren stritt und heftig gestikulierte.

Nach und nach erfuhr ich auch den Grund: Der Mann war im falschen Zug und verlangte jetzt, dass man anhalten sollte. Nach anfänglichem Schimpfen verlegte sich der Mann aufs Betteln und erzählte, er würde seine Arbeit verlieren und seine Familie ins Unglück stürzen, wenn er nicht sofort nach New Albany zurückkehrte. Der Schaffner erklärte ihm, dass er in keinem Falle anhalten lassen könne. Aber man wolle langsamer fahren und ihm dann auf eigene Gefahr gestatten abzuspringen.

Der Ire ging sofort darauf ein und tatsächlich fuhr der Zug bald darauf langsamer. Das heißt aber, dass er immer noch schneller fuhr als vier Pferde einen leichten Wagen im gestreckten Galopp ziehen konnten. Der Ire sah unschlüssig aus der halb geöffneten Tür.

»Spring oder die Zeit ist vorbei!«, rief ihm der Eisenbahner zu, dem es völlig egal war, was dem Mann passierte.

»Aber ich breche mir den Hals! Können Sie nicht langsamer fahren?«

»Wenn Sie nicht wollen, lassen Sie's bleiben«, brummte der Mann und wollte die Tür schließen.

»Halt, ich will! Lasst mich raus, da kommt Gras!«

»Um Gottes willen, halt!«, schrien ein paar andere und fassten ihn am Kragen. »Da unten liegt Holz und du brichst dir alles!«

»Jetzt aber – Rasen!«, rief der Schaffner. Der Mann riss sich los und sprang. Ich beugte mich aus dem Fenster, um zu sehen, was aus ihm geworden war, konnte aber nur eine lang gestreckte, dunkle Gestalt ausmachen. Der Zug hatte bereits wieder seine Geschwindigkeit erreicht.

»Hol's der Teufel, er hat sich den Hals gebrochen!«, rief einer der Arbeiter.

»Und was macht's?«, antwortete der Schaffner und drehte sich lachend um.

Ich habe nie erfahren können, was aus dem Mann geworden ist.

In der Nacht erreichten wir Utica, ein kleines Städtchen. Auf der Straße traf ich einige Männer mit einem Wagen und erkundigte mich nach dem nächsten Kanalboot. Sie luden mich freundlich auf den Wagen ein und fassten mich schon an jeder Seite unter, um mir hinaufzuhelfen. Mir fielen aber alte Warnungen ein und deshalb stemmte ich meinen Fuß gegen den Wagen und fragte nach der Bezahlung.

»Keine Bezahlung!«, riefen beide und mit einem Satz saß ich im Wagen, der bald vor einem sehr eleganten Haus hielt. Obwohl alles sehr teuer aussah, trat ich ein und fand meine Befürchtungen bald bestätigt. Für eine Tasse Tee und ein kleines Butterbrot musste ich 50 Cent zahlen. Außerdem forderte man mir für die Fahrt mit dem Kanalboot bis Buffalo sechs Dollars ab. Von dort sollte es einen Schienenweg zu den Niagarafällen geben.

Der Preis schien mir sehr hoch zu sein und ich überlegte, ob ich diese Strecke nicht auch zu Fuß bewältigen konnte. Da nahm sich ein Deutscher jüdischer Abstammung meiner an und handelte den Preis auf vier Dollar herunter. Ich ging an Bord und fand Unterkunft in einem warmen, behaglichen Raum.

Der nächste Morgen war trüb und regnerisch und die Frühstücksglocke riss uns fast zu früh vom Lager. Für einen erst angekommenen Deutschen ist ein amerikanisches Frühstück eine merkwürdige Sache. Mit Erstaunen sieht er Kaffee, fettes Schweinefleisch, Butter und Käse hier zusammengestellt und der Magen muss sich wirklich erst daran gewöhnen. Ist das geschehen, behagt es einem Hungrigen mehr als trockenes Weißbrot und dünner Kaffee. Nach dem Essen hatte ich genug Zeit, um meine Reisegefährten genauer zu betrachten.

Ich teilte mir den Raum mit ungefähr zehn Herren und drei Damen, die übrigens in einem mit Vorhang abgeteilten Raum unter der Überschrift »Ladys Cabin« Platz fanden.

Unsere Damen waren zwei alte und eine nicht mehr junge Frau. Obwohl ich sonst Damengesellschaft schätze, so war mir das hier nicht sehr angenehm. Sie hatten nämlich die Angewohnheit in fast regelmäßigem Abstand laut aufzustoßen. Zuerst drehte ich mich erschrocken um, aber niemand nahm sonst davon Notiz. Diese amerikanische Unart war längst nichts Besonderes mehr.

Ein Kanalboot ist ein sehr langes, schmales Boot. Es ragt wohl sechs Fuß aus dem Wasser und ist vollkommen gedeckt, dazu rundum mit Fenstern versehen. Sowohl eine größere Anzahl Passagiere wie auch Fracht kann mitgenommen werden. Aber sie sind sehr langsam und besonders unser Boot wand sich, von zwei Pferden im gemütlichen Schritt gezogen, schneckenartig durch die Landschaft. Ständig trifft man auf niedrige Brücken, die nur einen geringen Abstand zum Bootsdach haben. Befindet man sich auf Deck, muss man ständig aufpassen, nicht über Bord gefegt zu werden, wie ich das selbst einmal gesehen habe. Man muss sich eben rechtzeitig flach legen. Ist das Boot aber nur sehr leicht beladen, kann das auch schief gehen. Vor nicht langer Zeit wurde dabei ein Passagier jämmerlich zerquetscht.

Langsam und sehr monoton ging die Fahrt voran. Auch die zumeist sumpfigen Ufer boten wenig Abwechslung. Nur einmal wurde es interessant, als nämlich unser Kanal einen Fluss kreuzte. In 20 oder 25 Fuß Höhe lief er darüber hinweg und vermittelte ein eigenartiges Gefühl so darüber hinwegzufahren.

Eines Tages saß unser Boot plötzlich mit einem fürchterlichen Ruck fest. Alles lief hinaus, um nachzusehen, was passiert war. Wir waren mit einem anderen Boot an einer engen Stelle des Kanals unter einer Brücke zusammengestoßen. Unserem Gegner hatte es ein paar Rippen eingedrückt und wir saßen wie fest gemauert. Die Pferde wollten im knietiefen Schlamm nicht zusammen anziehen und deshalb erbarmte ich mich schließlich. Ich vertraute auf meine Wasserstiefel, sprang mit der großen Peitsche hinaus und machte ihnen begreiflich, dass sie wohl ziehen könnten, wenn sie wollten. Es ging auch, aber eines der Pferde schlug aus und versah mich mit einer Ladung rotem Schlamm. Ich kroch zurück und beschloss beim nächsten Mal etwas weniger diensteifrig zu sein.

Am 29. Oktober forderte der Kapitän seinen Lohn. Ich kam ganz gelassen mit meinen vier Dollar an und erfuhr zu meinem Erstaunen, dass der in Utica ausgehandelte Preis den Kapitän nicht interessierte. Ich musste wie alle anderen sechs Dollar zahlen und war wieder um eine Erfahrung reicher.

Bislang hatten wir ausreichend Platz, aber jetzt kamen noch 15 Passagiere mit ihrem Gepäck hinzu. Tagsüber ging es noch, aber ich hatte ja noch den Weserkahn in schlechter Erinnerung. Die Schlafstellen auf dem Kanalboot bestanden aus langen, viereckigen Rahmen. Abends wurden sie wie Hängematten an die Decke gehängt, immer nebeneinander. Jetzt wurden wir schichtweise gepackt. Die Rahmen sind mit starkem, groben Leinen überzogen. Darauf legt man eine schmale Matratze, die die Reisenden von Utica alle hatten, die anderen jedoch nicht. Ich kroch in mein schwankendes Bett, nachdem ich noch die Seile zum Kasten über mir untersucht hatte, um nicht plötzlich nachts gepresst zu werden. Die neuen Passagiere blieben noch auf und spielten Karten.

Ein beängstigendes, erstickendes Gefühl weckte mich in der Nacht. Kalter Angstschweiß stand mir auf der Stirn, wie Blei lag es mir auf der Brust und dem Magen. Als ich langsam richtig wach wurde, veränderte sich doch das

Gewicht nicht. Ich hörte den Mann über mir schnarchen und war überzeugt, dass auch das Gewicht von ihm stammte. Deshalb versuchte ich jetzt den Koloss zu bewegen, aber vergeblich. Ich stieß, rief – keine Reaktion. Wie ein Fels lag er auf mir, schwer und unbeweglich. Da erinnerte ich mich an meine Halstuchnadel und konnte sie mit Mühe hervorziehen. Ein Stich und der Fleischklumpen streckte und dehnte sich und ich bekam einen Augenblick Luft, aber dann lag das volle Gewicht wieder auf mir. Also ein erneuter Angriff.

»What the devil is that? Help, murder!«, schrie eine tiefe Bassstimme über mir. Durch einen plötzlichen Ruck war ich von der Last befreit und schlüpfte aus meinem Kasten. Im Schein der Deckenlampe konnte ich das merkwürdige Bild vor mir erkennen. Der starke, schwerfällige Mann über mir schlief ohne Matratze direkt auf der Leinwand und war mit dem schwersten Teil seines Körpers zu mir durchgebrochen. Als er jetzt wieder zurücksank, gab die Leinwand völlig nach und der noch nicht ganz Erwachte saß halb in meinem Bett, halb hing er noch in seinem eigenen.

Bei seinem Geschrei sprang jetzt alles auf und brach in lauten Jubel aus, als man den Dicken so gefangen sah.

Am Morgen erreichten wir Lockport. Hier erreichte der Kanal eine Höhe von gut 60 Fuß und fünf Schleusen gleichen den Unterschied aus. Ich erfuhr, dass es zum Niagarafall vernünftiger sei, das Boot zu verlassen und direkt zu Fuß zu gehen. Von Buffalo aus wäre es viel weiter. Diesem Rat folgte ich und erreichte schon am Nachmittag dieses größte Wasserwunder der Erde.

Ich schenke mir die genaue Schilderung, Tausende von guten und schlechten Beschreibungen und kalten Illustrationen dieses göttlichen Schauspiels sind schon in alle Weltgegenden gegangen, ich will ihre Zahl nicht noch vermehren. Aber einen gewaltigen Eindruck machte es auf mich. Ich konnte nur staunen und beten – es war zu gewaltig groß.

Das Herz noch voll von dem herrlichen Naturwunder, wollte ich nicht in die kleine Stadt Manchester, die dicht am Fall liegt, um dort zu übernachten. Vielmehr folgte ich dem ersten Weg ins Land. Hier hoffte ich auf Jagdmöglichkeiten und vielleicht auch eine Unterkunft.

Es wurde immer dunkler und der Weg schlechter, als ich endlich ein Licht entdeckte. Es war die freundliche Wohnung eines Schmieds aus Pennsylvania, der sich hier angesiedelt hatte. Mit wohltuender Gastfreundschaft empfing er den Hungrigen und gab ihm ein Nachtlager. Hier wie auch bei anderen Farmern hörte ich, dass Kanada ein schönes Land sei und dass es dort Wild im Überfluss gäbe. Auch Bären und Wölfe würden dem Jäger zu schaffen machen.

Das war für mich Aussicht auf ein interessantes Leben: Kanada – Bärenjagd – schon diese beiden Worte genügten, um neue, fröhliche Bilder vor mir entstehen zu lassen. Wohin ich ging, war ja völlig egal. Das Land wollte ich kennen lernen, und ob ich damit im Norden oder Süden begann, war egal.

Ich überlegte nicht lange und am 1. November brachte mich ein Dampfboot von Lewisville, einem kleinen Städtchen am Niagara, nach Toronto. Hier blieb ich nur eine Nacht, weil ich sehr spät ankam und am nächsten Morgen mit einem anderen Boot weiter nach Hamilton ging.

Hamilton ist ein freundliches Städtchen am Ontariosee. Obwohl es nur wenig von der Grenze zu den Vereinigten Staaten entfernt liegt, sind die Unterschiede erstaunlich. Der größte Teil der Siedler in Kanada besteht aus Engländern, Schotten oder Iren und die haben fast alle ihre alten Gewohnheiten beibehalten. Das Geld ist englisch, obwohl auch das amerikanische gebräuchlich ist. Und im Gegensatz zu Amerika findet man hier häufig Zepter und Krone auf Schildern und Wappen.

Ich hatte mir den Fuß vertreten und musste am Freitag, den 3. November, in Hamilton bleiben. Aber am Sonnabend zog ich wieder gesund und munter weiter und kam mir vor wie Jean Pauls Schulmeisterlein Wutz. Mein nächstes Ziel war Dundas, von dort wanderte ich in Richtung Preston, bog aber vorher nach New Hope ab. Dort sollte ein alter deutscher Jäger wohnen.

Es wurde bereits dunkel, als ich die Wohnung ausfindig gemacht hatte. Er selbst war nicht da und sechs Kinder aller Altersstufen sahen den Fremden aus großen Augen verwundert an. Das Ehepaar war in der Kirche und die sechzehnjährige Tochter unterrichtete die Jüngeren im Lesen und Schreiben. Ich setzte mich ruhig in eine Ecke und hörte ihnen zu.

Endlich kehrten die Eltern zurück. Der Mann gehörte zur Religion der Tunker und ließ den vollen Bart unter dem Kinn wachsen. Ich wurde herzlich begrüßt. Allerdings musterte mich der Alte zunächst misstrauisch, denn Kanada stand wenige Wochen vor dem Ausbruch einer Revolution und die ruhigen Deutschen schienen keinen Gefallen an der allgemeinen Unruhe zu haben. Als ich ihm jedoch den Grund meines Besuches erklärte, wurde er rasch zutraulich, legte seinen Kirchenstaat ab und wir setzten uns an den warmen Ofen. Aufgrund der Witterung findet man Öfen in Kanada häufiger als die amerikanischen Kamine.

Das Gespräch drehte sich meistens um den Ackerbau und die Jagd. Der Alte schien das eine gut zu verstehen und das andere leidenschaftlich zu lieben. Das war der Mann für mich. Er erzählte mir viel vom früheren Wildreichtum, der aber jetzt der stärkeren Besiedlung wich. Außerdem sprach er abfällig über die vielen schlechten Jäger, die oft die Tiere nur anschossen. Er hätte aber beim Truthahnschießen nur sehr selten gefehlt. Das Truthahnschießen findet hier noch ganz so statt, wie es Copper so treffend in den »Ansiedlern« beschreibt. Weil die Nacht schon hereingebrochen war, bot mir der Alte ein luftiges Lager unter dem Dach an und ich schlief herrlich.

Er hatte mir von einem nur wenige Meilen entfernten See erzählt, wo es ungeheure Mengen Enten geben sollte.

Mit Tagesanbruch machte ich mich auf, um mir einige Braten zu holen.

Mein neuer Bekannter hatte mir ungefähr die Richtung beschrieben, aber an einen See war gar nicht zu denken. Ich war überzeugt das Wasser auch ohne Kompass zu finden und schritt munter drauflos. Der Wald wurde aber immer dichter, immer häufiger lagen umgestürzte Bäume im Weg und die Sonne stand hoch, als ich endlich den Kompass aus der Tasche nahm. Nun konnte ich die gerade Richtung verfolgen und gelangte glücklich an den See. Ich sah auch viele Enten, die sich aber alle in der Mitte aufhielten.

Das war ein Strich durch meine Rechnung, aber der See schien mir nicht groß und ich wollte ihn umgehen. Nach und nach konnte ich drei Enten schießen und vergaß vor Jagdeifer die Tageszeit. Jetzt bemerkte ich plötzlich, wie sich die Sonne schon stark nach Westen neigte. Den See noch vor Sonnenuntergang zu umgehen war unmöglich, das konnte ich erkennen. Im Nordosten zogen sich dicke Wolkenmassen zusammen und Wind erhob sich brausend und pfeifend.

Ich sah keine andere Möglichkeit, als hier mein Lager aufzuschlagen. In der Tasche hatte ich einige Stücke hartes Brot, die meinen Hunger kaum stillten. Eine der Enten hatte ich noch nicht gebraten und das Unwetter nahte. Schon in ziemlich schlechter Stimmung entdeckte ich am Ufer ein Kanu. Ich stieg sofort ein und ruderte auf das ungefähr zweieinhalb englische Meilen entfernte andere Ufer zu.

Der Wind blies heftig und die Wellen schaukelten das roh aus einem Baumstamm geschlagene Fahrzeug. Ich musste alle Kraft und Geschicklichkeit aufbieten, um es im Gleichgewicht zu halten und durch die Wogen zu treiben. Jetzt begann es so stark zu schneien, dass ich rasch vom Schnee bedeckt war. Endlich konnte ich landen, befestigte das Kanu am Ufer und suchte einen Weg zur Ansiedlung.

Innerhalb kurzer Zeit wurde es finster, aber ich hatte bereits einen kleinen Fußpfad entdeckt, von dem der Schnee wegen der Nässe wegschmolz. Er führte mich wie eine dunkle Linie aus dem Wald und nach anderthalb Stunden blinkte mir der Schein eines fernen Lichtes entgegen. Bald hatte ich es erreicht und pochte an die niedrige Haustür eines Farmgebäudes.

Zu meiner freudigen Überraschung erkundigte sich eine Stimme in deutscher Sprache, wer da sei. Mir öffnete die Frau eines deutschen Wagenmachers. Ihr Mann war in das benachbarte Städtchen geritten und wurde in Kürze zurückerwartet. Der warme Ofen rief meine schon fast erstarrten Lebensgeister zurück und eine Tasse warmer Kaffee brachte mich wieder ins alte Gleis. Nach einer guten Stunde kam ihr Mann zurück, ein freundlicher Deutscher. Er war schon drei Jahre im Land und ohne einen roten Pfennig herübergekommen. Inzwischen besaß er schon ein hübsches Häuschen, ein Stück Land und genug Arbeit.

In der Nacht hatte es stark geschneit und ich versprach mir eine gute Jagd. Weil mein Wirt kein Geld von mir wollte, schenkte ich ihm die Enten. Mein Gewehr lud ich mit Rehposten und den anderen Lauf mit grobem Schrot, setzte frische Zündhütchen auf und trat aus dem backofenartig geheizten Zimmer in die frische Morgenluft hinaus.

Ich war vielleicht eine Stunde gewandert und hatte nicht mehr als ein Kaninchen und einen Fasan geschossen. Da kam mir ein Mann entgegen, in dem ich bald darauf einen Indianer erkannte. Er trug eine kurze Wolljacke, eine dunkelblaue Hose mit breiten Nähten, an den Füßen Mokassins. Den Kopf hatte er mit einer roten Wollschärpe turbanartig umwunden. Die schwarzen, feurigen Augen blitzten darunter hervor und das schwarze Haar hing an den Schläfen herunter. In den Ohren trug er Kristallringe, der mit Perlen verzierte indianische Gürtel hielt einen Tomahawk. An der rechten Seite hatte er ein schlichtes Pulverhorn und eine Kugeltasche. Die lange amerikanische Rifle gab der Gestalt ein kühnes, romantisches Aussehen.

Nach einer kurzen, freundlichen Begrüßung und einem Händedruck versuchten wir uns zu verständigen, was nicht gerade leicht war. Er sprach nur gebrochen Englisch und meine Kenntnisse waren auch noch dürftig. Auf meine Frage, ob er viel Wild gesehen habe, zeigte er vor sich auf den Boden, wo eine noch ganz frische Bärenfährte durch den Schnee lief. Er winkte mir mitzugehen. Ich muss wohl nicht sagen, dass ich ihm mit vor Freude und Ungeduld klopfendem Herzen folgte.

Dem Leser will ich die Schilderung der Bärenjagd aber ersparen, denn es handelte sich nur um einen jungen, vielleicht neun Monate alten Bären, dem wohl die Alten weggeschossen waren. In meinem Jagdeifer tat ich ihm mit meiner Schrotflinte nicht viel. Der Indianer verkaufte ihn später in Preston für vier Dollar und vertrank wahrscheinlich das Geld. Als ich Abschied von ihm nahm, begann er jedenfalls damit.

Nach dieser Jagd durchstreifte ich wieder einige Zeit allein den Wald, aber mit nur geringem Erfolg. Einmal fand ich mich nicht gut zurecht und dann war ich als junger Jäger auch nicht in der Lage mir jeden Tag sicher etwas zu erlegen.

Das Wetter diente auch nicht gerade dazu, den Aufenthalt im Freien angenehm zu machen. Ich war noch zu kurze Zeit daran gewöhnt. Hin und wieder traf ich auf deutsche Siedler, bei denen ich übernachtete. Die Beschreibung des kanadischen Winters, die ich dabei bekam, war ebenfalls nicht verlockend und ich beschloss auszuweichen, ehe ich hier festschneite.

Aus diesem Grund marschierte ich wieder in südlicher Richtung auf den Ontariosee zu, um dort auf die Straße nach Buffalo zu treffen. Hier im Wald sollte ich noch ein für mich nicht erfolgreiches Abenteuer erleben. Als ich einem kleinen Pfad folgte, entdeckte ich plötzlich sieben

Wölfe ungefähr 70 Schritt vor mir. Ohne nachzudenken, drückte ich mich in den Schnee, um eine Kugel in den einen Lauf zu laden. Ich befürchtete nur mit Schrot nichts auszurichten. Als ich aufstand, waren die Wölfe verschwunden. Da sie südöstlich geflohen waren, folgte ich ihnen. Mich reizte ein Wolfsfell, weil es dafür von der Regierung sechs Dollar gab. Als aber die Sonne unterging, gab ich die Verfolgung auf.

Die Kanadier erzählen, dass sich die Wölfe zunächst vor den neu eingeführten Schafen richtig gefürchtet hätten. Als sie sich dann an die fremden Tiere gewöhnt hatten, richteten sie schwere Schäden unter den Herden an.

Ich hatte zwar auch einige Hirsche gesehen, kam aber nie in Schussweite. So musste ich mich mit einem Kaninchen begnügen, das mir über den Weg lief. Heute Abend war nicht daran zu denken, noch an ein Haus zu gelangen. Es gab auch keinen Weg mehr und so schleppte ich vor einsetzender Dunkelheit so viel Holz zusammen, wie ich finden konnte. Dann räumte ich den Schnee von einem trockenen, umgestürzten Stamm und zündete darunter ein Feuer an, das bald fröhlich flackerte.

Dann bereitete ich das Kaninchen zu, weidete es aus und wusch es mit Schnee ab. Es kam auf einen Stock ans Feuer und mit einem Stück Baumrinde fing ich das abtropfende Fett auf, um es wieder darüber zu gießen. Ich vermisste zwar Brot und Salz dazu, aber Hunger ist ein vorzüglicher Koch. Die beiden Hinterkeulen sollten mein Frühstück bilden, den Rest aß ich vollkommen auf. Dann vergrößerte ich mein Feuer, legte mir den Jagdranzen unter den Kopf, zog die Pelzmütze über die Ohren und streckte die Füße zum Feuer aus. So verbrachte ich meine erste Nacht in Amerika im Freien.

Ich war schnell eingeschlafen und wurde erst durch die kühle Morgenluft geweckt. Mein Feuer war niedergebrannt und der Frost schüttelte meine erstarrten Glieder. Ich zitterte so stark, dass ich kaum das Feuer wieder anblasen konnte. Endlich gelang es und ich taute langsam wieder auf.

Nach dem Frühstück setzte ich meinen Weg gestärkt fort und etwa gegen zehn Uhr zeigte mir ein krähender Hahn, dass ich nicht mehr weit von einer Ansiedlung entfernt war. Mit langen Schritten marschierte ich darauf zu und bald begrüßte mich das Gebell einer Hundemeute. Der Besitzer war im Wald, um die langen Stangen zu schlagen, mit denen man die Felder einzäunte. Sie wurden Fenz genannt. Seine Frau, eine nette Amerikanerin, setzte mir freundlich Milch und Brot vor und meinte, ich könnte höchstens 20 Meilen von der Straße nach Buffalo entfernt sein. Unterwegs würde ich zahlreiche Farmhäuser finden. Geld wollte sie für die Erfrischung in keinem Fall und mit herzlichem Dank arbeitete ich mich durch die Legion Hunde hindurch. Fröhlich ging es weiter und der kanadische Wald schallte von deutschen Liedern.

Am nächsten Morgen erreichte ich endlich die Straße, die von einer Art Postkutsche befahren wurde. Ich war wieder im kultivierten Teil des Landes angekommen. Der Farmer baut hier sehr viel Weizen, Hafer, Gerste und Mais an.

Etwa dreißig Meilen vor der Stadt holte ich einen Viehhändler aus den Staaten ein, der auf dem Rückweg war. Es war ein freundlicher Mann und ich beschloss die Entfernung bis Buffalo mit ihm gemeinsam zu bewältigen. Er trieb zwei ungeheuer fette Ochsen aus Kanada heim und ritt dabei ein schrecklich mageres Pferd. Trotzdem lud er mich ein das Tier abwechselnd zu benutzen, weil er auch gern einmal gehen wollte.

Das Reiten wäre nicht schlecht gewesen, denn leichter Nieselregen weichte die Wege auf. Aber der gute Mann bot sein Pferd jedem an, der uns begegnete und hätte es auch gegen zwei Kühe eingetauscht. Es muss ein komisches Bild gewesen sein, wenn das traurige Tier, auf dem ich ritt, jedem spottbillig angeboten wurde. War er müde, wechselten wir uns ab. Er hatte ein Buch mit einem rührenden Trauerspiel in der Tasche. Kaum saß er im Sattel, zog er es heraus und begann zu deklamieren. Dabei hielt er mit der Linken das Buch, mit der Rechten gestikulierte er wild, obwohl er dort auch die große Ochsenpeitsche hielt. Bei den gefühlsbetonten Szenen kam die Peitsche den Ochsen sehr nahe und die wichen dann verängstigt zurück. Dann musste er seine pathetische Rede mit einem kurzen Zwischenruf an die gehörnten Zuhörer unterbrechen.

Am 11. November kam ich wieder zum Niagarafall und konnte seine Pracht und Größe nun auch von der kanadischen Seite bewundern. Von hier wand sich der Weg am Niagarafluss zum Eriesee hinauf. Der Weg war herrlich, schön und trocken. Auf der einen Seite der prächtige, unbewaldete Fluss, rechts eine blühende Farm neben der anderen mit den schönsten Apfelgärten. Die Strecke kam mir so sehr kurz vor und einige Meilen vor Buffalo setzten wir auf einer von Pferden betriebenen Fähre über den Niagara und waren wieder in den Vereinigten Staaten.

Kanada hatte mir gut gefallen und schien überall fruchtbar und schön zu sein. Aber aufgrund des kalten Klimas möchte ich dort nicht leben. Der Getreideanbau ist gut, aber Schaf- und Schweinehaltung durch die zahlreichen Wölfe fast unmöglich.

Früh am nächsten Tag sah ich mir die Stadt an. Es ist ein hübscher Platz, an dem viele Deutsche wohnen. Sicherlich ist er ein Mittelpunkt des nordischen Binnenhandels. Eisenbahnen, Kanäle, Dampfboote und Segelschiffe wetteifern miteinander, um Waren und Produkte zu bringen und zu holen.

Gegen Mittag ging das Dampfboot »North America« nach Cleveland, Ohio, ab – und ich mit ihm. Eine große Menge von Passagieren stopfte den »storage room« und es war kaum darin auszuhalten. Dazu kam, dass viele irische und amerikanische alte Frauen ihre kleinen Pfeifenstummel im Mund hatten und mit den Männern um die Wette qualmten. Das nahm jedoch ein rasches Ende!

Der Eriesee wurde von einem frischen Wind gepeitscht und warf gewaltige Wellen. Das Dampfboot schaukelte stark und eine Pfeife nach der anderen verschwand. Gesichter wurden blass und lang. Ich bemerkte mit Entsetzen die Veränderung und flüchtete in einen der oberen Schlafräume, um außer Schussweite zu sein. Kaum hatte ich mein hohes Lager eingenommen, brach die Seekrankheit auch aus. Mir war ein Liebespaar aufgefallen, dem es zusehens schlechter ging. Sein Gesicht wurde immer länger, seine Nase spitzer, seine Augen glasiger. Dicht vor ihnen hatte sich eine Irin der unteren Klasse mit der Pfeife im Mund gehockt. Sie warf einen verächtlichen Blick umher, der zu sagen schien: »Untersteht euch ja und werdet seekrank, erbärmliches Volk!« Ein Kind auf ihrem Schoß litt ebenfalls und wurde von ihr gerade gesäubert, als das Liebespaar den Ausbruch der Seekrankheit gemeinsam in ihre Richtung abgab. Der Grimm der Alten war furchtbar.

Am 14. November erreichten wir endlich abends Cleveland. Etwas verlegen stand ich am Ufer und überlegte, wo ich die Nacht verbrachte. Ein junger Deutscher sprach mich an und brachte mich in ein deutsches Gasthaus, wo ich mich bald schlafen legte.

Die Betten in Amerika sind alle so breit, dass drei Mann bequem darin Platz haben, und ich habe auch schon als Vierter darin geschlafen. Das ist auch eine fatale Gewohnheit der amerikanischen Gasthäuser, die ihre Betten immer für mindestens zwei Schläfer berechnen. So wird man häufig mit nicht gerade angenehmen Leuten zusammengeworfen – aber schließlich gewöhnt man sich an alles.

Ich erfuhr auch hier, dass später noch ein Gast käme, und wurde gegen Mitternacht durch ein Geräusch geweckt. Um meinen Schlafgenossen zu betrachten, drehte ich mich um und sah zu meiner ungeheuren Freude einen pechschwarzen Kerl, der sich eben auszog. Ich rückte auf die äußerste Bettkante und ließ ihm zwei Drittel des breiten Ruhelagers.

Mir waren damals die amerikanischen Sitten noch zu unbekannt. Wäre mir das später passiert, hätte der gute Wirt keinen ganzen Knochen im Leib behalten.

Sosehr ich das amerikanische Vorurteil, dass die Schwarzen eine vollkommen untergeordnete Rasse sind, ablehne, so war es doch von dem Wirt eine Frechheit, mir einen solchen Schlafgefährten zu schicken. Er konnte es auch nur machen, weil er bemerkt hatte, dass ich erst kurze Zeit im Land war.

Von Cleveland aus wanderte ich ein Stück am Kanal hinunter zum Städtchen Canton, um dort meinen Schiffskameraden, den Apotheker Vogel, aufzusuchen. Unterwegs schoss ich mehrere wilde Enten und einige Kaninchen, die Nacht verbrachte ich bei Amerikanern, die mich freundlich aufnahmen.

Ein deutsches Mädchen, das bei den Amerikanern arbeitete, amüsierte mich besonders. Sie war erst wenige Monate hier und sprach noch sehr wenig Englisch. Aber sie sprach Plattdeutsch und so konnte sie sich halbwegs mit ihren Arbeitgebern verständigen.

Meinen Freund fand ich in Canton nicht und erfuhr, dass er nach Cincinnati gegangen sei, das ich mir ebenfalls ansehen wollte. So hielt ich mich nicht lange auf und wanderte weiter in den Staat Ohio hinein.

Gleich vom ersten Tag an ging ich an eingefenzten und bebauten Feldern entlang und fast alle halbe Stunde traf ich auf größere oder kleinere Farmgebäude. Dabei traf ich auch viele deutsche Einwanderer. Was ich dabei über das Land erfuhr, war nur vorteilhaft. Die Leute mussten zwar schwer arbeiten, waren aber zufrieden und rieten mir hier zu bleiben und sich anzusiedeln. Wäre ich fleißig, könnte ich es bald zu etwas bringen. Das nutzte mir im Moment aber wenig, denn ich hatte meine Wanderung erst begonnen und noch einen langen Weg vor mir. Wohin? Ich wusste es selbst nicht und kümmerte mich auch nicht darum. Mein nächstes Reiseziel war Cincinnati und alles andere würde sich finden.

Ohne besondere Ereignisse erreichte ich am 26. November die größte Stadt Ohios am gleichnamigen Fluss. Mit großer Freude begrüßte mich mein glücklich gefundener Freund und ich verlebte einige frohe Tage. Abgesehen von St. Louis ist Cincinnati die schönste und blühendste Stadt des Westens und wird von den Amerikanern »Königin des Westens« genannt. Sie ist der Mittelpunkt des ganzen westlichen Handels. Dampfboote und Eisenbahnen verbinden sie mit allen Städten, ein Kanal mit dem Eriesee. Durch den Ohio und Mississippi gibt es Verbindungen bis nach New Orleans.

Besonders viele Deutsche hatten sich hier niedergelassen und ich fand noch weitere Schiffskameraden wieder. Ich komme später noch darauf zurück.

Hatte ich angenommen mit Cincinnati den Westen der Vereinigten Staaten erreicht zu haben, musste ich zu meinem Erstaunen hören, dass die »Königin des Westens« trotzdem noch immer zum Osten gezählt wurde. In den Westen wollte ich aber und hatte mir fest vorgenommen, die »Backwoods« aufzusuchen. Ich erfuhr, dass die eigentlichen Backwoods erst westlich des Mississippi liegen, und sagte deshalb am 6. Dezember dem freundlichen Cincinnati Lebewohl. Am Abend erreichte ich die Staatsgrenze, übernachtete und setzte am anderen Morgen über den Miami nach Indiana. In der kleinen Stadt Lawrencebourg erkundigte ich mich nach dem Weg nach St. Louis. Aber niemand konnte mir helfen. Kein Fußgänger war von hier zu der Hunderte von Meilen entfernten Stadt aufgebrochen. Man reise nur mit dem Dampfer. Mit Mühe und Not erfuhr ich aber die ungefähre Richtung und machte mich auf den Weg. Bei einem Farmer tauschte ich unterwegs ein geschossenes Kaninchen gegen eine reichhaltige Mahlzeit, die Nacht verbrachte ich in einem einsam gelegenen Haus bei netten Menschen.

Der nächste Tag war warm und angenehm zum Wandern und gegen Abend erfuhr ich von einem Farmer, dass es nicht mehr weit bis zu einer Mühle sei, wo ich übernachten könnte. Immer dunkler wurde es und der Weg zog sich durch einen dichten Wald, ohne dass ich eine Mühle entdecken konnte. Der aufgehende Mond gab etwas mehr Licht und ich hatte keine Sorge mich zu verirren. Endlich sah ich ein Licht in der Ferne schimmern. Die Hoffnung auf eine Tasse Kaffee und ein gutes Bett trieb mich an. Die Lichter wurden jedoch zahlreicher und größer und ich wusste nicht, was ich davon halten sollte. Eine Stadt oder ein indianisches Lager? Bald darauf stand ich vor einem brennenden Wald, der majestätisch durch die dunkle Nacht leuchtete. An diesem wunderbaren Schauspiel konnte ich nicht schnell vorüber und setzte mich auf einen umgestürzten Stamm.

So saß ich vielleicht eine halbe Stunde, als plötzlich eine brennende Eiche dicht neben mir mit dumpfem Krachen und tausend sprühenden Funken umstürzte. Das brachte mich wieder auf den Weg. Der Wald schien kein Ende zu nehmen und ich zweifelte schon an der Existenz der Mühle, als ich endlich Wasser rauschen hörte. Auch eine Kuh hörte ich schwach brüllen.

Eine halbe Meile weiter leuchtete mir ein Dach entgegen und ich erkannte den Mühldamm mit mehreren Kühen. Im Haus polterte es, bis ich an die Tür klopfte. Plötzlich war alles still. Ich habe die Angewohnheit nach dreimaligem Klopfen jede Tür zu öffnen und auch hier stieß ich sie etwas ärgerlich auf. Totenstille herrschte im unbewohnten Haus. Ein paar Sterne schauten trübe durch fehlende Dachschindeln, der Kamin war eingestürzt und die nächtlichen Polterer waren schnell in ihre Schlupfwinkel gehuscht.

Es ist ein schauerliches Gefühl, einen Ort, den man von Menschen bewohnt erwartet, öde und verlassen anzutreffen. Fröstelnd lief es mir den Rücken hinunter. Ich schloss die Tür und sprang über die Fenz zurück, das Gebäude seiner eigenen schauerlichen Einsamkeit überlassend. Ich wanderte weiter und hörte nach einer Stunde Hunde anschlagen. Rasch ging ich darauf zu und fand die gesuchte Mühle. Ein helles Licht strahlte durch alle Rit-

zen der Blockhütte und bald saß ich an einem prasselnden Kaminfeuer.

Mein Wirt war ein freundlicher Mann, der schon lange
in Indiana seine Mühle betrieb. Nach einem schmackhaf-
ten Abendessen führte er mich aus dem Haus und wollte
mir etwas zeigen. Auf einem umgestürzten Fass saß ein
graues Tier in Katzengröße, aber kräftiger, mit kurzen
Füßen, Kopf und Schnauze einem Fuchs ähnlich, aber
doch mehr nach einer Riesenratte aussehend. Es hatte
hässliche, fingerartige Klauen und einen kahlen Schwanz.
Es war ein Opossum, das den Hühnern gern nachstellt
und auf den Farmen oft Schaden anrichtet. Viele essen die
Tiere, deren Fleisch eine Delikatesse sein soll, und auch
der Müller machte keine großen Umstände. Er schlach-
tete das Tier, schnitt ihm Schwanz und Klauen ab und
häutete es. Er versicherte mir, dass es ein delikates Frühstück gäbe. Mir gefiel aber der Gedanke nicht, an einem
rattenähnlichen Tier zu kauen.

In der Nacht regnete es, aber ich brach trotzdem frühmorgens auf und verabschiedete mich, um dem delikaten
Frühstück zu entgehen.

Der Weg war sehr aufgeweicht und bald darauf fing es
wieder zu regnen an. Nachmittags stand ich vor einem reißenden Bergstrom, der gewaltige Baumstämme mit sich
führte und dem Ohio entgegenstürzte. Hier war guter Rat
teuer, denn schwimmen wäre bei der Kälte kaum möglich
gewesen. Meilenweit suchte ich nach einem Übergang
und wurde von der Nacht überrascht. Vom Brausen des
Wassers eingelullt, schlief ich im Wald bei einem guten
Feuer. Aber aus Furcht vor wilden Tieren schreckte ich
doch immer wieder auf. Am anderen Morgen stand ich
früh auf und untersuchte den Strom. Er war sehr schnell
gestiegen und ebenso rasch über Nacht wieder gefallen.
Ich hatte schon den Entschluss gefasst ihn zu durchque-
ren, als ich zwei Reiter über einen Berg kommen sah.
Einer von ihnen nahm mich mit aufs Pferd und ich
gelangte trocken auf die andere Seite.

74

Rutschend und über amerikanische Straßen schimpfend ging ich auf dem schlechten Weg weiter. In der Nähe der Stadt Versailles kam ein mit Büchse und Kugeltasche ausgerüsteter Mann schwankend auf mich zu. Als er mich mit verklärtem Blick begrüßte, erkannte ich, dass er vollkommen betrunken war. Mit scharfem Blick hatte er meine kleine Schnapsflasche entdeckt und schon in der Hand, als ich sie ihm blitzschnell wieder entriss. Er ließ das geschehen, wollte aber nun mit meiner Doppelbüchse schießen. Ich war die Auseinandersetzung mit einem Betrunkenen leid, drehte mich um und ging weiter. Er rief »Stopp!« hinter mir her, ohne dass ich mich darum kümmerte. Beim zweiten Ruf hörte ich deutlich das Knacken eines Gewehrhahnes. Blitzschnell drehte ich mich um und riss mein Gewehr von der Schulter, aber zu spät. Im gleichen Augenblick zischte eine Kugel dicht über meinen Kopf. Das Echo gab schallend den scharfen Knall der Waffe wieder.

Jetzt war meine Geduld erschöpft. Ich riss den Ladestock heraus und sprang dem Fliehenden nach, erwischte ihn am Kragen, rannte ihn nieder und bearbeitete ihn so lange mit dem Ladestock, bis ich nur noch ein kleines Stück davon in der Hand hatte. Er schrie die ganze Zeit »Mörder, Mörder!« Ich gestehe, dass ich einige Genugtuung fühlte, als er mit Striemen bedeckt vor mir lag.

Am Abend wanderte ich durch Versailles und ließ mir einen neuen Ladestock machen. Welche Ironie, ausgerechnet ein solches Nest Versailles zu nennen. Aber die Amerikaner geben gern allen neuen Ansiedlungen hochtrabende Namen. Im Staat New York war ich schon durch Syracus, Babylon, Rom, Venedig, Alexandria, London und Paris gekommen – alles kleine Flecken, die aus sieben oder acht Häusern bestanden.

Am 11. Dezember erreichte ich die Farm des Deutschen Friedmann, der ein schönes, nicht zu großes Stück Land und Vieh besaß. Er war der einzige deutsche Farmer, den ich in Indiana getroffen habe, obwohl viele im

Staat leben. Ich blieb bis zum Mittagessen und wanderte auf dem jetzt guten Weg nach Vincennes am Wabash weiter.

Der Weg war jetzt überwiegend gut, aber ich hatte so schlechtes Wetter, dass überall das Wasser stand. Eine Meile hinter Vincennes, wo die Prärie beginnt, verlor sich der Weg in einer Wasserfläche, die spiegelglatt vor mir lag. Bei Einbruch der Dunkelheit hätte ich mich nicht orientieren können, wenn nicht die Lichter von Vincennes gewesen wären. So konnte ich aber im knietiefen Wasser gehen und erreichte die kleine Stadt, die sich nicht großer Trockenheit rühmen konnte. Es war rabenschwarze Nacht, als ich mich in den unbeleuchteten Straßen nach einer Übernachtungsmöglichkeit umsah. Schließlich entdeckte ich aber ein Wirtshaus mit einem ebenfalls deutschstämmigen Wirt und ein herrliches Feuer wärmte mich bald darauf. Unter den gleichgültigen amerikanischen Gesichtern entdeckte ich nur eines, das mich an einen Deutschen erinnerte, und sprach ihn an. Tatsächlich war es ein Schmied und Maurermeister aus Deutschland. Wir blieben am Feuer sitzen und erzählten bis in die Nacht hinein. Dabei trug er auch selbst gemachte Gedichte vor, denen ich geduldig zuhörte. Er lebte schon lange in Amerika und schien eine der guten Seelen zu sein, die niemand betrügen konnte, aber von der ganzen Welt betrogen wurde. Nicht uninteressante Skizzen gab er mir von dem Land, das erst langsam in die Zivilisation hineinzuragen schien.

In der Nacht waren wieder alle Schleusen offen, morgens klarte es auf und fror. Als ich an den Fluss kam, traf ich Reiter, die von der anderen Seite kamen. Sie erzählten mir, dass sie nicht durchkamen, zumal es überall eine dünne Eisschicht gab, durch die die Pferde einbrachen und sich die Fesseln verletzten. Da meine geringen Mittel einen Aufenthalt in einer Stadt unmöglich machten, ging ich zur Fähre hinab. Auch dort riet man mir von einer Weiterreise ab. Ich sollte im Ort das Ablaufen des Wassers abwarten. Trotzdem musste ich weiter und vertraute auf mein Glück und das Wetter.

Zunächst war auch das andere Ufer trocken, aber nach zweihundert Metern stand ich vor einem wirklichen See ohne jeden Weg. Umsonst suchte ich bis mittags nach einer seichten Furt. Aus Sparsamkeit hatte ich die letzten vierundzwanzig Stunden wenig gegessen und hoffte immer noch auf etwas Schießbares unterwegs. Das teure Gasthausessen konnte ich mir nicht erlauben. Mit leerem Magen marschiert es sich sehr schlecht im kalten Wasser. Ich hielt vergeblich Ausschau nach trockener Gegend und konnte nur in der Ferne einige Häuser auf einer Erhebung erkennen. Man hatte mir gesagt, dass es von dort an trockener wäre, und so musste ich schließlich in das kalte Wasser. Zuerst reichte es mir bis an die Knie und die Wasserstiefel hielten mich trocken, aber bald stieg es höher und höher. Ich war gezwungen meine Jagdtasche auf die Schulter zu schnallen und watete jetzt bis an den Gürtel, oft bis unter die Arme im kalten Element. Dabei musste ich noch mit dem Gewehrkolben die vor mir liegende dünne, aber scharfe Eisfläche durchbrechen. Vier Stunden benötigte ich für zwei englische Meilen und nur der Gedanke an den Tod im eisigen Wasser trieb mich weiter.

Endlich gelangte ich an eine Fenz und damit an die Wassergrenze. Ich wollte hinübersteigen, konnte es aber nicht mehr. Der untere Teil meines Körpers war fast erstarrt. Um durchzukommen, musste ich sie herunterreißen. Erst nachdem mich eine Stunde das Feuer auf der Farm gewärmt hatte, konnte ich mich wieder frei bewegen.

Jetzt wurde der Weg trockener, aber ich blieb im nächsten Haus, um wieder Kräfte zu sammeln. Zum ersten Mal erblickte ich jetzt die gewaltigen Prärien, die sich durch ganz Illinois ziehen, in dieser kalten Jahreszeit aber einen trübseligen Anblick boten. Das lange, gelbe, wogende Gras verlieh dem Gemälde einen zu melancholischen Anstrich. Die ungeheure, strohgelbe Fläche war nur ganz in der Ferne von Wald begrenzt. Es hatte wieder gefroren, war aber trocken und ich schritt jetzt kräftig aus. Ein Hirsch sprang auf und floh in gewaltigen Sätzen durch das hohe Gras. Dadurch flog eine Schar Präriehühner auf, strich eine Strecke ab und fiel wieder in das Gras ein.

An diesem Abend konnte ich wieder in einem Haus übernachten und reinigte gründlich meine Flinte, um für alles gerüstet zu sein. Die nächste Ortschaft bestand nur aus einzelnen Häusern und dort bekam ich von einer sehr hübschen Amerikanerin wilden Honig, Milch und Brot vorgesetzt. Sie versuchte mich hier zur Ansiedlung zu überreden und vielleicht noch mehr deutsche Ansiedler hierher zu ziehen. Mir war aber die Wasserwanderung noch zu gut im Gedächtnis, um diese Gegend lieb zu gewinnen, auch wenn es das Land zu sein schien, wo Milch und Honig flossen. Ungeheure Viehherden finden in der Prärie Nahrung und wilden Honig gibt es in großer Menge. Frisch gestärkt wanderte ich weiter.

Leider musste ich bald feststellen, dass der Wabash über die Ufer getreten war, und ich musste wieder zwei Meilen im Wasser marschieren. Aber zum Glück lag der Weg etwas erhöht und war dadurch nicht von dem Eis bedeckt, das sich sonst schon wieder überall ausgebreitet hatte. Als ich schon fast trockenes Land erreicht hatte, hörte ich etwas durch das Wasser rauschen und das Eis niederbrechen. Ich sah mich um und entdeckte fünf Stück Wild, die in vollen Sätzen ankamen. Ruhig blieb ich stehen und erwartete mit klopfendem Herzen ihre Ankunft. Ein prächtiger Bock mit zwei Alt- und zwei Schmaltieren wollte kaum 50 Schritt an mir vorbei. Ich zielte und neun Bockschrote sausten dem Führer aufs Blatt. Hoch aufspringend brach er zusammen.

Kräftige Arbeit war es dann, den Bock auf das Trockene zu bekommen, aber es gelang mir endlich. Obwohl die Hirsche in Amerika bedeutend kleiner sind als in Deutschland, haben sie doch immer ein großes Gewicht. Dieser hier wog bestimmt 140 Pfund. Ich streifte ihn ab, schnitt einige Stücke herunter, machte aus dem Fell eine Art Sack, die Haare nach außen, tat die Keulen und das Rückenteil hinein und hing mir alles um. Den Rest band ich an einen kleinen Baum für den nächsten, der vorbeikam. Bis Maysville hatte ich noch gut zwei Meilen zu schleppen. Dort verkaufte ich meine Beute, übernachtete und zog dann weiter durch die hier zwölf Meilen breite Prärie.

Ein schneidend scharfer Nordwest pfiff von den großen Seen herüber und ich wurde kaum durch das Marschieren warm. Erst nach einer ganzen Strecke kam ich an das Städtchen Salem. Am 21. Dezember hatte ich eine Prärie von 22 Meilen vor mir und es war noch immer kalt. Auf dem festgefrorenen Boden ließ es sich aber gut marschieren.

Gegen Abend erreichte ich einen Waldrand und nicht weit davon einen Farmer, bei dem ich blieb. Er führte gerade sein Pferd in die Stube und ich folgte ihm neugierig. Das Pferd zog einen großen Holzklotz bis vor den Kamin und wurde durch eine andere Tür wieder hinausgebracht, weil es wegen der Stühle, Betten und Tische nicht wenden konnte. Ich hatte tagsüber einige Präriehühner geschossen, die uns jetzt eine leckere Mahlzeit gaben.

Diese Hühner sind sehr häufig in den ungeheuren Steppen zu finden. Sie leben in großen Völkern, ich habe sechs- bis siebenhundert von ihnen zusammen gesehen. Ihre Größe entspricht etwa unseren Haushühnern, aber ihr Hals ist länger. Sie sind aschgrau und haben einen Rebhuhnschwanz und befiederte Ständer. Wenn es richtig kalt wird, sind sie nicht scheu und man kann sie leicht erlegen. Besonders das Brustfleisch ist delikat, der Rest aber dunkel und nicht besonders.

Einmal glückte es mir, einen grauen Präriewolf zu schießen, der bedeutend kleiner ist als der schwarze. Wittert er einen Menschen, flieht er sofort.

Am 23. erreichte ich ein kleines Nest mit dem Namen

Libanon, ungefähr 20 Meilen von St. Louis entfernt. Libanon! Der Name rief mir unwillkürlich den Gedanken an die ungeheuren Zedern ins Gedächtnis, aber das höchste Holz auf diesem Hügel waren die Stangen der Wirtshäuser.

Eines davon erfreute mich besonders. Es zeigte eine Meerjungfrau, aber mit einem so niederträchtigen Gesichtsausdruck, der viel besser für Judas als für eine »Meermaid« gepasst hätte. Das Ungetüm hatte einen großen, weitzinkigen Pferdemähnenkamm in der Hand und wollte sich die struppigen Haare ordnen.

Am nächsten Tag musste ich 32 Meilen marschieren. Der aufgeweichte und jetzt gefrorene Prärieboden war sehr rau und bald schmerzten meine Füße. Trotzdem erreichte ich am Nachmittag das Mississippital, das hier den Namen »American bottom« hat. Es ist berühmt als das beste Land in den Vereinigten Staaten. Die Ackererde ist wohl 50–60 Fuß tief, aber es ist auch ungesund, weil es sehr niedrig und daher sumpfig liegt. Ich hörte auch von vielen Siedlern, besonders von den deutschen, dass sie hier unter kaltem Fieber litten. Jeden Sommer sollte es wiederkehren und sie oft auch im Winter nicht verlassen. Das blasse Aussehen besonders der Kinder bestätigte ihre Aussage.

Endlich erreichte ich kurz nach Sonnenuntergang das östliche Ufer des Mississippi und hörte zu meinem Schreck, dass der Strom stark mit Eis bedeckt sei. An diesem Abend war in keinem Fall an eine Überquerung zu denken und ich musste noch eine Nacht in Illinois bleiben. Ermüdet legte ich mich früh schlafen.

In der Nacht erwachte ich durch einen neuen Schlafgefährten und rückte etwas auf die Seite. Er hatte genug Platz, wälzte sich aber unruhig hin und her und bedrängte mich dabei ständig. Ich zog mich wie ein Igel zusammen, presste meine Schulter gegen seine Seite, meine Füße gegen die Wand und streckte mich mit einem raschen Ruck. Dabei beförderte ich ihn auf die Dielen. Halb im

Schlaf wollte er wieder ins Bett zurückklettern. Ich erklärte ihm aber kaltblütig die Bedingungen, unter denen ich ihm das erlaubte. Die Nacht war ihm doch etwas zu kalt und er versprach ruhig zu liegen.

Frühmorgens stand ich auf und hörte von einem kleinen Kahn, der ans andere Ufer wollte. Bald darauf war ich darin und nahm eines der Ruder. Wir waren sechs Personen in dem kleinen Boot, zwei an jedem Ruder, einer, der die Eisschollen etwas zur Seite stieß und ein Passagier, der vor Angst fast verging.

Unter unglaublicher Mühe erreichten wir die Strommitte, wo das Eis eine kleine Insel gebildet hatte. Umfahren konnten wir die Stelle nicht, sonst wären wir zu weit unterhalb St. Louis gelandet. Also stiegen wir aus, zogen den Kahn über das Eis und ließen ihn wieder ins Wasser. Dann begann die Ruderarbeit erneut. Viele große Eisschollen pressten so stark gegen uns, dass ich befürchtete, unser kleines Boot würde zerdrückt. Halb tot erreichten wir endlich gegen Mittag das andere Ufer unmittelbar unter St. Louis.

Zwischen St. Louis und Deutschland bestanden ungefähr sieben Stunden Zeitunterschied. Es war also gerade die Zeit, in der daheim die Kinder um bunt geschmückte, hell erleuchtete Tische sprangen und vor Weihnachtsfreude jubelten, als ich mit triefender Stirn und blutendem Herzen mich durch den Mississippi arbeitete. Auch hier tönten die Glocken der katholischen Kirche feierlich in den Tag hinein und mit gemischten Gefühlen betrat ich die fremde Stadt.

5. Kapitel

Streifzug westlich vom Mississippi

In St. Louis hatte ich einen Brief und Geld von meinem Geschäftspartner erwartet. Er hatte mir fest versprochen es dorthin zu senden. Zu meiner großen Bestürzung fand ich aber nichts vor. Der gute Mann in New York dachte sich wahrscheinlich, dass er mich los sei und vielleicht sogar bei meinem abenteuerlichen Zug irgendwo die Wölfe oder Fische fütterte.

Ich hatte den Wunsch Texas zu besuchen. Jetzt aber, ohne alle Mittel, war das unmöglich geworden. Da brachten mich die vielen, nach New Orleans bestimmten Dampfboote auf eine andere Idee. Wenn ich nun auf einem solchen Boot Arbeit fände, war mir geholfen. Ich hatte nicht nur freie Passage, sondern verdiente auch noch etwas unterwegs. Aber die Boote machten mir einen Strich durch die Rechnung. Es war Winter, viele Leute zogen nach New Orleans hinab und jede Stelle an Bord war besetzt. Was nun? St. Louis wollte ich nicht gleich wieder verlassen, ohne etwas gesehen zu haben. Etwas Erholung brauchte ich auch nach dem Marsch. Außerdem hegte ich immer noch die stille Hoffnung, dass vielleicht doch noch ein Brief aus New York eintraf.

Glücklicherweise traf ich auf einige Mitreisende von der Constitution in guten Verhältnissen. Sie merkten rasch, woran es mir fehlte, und boten mir freundlich ein Darlehen an. Ich wollte aber keine großen Schulden machen, weil ich nicht wusste, wie ich sie zurückzahlen sollte. Deshalb nahm ich nur ein paar Dollar an und erhielt noch für verkauftes Wild drei Dollar. Damit hoffte ich ein weiteres Stück westlich zu kommen. War dann mein Geld ausgegangen, wollte ich arbeiten. Einer der Farmer unterwegs würde schon irgendeine Hilfe brauchen.

In St. Louis mietete ich mich für eine Woche im »Grünen Baum« ein, einem der besseren Boarding-Häuser. Dann durchstreifte ich die Stadt in alle Richtungen. Aber das Boarding-Haus selbst war sehr interessant. Hier lernte ich erstmalig wirkliches amerikanisches Leben kennen. Ich müsste aber lügen, wenn ich behaupten wollte, dass ich davon sehr erbaut war.

Zunächst war ich über ihre Art des Essens – ich möchte eigentlich sagen, Fressens – sehr erstaunt. Zu jedem Essen wurde zweimal geklingelt, um die Gäste zu rufen. Schon bei der ersten Klingel drängte sich alles an der Tür, weil der Speisesaal noch nicht betreten werden durfte. Kaum ertönte die zweite Klingel, flog alles wie wild an den Tisch, stürzte sich auf den nächsten Stuhl und nahm rücksichtslos aus den Schüsseln, was ihnen zusagte. Dabei wurden oft ganze Kompottschüsseln auf einen Teller ausgeleert.

Auffallend wenig aßen die Damen, die reservierte Stühle hatten. Sie nippten und kosteten von den Speisen, denn es gilt nicht als »ladylike«, viel zu essen. Sie sollen es dann aber auf ihrem Zimmer nachholen.

St. Louis hatte nicht nur einen bedeutenden Handel mit dem Norden, Osten und Süden, sondern auch mit dem Westen. Ich stellte dann auch fest, dass ich selbst hier noch sehr weit von der westlichen Grenze entfernt war. Von hier aus wurde der Binnen- und Pelzhandel mit allen amerikanischen Pelz- und Rocky-Mountain-Companien sowie den Indianern betrieben.

Einige wirklich prachtvolle Indianer traf ich dann auch in St. Louis. Teilweise waren sie mit den buntesten Farben bemalt, manchmal war der nackte Oberkörper auch nur mit einem Büffelfell umhüllt. Fast immer trugen sie ihre Kriegskeulen in der Hand, gingen langsam und majestätisch durch die Stadt und sahen die Wunder der »weißen Wigwams« fast immer mit gleichgültigem, aber sehr aufmerksamem Blick.

Die Indianer sind schon oft beschrieben worden und

ich will den überdies beschränkten Platz nicht mit Wiederholungen füllen. Einer aber ist mir doch zu frisch im Gedächtnis und machte einen komischen Eindruck auf mich. Er war ein hübscher, schlanker, dunkelbrauner Bursche. Sein Haar war bis auf die Skalplocke kurz geschnitten und mit roter Farbe bemalt. Rote und blaue Querstreifen liefen auch über sein Gesicht. An den Beinen trug er lederne Leggins, an den Füßen perlenbestickte Mokassins, im Arm die unvermeidliche Kriegskeule. Das ist übrigens eine sehr unangenehme Waffe, aus einem krumm geschnittenen Stück Holz gemacht und mit Messingnägeln wie ein Sofa beschlagen. Eine wohl vier Zoll lange und zwei Zoll breite Stahlspitze ist am Ende eingelassen. Den Oberkörper trug dieser Mann nackt. Um den Hals hatte er aber eine schwarze, abgenutzte Krawatte mit seidener Schleife gebunden und schien sehr stolz darauf zu sein. Aber solche Einzelheiten habe ich in anderen Bänden ausführlicher beschrieben und will jetzt meine Streif- und Jagdzüge wieder aufnehmen.

Als ich meine Wirtshausrechnung bezahlt hatte, blieb mir nur noch sehr wenig Geld übrig. Ich schulterte wieder meine Flinte, warf die Jagdtasche über die Schulter und wanderte frohen Mutes aus der Stadt Richtung Süden. Man hatte mir erzählt, dass Arkansas das Paradies der Jäger sei, und mein Ziel war jetzt das Hunderte von Meilen entfernte Little Rock.

Als es dunkelte, zündete ich mein Feuer an und lagerte unter einem Baum. Ich war nicht in der Stimmung Menschen aufzusuchen und die Einsamkeit tat mir gut. Es war der Silvesterabend und Mitternacht lange vorüber, ehe ich einschlafen konnte. Es waren aber keine freudigen Gefühle, mit denen ich in das neue Jahr hinüberschlummerte. Aber die neue Morgensonne brachte auch neuen Mut und Vertrauen.

Bei meinem südlichen Weg musste ich ständig andere Wege und Straßen kreuzen, die in alle Richtungen führten. Trotz Sonne und Kompass lief ich so oft falsch, dass ich für 50 Meilen fünf Tage brauchte. Aber ich fand jeden Abend eine kleine Hütte, deren Insassen mich freundlich aufnahmen.

In diesem Teil des Landes leben sehr viele Deutsche, insbesondere Schwaben. Sie leben vom Ackerbau und verkaufen in der Nähe einer Stadt auch Holz. Dicht um St. Louis steht nur sehr wenig Holz, nichts als kleine Krüppeleichen.

Meine Barschaft war jetzt auf einen amerikanischen Silberdollar zusammengeschrumpft, dessen Inschrift »E pluribus unum« mir wie eine bittere Satire vorkam.

Der fünfte Tag, den ich in Missouri herumstreifte, brach trübe und nass an, dünner Nebel bedeckte die Erde. Es begann zu regnen und die Wege weichten wieder auf. Gegen Mittag stand ich an einem Kreuzweg und überlegte die Richtung, als ich einen Haushahn hörte. Das war wie Musik für mich und ich folgte dem Ton. Bald erreichte ich die Fenz eines Kornfeldes, auf der eine seltsame Gestalt schwankend saß. Neugierig trat ich näher und erkannte einen jungen Mann. Er hatte mir den Rücken zugedreht, trug einen blauen Leinenkittel bis an die Füße. Seine hellbraunen Haare klebten durch den Regen an seinem Kopf und er sang leise vor sich hin. Mit den nackten Füßen schlug er den Takt auf dem Holz.

Als er meine Schritte hörte, sprang er auf, stellte sich vor mich hin und sah mich mit großen, glanzlosen Augen starr an. Sowohl der Blick wie auch die ängstliche Haltung verrieten mir den Wahnsinnigen. Es überlief mich kalt, denn ein Wahnsinniger hat für mich etwas unbeschreiblich Fürchterliches.

Einen Augenblick stand der junge Mann in dieser Haltung, dann richtete er sich lächelnd auf und reichte mir seine Hand. Gleichzeitig strich er sich die nassen Haare aus der Stirn. Er nahm meine Hand fest in seine und führte mich sanft zu der Wohnung. An der Tür verschwand er und ich habe ihn nicht wieder gesehen.

Der Vater des Unglücklichen war ein alter Farmer. Er

sagte mir, dass ich in acht oder neun Meilen auf eine deutsche Ansiedlung treffen würde. Obwohl es jetzt ziemlich stark regnete, beschloss ich meine Landsleute aufzusuchen und erreichte sie auch vor Einbruch der Dunkelheit. Aufgrund meiner schlechten Finanzen erkundigte ich mich nach Arbeit und die drei Brüder, die hier wohnten, wollten mich auch beschäftigen. Über den Lohn wollten wir nach der ersten Woche verhandeln. Am nächsten Morgen ging ich sehr früh mit einer schweren Hacke los, um Büsche auszuroden. Die ungewohnte Arbeit fiel mir nicht leicht. Die Sehnen der Arme und Hände schwollen an und schmerzten sehr, die Hände füllten sich mit Blasen und ich war sehr froh, dass am nächsten Tag das Fest der Heiligen Drei Könige war, an dem die ehrlichen katholischen Deutschen nicht arbeiteten. Ich war den Heiligen Drei Königen erstmalig für ihr Erscheinen sehr dankbar.

Obwohl die Leute nicht für sich selbst arbeiteten, gingen wir doch zu einem erst kürzlich angesiedelten Nachbarn und halfen ihm ein Haus aufzurichten, für das die Blöcke schon gehauen waren. Es ist in Amerika sehr verbreitet, die Nachbarn zusammenzurufen, wenn das Holz für das Haus hergerichtet ist.

Ohne besondere Vorfälle verlief jetzt eine sehr schwere Arbeitswoche. Noch nie an eine so andauernde und anstrengende Arbeit gewöhnt, glaubte ich zunächst, mir müssten die Sehnen bersten. Auch die Blasen an den Händen schmerzten stark. Dabei glaubten die Deutschen, die sonst sehr freundlich zu mir waren, mir nicht mehr als acht Dollar für den Monat zahlen zu müssen.

Für meine Arbeit war es auch vielleicht genug, aber mit meinen Ansichten über amerikanische Preise stimmte es nicht überein. Deshalb beschloss ich meine Arbeitskraft lieber in Little Rock, der Hauptstadt von Arkansas, anzubieten.

Ich nahm also die zwei sauer genug verdienten Dollar, sagte allen ein herzliches Lebewohl und wanderte erneut voller Hoffnung weiter. Schon am nächsten Morgen erreichte ich eine der bedeutendsten Bleiminen Missouris bei Farmington. Das Bleierz war in großen Haufen am Weg aufgeschichtet und erinnerte an Silber. Da mein Kugelvorrat zur Neige ging, nahm ich mir von dem Haufen ein paar Stücke Blei mit, um im nächsten Haus Kugeln zu gießen.

Die Minen sind alle im Privatbesitz und die Arbeiter, die Lust haben nach Blei zu graben fangen an, wo es ihnen gefällt. Sie bekommen ihre Arbeit nach der geförderten Menge bezahlt. Finden sie nichts, verdienen sie auch nichts und so mancher arme Teufel hat schon wochenlang umsonst geschuftet. Der Bergbau wird auf sehr einfache Art betrieben. Mehrere Arbeiter graben gemeinsam einen Schacht mit einem Durchmesser von 10–12 Fuß, bis sie auf Erz stoßen. Stollen haben sie gar nicht. Ist die Grube unergiebig, fangen sie eine andere an. Die ganze Gegend ist von solchen Schächten durchlöchert und nächtliche Spaziergänge sind sicherlich nicht ungefährlich. Der Eigentümer der Gruben richtet in der Nähe Schmelzöfen ein, gießt das Blei in Formen und schafft es an den Mississippi.

Am nächsten Abend übernachtete ich bei einer amerikanischen Familie, die einen prächtigen Viehbestand und herrliche Pferde besaß. Ich saß noch nicht lange am warmen Kaminfeuer, als ich ein Pferd herankommen hörte und gleich darauf ein hübsches Mädchen, die Reitgerte in der Hand, eintrat. Sie schien die Braut eines der jungen Männer zu sein, denn sie setzte sich zu ihm und koste und scherzte mit ihm – und ich durfte zusehen.

Über Frederickstown erreichte ich am 22. Januar die Grenze von Missouri, den Current River. Dessen Wasser war so klar, dass ich selbst die kleinsten Gegenstände auf dem Grund erkennen konnte, obwohl er sehr tief war.

Jetzt hatte ich Arkansas erreicht, das viel gepriesene Paradies der Jäger, und der Anfang schien auch nicht übel zu sein. Ich folgte der Countrystraße, die frisch durch den Wald geschlagen war. Viele abgeschlagene Kiefern lagen am Rand, zu denen sich das Wild gezogen fühlte. Oft sah ich Rudel mit acht oder zehn Tieren und zahlreiche wilde Truthähne. Aber ich war mit der Jagd noch zu wenig vertraut und musste Lehrgeld zahlen. Trotzdem schoss ich einiges und verkaufte das Wild gegen Nachtherberge und Essen.

Am Spring River erzählte mir meine geschwätzige Wirtin von ihrem Mann aus Pennsylvania, der Deutsch sprechen könne und viele Geschichten von indianischen Begräbnisplätzen kannte. Das faszinierte mich und ich wollte gern etwas über die Eingeborenen des Landes erfahren. Deshalb beschloss ich die Rückkehr des Mannes abzuwarten. Um mein Geld zu schonen, half ich den Leuten beim Einbringen der Maisernte. Am Abend traf der Mann ein und ich hatte nicht vergeblich gewartet.

Er erzählte mir von einer Unmasse Grabhügel, die an den Ufern des Spring River oder in seiner Nähe waren, von ungeheuren Knochen und Skeletten, die man gefunden hätte. Schon in Illinois hatte ich von solchen Überbleibseln einer riesigen Menschenrasse gehört, unter anderem von einem menschlichen Unterkiefer, dessen Besitzer mindestens neun Fuß hoch gewesen sein müsste.

Er berichtete mir auch, dass er alte Urnen und Waffen in den Gräbern gefunden hätte, konnte mir aber davon nichts vorzeigen, da die Leute nicht den mindesten Sinn für etwas haben, das ihnen nicht gleich Gewinn verspricht.

An den Ufern des benachbarten White River hat man in der Erde einige Lagen gebrannter Steine gefunden in der Art unserer Backsteine. An manchen Stellen sollen sie streckenweise wie Straßen durch den Urwald gegangen sein. Mein Erzähler behauptete wie auch andere, die ich fragte, dass dort eine Stadt gestanden haben musste. Heute unterliegt es wohl keinem Zweifel mehr, dass vor den jetzigen Eingeborenen Amerikas ein anderes, weit höher kultiviertes Volk jene Länder bewohnt hat. Welcher Art das war, ist aber bis jetzt noch nicht erforscht worden und da die wilden Stämme nichts darüber berichten können, bleibt die Entdeckung dieses sicher höchst interessanten Geschlechts vielleicht späteren Ausgrabungen vorbehalten. Hätte der Alte Zeit gehabt mir die Plätze genau zu zeigen, wäre ich mit Vergnügen einige Tage dort geblieben und hätte sie näher untersucht. Er musste aber am nächsten Tag eine Reise antreten und so lange wollte ich mich nicht aufhalten. Vielleicht scheut ein anderer nicht die Mühe dort nachzugraben.

Ich setzte am nächsten Tag meinen Marsch fort und kletterte eine kleine, felsige Anhöhe hinauf, als gerade vor mir ein Adler in die Luft stieg. Sofort hatte ich die Flinte an der Backe und gab Feuer. Einen Augenblick schwebte der Adler unbeweglich in der Luft, fing an mit den Flügeln zu schlagen und stieg höher und höher. Ich konnte ihn kaum noch erkennen und nahm an ihn verfehlt zu haben. Da drehte er sich plötzlich in der Luft und fiel tot herunter. Es war ein großer Vogel und ich war über meinen Schuss sehr stolz. Seine Farbe war braunschwarz, Kopf und Schwanz weiß gezeichnet. Den Indianer nachahmend befestigte ich eine seiner Federn als Schmuck an meiner Mütze.

Am 27. Januar gegen Abend war ich dabei, einen erlegten Hirsch aufzubrechen, als ein etwa dreizehnjähriger Bursche mit einer Schrotflinte auf der Schulter herbeikam und mir half. Dabei bewies er viel Geschick und wir packten die Keulen sowie den Rücken des Tieres in das Fell und trugen es gemeinsam zur nur wenige Meilen entfernten Wohnung. Ich habe in allen Teilen Amerikas ebenso viele liebenswürdige wie schlechte Leute angetroffen, wie das wohl auch in einem so bunt bevölkerten Land gar nicht anders sein kann. Hier aber, in dieser wilden Einsamkeit, fand ich eine so liebe, gemütliche amerikanische Familie wie nirgends sonst in den Wäldern. Ein alter Mann mit zitternden Händen saß am Kamin. Obwohl so mancher Winter seine Haare gebleicht hatte, schien er rüstig und gesund zu sein und hatte ganz rote Backen. Den anderen

Stuhl am Kamin hatte eine im wahrsten Sinne des Wortes würdige Matrone, seine Frau, eingenommen. Sie war offensichtlich viel jünger, aber trotzdem auch schon hoch in den Jahren. Neben ihr saß ein hübsches junges Mädchen aus der Nachbarschaft, deren Mann auf einer Geschäftsreise in den Norden war. Noch drei andere kräftige Jungen gehörten zur Familie, die alle nach und nach von der Jagd zurückkehrten und vier Truthähne mitbrachten.

Meine Englischkenntnisse reichten jetzt so weit mich notdürftig mit ihnen unterhalten zu können. Der gebildete Amerikaner ist auch mit dem Fremden sehr nachsichtig. So plauderten wir bis fast zehn Uhr. Die kleine junge Frau hatte kürzlich einen Brief von ihrem Mann bekommen und las ihn wohl zehnmal durch. Sie war in Arkansas schon sehr unglücklich gewesen. Die Doktoren hatten ihr drei Kinder getötet und durch ihre Schuld litt sie an entzündeten Augen, denn diese Herren kurieren fast alle Krankheiten mit Kalomel und Quecksilber. Hohle Zähne, entzündete Augen, böses Zahnfleisch und mürbe Knochen sowie ein siecher Körper sind fast immer die Folgen ihrer Kuren. Es gibt auch keine Behörde, die sie kontrolliert, und jeder Quacksalber kann sich Doktor nennen.

Die nächste Nacht verbrachte ich bei einem Kentuckier. Mehr als zwölf Hunde liefen um sein Haus und er trat mir gern einen von ihnen ab. Nach seiner Aussage war er gut geeignet Truthähne zum leichten Schuss auf die Bäume zu jagen. Ich glaube, er wollte ihn loswerden.

Die Straße hinabschlendernd sah ich einen ruhig äsenden Hirsch. Da ich meinem Hund noch nicht recht traute, band ich ihm mein weißes Schnupftuch um den Hals, knüpfte die Pulverhornschnur daran und befestigte ihn an einer jungen Eiche.

Dann näherte ich mich dem Hirsch bis auf 85 Schritt. Ich hatte jedoch den Wind im Rücken, der Hirsch witterte mich und setzte im Nu über einen Baumstamm, um das Dickicht zu erreichen. Meine Rehposten sausten ihm zwar nach, doch hatte ich wohl in der Hitze etwas zu kurz geschossen. Etwa 150 Schritt weiter knickte er nur in die Hinterläufe ein. Jetzt hielt es aber auch mein Hund nicht mehr für nötig, nur Zuschauer zu sein. Er hatte die Schnur durchgebissen und setzte dem sich aufraffenden Hirsch nach.

Weder Hund noch Hirsch noch Schnupftuch habe ich jemals wieder gesehen.

Bei Sonnenuntergang erreichte ich ein Haus, in dem ich übernachten wollte. Schon hatte ich die Hand am Zaun, um ihn zu überspringen, als ich die Frau des Hauses vor der Tür sitzen saß. Sie war auf den Köpfen ihrer Kinder auf der Jagd und mir verging die Lust bei ihr einzutreten. Ich wollte lieber die Nacht im Wald verbringen, aber noch vor dem Dunkelwerden traf ich auf die Wohnung eines Mannes, der noch den Revolutionskrieg mitgemacht hatte. Er war natürlich schon sehr betagt, lief aber noch rüstig herum. Nur wenige dieser Revolutionshelden lebten noch, die unter dem herrlichen Washington gekämpft haben.

Am nächsten Tag erreichte ich den Little Red River kurz vor der Nacht. Auf der anderen Seite arbeitete aber noch ein Mann und ich erkundigte mich, ob es eine Möglichkeit zur Überfahrt gab. An seiner Aussprache erkannte ich den Landsmann und sprach deutsch weiter. Er stutzte und mischte seine Antwort mit englischen Worten, dann fluchte er über sich selbst. Ich fand das Kanu nach seiner Angabe und ging auf der anderen Seite zu dem Haus. Es gehörte einem früheren Offizier, der jetzt Farmer und Jäger war. Er hatte zwei Sklaven und fühlte sich in seinem neuen Beruf sehr wohl. Gastfreundlich lud er mich ein und später kam noch der Deutsche dazu, den ich am Fluss getroffen hatte. Wir verstanden uns prächtig und er erklärte mir, dass ich nicht so schnell wieder fort dürfte, sondern wenigstens ein paar Tage bei ihm wohnen müsste. Ich hatte nichts dagegen und sagte ihm gern zu.

Am nächsten Tag suchte ich ihn in seiner Wohnung auf

und fühlte mich dort bald wie zu Hause. Er war mit einer netten, jungen Frau verheiratet und hatte fünf gesunde, kräftige Kinder. Als es am Nachmittag zu regnen begann, durfte ich an das Weiterwandern gar nicht mehr denken. Wir schwatzten und erzählten bis tief in die Nacht hinein und ich fühlte mich wohl, mal wieder in meiner Muttersprache nach Herzenslust zu plaudern. Der Mann war Maurer aus Rheinbayern und hieß Hilger.

Den nächsten Morgen kam ein Nachbar zu Besuch, ein ehemaliger polnischer Offizier. Er trug einen kurzen, grünen Rock und hatte eine deutsche Büchsflinte bei sich. In Amerika hatte er Zuflucht vor den politischen Verfolgungen gefunden, war nicht verheiratet und die zehnjährige Tochter Hilgers kümmerte sich um seinen Haushalt. Obwohl sie noch fast ein Kind war, machte es ihr nichts aus, tagelang ganz allein in dem Blockhaus zu leben, auch wenn draußen der Sturm oder die Wölfe heulten.

Nach kurzer Zeit machte mir Turoski den Vorschlag einige Zeit bei ihm zu bleiben und ich verlebte mit den beiden recht vergnügte Tage. Meine Wohnung wechselte ich dabei immer von einem zum anderen. Um dem Leser eine Vorstellung vom Junggesellenleben eines amerikanischen Landmannes zu geben, will ich hier eine meiner Nächte beschreiben. Hilgers Tochter war nach Hause gegangen, um ihre Eltern zu besuchen. Die Entfernung betrug etwa drei Meilen.

Das Haus des Polen war nur eine einfache, rohe Blockhütte ohne Fenster. Die Spalten zwischen den Stämmen hatte er offen gelassen, wahrscheinlich, um frische Luft zu bekommen. Zwei Betten, ein Tisch, ein Stuhl und ein Sessel, ein paar eiserne Töpfe, drei Teller, zwei Blechbecher, eine Untertasse, mehrere Messer und eine Kaffeemühle bildeten seinen ganzen Hausrat. Ein kleines Haus neben dem Wohngebäude diente als Vorratslager. Ein Feld in der Größe von etwa vier bis fünf Acker lag direkt beim Haus, ein anderes etwa eine Viertelmeile entfernt am

Fluss. Nebenbei hatte er hübsche Pferde, viele Schweine, eine Masse Federvieh und mehrere Milchkühe.

Am Kamin saßen wir gemütlich und dachten nicht an die Zubereitung unseres Abendessens und erst, als sich die Kälte bemerkbar machte, legten wir uns schlafen. Kurz nach Mitternacht weckte mich Turoski und schwor, dass er es vor Hunger nicht länger aushalten würde. Er müsse etwas essen und wenn es rohes Fleisch sei. Ich lachte und gab ihm den Rat den Hungerriemen enger zu schnallen, aber er ließ mir keine Ruhe. Wir bliesen das Feuer wieder an und überlegten, was wir kochen konnten. Geschossen hatten wir nichts, Brot war nicht vorhanden und das letzte Stück Schweinefleisch mittags gegessen. Aber mein Wirt wusste Rat. Der geerntete Mais lag in einem Verschlag beim Feld nahe des Flusses. Ich sollte einen Arm voll holen, er selbst wollte inzwischen etwas zu Essen herrichten. Die Nacht war stockfinster und ich tastete mich wie ein Blinder auf dem schmalen Pfad mit den Füßen entlang, um mich nicht im Wald zu verlaufen. Als ich nach einer halben Stunde zurückkam, hatte er ein Huhn von einem der Bäume, auf dem sie schliefen, geschlagen und bereits im heißen Wasser abgebrüht. Während er es reinigte, röstete ich den Mais in einer Pfanne, dann wurde das Huhn darin mit etwas Fett gebraten. In der Zwischenzeit mahlte ich den gerösteten Mais in der Kaffeemühle, ohne dass er dadurch zu Mehl wurde. Die bröcklige Masse wurde mit Wasser angefeuchtet, dann kam etwas Salz dazu und wurde auf einem eisernen Topfdeckel etwa drei viertel Zoll dick aufgeschlagen und anschließend gegen die Glut gestellt. So weit war alles gut gegangen, aber jetzt vermisste Turoski noch Eier zu unserem Gebäck. Er hatte an seinem Haus eine Art Schuppen, in dem er das so genannte »Fodder«, nämlich die grün abgerissenen Maisblätter, aufbewahrte. Dort hinein legten die Hühner gern ihre Eier. Da hinein kroch er jetzt, tastete umher und fand ein Nest mit fünf Eiern, von denen er aber nur zwei glücklich anbrachte, die übrigen hatte er in der Eile zerdrückt. Etwas Kaffee war schnell gekocht und wir hielten ein nicht sehr feines, aber schmackhaftes Abendessen oder vielmehr Frühstück, denn inzwischen war es zwei Uhr geworden. Unsere Nachtruhe war dadurch aber noch nicht gesichert. Der ungeheure Hickoryklotz, den wir ins Feuer gewälzt hatten, flackerte nämlich zu hoch auf und entzündete den Kamin, als wir gerade einschlafen wollten. Das war nicht weiter schlimm und Turoski stieg aufs Dach, goss ein paar Eimer Wasser, die ich ihm reichte, in die Flamme und löschte sie dadurch. Endlich zur Ruhe gekommen, schliefen wir, bis die Sonne hoch am Himmel stand.

Dann trieb es mich aber weiter und am 7. Februar brach ich auf, nahm herzlichen Abschied von den lieben Leuten und ging in Richtung Südwest in den Wald. Die Sonne verschwand zwar hinter dunkel heraufziehenden Wolken, aber ich hoffte trotzdem meine Richtung beizubehalten und auf die Straße zu stoßen. Keineswegs erfreut war ich deshalb, als ich nach ungefähr zweistündigem Marsch wieder vor dem Haus stand, von dem ich aufgebrochen war. Ich schlich mich zurück in den Wald, nahm den Kompass und verfolgte jetzt eine gerade Richtung. Lange nach Sonnenuntergang erreichte ich zwei Tage später das Ufer des Arkansas. Von der anderen Seite schimmerten die Lichter von Little Rock herüber und boten ein fremdartiges, phantastisches Gemälde, auf das ich verwundert blickte.

Dicht am Ufer hatte nämlich ein indianischer Stamm sein Lager aufgeschlagen. Über großen, prasselnden Feuern hingen Kessel voller Hirsch- und Bärenfleisch, Eichhörnchen, Waschbären, Opossums, wilden Katzen und was das Jagdglück noch dem Stamm beschert hatte. Hier waren junge Leute damit beschäftigt, die Pferde anzubinden und zu füttern, dort lagen einige offensichtlich vom Feuerwasser betäubt im Gras und sangen mit schwerer Stimme ihre monotonen und wilden Lieder. Ich lehnte mich auf mein Gewehr und schaute lange dem geschäftigen Treiben zu.

Ein großer, kräftiger Indianer, der reichlich mit Glasperlen und Silberzierrat behangen war, kam auf mich zugetaumelt. In der einen Hand hielt er eine leere Flasche, in der anderen eine schöne Büchse. Er zeigte beides vor und gab mir zu verstehen, dass er mir die Büchse geben wolle, wenn ich ihm die Flasche füllte. Die Leute, die Branntwein ausschenken, dürfen ihn übrigens bei harter Strafe »keinem Indianer, keinem Neger und keinem Soldaten« verkaufen. Die arme indianische Nation ist aber durch die niederträchtigen Spekulationen der »blassen Gesichter« schon so verdorben und heruntergebracht, dass der Indianer das Liebste, das er hat, weggibt, nur um sich Alkohol zu verschaffen. Ich hatte nur noch wenig Geld und verweigerte den Tausch. Er drehte sich um und suchte sich einen anderen für seinen Handel.

Der arme, betrunkene Indianer und sein schönes Gewehr taten mir Leid. Ich nahm ihm die Flasche ab, ließ sie füllen, behielt von meinem Geld noch ganze zwölf Cent und gab sie ihm. Weil ich die Annahme seiner Büchse verweigerte, zog er mich fast mit Gewalt zu seinem Feuer, an dem seine Frau und seine drei Kinder in der Ecke des Zeltes saßen und den Fremden neugierig betrachteten. Er lud mich ein mit ihm zu trinken, die Pfeife zu rauchen und ein großes Stück Hirschfleisch zu essen. Dann stand er auf und erzählte in seiner klangvollen Sprache mir und einigen Söhnen des Waldes um ihn eine lange Geschichte, von der ich leider nichts verstand. Als es mir endlich zu viel wurde, stahl ich mich davon, um ein Nachtlager zu suchen. Am anderen Morgen war das Lager abgebrochen und die Indianer waren auf einem Dampfboot, das sie nach Westen bringen sollte.

Ich ging auf die Fähre. Nachdem ich die Überfahrt bezahlt hatte, musste ich keine weiteren Geldausgaben fürchten, denn meine letzten zwölf Cent hatte ich eben ausgegeben. Wohl nicht oft mag ein Reisender eine fremde Stadt mit so leerem Geldbeutel betreten haben. Meine Lage in dem wildfremden Ort war nicht beneidenswert, aber mein guter Mut verließ mich nicht, obwohl ich schon seit einigen Tagen auf den bloßen Strümpfen über die gefrorene Erde ging. Die Sohlen meiner Stiefel waren verschwunden. Also bemühte ich mich zunächst um Unterkunft bei einem Deutschen, der mich für drei Dollar die Woche beherbergen wollte. Dafür belieh ich meine Flinte, nahm meinen Hirschfänger und ging zum Schuhmacher. Für das Besohlen wollte er zweieinhalb Dollar haben, ein ungeheuer hoher Preis. Aber dieser Mulatte war damals der einzige Schuhmacher in Little Rock. Er hatte drei Gesellen, zwei Amerikaner und einen Deutschen. Dafür lieh er mir aber noch ein paar alte Schuhe, bis meine wieder in Ordnung waren. Anschließend sah ich mich nach Arbeit um.

Dass man keine Arbeit findet, wenn man wirklich arbeiten wollte, hätte ich bis dahin gar nicht für möglich gehalten. Ich lief jetzt an jede Ecke und jedes Ende der Stadt und es war mir völlig egal, welche Arbeit ich bekam, ich hätte alles angenommen. Aber nicht das Geringste gab es für mich zu tun.

Am zweiten Tag meiner Suche ging ich mit dem alten Wagenmacher, meinem Wirt, vor die Stadt. Auf der Farm eines Herrn v. Seckendorf sollten ein paar Bäume umgesägt werden und ich verdiente dadurch wenigstens eine Kleinigkeit. In Little Rock hatten mich mehrere an einen gewissen C. Fischer gewiesen, der unter den Deutschen sehr bekannt war und bestimmt Arbeit für mich hätte. Er hatte gerade ein großes Holzhaus errichtet, ein so genanntes Frame House, an dem noch ein kleiner Anbau fehlte.

Beim Gebäude fand ich niemand, klopfte deshalb an, bekam aber keine Antwort. Schließlich trat ich ein und stand in einem kleinen Raum. In einer Ecke stand ein Bettgestell mit abgebrochenen Füßen. Das Tischlerwerkzeug lag auf dem Boden und auf dem Tisch. Ein fertiger Sarg stand in der Ecke. Vor dem Bett lag ein Mann auf der Erde. Den rechten Arm hatte er unter dem Kopf, den linken über das Gesicht und schien so zu schlafen. Ich fragte ihn nach C. Fischer, bekam aber keine Antwort und hatte den Eindruck, dass er schlief. Leise ging ich wieder hinaus und versuchte noch andere Türen zu öffnen. Es war aber alles verschlossen. Ich ging zu dem Schlafenden zurück. Obwohl ich mehrfach rief und ihn auch an der Schulter anstieß, zeigte er keine Reaktion. Verärgert ging ich wieder raus und fand Fischer endlich nach langem Suchen. Allerdings hatte er auch keine Arbeit für mich. Im Gespräch erwähnte ich den Schläfer und erfuhr dabei, dass er gestern an den Blattern gestorben war. Mich überlief ein kalter Schauer. Fischer erzählte, dass der Arzt festgestellt hatte, dass der Mann kein Geld mehr besaß, und die Leute gewarnt in das Zimmer zu gehen. Damit blieb der Unglückliche seinem Elend überlassen. Niemand brachte ihm auch nur einen Schluck Wasser. Er blieb elend auf der Erde liegen und starb da wie ein Hund.

Little Rock hatte damals überhaupt einen bitterbösen Ruf und die Schiffer auf dem Mississippi sagten: »Little Rock in Arkansas – the damnest place I ever saw! – Little Rock in Arkansas – der verdammteste Platz, den ich jemals sah.«

Weil sich keine Arbeit finden ließ, ging ich auf ein Dampfboot. Auf dem »Fox« erhielt ich sofort eine Anstellung als Feuermann für 30 Dollar im Monat. In einer Stunde wollte das Boot ablegen und ich war vergnügt. Mein Gepäck brachte ich mit leichter Mühe an Bord.

Wir liefen den Arkansas hinunter bis an die Mündung, dann den Mississippi hinauf bis Memphis, von dort wieder zurück nach Little Rock. Die Arbeit als Feuermann ist aber eine der schwersten, die es in der Welt gibt. Er muss zwar nur vier Stunden am Tag und vier in der Nacht heizen, aber die Hitze vor den Kesseln, das Hinauslaufen in die kalte, schneidende Nachtluft, während der Körper vor Schweiß trieft, dazu die Unmasse Branntwein, die der Feuermann zu sich nehmen muss, um nicht krank zu werden, und das eiskalte Wasser, das er auf die glühende Lunge schüttet, zerstören auf Dauer auch den kräftigsten

Körper. Ich habe oft nicht verstanden, dass ich die ungewohnte Arbeit ausgehalten habe.

Dazu kommt noch das Holztragen, bei Dunkelheit sehr
gefährlich. Mit schweren, langen Scheiten, von denen
man oft sechs oder sieben auf der Schulter trägt, das
steile, schlüpfrige Ufer hinab und dann über die schmale
Planke, auf der sich oft Glatteis bildet, ist wirklich ein sau-
res Brot. Ein einziger Fehltritt genügt und man fällt in den
tiefen Strom. Das passierte mir auch später einmal am
Mississippi. Dazu hat man noch die Aussicht mit dem
Kessel in die Luft zu fliegen. Das passiert nicht gerade selten durch die leichtsinnige Führung der Boote und Dank
der amerikanischen Ingenieure.

Beinahe hätte ich meine Arbeit in Memphis verloren,
denn der Steuermann traf dort einen alten Bekannten, der
auch eine Stelle als Feuermann suchte. Er schickte mich
natürlich fort, aber ich hatte Glück. Eine Stunde vor
Abfahrt des Bootes lief der Koch fort. Ich stand noch am
Land und wollte dem Boot niedergeschlagen nachsehen,
denn ich wusste nicht, wie ich zu Flinte und Stiefeln nach
Little Rock zurückkehren sollte. Da wurde ich gefragt, ob
ich kochen könne. Ich bejahte natürlich, denn so viel
hatte ich mich schon amerikanisiert, dass ich in einem
solchen Falle meiner Karriere nicht durch zu große Be-
scheidenheit im Weg stand. Allerdings konnte ich damals
nicht viel mehr als Wasser kochen. Aber mit der Hilfe der
Stewards lernte ich das Nötige schnell. Dem Kapitän
konnte ich es allerdings nicht verdenken, dass er sich in
jedem Städtchen die größte Mühe gab einen anderen
Koch zu bekommen.

So kam ich glücklich nach Little Rock zurück. Ich
konnte meine Flinte und den Hirschfänger wieder auslösen, hatte meine Stiefel neu besohlt und sogar noch etwas
verdient. Also sollte mein Marsch fortgesetzt werden –
wohin, blieb sich gleich.

Zunächst machte ich eine zweite Reise bis an die Mündung des Flusses und wieder zurück, weil noch immer

kein anderer Koch gefunden werden konnte. Das rohe Leben unter der Hefe des Volkes ekelte mich jedoch bald an. Dazu kam noch die Feindschaft des Kapitäns, der mich nicht leiden konnte. Vielleicht, weil ich ein Deutscher war, vielleicht aber auch wegen meiner Kocherei, was ich ihm nicht verdenken konnte. Aber er brauchte mich doch und ich fand keinen Stellvertreter für mich. Also machte ich noch eine Reise, und zwar flussaufwärts, mit. Ich hatte schon eine Ahnung, wie mein Schiffsdienst enden würde. Ich packte meine Jagdtasche, stellte Flinte, Hirschfänger und einen kleinen Tomahawk, den ich gekauft hatte, zusammen und war auf alles gefasst.

Ein paar Tage nach unserer Abfahrt kam der Kapitän zu mir herunter und traf mich gerade, als ich einer armen, alten Frau von den Überresten der Mahlzeit etwas gab. Sie wollte zu ihren Kindern reisen und konnte noch nicht einmal ihre Passage bezahlen. Wie mir ein alter Pennsylvanier erzählte, hatte er schon vorher auf mich geschimpft. Das und die Frage, wer mir erlaubt habe Lebensmittel zu verschenken, machte mich ärgerlich. Ich fragte zurück, ob ich sie lieber über Bord werfen sollte. Kaum hatte er das bejaht, schwammen Teller und Essen im Arkansas. Er bekam einen Wutausbruch und packte mich an der Brust. Mit einem kräftigen Stoß flog er zurück, raffte sich schnell auf, ergriff ein Stück von einem abgebrochenen Hebebaum und wollte mich niederschlagen, aber ich unterlief ihn. Mit einem Griff hatte ich ihn bei der Gurgel und schleppte ihn zum Bootsrand, um ihn über Bord zu werfen. Sein Geschrei rief den Ingenieur und den Bootsmann herbei. Der eine riss den Kapitän an den Beinen, der andere mich an den Schultern zurück. Dann brachten sie den Kapitän, der am Kopf blutete, in die Kajüte hinauf.

Ich musste zum Buchhalter, bekam mein verdientes Geld in schlechten Banknoten, die 37 Prozent Diskonto hatten, das Boot hielt an und ich wurde mit meinen Sachen mitten in der Nacht ans nächste Ufer gebracht.

Der Kahn kehrte zum Dampfer zurück und ich befand mich wieder in einer ganz neuen, wunderlichen Lage.

Rings um mich her war einsame Wildnis, hinter mir der Strom. Die Erde war gefroren und dünn mit Schnee bedeckt. Der Wind sauste scharf von Nordwest durch die entlaubten Zweige. Ich suchte in der Tasche nach meinem Feuerzeug. Alles war nass und feucht geworden. In meinem Pulverhorn war kein Körnchen mehr und nur der eine Lauf meiner Flinte geladen. Sollte ich den letzten Schuss dazu verwenden, Feuer zu bekommen, und dann in dieser Wildnis waffenlos sein? Nein! Ich räumte den Schnee etwas beiseite und legte mich unter einen Baum. Aber der Wind ging zu scharf, die Kälte wurde unerträglich, an Schlaf war nicht zu denken.

Ich entschloss mich nun doch Feuer zu machen. Ein Schuss auf die Wurzel des Baumes und ich konnte die feuchten Schwefelhölzchen an dem glühenden Pfropfen entzünden, legte sorgfältig dürres Gras und trockenes Holz darauf und in fünf Minuten prasselte ein herrliches Feuer.

Obwohl ich mehrere Wölfe heulen hörte, beunruhigte mich nichts und ich schlief herrlich. Am anderen Morgen verfolgte ich meinen Weg allerdings etwas mutlos. Ich hatte kein Pulver mehr und mein Magen verlangte stark nach etwas Genießbarem. So wanderte ich am Fluss entlang in der Hoffnung ein Haus zu finden.

Nach einiger Zeit entdeckte ich ein halb versunkenes Kanu. Mit der Mütze schöpfte ich es aus und fand es noch ganz brauchbar. Der alte Gedanke, Texas zu sehen, tauchte wieder auf. Ich beschloss überzusetzen und dort ein Haus aufzusuchen, wo ich hoffentlich Pulver und Essen bekam. Dann wollte ich eine südwestliche Richtung einschlagen, um die Straße nach Texas zu erreichen.

Kaum war ich am anderen Ufer angelangt, entdeckte ich ein ganzes Volk wilder Truthühner vor mir. Rasch legte ich an und drückte ab – ich Tor hatte vergessen, dass die Flinte nicht mehr geladen war. Bei meinem Näherkommen flogen die Truthühner in die Bäume. Ich litt Tantalusqualen, aber es half nichts. Mit hungrigem Magen musste ich an ihnen vorüberziehen. Wie es oft so ist, wenn man nicht schießen kann, entdeckte ich an diesem Morgen Wild im Überfluss.

Trübe und kalt brach die Nacht herein, und mit ihr der gefürchtete Nordwind, und ich musste ohne Feuer campieren.

Um Bären und Pantern auszuweichen, vor denen ich damals noch ziemlichen Respekt hatte, wäre ich gern auf einen Baum geklettert. Aber der Wind blies zu scharf, als dass ich es da ausgehalten hätte. Endlich fand ich einen hohlen Baum, setzte mich hinein, bedeckte die Füße mit der Jagdtasche, stellte die Flinte links und den blanken Hirschfänger rechts von mir und verbrachte so eine der trübseligsten Nächte meines Lebens. Ich hörte die Wölfe heulen und auch einmal in der Ferne einen Panter brüllen, doch kein wildes Tier störte mich im Schlaf. Die freundliche Morgensonne fand mich schon wieder auf dem Marsch, denn das Lager war nicht einladend genug, um mich lange zu fesseln. Endlich verkündete nicht fernes Hahnengeschrei und Hundegebell einen Farmhof. Das war Musik für mein Ohr! Bald sah ich auch den blauen, dünnen Rauch des Schornsteins in die schöne, reine Luft aufsteigen. Mit schnellen Schritten näherte ich mich.

Die Leute empfingen mich freundlich und tafelten mir so viel zu essen auf, dass ich trotz meines furchtbaren Appetits nicht alle Teller leer essen konnte. Zum Glück hatte der Farmer auch Schießpulver und für einen Vierteldollar füllte er mir fast mein ganzes Horn.

Einen langen und mühseligen Marsch hatte ich jetzt vor mir. Zuerst noch eine Strecke durch wilden und pfadlosen Wald, bis ich die ungeheure Redriverstraße erreichte. Dort wurde es kaum besser, weil der Redriversumpf begann. Trotzdem erreichte ich am 15. März den Red River und ließ mich übersetzen.

Hier hörte aber jede Verbindungsstraße auf, das war »rotes Land«. Zwischen Texas und den Vereinigten Staaten lag ein Gebiet, das aus Schilfbruch und Urwald bestand und in dem sich nur wenige Baumwollplantagen befinden sollten. Die Jagd sollte aber hervorragend sein. Um dieses Gebiet stritten sich die Politiker.

Ich fand einen oft begangenen Pfad und erreichte gegen Abend eine größere Plantage. Der Aufseher war zunächst nicht begeistert, dass ich dort bleiben wollte. Da es aber in der nächsten Umgebung kein anderes Haus gab, willigte er endlich ein. Früh am Morgen brach ich wieder auf und marschierte nach dem Kompass weiter. Das Land am Fluss war ungemein sumpfig und mit Schlingpflanzen und dichtem Rohr durchwachsen. Der Wald stand aber lichter und der Boden lag höher und trocken. Am dritten Abend schlief ich zum letzten Mal auf einer Plantage.

Der Aufseher wohnte in einem kleinen Blockhaus. Darum standen die niedrigen Sklavenhütten, für jede Familie eine. Der Aufseher führte ständig eine starke, lederne, so genannte Negerpeitsche bei sich. Sicher schien er sich nicht zu fühlen, denn zwei Pistolen steckten in Halftern auf seinem Pferd und auch am Körper trug er Waffen.

Wie man die Sklaven behandelte, kann man leicht an den Ausführungen eines anderen Mannes erkennen, der mir später erklärte, dass »der beste Negerdoktor in der Welt die Peitsche sei«. Wenn sich einer der Sklaven krank stelle, bekomme er so lange Hiebe, bis er wieder gesund werde. Es mag vielleicht sein, dass sich die armen Sklaven mal unter der Vorgabe krank zu sein ein paar Ruhetage verschaffen wollen. Aber wie oft mag der wirklich Kranke auf diese Art von unbarmherzigen Aufsehern misshandelt werden!

Ich verfolgte jetzt die westliche Richtung und hatte von der Plantage an nur noch den wilden Wald vor mir. Der Aufseher erzählte mir, dass ich erst nach gut 180 englischen Meilen das nächste Haus treffen würde. Trotzdem marschierte ich rasch und fröhlich in die Wildnis. Hier gab es das erste Frühlingsgrün, die Vögel sangen so lieblich in den Zweigen und alles knospte und keimte so frisch und wundervoll um mich her, dass ich ganz beschwingt wurde. Wenn ich jetzt noch einen Gefährten hätte, wäre mein Glück vollkommen. Aber ich musste allein durch das Gewirr von Stämmen und Zweigen gen Westen ziehen.

Es war ein wilder, aber schöner Marsch. Ich will den Leser aber nicht mit der Beschreibung des monotonen Wald- und Jagdlebens ermüden. Davon erzähle ich ohnehin noch genug. Wald, Wald, Wald und ewig Wald. Den ganzen Tag wanderte ich, abends machte ich mir ein Feuer an, legte mich daneben und schlief bis zum nächsten Morgen.

An Lebensmitteln fehlte es mir nicht, denn Wild gab es in dieser Gegend im Überfluss. Aber ich war ja noch ein sehr junger Jäger und wusste nicht richtig, wie man ein Stück anschleichen und ihm den Wind abgewinnen musste. Außerdem besaß ich nur eine doppelläufige Schrotflinte und konnte natürlich nur in geringer Entfernung mit Erfolg schießen.

Ein paar Hirschkälber schoss ich auf diese Weise und Truthühner, aß davon, so viel ich konnte und steckte eine weitere Mahlzeit in meine Jagdtasche. Ein wirkliches Jagdabenteuer hatte ich aber erst am sechsten Tag. Der Wald war hier ziemlich licht und manchmal auch von einer kleinen Prärie unterbrochen. Da entdeckte ich auf einer starken Eiche dicht über einer der zahlreichen Salzlecken einen dunklen Gegenstand. Bald darauf war mir klar, dass es sich um einen ziemlich starken Panter handelte. Er ließ mich bis dicht unter den Baum heran und ich konnte ihn von dem Ast schießen. Es war das erste Raubtier, das ich in Amerika erlegte. Mit waidmännischem Stolz schleppte ich das ziemlich schwere Fell noch eine ganze Strecke mit mir durch den Wald, um wenigs-

tens die nächste Nacht auf dieser Siegestrophäe zu schlafen.

Ich wollte zu den ersten östlichen Ansiedlungen in
Texas und dann meinen Weg nach der Beschreibung der
Siedler entweder nach Süden oder Westen fortsetzen. Das
Wetter hatte sich recht gut gehalten und große Weg-
schwierigkeiten gab es auch nicht. Manchmal kam ich an
kleine Bäche oder Flüsse, die ich aber durchwaten
konnte. Nur einmal musste ich eine kurze Strecke
schwimmen. Jetzt aber wurde das Wetter schlechter,
gegen Abend regnete es und am nächsten Nachmittag
goss es, was vom Himmel wollte. Ich verlebte damals
einige sehr unangenehme Nächte. Trotzdem setzte ich
meinen Marsch fort, bis ich eines Tages plötzlich an
einem sehr angeschwollenen und reißenden Strom stand.
Ich hatte keine Ahnung, wie er hieß, und wollte ihn auch
nicht sofort durchschwimmen.

Also lagerte ich, entzündete ein Feuer und aß etwas
vom letzten Truthahn. Der amerikanische wilde Truthahn
gleicht übrigens unserem zahmen. Er wird zwischen
18 und 22 Pfund schwer. Seine Federn sind immer bräun-
lich schwarz mit einem schillernden Farbton.

Behaglich am Feuer ausgestreckt, überlegte ich, ob ich
den Fluss passieren sollte oder nicht. Wollte ich nach
Texas, musste ich ihn mit Sicherheit überqueren. Die
Sehnsucht nach einer Ansiedlung war inzwischen so groß,
dass ich kaum eine andere Wahl hatte. Aber am nächsten
Morgen marschierte ich Ostsüdost weiter, um dort
irgendwo den Red River und eine Plantage zu erreichen.

Das Gefühl wieder zu Menschen zurückzukehren war
sehr angenehm. Ich wanderte mit der Flinte auf dem
Rücken rasch, aber aufmerksam durch den Wald. Meine
Schrotflinte hatte ich im linken Lauf mit einer Kugel geladen, die sie gar nicht schlecht schoss. Mit einem halben
Truthahn im Jagdranzen dachte ich jetzt auch nicht
daran, meine Zeit durch das Pirschen zu vertrödeln.

Wenn man nichts schießen will, kommt einem

bestimmt etwas zum Schuss. Ich mochte wohl eine Stunde gewandert sein, als plötzlich etwas in den Büschen neben mir rasselte. Sofort riss ich die Flinte vom Rücken und entdeckte kaum vier Schritt von mir entfernt einen jungen, zweijährigen Bären auf der Flucht. Auf die Entfernung konnte ich selbst mit der Kugel nicht fehlschießen und ich schoss ihn durch den Wanst.

Er zeichnete auf den Schuss und sah sich wild nach mir um, wagte aber keinen Angriff. Er glitt in das nächste Gebüsch. Ich folgte ihm erst, nachdem ich wieder geladen hatte. Seine Spur war durch den starken Schweiß gut zu verfolgen und ich holte ihn bald wieder ein. In meinem Jagdeifer verfehlte ich ihn aber mit dem zweiten Schuss und Petz wurde jetzt wirklich böse.

Er lief in meine Richtung und mein zweiter Lauf mit einer Ladung Rehposten versagte. Ich ergriff sofort die Flucht und hörte, wie er hinter mir herlief. Im nächsten Moment sprang ich hinter einen Baum und zog meinen Hirschfänger, den ich ihm in den Rachen stieß. Dabei war ich aber weder geschickt noch schnell genug und der Bär erwischte mich mit der einen Tatze. Er riss mir meine schon etwas lebensmüde Jacke in Streifen vom Körper.

Jedenfalls war der Bär schon durch meine erste Kugel tödlich getroffen und zu meinem Glück verließen ihn rechtzeitig die Kräfte. Er ließ mich los, taumelte und verendete. Von dem Fleisch nahm ich mit, was ich tragen konnte.

Meine Richtung war jetzt südöstlich auf den Red River zu, als ich am nächsten Abend einen Schuss hörte. Wie ein elektrischer Schlag durchzuckte mich der Ton. In dieser Wildnis waren also noch mehr Menschen und der Schütze musste sich hinter dem nächsten Hügel befinden. Schnell eilte ich in die Richtung und blickte von der Anhöhe auf ein buntes, wildromantisches Schauspiel.

Es war ein indianisches Lager. Alles war damit beschäftigt, Zelte aufzuschlagen und für die Nacht zu sorgen. Hier hieben einige der Wilden mit ihren Tomahawks Zeltstangen ab, dort schleppten die Frauen Brennholz herbei. Andere fesselten den Pferden die Vorderbeine, hier streifte einer der wilden Waldsöhne einen Hirsch ab – kurz, es war das Leben in der Wildnis im schönsten Glanz. Ich konnte mich nicht satt sehen an den schönen, kräftigen Gestalten mit ihren bemalten Gesichtern, ihren in grelle Farben gekleideten Körpern und den federgeschmückten Köpfe. An Gefahr dachte ich dabei nicht. Schon auf der letzten Plantage hatte mir der Aufseher gesagt, dass ich von den Eingeborenen nichts zu fürchten hätte.

Lange blieb mir keine Zeit sie zu betrachten, denn die Hunde schlugen an und kamen auf mich zu. Ich brach einen grünen Zweig ab und ging zum Lager. Die Indianer riefen ihre Hunde zurück und alle Augen richteten sich auf den Fremden. Ich ging auf eine Gruppe junger Männer zu, die gerade ein Hirschfell aufspannten. Sie fragte ich, ob jemand Englisch spräche und wurde an einen älteren Mann gewiesen. Er saß rauchend unter einem Baum und beobachtete mich schweigend. Ich erklärte ihm, dass ich ein Reisender sei, an die Ufer des Red River zurückwolle und gern bei ihnen die Nacht verbringen wolle. Eine dichte Gruppe junger Männer hatte sich um uns versammelt.

»Gibt es so wenig weiße Männer, dass du allein in diese Wälder kommst?«, fragte mich endlich der Alte. Ich erwiderte, dass ich nur wegen der Jagd hierher gekommen sei und jetzt wieder zurückwolle. Statt der Antwort reichte er mir schweigend seine Pfeife, aus der ich einige Züge nahm. Dann gab ich sie dem neben mir stehenden Indianer, der sie nach einigen Zügen dem Älteren zurückgab. Ich setzte mich zu ihm nieder und er erkundigte sich nach vielen Dingen. Er wollte auch wissen, wobei ich meine Jacke so zerrissen hatte, und ich erzählte ihm mein Abenteuer. Er lächelte und übersetzte meine Worte den anderen, denen das Abenteuer offensichtlich viel Freude machte.

Der Alte erklärte mir jetzt, dass es für einen Unerfahrenen sehr gefährlich sei, sich allein einem solchen Kampf auszusetzen. Der Jäger müsse nach einem solchen Stoß schnell zurückspringen, da der Bär oft noch im Todeskampf den Feind umbringt. Es sei ein Glück für mich, dass es nur ein junger Bär gewesen wäre.

Er besah sich aufmerksam meine Doppelflinte und meinen Hirschfänger und versicherte mir, noch niemals zwei zusammengeschmiedete Flinten gesehen zu haben. Das Englische sprach er sehr gut, viel besser als ich. Dabei war es angenehm, dass er langsam sprach. Die Indianer waren vom Stamm der Choktaws und von Arkansas hierher gekommen, um zu jagen.

Die Nacht brach herein und überall brannten Feuer. Unter den Frauen entdeckte ich besonders bei den jüngeren einige recht edle Gestalten. Sie kochten das Abendessen, während die Männer ruhig ihre Pfeifen rauchten. Das In-das-Feuer-Starren fand ich übrigens sehr langweilig und versuchte mehrfach ein Gespräch mit dem Alten anzuknüpfen, bekam aber nur sehr kurze Antworten. So blieb mir nichts anderes übrig als ebenfalls den Indianer zu spielen und in schweigsamer Würde zu verharren. Endlich legten wir uns zur Ruhe. Ich streckte mich vor dem Zelt des Alten am Feuer auf ein Bärenfell aus.

Noch vor Sonnenaufgang weckte mich das Singen und Lärmen der jungen Indianer, die sich zur Jagd rüsteten. Ich sprang auf und wollte mich ebenfalls fertig machen, konnte aber mit meinem zerfetzten Rock nicht durch das Dickicht gehen, ohne überall hängen zu bleiben. Ich zeigte ihn daher einem der jungen Männer, der schnell verschwand und gleich darauf mit einer Art Jagdhemd, aus einer alten Decke gefertigt, zurückkam. Er gab mir durch Zeichen zu verstehen, dass er mir das Stück verkaufen wolle. Als ich ihm einen Silberdollar und die Fetzen meiner Jacke anbot, ging er freudig auf den Handel ein. Für einen anderen Dollar erhielt ich seinen gestickten Gürtel und war nun wieder gut ausgestattet. Meine Jagdtasche ließ ich im Lager und beschloss diesen Tag einmal ganz den Indianer zu spielen.

Sechzehn Mann gingen auf die Jagd, alle zu Fuß. Einige hatten Gewehre, andere Pfeil und Bogen, mit denen sie außerordentlich sicher und weit schossen. Ich ging mit einem der jungen Männer, der mit Pfeil und Bogen jagte. Schweigend gingen wir nebeneinander her, da keiner sich mit dem anderen unterhalten konnte. Jeder hatte etwas Fleisch mitgenommen und aß es unterwegs. So mochte es Mittag geworden sein, als wir ein Rudel Hirsche sahen.

Mein Jagdgefährte schlich sich gegen den Wind um das Rudel herum und schoss zwei Tiere mit sicheren Pfeilen heraus. Erschrocken flohen die anderen und kamen gerade auf mich zu. Der Führer der Herde, ein feister Bock, sah mich erst, als er kaum noch zehn Schritte von mir entfernt war. Meine Kugel traf ihn aufs Blatt und er stürzte lautlos nieder. Wie Spreu stoben die anderen jetzt auseinander. Um die gute Beute zum Lager zu schaffen, mussten wir Pferde holen und machten uns deshalb auf den Rückweg. Mein Gefährte schlug eine ganz gerade Richtung zum Lager ein, das ich im Leben nicht wieder gefunden hätte. Es war nur wenige Meilen entfernt und ich hatte es auf mindestens eine halbe Tagesreise geschätzt.

Im Lager bestieg jeder ein Pferd und in scharfem Trab eilten wir dem Platz mit unserer Beute zu. Der Indianer hatte unterwegs mehrere Stämme mit dem Tomahawk gezeichnet, sodass der Weg leicht zu finden war.

Endlich kamen wir zu meinem Hirsch, auf dem schon eine Wildkatze saß. Der Indianer sprengte darauf zu und die Katze floh auf einen Baum. Ein Pfeil von der sicheren Hand des Wilden holte sie schnell herab. Sie hatte eine graue Farbe und war größer als unsere zahmen Katzen. Diese Tieren sollen sogar, wenn sie gereizt sind, den Menschen angreifen. Mein Jagdfreund streifte sie ab und nahm den Balg mit.

Mit der Beute schwer beladen ritten wir jetzt zurück zum Lager, wo wir mit Jubel empfangen wurden. Nach und nach kehrten alle von der Jagd heim und die meisten brachten Beute mit. Darunter war sogar ein ungeheurer Bär, der größte, den ich bis jetzt gesehen hatte.

Nun wurde gekocht und gesotten und die jungen Männer tanzten und sangen. Die Frauen nahmen daran keinen Anteil und verrichteten ruhig ihre Geschäfte.

Am nächsten Tag erzählte mir der alte Indianer, dass er eine Wolfsfalle aufgestellt habe. Wir kontrollierten sie und fast alle Indianer begleiteten uns dabei. Nur drei, die gestern nichts geschossen hatten, waren wieder losgezogen. Wir nahmen vier große, starke Hunde mit und zogen zur Falle. Mit triumphierendem Lächeln zeigte mir unser Führer den Fleck, wo sie gelegen hatte, und eine schwache Blutspur daneben. Die Hunde wurden darauf angesetzt und bellend und heulend folgten sie ihr. So schnell wir konnten, eilten wir hinterher und fanden den Wolf in den letzten Zügen unter den Zähnen der Hunde. Sie wurden gleich zurückgerufen, sahen aber schon ziemlich zerfetzt aus. Einem hatte der große, schwarze Wolf das ganze Ohr abgerissen.

Eine solche Falle ähnelt unseren Marder- und Fuchseisen. Die Indianer haben sie von Weißen eingetauscht. Sie wird mit einem Köder aufgestellt, aber nicht befestigt. Denn wenn der Wolf hineingeht und die Falle nicht bewegen könnte, würde er sich das Bein abreißen. Allerdings hängt an der Falle eine lange Kette mit Widerhaken. Läuft der Wolf jetzt mit der Falle davon, bleibt er ständig irgendwo hängen. Es wurde schon beobachtet, dass er die Kette ins Maul nahm, um besser fortzukommen, aber die Falle behindert ihn ständig, bis er am nächsten Morgen gefunden wird.

Ich hatte jetzt lange genug das Leben der Indianer erlebt und sehnte mich in eine etwas zivilisiertere Welt zurück. Einen Tag blieb ich noch bei ihnen und wir schossen mit Pfeilen nach einem aufgestellten Ziel. Aber ich erregte manches Lächeln, wenn ich einen Fußbreit vom Ziel vorbeischoss, was den Indianern kaum einmal passierte. Nur beim Werfen mit dem Tomahawk auf einen Baum hatte ich mehr Erfolg.

Am anderen Morgen wanderte ich wieder gen Osten. Ich hatte etwas Hirschfleisch und Salz erhalten. Aber ganz sonderbar und einsam kam es mir vor, als ich die letzten Indianer hinter den Bäumen verschwinden sah. Es kam mir so vor, als hätte ich erst jetzt die Wildnis betreten. Doch bald hatte ich mich wieder an das alte Leben gewöhnt und schlief auch diese Nacht so gut, wie man nur im duftenden Moos und Gras schlafen kann. Den nächsten Tag erreichte ich das Ufer der Sabine und suchte vergeblich nach einer Furt. Der Fluss war stark angeschwollen und schien in jeder Richtung sehr tief zu sein. Es half nichts, ich musste durchschwimmen.

Dazu baute ich mir aber ein kleines Floß, band es mit Schlingpflanzen zusammen, befestigte Jagdtasche, Flinte, Hirschfänger, Tomahawk und Pulverhorn darauf und stieß es vor mir her.

Am 30. Januar erreichte ich endlich das Red-River-Tal und fand auch glücklicherweise einen betretenen Pfad. Wenig später hörte ich einen Haushahn krähen und glaubte mich wieder unter Menschen, aber da hatte ich mich getäuscht. Der Hahn krähte vom anderen Ufer und der angeschwollene Strom wälzte seine roten, schmutzigen Wellen reißend schnell vorüber. Ich rief mich ohne Erfolg heiser, ein Schuss zeigte keine bessere Wirkung. Also traf ich Vorbereitungen den Fluss zu überqueren, als ein zweiter Schuss den Farmer aufmerksam gemacht hatte.

Er kam ans Ufer, machte ein Kanu los und fuhr herüber. Er war ziemlich erstaunt mich allein vorzufinden. Bei seiner Familie wurde ich herzlich aufgenommen und man war begeistert, mit welchem Heißhunger ich mich auf das Brot und den Kaffee stürzte. Einerseits wollte ich mich nicht lange aufhalten, andererseits hatte ich das einsame Wandern in der Wildnis auch satt. Deshalb wurde ich mit dem Farmer schnell handelseinig. Für vier Dollar kaufte ich ihm seinen Kahn ab und erhielt noch eine geräucherte Hirschkeule und einen gebratenen Truthahn dazu. Bald darauf schwamm ich mit dem ausgehauenen Baumstamm den Strom hinunter, der in wilder Schnelle riesig große Bäume mit sich führte.

Der Farmer stand mit seiner Frau und sechs oder sieben Kindern am Ufer, um meine Abfahrt zu sehen. Nach seinen Worten war noch kein einzelner Weißer mit einem solchen »Trog« den wilden, brausenden Strom hinuntergefahren. Er meinte, wenn ich auf keinen festsitzenden Baumstamm auffahren würde, durch das »raft« käme, von keinem Alligator gefressen und nicht umschlagen würde, könnte ich wohl den Mississippi erreichen. Aber er würde nicht mitfahren wollen.

Die reißende Strömung ergriff meinen Kahn und führte ihn rasch in die Flussmitte. Ich musste fast nur steuern. Kurz winkte ich den Leuten einen Abschiedsgruß zu, sie schwenkten die Hüte und gleich darauf war ich um die nächste Flussbiegung verschwunden. Mitten in der Wildnis, die brausende Flut kochend und zischend um mich her, ich selber in einem roh ausgeschlagenen, schaukelnden Baumstamm, schoss ich dem mehr als 500 Meilen entfernten Mississippi entgegen.

Der Red River hat dort eine durchschnittliche Breite von 600–800 Schritt und war so angeschwollen, dass er die gut 20 Fuß hohen Lehmufer überschwemmte. Das trockene Land lag an der höchsten Stelle etwa zwei Fuß über der Oberfläche. An vielen Orten hatte die Flut schon die düsteren Schilfbrüche rauschend erreicht.

Wald lag auf beiden Seiten bis dicht an den Strom hinan. Überall gab es unterspülte Wurzeln und tief ausgewaschenes Ufer. Die Gewalt, mit der die mächtige Flut stromab stürzt, ist ungeheuer und die weiche Ackerkrume wird regelrecht mitgerissen. Bei den Flüssen, die in den Mississippi münden, ist das sehr oft wie beim Mississippi selbst: Es gibt regelmäßig große Überschwemmungen, die oft ganze Äcker mit wegspülen.

Der Name des Red River kommt von seinem fast ziegel-
roten Wasser bei diesem Hochstand. Zum Trinken ist es
nicht sehr appetitlich, soll aber doch gesund sein. Wie
auch der Arkansas haben diese Flüsse ziemliche Salzan-
teile.

Es ist ein merkwürdiges Gefühl, mit einem solchen
schmalen Kahn auf einem wilden Wasser zu fahren, rings
umher der dichte, riesenhohe Wald, das monotone Rauschen der Gipfel, ab und zu der Ton einer Wildente oder
eines anderen Wasservogels. Wenn die Sonne oben am
Himmel steht und ihre Strahlen auf den Strom wirft, geht
das noch, aber wenn dann die Schatten fallen und die
Nacht scheinbar aus dem Dickicht kommt und den Strom
in ihren Mantel hüllt, wird das Rauschen in den Gipfeln
stärker, die Strömung scheint rascher zu fließen.

Während das Boot rasch und geräuschlos dicht neben
der düsteren, scharf abgeschnittenen Land- und Holz-
masse vorüberschießt, raschelt und flüstert es da drinnen,
als ob neckende Geister durch die Büsche dem Boot folgten. Und dann die merkwürdigen Geräusche, die aus dem
Wald herüberschallten: Der Whip-poor-will, die amerikanische Nachtschwalbe, der hohl klingende Schrei der
Eulen, der gellende Ruf eines Panters, der einem Kinder-
schrei ähnelt. Dazu das Schnarren, Schnattern und
Krächzen der zahllosen Wasservögel, die einmal über die
Stromfläche streichen, dann in den Uferbäumen für die
Nacht horsten. Sooft man das auch alles im Wald hört,
macht es doch vom Wasser her einen ganz anderen, wunderbaren Eindruck. Dazu die kleinen, von einer frischen
Brise geweckten Wellen, die gierig am Boot lecken, als
wollten sie den kecken Menschen zu sich herunterziehen.

Die Fahrt in der Dunkelheit in einem so unsicheren
Kahn ist gefährlich. Viele der Baumstämme haben sich
am Ufer oder im Grund verkeilt und sind kaum erkennbar. Schnell kann dabei ein solches Kanu auflaufen,
umschlagen und sinken. Mit dem Strom war ich auch zu
wenig vertraut und wollte nicht viel riskieren. Deshalb

lenkte ich mein Boot, als es schon ziemlich dunkel war, zum nächsten Ufer. Aber eine Landung erwies sich schwieriger als erwartet. So viele Bäume und Sträucher waren da ineinander verhakt, dass ich der schäumenden Flut gar nicht näher kommen durfte. Endlich fand ich einen mächtigen Baumwollholzbaum, an dem ich mich entlangziehen und das Kanu befestigen konnte. So sicher verankert, aß ich mein frugales Abendessen, legte mir meine Wolldecke zurecht, um die erste Nacht im Kanu zu schlafen.

Wie das so dicht neben mir im Schilf rauschte, wie das Wasser gurgelte und quoll – es hörte sich wie flüsternde Stimmen an. Aber nichts störte die heilige Ruhe, die über dem Strom lag. Wenn ich auch manchmal einem aus dem Wasser springenden Fisch lauschte oder den monotonen Vogelschrei eines unbekannten Wasservogels hörte, schlief ich doch schließlich ein. Erst als der erste graue Streif im Osten den kommenden Tag verkündete, erwachte ich.

Rasch band ich mein Kanu los, schob es aus den Zweigen heraus, nahm meine Ruder auf und erneut ging es in die Mitte und die rascheste Strömung.

Zwei oder drei Stunden mochte ich gefahren sein, als ich Anzeichen menschlicher Wohnungen am linken Ufer entdeckte. Es war eine elende, kleine Blockhütte, die am dichten Waldesrand kaum Platz zum Stehen fand. Das Ufer war hier nicht höher und die rote Flut vielleicht noch anderthalb Fuß davon entfernt.

Da die Strömung dort dicht vorüberführte, beschloss ich zu landen. Der Gedanke an eine heiße Tasse Kaffee trieb mich an. Ein Stück weggebrochenes Ufer erleichterte mir meinen Wunsch – aber großer Gott, wie sah der Platz aus!

Das Holz, aus dem die Hütte gebaut war, lag noch in großer Menge umher. Das ganze Oberholz war liegen geblieben und diente als Feuerholz. Axtschläge kamen von einer Stelle herüber, an der noch große Stämme lagen.

Der ganze Platz schwärmte von Moskitos und die Luft war schwül und dumpf. Was konnte einen Menschen dazu bewogen haben, sich ausgerechnet in dieser trostlosen Wildnis niederzulassen, wo es überall in Amerika hervorragendes Land gab?

Ich betrat das Haus und nahm meine Ruder mit, denn ein paar Hunde betrachteten mich nicht sehr freundlich. Am Feuer saßen ein paar schmutzige Kinder. Als ich grüßte und mich in dem kleinen, dunklen, rauchigen Raum umsah, erhob sich von einem roh aufgeschlagenen Bett eine hell gekleidete Gestalt und kam auf mich zu.

Es war eine junge Frau, die wohl mal eine blendende Schönheit gewesen war. Krankheit und Entbehrungen hatte sie aber fast aufgerieben und die todbleichen, eingefallenen Wangen, die hohl liegenden, lebensmüden Augen und die bleiche, abgehärmte Gestalt machte einen wehmütigen, fast peinlichen Eindruck auf mich. Nur das Haar war noch schön und der schwache Nacken schien die Wucht der kastanienbraunen Lockenfülle kaum tragen zu können.

»Kommt herein und setzt Euch«, sagte sie mit einem freundlichen, aber wehmütigen Lächeln und bot mir den einzigen Holzschemel an. Als ich auf mein Ruder gestützt stehen blieb und sie vielleicht etwas zu lange ansah, errötete sie leicht, drehte sich um und schickte die Kinder vom Feuer weg. Die schon fortgenommene Blechkanne stellte sie wieder darauf.

Plötzlich war ihr aber etwas eingefallen, sie drehte sich um und erkundigte sich:

»Wo kommen Sie her? Gehören Sie auf ein Flatboot?«

Die Frage schien berechtigt, denn das zerlumpteste und nichtswürdige Gesindel der Vereinigten Staaten treibt sich auf diesen Booten herum. Ich selbst glich ihnen äußerlich sehr stark.

Zwar hatten meine deutschen Wasserstiefel noch durchgehalten, aber das Jagdhemd des Indianers löste sich auf und wurde nur noch mit dem Gürtel zusammengehalten. Meine Wäsche war zwar sauber, aber nicht mehr weiß zu bekommen. Meine durch zahlreiche Dornen und das Wetter mitgenommene Pelzmütze vollendete das Kostüm. Mein seit langer Zeit nicht mehr geschnittenes Haar und der lange Bart passten gut dazu. In jeder deutschen oder auch europäischen Stadt wäre ich als Landstreicher aufgegriffen worden. Hier im Wald fiel das nicht besonders auf. Eher wäre hier ein anständig angezogener Mensch verdächtig gewesen. Als ich nun erklärte, dass ich allein in einem Kanu unterwegs war, fand sie daran nichts Besonderes.

»Sie sind wohl krank?«, erkundigte ich mich jetzt. Ich sah, wie sie sich trotz ihrer Schwäche bemühte dem Gast eine Erfrischung zu bereiten.

»Krank? Nein«, seufzte sie. »Es ist nur das kalte Fieber. Im Frühjahr fängt es an und dauert bis spät in den Herbst hinein, man wird es gar nicht mehr los.«

»Und brauchen Sie nicht etwas dagegen?«

»Brauchen? Lieber Gott, woher soll man hier Medizin bekommen? Shreveport liegt weit von hier und ich weiß noch nicht einmal, ob es da eine Apotheke gibt.«

»Ich geben Ihnen etwas.«

»Sind Sie ein Doktor?« Sie drehte sich überrascht um. Viele der umherziehenden »Medizinkrämer« nennen sich Doktor und sehen auch nicht besser aus als ich. Ich erklärte ihr, dass ich nicht zu diesen Menschenvergiftern gehörte, die ihre Opfer mit Kalomel anfallen und sich dafür schwer bezahlen lassen. Ich hatte gegen diese bösen Fieber aber Chinin mit dabei und wollte es ihr gern überlassen.

»Aber wir haben kein Geld«, sagte sie traurig. »Mein Mann hat immer darauf gewartet, dass das erste Dampfboot durch das Raft kommen sollte, und schon einige Klafter Holz geschlagen. Aber wir haben noch keines zu sehen bekommen.«

Ich beruhigte sie und versicherte ihr, dass ich meine Medizin nicht verkaufen wollte. Dann gab ich ihr meinen kleinen Vorrat. Ich selbst war gesund wie ein Fisch und kam ja bald wieder in eine Gegend, wo ich es kaufen konnte, wenn ich etwas brauchte.

Die arme Frau war hocherfreut, ihr bleiches Gesicht rötete sich etwas. Dann trat sie vor das Haus, nahm ein langes Blechrohr vom Nagel und blies hinein. Die Axtschläge verstummten und nach einer Viertelstunde kam ihr Mann.

Es war ein junger, kräftiger Mann in der typischen Kleidung der Hinterwälder. Er trug grobe Schuhe, Baumwollhosen und ein Hemd, dazu einen alten, arg zerknitterten Filzhut. Auch er war entsetzlich bleich, schien aber sonst gesund zu sein. Freundlich reichte er mir die Hand.

Er erzählte mir, dass er eigentlich nur hierher gezogen war, um ein Floß zu bauen. Prachtvolles Holz stand in der Nachbarschaft und mit zwei Gehilfen hatte er schon ziemlich viel davon geschlagen. Wenn der Fluss noch einen Fuß anstieg, konnte er es etwa 200 Schritte unterhalb der Hütte in den Strom bringen und dort verbinden. Das Land hinter dem Haus stand schon unter Wasser. Kam der Dampfbootbetrieb auf dem Red River zustande, blieb er vielleicht wohnen, um den vorbeifahrenden Booten Holz zu verkaufen. War das nicht der Fall, würde er mit Frau und Kindern auf das Floß gehen und stromab fahren.

»Wenn der Fluss noch einen Fuß steigt«, sagte der Mann ganz gelassen. Dabei würde in diesem Fall sein Haus unter Wasser stehen und auch jetzt bestand schon die Gefahr, dass es jeden Augenblick mit dem Boden weggeschwemmt wurde. Als ich ihn darauf hinwies, lachte er und meinte, für den schlimmsten Fall hätte er ja das Floß und außerdem noch drei Kanus in den Baios, den Sumpfausläufern. Damit würde er schon festes Land erreichen.

Jetzt hatte seine Frau das Frühstück für mich fertig. Es gab Kaffee, ein paar Stücke gebratenen Speck und etwas Maisbrot. Der Mann lud mich ein, ein paar Tage bei ihm zu bleiben und mit ihm einen Bären zu schießen, von denen es viele in der Gegend gäbe. Ich hatte aber genü-

117

gend Sumpfpartien und Jagd in der letzten Zeit gehabt und lehnte dankend ab. Der Frau erklärte ich, wie sie die Medizin verwenden sollte. Etwas Indian physik, eine Pflanze, die Brechweinstein ersetzt, hatte sie im Haus. Dann schiffte ich mich wieder ein.

Ganze Ketten von Wildenten und Gänse schwärmten jetzt überall am Ufer und auf dem Strom, dazu sah ich Pelikane und große, weiße Reiher. Als eine Kette von gut hundert Enten vor mir aufstieg, schoss ich mitten hinein und erwischte drei mit einem einzigen Schuss.

An diesem Tag sah ich meinen ersten Alligator. Die Sonne brannte ziemlich heiß und ich glitt eben mit der Strömung dicht am linken Ufer entlang, auf das ich gut sehen konnte. Ein dunkler Gegenstand, den ich für einen angebrannten Baumstamm hielt, zeigte plötzlich zwei tückisch blinkende Augen und ich erkannte die schuppige, widerliche Gestalt eines vielleicht zehn Fuß langen Alligators, der sich hier sonnte. Unwillkürlich warf ich das Kanu etwas herum, kam aber dadurch mit dem Hinterteil nur näher an die Bestie heran. Das alles ging sehr schnell und ich dachte noch nicht einmal an meine Flinte. Aber der Alligator beachtete mich gar nicht weiter. Er hatte den Kopf nur etwas angehoben und ließ ihn jetzt wieder in seine alte, behagliche Lage sinken und träumte ruhig weiter.

Dadurch aufgeschreckt, beobachtete ich meine Umgebung genauer und entdeckte nach kaum einer weiteren Stunde den nächsten Alligator. Ich steuerte auf ihn zu und hatte dabei mein Gewehr schussbereit auf dem Knie. Weil ich mich etwas unter ihm befand, konnte ich ihm die volle Ladung Entenschrot hinter dem Vorderlauf direkt aufs Blatt schießen. Er dehnte sich blitzschnell auf die Seite und fiel in den Fluss. Ich verharrte einige Zeit und hoffte ihn auftauchen zu sehen, aber der Alligator blieb verschwunden.

Ich schoss nacheinander noch vier weitere, ohne einen einzigen von ihnen zu bekommen. An diesem Tag erlebte ich sonst nichts weiter. Gegen Abend landete ich vor Dunkelwerden, briet meine Enten und schlief unter einem Baum im Wald.

Am nächsten Tag kam ich auf besondere Weise an eine Fischmahlzeit. Als ich mitten im Strom ruderte, sprang ein großer Buffalofisch, eine Karpfenart, dicht neben mir hoch und in mein Kanu hinein. Zuerst erschrak ich, denn ich dachte sofort an einen Alligator. Im nächsten Augenblick traf mein Ruder den Wasserbewohner, gerade als er sich wieder zurückschnellen wollte.

Den folgenden Tag hatte ich großes Glück, dass ich nicht selbst die Fische fütterte. Ich fand an einem Baum mehrere gute Bretter angeschwemmt und wollte die als gute Beute im Kanu bis zum nächsten Haus mitnehmen. Als ich mich in der starken Strömung am Baum festhielt, schoss das Kanu unter mir weg. Im ersten Schreck wusste ich nicht, was ich tun sollte – loslassen oder festhalten. Ich hielt fest und wurde im nächsten Moment von dem zurückschlagenden, elastischen Holz unter Wasser gedrückt. Ich kam zwar gleich wieder hoch, aber mein verlassenes Kanu schoss rasch weiter und entfernte sich immer mehr. Mein gesamter Besitz befand sich aber darin, auch meine Wasserstiefel, die ich schon seit dem zweiten Reisetag nicht mehr trug. Blieb ich hier hängen, konnte ich in der Wildnis verhungern. Also ließ ich mich fallen, sank, kam hoch und schwamm jetzt wie um mein Leben hinter dem Kanu her. Es kostete einige Mühe, bis ich es wieder eingeholt hatte, und dann viel Anstrengung, um wieder hineinzugelangen. Ich fror fürchterlich, als ich wieder im Kanu saß. Erst jetzt begriff ich, in welcher Gefahr ich geschwebt hatte. Wenn ich an die Folgen eines solchen Unfalls dachte, schauderte ich.

Das ist das große Problem, wenn man solche wilden Touren allein macht. Der Mensch ist nun einmal ein geselliges Geschöpf und von der Natur darauf angewiesen, von anderen unterstützt zu werden und andere zu unterstützen. Für mich hat das einsame Wandern aber trotzdem schon immer einen unbeschreiblichen Reiz gehabt. Selbst in einer vollkommen wilden Gegend ist es immer noch besser, allein zu sein, als mit jemand unterwegs, der nicht ganz zu einem passt.

Am ersten sonnigen Platz landete ich und trocknete vor allen Dingen meine Kleider, denn ich wollte auf keinen Fall krank werden.

Meinen restlichen Proviant aß ich an diesem Abend. Da ich mich nicht mit der Jagd aufhalten wollte, hoffte ich bald wieder auf ein Haus zu stoßen. Gegen Mittag entdeckte ich auch eine kleine Hütte im Wald, als ich bereits vorüber war und nicht zurückrudern konnte. Es mochte gegen vier Uhr sein und ich war schrecklich hungrig. Da sah ich am linken Stromufer eine größere, offene Farm mit einigen Gebäuden. Da waren Menschen, auch wenn gerade kein Rauch aufstieg. Am Ufer lief ein schwarzgrau gestreifter Hund umher und einige Hühner gackerten. Neben der Fenz standen ein paar Kühe. Der Platz sah freundlich und sauber aus, das Ufer war höher als sonst im Sumpfland.

Der Hund bellte, als ich mit dem Bug auf die kleine Lichtung stieß, wo bereits ein kleines Boot angebunden lag. Ich nahm mein Ruder mit, um ihn mir von den Beinen zu halten. Die Haustür stand offen, aber ich fand niemand und bekam keine Antwort. Nur der Hund bellte stärker und wedelte mit dem Schwanz.

Ein Gebäude nach dem anderen durchsuchte ich ohne Erfolg. Dann rief ich laut über das Feld, vergeblich. Die Stille und Öde ringsumher hatten etwas Unheimliches. Aber noch unheimlicher war mein Hunger und ich hatte schon einige mordlustige Blicke den Hühnern zugeworfen. Vielleicht ließ sich ja auch im Haus noch etwas Maisbrot finden.

Mit dem Hund hatte ich mich inzwischen angefreundet und er begleitete mich auf Schritt und Tritt. Es ist schon merkwürdig, so in ein verlassenes Haus zu gehen und umherzustöbern. Taucht dann einer der Bewohner auf, gerät man schnell in schlimmen Verdacht. Mein Herz klopfte auch so stark, als hätte ich wirklich etwas Böses vor.

Im Zimmer sah es schrecklich unordentlich aus. Männer- und Frauenkleider waren umhergestreut, zwei Betten standen noch so da, wie am Morgen verlassen. Aber in einer Ecke fand ich, was ich suchte. Es war ein kleiner Schrank, mit einem Stück Moskitonetz überspannt. Ich rief noch einmal sehr laut und öffnete dann entschlossen den Schrank. Unter einem Gazegestell fand ich einen Kuchen aus Maismehl und Kürbis. Dafür legte ich einen Vierteldollar unter die Gaze und verließ das Haus mit einem Gefühl einen schweren Diebstahl begangen zu haben. Länger hielt ich mich auch nicht auf, band mein Kanu los und hatte die Farm bald hinter mir gelassen.

Jetzt machte mir die Sache auch Spaß. Ich stellte mir vor, wie die Leute sich über den verschwundenen Kuchen wunderten und vielleicht das Geld nicht gleich entdeckten. Gegen Abend schoss ich noch eine Gans und hatte damit wieder Vorrat.

Mit dem Dunkelwerden erreichte ich am nächsten Abend eine kleine Farm und beschloss mal wieder unter einem Dach zu übernachten. Der Himmel hatte sich auch bewölkt und versprach Regen. Die Leute nahmen mich sehr freundlich auf und ich erzählte ihnen auch mein Abenteuer mit dem entführten Kuchen und bat sie den Beraubten zu erklären, wie das geschehen war. Der Mann lachte herzlich, ärgerte sich aber, dass ich den Vierteldollar dafür hingelegt hatte.

»Die Alte, die den Kuchen gebacken hat, ist ein richtiger Geizteufel und denkt jetzt wahrscheinlich mit dem Vierteldollar ein gutes Geschäft gemacht zu haben.« So sind die Menschen. Hätte ich ihm den Kuchen weggenommen, hätte er sich über den Vierteldollar wohl nicht geärgert.

Der Mann schüttelte übrigens ganz bedenklich den Kopf, als ich ihm sagte, dass ich mit meinem Kanu das

Raft passieren wolle. Von ihm erfuhr ich darüber, dass der Red River ein sehr reißendes Wasser ist und die Ufer sehr häufig unterspült. Dabei sowie bei den zahlreichen Überschwemmungen führt er eine Menge Holzstämme mit sich, die sich irgendwo sammelten und verkeilten. Früher hätte er alles dem Mississippi zugeführt. Aber in den letzten Jahren hatte sich ein Teil des Holzes so verfangen, dass immer mehr und mehr hängen blieb und bald darauf einen riesigen Damm bildete und eine unpassierbare Barriere darstellte. Inzwischen füllte das so genannte Raft (= Floß) schon mehrere Meilen den Fluss und immer mehr Holz kam dazu. Selbst das Wasser konnte nicht mehr richtig ablaufen und suchte sich Auswege durch benachbarte Seen, den Soda Lake und den Clear Lake. Auf den in der Sonne bleichenden Stämmen sammelte sich mit den Jahren Sand, Laub, verweste und angeschwemmte Tiere und Erde. Die Baumwollbäume mit ihren gefiederten Samen fanden darauf Halt und trieben bald junge Sprösslinge.

Der Mann behauptete, dass dieses Raft inzwischen schon gut 40 Meilen lang war. Wenn das auch übertrieben war, so füllte es doch genügend vom Strom aus. Natürlich waren dadurch eine Schifffahrt und Handel mit dem Binnenland nicht möglich, und die unternehmenden Amerikaner begannen das Raft zu durchschneiden. Mit Dampfern und Sägen und Äxten wurde begonnen, und im Lauf der Jahre wirklich ein breiter Kanal hindurchgearbeitet, der sich aber auch teilweise wieder verstopfte. Wieder musste daran gearbeitet werden und in nächster Zeit erwartete man ein Dampfboot, das stromaufwärts ging und Proviant in die abgelegene Gegend brachte. Den benötigten die hiesigen Farmer auch dringend. Während nämlich ein Fass Mehl mit etwa 180 Pfund überall in den Staaten drei Dollar kostet, zahlten sie hier oben 22 Dollar dafür. Allerdings bezahlten sie mit Arkansas-Banknoten, die damals mit 40 Prozent Diskonto gehandelt wurden, und das Fass so immer noch auf 13 Dollar 20 Cents kam.

Mein Wirt versicherte mir auch, dass ich es kaum wagen könnte, mit meinem nicht sehr hoch aus dem Wasser ragenden Kanu die Fahrt durch den geschlagenen Kanal anzutreten. Die Strömung drängte dort gewaltig hindurch. Der kleinste Zweig könnte mich dabei umwerfen. Im vorigen Monat sollte ein Bootsmann, der es auch versucht hatte, verunglückt sein. Es gab aber einen Weg, das Raft zu umgehen. Der Fluss hatte sich zusätzlich eine Bahn durch einen See gesucht, und damit konnte man das Raft umfahren. Oberhalb des Städtchens Shrevesport mündete der Seitenarm wieder in den Red River. Wenn ich den Weg fände, könnte ich so gefahrlos reisen.

»Wenn ich den Weg fände«, das war gut. Wenn nicht, konnte ich einen Monat in all den kleinen Buchten und Bajous herumfahren, die in solche Seen münden und meistens auch mit umgestürzten Bäumen versperrt sind. Ich zerbrach mir aber nicht lange den Kopf, sondern beschloss meine Bahn dem Zufall zu überlassen. Am nächsten Morgen war ich früh unterwegs.

Der Fluss war über Nacht erneut angestiegen und eine Masse Treibholz schwamm in der Mitte. Ich hatte große Mühe den Stämmen auszuweichen und mehrmals entging ich dem Umschlagen nur mit knapper Not. Ich sah ein, dass die Fahrt durch einen engen Kanal unmöglich wurde. Beim nächsten Haus wurde mir das noch bestätigt. Gleichzeitig erfuhr ich aber auch von einem Flatboot, das erst vor kurzem hier abgelegt hatte. Ich konnte es sicher noch erreichen, wenn ich mich beeilte.

Ich kaufte hier noch etwas Proviant und lenkte dann in das rechts abführende Fahrwasser. Unter überhängenden Weiden und Sykomoren kam ich jetzt in eine ganz andere Szenerie. Die Strömung war nicht mehr so stark, das Ufer auch nicht so schroff und zerrissen. Das graue, hängende Moos, auch »spanischer Bart« genannt, begann sich zu zeigen. Die Bäume bekamen dadurch ein geradezu ehrwürdiges Aussehen.

Ich hielt mich aber nicht lange mit Naturbeobachtungen auf, sondern wollte das Flatboot erreichen. Die Leute an Bord arbeiteten mit den langen, eingelegten Rudern, so genannten Finnen. Deshalb hörte ich sie, bevor ich sie sah. Eigentlich wollte ich nebenher fahren, bis wir durch den See waren. Als die Leute aber hörten, wohin ich wollte, luden sie mich freundlich ein an Bord zu kommen und mein Kanu hinten anzuhängen.

Die Mannschaft bestand aus dem Kapitän und vier Mann Besatzung. Diese Fahrzeuge sind große, längliche, unbeholfene Kästen, die nur mit Fracht stromabwärts gehen. Sie sind nur sehr schwer durch die Finnen zu lenken, gegen die sich die Leute mit den Schultern pressen. In ähnlicher Art gibt es auch hinten ein Steuer.

Wie ich bald bemerkte, war den Leuten meine Ankunft ganz gelegen, denn dadurch hatten sie eine Kraft mehr an Bord, die mit ihnen durch das stille Wasser des Sees ruderte. Da sie mich zu ihren Mahlzeiten einluden, dachte ich natürlich nicht daran, meine Mithilfe zu verweigern.

Jetzt hatte ich Zeit den Wald näher zu betrachten, denn die Bajou war an manchen Stellen kaum 20 Schritt breit. Meistens sah ich Zypressen, Sykomoren und Weiden dicht am Ufer, auch Baumwollholzbäume. Hier und da stand ein Pekannussbaum dazwischen und an manchen Stellen wuchsen Sumpfeichen. Das Land schien sehr flach zu sein und größtenteils aus Sumpf zu bestehen. Nur wenig Unterholz aus Sassafrasbüschen und Dornen wuchs hier.

Die Bootsleute waren zusammengewürfeltes Volk, wie man sie in keinem Land der Welt in so toller Mischung findet, wie gerade im westlichen Teil der Vereinigten Staaten. Der »Kapitän« schien der Unteraufseher einer Plantage zu sein. Einer der Leute an Bord war Jäger und Fallensteller aus den Felsengebirgen. Er hatte das wilde Leben satt und wahrscheinlich eine Hand voll Dollar für verkaufte Felle bei sich. Er wollte wie ich den Red River mit dem Kanu hinunter und hatte dort das Flatboot getroffen. Zwei andere hatten an dem Raft gearbeitet und dann Vieh auf eine Plantage getrieben. Dort hatte sie der Aufseher in seinen Dienst genommen. Der vierte hatte ein böses, finsteres Gesicht und behauptete, Farmerssohn aus Louisiana zu sein. Er hätte Maultiere hierher getrieben. Von den anderen hielt er sich immer mürrisch abgesondert. Wenn ich ihn etwas reden hörte, waren es wilde Flüche und Gotteslästerungen. Dabei verdammte er auch das Boot wohl fünfzigmal am Tag.

Am selben Abend liefen wir noch in den Soda Lake ein. Ich hatte mir eine etwas andere Vorstellung gemacht. Dieser See bot zwar eine mehrere Meilen breite Wasserfläche, aber dazwischen wuchsen stattliche Zypressen. Manchmal standen sie in Gruppen zusammen, dann wieder einzeln, einige abgestorben. Wie eine breite Fahrstraße zog sich zwischen den Bäumen ein offener Kanal hindurch. Wahrscheinlich lag bei niedrigem Wasserstand der größte Teil dieses Sees trocken.

In der Nacht banden wir das Flatboot an einem Baum fest, da man im Dunkeln nicht zwischen den Hindernissen fahren konnte. Nicht weit von uns hatte ein Weißkopfadlerpaar, das Wappentier der Vereinigten Staaten, seinen Horst in einer Zypresse. Zwar war noch keine Brutzeit, aber wir sahen die stattlichen Vögel in der Nähe. Sie bäumten etwa 1000 Schritt entfernt für die Nacht auf. Der Jäger nahm bei Dunkelwerden seine Büchse und ein Kanu und versuchte in Schussnähe heranzurudern. Die schlauen Tiere waren aber nicht so leicht zu überlisten und flogen mit schwerem, langsamem Flügelschlag davon, um einen sicheren Nachtplatz zu finden.

Mit der ersten Dämmerung nahmen wir unseren Weg wieder auf. Unser »Kapitän« erzählte, dass er schon einmal durch den See gefahren sei und sich genau auskenne. Das Adlernest war eines seiner Merkmale und ein Dampferwrack am Einlauf in den Clear Lake ein weiteres. Früher hatten wohl schon kleinere Dampfer versucht das Raft zu umgehen und sind dabei auf die unter Wasser aufragenden Zypressenwurzeln aufgelaufen. Unser Führer versicherte uns auch, dass man diese Seen nur bei hohem Wasserstand mit einem Flatboot überqueren konnte.

In den Clear Lake liefen wir ein, als ob wir mitten in ein Holzlager fuhren. Die Zweige der überhängenden Weiden schlugen uns von beiden Seiten auf das Boot und die Finnen konnten wir nicht gebrauchen. Die leichte Strömung trieb uns aber langsam weiter. Gegen Mittag entdeckte ich mehrere Alligatoren, die wie schwarz gebranntes Holz umhertrieben. Da warf einer der Leute gerade seine Sachen ab und machte Anstalten zu baden. Ich nahm an, er hätte die Alligatoren nicht bemerkt und sprang rasch auf ihn zu. Aber er lachte und meinte, das wären ganz gute und vernünftige Burschen, die keinem weißen Mann etwas antun – er wäre schon oft zwischen ihnen geschwommen.

Ich muss gestehen, dass mir nicht wohl war, als ich den Mann ganz unbekümmert ins Wasser springen sah. Es war der Jäger, ein prächtiger Bursche. Ich erwartete jeden Augenblick, dass ihn die Tiere angreifen würden. Jetzt drehte er sich um und schwamm auf den nächsten Alligator zu. Die übrigen riefen ihm zu, er solle das lassen, aber er kümmerte sich nicht darum. Der Alligator schien etwas verwundert zu sein und wir konnten deutlich erkennen, wie sich der scharfe, zugespitzte Kopf zu ihm drehte. James, wie der junge Mann hieß, kannte aber seine Leute. Als er noch fünf oder sechs Schritte entfernt war, verschwand der Kopf unter Wasser. Der Alligator verschwand, genauso drei oder vier andere, bei denen er sein Spiel wiederholte. Der Klügere gibt nach.

Dadurch wurde ich auch kühn und das Wasser sah überhaupt verlockend genug aus. Bald schwamm ich an der Seite von James und hatte seine Hochachtung gewonnen.

Schwierigkeiten hatten wir am Nachmittag, die richtige Bajou zu finden, die uns wieder in den Red River führen sollte. Trotz der Kenntnisse unseres Kapitäns mussten wir schließlich das Flatboot anbinden und mit den Kanus den Weg suchen. Endlich fanden wir die richtige Stelle, die unser Führer durch ein altes indianisches Lager erkannte. Hier hatten vor einigen Jahren Choktaws gelagert, gefischt und gejagt. Hier und da standen noch einige halb verbrannte und geschwärzte Zeltstangen.

Das Land stieg jetzt erheblich an und hier und da konnten wir kleine, offene Prärien erkennen. Auch Fenzen und urbar gemachtes Land waren zu sehen und gegen Abend erreichten wir eine ziemlich bedeutende Baumwollplantage mit einem bequemen Wohnhaus für den Eigentümer und einer Anzahl Hütten für die Sklaven. Eine so genannte Baumwollgin oder Mühle stand dabei, in der die Samen aus den wolligen Hülsen befreit und die Baumwolle gereinigt wurde. Dicht daneben war ein Berg von 20 bis 25 Fuß Höhe aus reinen Baumwollsamen aufgeschüttet. Er verfaulte hier, denn er konnte noch nicht einmal als Dünger verwendet werden. Dabei kann man sehr reines Öl daraus gewinnen, das besonders gut für Malerfarben geeignet sein soll. Mit einer hydraulischen Presse könnte man da viel Geld gewinnen, wo es Baumwollplantagen gibt, denn der Samen ist entweder kostenlos oder doch sehr preiswert zu bekommen.

Mir tat es wohl, wieder einmal offenes, sonniges Land betreten zu können. Der Anblick der reizenden Prärien machte mir besondere Freude. Man hatte sie im Winter abgebrannt und jetzt trieb der Frühling das wundervolle, saftige Gras und viele kleine Blumen hervor. Berge schien es nirgends zu geben.

Der Plantagenbesitzer gehörte zu den reichsten Leuten des Distrikts und hatte einige hundert Sklaven. Der Kapitän erzählte uns, dass er sie überaus streng und grausam behandelte. Als er dann Einzelheiten berichtete, für die er sich verbürgte, schauderte ich. Es war für mich kaum vorstellbar, dass Menschen zu solcher Bosheit fähig sind.

Die südlichen Sklavenhalter haben leider viel zu große Gewalt über ihre Sklaven, die doch nun einmal Menschen sind. Das Gesetz schützt zwar die Sklaven gegen zu große Willkür und Grausamkeit, aber das muss erst vor dem Gesetz bewiesen werden – und wie soll das geschehen? Ein Schwarzer kann nach dem Gesetz nicht als Zeuge gegen einen Weißen aussagen. Die Grausamkeiten sind den Richtern oft wohl bekannt, aber niemand schreitet ein, weil es keinen Kläger gibt.

Ich kenne nur einen Fall in Louisiana, wo ein Weißer wirklich vor Gericht gebracht und zu einer Gefängnisstrafe verurteilt wurde. Seine Grausamkeiten waren auch auf den anderen Plantagen bekannt und man musste schließlich einschreiten. Es wurde auch erzählt, dass er im Streit schon mehrere Weiße aus der Tasche heraus erschossen hatte. Der Pflanzer trug nämlich immer eine geladene Pistole in der rechten Hosentasche. Unbemerkt spannte er dort die Waffe und richtete sie ungefähr auf den Gegner aus und schoss so zwei Mann nieder. Wie er dabei dem Gesetz entgangen war, weiß nur Gott. Als ich ihn sah, spazierte er als freier Mann umher und dachte sich neue Untaten aus.

Gegen Abend hatten wir wieder starke Strömung und erreichten den Hauptkanal, der wieder in den Red River mündete. Das Ufer lag hier gut fünf Fuß höher. Zu meinem großen Erstaunen fand ich das andere Ufer beschneit. Als wir dann aber näher kamen, erkannte ich, dass es Baumwolle war, die den Boden so dicht wie Schnee bedeckte. Unser »Kapitän« erzählte mir, dass dort ein mit Baumwolle beladenes Flatboot gestrandet war und die Baumwolle deshalb nicht mehr verwendbar war.

Dicht unter der Mündung lag Shrevesport, ein kleines, unansehnliches Städtchen. Die Häuser wiesen alle große, bunt bemalte Fassaden auf. Dahinter standen aber nur kleine Bretterbuden. Mit riesigen Buchstaben wurden die verschiedenen Waren und Produkte in den so genannten Läden angeboten. Kam man hinein, war fast nichts zu bekommen außer alkoholischen Getränken und Kartenspiele, abends wohl auch ein Messerstich oder eine Pistolenkugel. Jetzt mag sich der Ort geändert haben, damals stand er jedoch wegen seiner Spieler- und Räuberbanden in sehr schlechtem Ruf.

Wir landeten hier und ich beschloss etwas Proviant einzukaufen. Von hier aus wollte ich meine Fahrt wieder mit dem Kanu fortsetzen. Die Flatbootleute waren auch an Land gegangen, der Kapitän hatte Geschäfte zu erledigen und wollte am anderen Tag weiterfahren. Weil es noch sehr viel Treibholz gab, konnte er nicht bei Nacht fahren. Ich ließ mich verleiten in eine der »Groceries« mitzugehen, in denen schon fleißig gespielt wurde. Eigentlich bin ich kein Freund starker Getränke. Aber nach so langer Zeit, in der ich reichlich Schlammwasser getrunken hatte, wollte ich einmal einen anderen Geschmack in den Mund bekommen. Der Cognac, den ich hier bekam, war nur aus Spiritus und Schwefelsäure zusammengepanscht und verbrannte mir fast die Kehle. Von da ab begnügte ich mich mit der Beobachtung meiner Umgebung und betrat das Spielzimmer. Es bestand aus einem Holzverschlag, nur durch eine trübe Öllampe erleuchtet. Zwanzig bis fünfundzwanzig Menschen drängten sich um einen runden Tisch. Auch der finstere »Farmersohn« vom Flatboot hatte Platz genommen und schien sich wohl zu fühlen.

Es wurde Poker gespielt, das einzige nicht ausdrücklich verbotene Glücksspiel, bei dem gern und häufig betrogen wurde. Nicht der Glückliche gewinnt hier, sondern der »Geschickteste«, wie man sich ausdrückt. Viele falsche und gezinkte Karten werden hergestellt und sind weit verbreitet. Als ich unseren »Farmer« beobachtete, erkannte ich bald, wie er betrog. Dabei spielte er offensichtlich mit seinem Nachbarn zusammen. Einmal fing er meinen Blick auf, blinzelte mir nur ruhig zu und betrog weiter. Ich kehrte zum Boot zurück, um dort bei meinen Sachen zu schlafen. Dem Wachtposten kam ich gerade recht zur Ablösung. Ich warnte ihn zwar vor der Stadt, aber er meinte, dass er genauso schlau wäre wie die anderen.

Ich bereitete mein Lager auf dem Deck, die geladene Flinte neben mir. Hier fühlte ich mich weniger sicher als im Wald oder zwischen den Alligatoren. Überfälle, Einbrüche und Diebstähle gehörten in Shrevesport zum Alltag. Das Boot wurde aber nicht belästigt. Einmal hörte ich in der Nacht einen Schuss und lautes Geschrei, dann war wieder alles still. Etwa um zwei kam der Bootswächter zurück. Er war sehr kleinlaut und erzählte mir, dass er sein Vermögen von acht Arkansas-Dollar verspielt hatte. Ich erkundigte mich nach dem Schuss.

»Ach, nichts weiter. Sie haben einen beim Betrügen erwischt und so ein lumpiger Yankee wollte einen Skandal anfangen. Dann haben sie ihn ein wenig durch die Schulter geschossen und er war zufrieden.«

Bei Tagesanbruch waren die anderen noch nicht zurück. Ich bestieg mein Kanu und verließ Shrevesport stromabwärts. Jetzt veränderte sich auch die Gegend wieder, es gab häufiger kleine Ansiedlungen oder Farmen am Ufer. Ich fuhr nur wenige Meilen und entdeckte immer wieder die nächste blaue Rauchsäule. Je weiter ich kam, desto belebter wurde der Fluss und gegen Abend erreichte ich wieder ein kleines Städtchen. Ich hatte aber keine Lust dort an Land zu gehen. Um nun einen weiter entfernten Lagerplatz zu finden, hielt ich auf das andere Ufer zu. Dabei stieß mein Boot gegen einen länglichen Gegenstand. Ich stieß mit dem Ruder dagegen, es fühlte sich weich an und tauchte etwas unter. Als es beim Auftauchen etwas über die Oberfläche stieg, wurde mir ganz unheimlich zumute. Neben mir schwamm eine Leiche mit einer breiten, hässlichen Wunde auf dem Rücken. Was mochte hier passiert sein? Mir war die Lust zum Landen vergangen und da der Vollmond schien, beschloss ich noch eine Strecke weiterzufahren.

An Nachitotches kam ich am nächsten Tag vorbei. Hier sah ich erstmals wieder anständige Steinbauten. Mehrere Dampfer lagen vor Anker, darunter auch der Blackhawk, der seine erste Tour durch das Raft machen wollte. Er hatte Mehl, Salz und andere Produkte für die Farmer gelaaden und sollte dafür Baumwolle mitbringen.

Am dritten Tag danach erreichte ich die Mündung des Red River in den Mississippi. Es war ein wilder, bösartig aussehender Platz. Die rote Flut schoss in furchtbarer Gewalt über das niedrige Land. Der Red River ist hier nicht so breit, aber wohl genauso tief wie der »Vater der Flüsse«, der Mississippi. Trotzdem scheint er in den gewaltigen Strom zu fließen, als ob er im Ozean verschwände, so wenig Einfluss übt er auf ihn aus. Nur das gelblich schmutzige Wasser färbt er an der Mündung etwas rötlicher.

Ich hatte mein nächstes Ziel erreicht und es war ein fast beängstigendes Gefühl, als ich mich mit meinem kleinen Kanu in die ungeheure Wassermenge wagte. Aber das verlor sich bald. Der große Strom war viel ruhiger als der zusammengedrängte Red River und frohen Mutes trieb ich mit dem Ruder den leichten Kahn vorwärts.

Hier herrschte aber anderes Leben als auf dem Red River. Ich erkannte bald die große Pulsader des mächtigen Reiches. Wohin das Auge sah, konnte ich mit der Strömung schwimmende, schwer beladene Flatboote sehen. Alle Stunden begegnete ich einem Dampfboot oder wurde von einem überholt. Ich musste mich so weit wie möglich von ihnen fern halten. Wo das nicht ging, flüchtete ich sogar manchmal an Land, weil die hoch gehenden Wellen mich sonst zum Kentern gebracht hätten.

Die Dampfer haben oft drei- oder viertausend Ballen Baumwolle geladen, die sie so schnell wie möglich zum Bestimmungsort bringen wollen. Rücksicht wird dabei auf keinen genommen. Die mächtigen Antriebsräder schlugen dabei Wellen oft bis hoch auf das Ufer hinauf. Selbst in der Mitte des Stromes waren sie noch gefährlich für mein Kanu. Eine Strecke fuhr ich noch weitgehend an waldigen Ufern entlang und sah nur hin und wieder eine Plantage. Aber bald wurde der Wald von urbar gemachtem Boden zurückgedrängt und dann fuhr ich an dem wundervollen Pointe Coupée vorbei, wo das ganze Land einem Garten ähnelt.

Ich will aber nicht den oft beschriebenen Mississippi noch einmal schildern, sondern nur meine Fahrt. Am nächsten Tag begann es zu regnen und ich legte meine Wolldecke über das Gewehr und mein Gepäck. Ich befand mich in der Strommitte, als ein gewaltiger Sturm losbrach. Er riss mir die Mütze vom Kopf und heulte über das Wasser. Als ich sie wieder aufgefischt hatte, legte ich mich flach in das Kanu, um den Orkan über mich toben zu lassen. Unglücklicherweise kam er stromaufwärts und stemmte gegen das Wasser. Dadurch bildeten sich nicht nur hohe Wellen, sondern auch meine Fahrt wurde erheblich behindert. Schließlich schlugen die ersten Wasserspritzer herein und ich musste mein Kanu auf das eine halbe Meile entfernte Ufer zusteuern. Ich richtete mich also wieder auf, nahm mein Ruder und arbeitete mit aller Kraft schräg auf das Ufer zu. Das ging mehr stromauf als stromab, dazu hatte ich den Wind im Rücken. Zweimal musste ich anhalten und Wasser schöpfen und einmal wäre ich fast umgeschlagen. Vorsichtshalber zog ich meine Wasserstiefel wieder aus, mit denen ich unmöglich hätte schwimmen können. Auch mein Gewehr band ich am Kanu fest, um es im schlimmsten Falle retten zu können. Es ging aber doch besser als erwartet. Nach einer Stunde schwerer Arbeit erreichte ich eine Stelle, wo der Wind mich nicht so heftig erreichte. Dort fand ich eine kleine Holzfällerhütte mit dem davor gestapelten Holz. Eben hatte auch ein kleiner Dampfer angelegt, um Holzvorrat aufzunehmen. Beim Haus wollte ich besseres Wetter abwarten, es wurde aber eher noch schlimmer. Die weiß schäumenden Wellen auf dem Strom sahen jetzt aus wie auf dem Ozean.

Ich beobachtete das vertraute Treiben beim Holzaufnehmen. Die Bootsleute und Deckpassagiere schleppten die vier Fuß langen Scheite an Bord. Das Fahrzeug lag keuchend und schnarrend davor, als könnte es nicht die

Zeit abwarten. Da kam der Holzfäller, ein echter Back-woodsman, auf mich zu. Er schien sehr guter Laune zu sein, denn er hatte zu einem ziemlich hohen Preis und für bares Geld gerade vierundzwanzig Klafter verkauft und hielt das Bündel Banknoten in der Hand. In der anderen hatte er eine vom Kapitän erhaltene Zigarre, an der er ab und zu paffte. Hinter ihm ging sein Sohn, ebenfalls mit einer Zigarre. Ich musste lachen, als ich den kleinen Bur-schen sah.

Der Junge war höchstens drei oder vier Jahre und etwas bleich wie alle Kinder in den Sümpfen, aber sonst gesund und fast stämmig. Er trug Jacke und Hose in einem Stück aus blauem Baumwollstoff. Auf seine Zigarre schien er ganz stolz zu sein und zog manchmal daran mit einem halb ängstlichen, halb entschlossenen Gesicht. Dann blies er wieder auf die Glut. Sein Vater sprach mich an, wollte wissen, woher ich kam und ob ich nicht das Kanu verkaufen wolle. Die Amerikaner handeln ja nun gern mit allem und denken, wenn der Preis stimmt, ist man einem Verkauf nicht abgeneigt. Er meinte, dass ich ja jetzt eine gute Gelegenheit hätte mit dem Dampfer nach New Or-leans zu fahren. Daran hatte ich noch gar nicht gedacht, der Sturm wurde immer heftiger und in fünf Minuten war ich mit ihm handelseinig.

Ich bekam fünf Arkansas-Dollar, so viel, wie ich selbst bezahlt hatte.

Länger Zeit hatte ich auch nicht, denn die Leute waren mit dem Holz gerade fertig geworden. Die Glocke wurde geläutet und als ich kaum meine Stiefel angezogen und Gewehr, Decke und Tasche an Deck getragen hatte, zogen die Matrosen schon die Planken hinter mir ein. Das Boot arbeitete vorwärts, wendete langsam, drehte den Bug stromabwärts und fuhr. Als ich mich noch einmal umdrehte, stand der Holzfäller mit seinem Sohn am Ufer, beide schmauchten und winkten.

Das Boot ging trotz des starken Windes rasch stromab. Am anderen Tag hatten wir aber einen langen Aufenthalt bei einer Zuckerplantage. Hier wurden noch zahlreiche Zucker- und Sirupfässer sowie Baumwollballen an Bord genommen. Erst bei Dunkelwerden erreichten wir New Orleans.

Es war das erste Mal, dass ich New Orleans betrat. Die gewaltige Stadt hinterließ bei mir nach dem langen Leben in der Wildnis einen merkwürdigen Eindruck. Vor allen Dingen musste ich aber meine Sachen unterbringen. Als ich vorübergehende junge Leute deutsch sprechen hörte, bat ich sie, mir ein deutsches Gasthaus zu nennen. Wir standen nicht weit von einer Laterne und sie betrachteten mich etwas erstaunt. Zu meinem wilden Aussehen passte wohl meine deutsche Stimme nicht und sie waren wohl noch nie richtig in den Wald gekommen. Ihrem sehr eleganten Äußeren nach waren es junge Kaufleute. Trotzdem beschrieben sie mir sehr freundlich den Weg.

Dort wurde ich erneut gemustert, einmal von oben nach unten, dann von unten nach oben. Der Ausschenker in der Wirtsstube war sich wohl nicht sicher, ob er einen solchen Gast aufnehmen konnte und rief den Wirt, der mich erneut musterte. Erst als ich grob wurde, glättete sich sein Gesicht etwas. Er hielt das Licht an meine Flinte unter dem Vorwand, er wolle sehen, ob sie geladen sei. Tatsächlich prüfte er dabei den Wert der Waffe, um zu sehen, ob damit das Quartier zu bezahlen war. Er erkannte zwar, dass es etwas mitgenommen, aber reich verziert war, und gab dem Barkeeper Anweisung mir eine Schlafstelle zuzuweisen. Weil das Abendessen schon vorüber war, ließ ich mir etwas zu essen bringen. Die Flinte und meine Tasche gab ich ihm in Verwahrung. Als der das Gewehr in der Hand hatte, beruhigte er sich vollkommen.

Die Nacht verbrachte ich auf einem harten, unsauberen Bett ohne Moskitonetz und wurde von zahlreichen Plagegeistern gequält. Es gibt nichts Traurigeres und Unerfreulicheres als diese deutschen Wirtshäuser in Amerika. An Schmutz werden sie meistens noch nicht einmal von den irischen übertroffen. Schlechtere Quartiere habe ich selbst in Südamerika nicht gefunden. Ich hätte zehnmal lieber im Wald oder im Kanu geschlafen als hier im »Wilhelm Tell«.

Mit Tagesanbruch stand ich auf und ging auf den unteren Markt, um mir dort das Leben und Treiben anzusehen. Dabei kam ich an einem Barbier- und Friseurladen vorbei. Der Eigentümer stand vor der Tür und sah mich mit einem Blick an, als wollte er mich verschlingen. Als ich vorbei war, fiel mir ein, dass ich nach acht Monaten ja mal Bart und Haare stutzen lassen könnte.

»Na, das habe ich mir gedacht«, begrüßte mich der Haarkünstler. »Segne meine Seele, wo haben Sie denn eigentlich gesteckt?« Zum ersten Mal in den vergangenen acht Monaten sah ich in einen Spiegel und verstand nun, weshalb die armen Mädchen gestern Abend so erschrocken waren.

Am nächsten Tag sollte die Chillicothe um zehn Uhr nach Cincinnati abgehen und ich musste für die Passage von 1.500 englischen Meilen (400 deutsche) nur fünf Dollar bezahlen.

Erst am Abend legte der Dampfer dann tatsächlich ab.

Von dort aus sind die Ufer am Mississippi wirklich entzückend. Eine Plantage schließt sich an die andere an. Reizende Landhäuser liegen inmitten von Orangen-, Granatäpfel- und Chinabäumen. Die oft wie kleine Städte aussehenden Negerhütten geben dem Ganzen noch einen besonderen Anstrich.

Die amerikanischen Dampfboote unterscheiden sich stark von den deutschen. Sie sind leicht und scharf gebaut, um mit großer Schnelle ihre Reise bewältigen zu können. Ihre Eigentümer wollen in wenigen Jahren reich werden, danach können sie platzen oder sinken. Den Vorderteil des Verdecks nehmen die Kessel ein, unter der die Feuerleute ganz vorn, in freier Luft, heizen. Die Kessel reichen nicht ganz bis zur Schiffsmitte, manche haben sogar bis zu acht Kessel. Dahinter befindet sich die Maschine, die ebenfalls auf dem Deck steht. Dann kommt eine Art Verschlag für die Zwischendeckpassagiere, denen es nicht gerade an frischer Luft fehlt. Geschlafen wird in Kästen, die ringsherum angebracht sind, immer drei übereinander.

Darüber befindet sich die Kajüte, die man mit einer Treppe erreicht. Im Vorderteil befinden sich kleine Zimmer für den Buchhalter, die Steuerleute, den Kapitän und den Bootsmann. Dort befindet sich oft auch ein Ausschank. Der mittlere Raum der oberen Etage ist der Speiseraum, an beiden Seiten davon die Herrenschlafräume. Sie werden mit Glastüren verschlossen. Der hinterste Teil des Bootes ist bei einem Unglück der sicherste Teil. Hier befinden sich die Damenkajüten. Manche Boote haben auch noch eine dritte Etage, die meisten allerdings nur die zwei Decks.

Ganz oben zwischen den beiden riesigen Schornsteinen steht der Steuermann in einem Häuschen mit Glasfenstern. Das Steuer wird von hier mit den erst kürzlich erfundenen Drahtseilen gelenkt, damit bei Feuer das Boot nicht manövrierunfähig wird.

Unterhalb von Natchez kam mit vielen anderen auch eine junge Frau mit einem sehr jungen Mann an Bord. Die beiden schienen erst frisch verheiratet zu sein, denn sie küssten und herzten sich ständig. Als wir nach Louisville in Kentucky kamen, musste Fracht ausgeladen werden. Dadurch blieben wir fast den ganzen Tag über liegen. Ich stand am Bugspriet und sah dem Ausladen zu, als ein älterer Mann in sehr guter Kleidung auf mich zukam und mir unser junges Pärchen beschrieb. Ich brachte ihn zu den beiden. Die junge Frau saß auf einem Koffer und las, als wir zu ihr kamen, der junge Mann war in der Stadt. Ich ahnte, dass wohl nicht alles in Ordnung war. Einen Augenblick sah es so aus, als ob sich ihre Gesichtsfarbe etwas veränderte. Dann stand sie auf, begrüßte den Mann ruhig und gab ihm die Hand. Gemeinsam traten sie in eine Ecke und unterhielten sich. Ich verlor sie aus den Augen, staunte aber nicht schlecht, als ich mich hinlegen wollte. Der ältere Herr hatte den Platz neben der jungen

Frau eingenommen und der junge Mann stand wie ein Bild des Todes am Ofen und verbrannte sich geistesabwesend beide Rockschöße.

Der alte Mann war der Ehemann der jungen Frau, mit der dieser Bursche davongelaufen war. Er hatte davon Wind bekommen und war ihnen nachgeeilt, hätte sie aber nicht eingeholt, wenn das Dampfboot nicht so viel Zeit mit der Fracht verloren hätte. Erstaunlich war die Geistesgegenwart, die beide Teile bewiesen, um kein Aufsehen zu erregen. Gut 1.400 Meilen war er seiner Frau nachgereist. Am nächsten Tag verließen sie alle das Boot und der junge Mann musste den Koffer tragen. Wie sonderbar wechseln doch unsere Schicksale.

Am 20. Februar langte ich endlich wieder in Cincinnati an und wurde von allen Bekannten mit großer Herzlichkeit empfangen.

6. Kapitel

Cincinnati

Die Königin des Westens, das Eldorado der deutschen Auswanderer! Fragt einen Deutschen, der aus einer der Seestädte ins Landesinnere will, wohin er geht. Die Antwort ist immer: »Nach Cincinnati.« Und was findet er da? Als ich hinkam, waren alle Wirtshäuser überfüllt mit Menschen, die auf Arbeit warteten und gern zu jedem Lohn arbeiten wollten, um etwas zum Lebensunterhalt zu verdienen. Ich sprach auch mit einem Mann, dessen Bruder ihm geschrieben hatte, er solle hierher kommen. Hier wäre das Land, wo einem praktisch die gebratenen Tauben in den Mund flögen. Er selbst wäre vor Jahren mit nichts nach Amerika gegangen und hätte jetzt schon ein Hotel und Kaffeehaus. Das war auch richtig, aber was verstand man darunter in Amerika? Hotel nennt sich jede Baracke, in der sich ein Raum mit fünf oder sechs Doppelbetten befindet. Die Gäste werden dann dreimal täglich abgefüttert und müssen für »boarding« und »lodging« gut zweieinhalb Dollar zahlen. »Coffe-House« ist die Bezeichnung für jede Kneipe. Auch wenn es nur drei oder vier Flaschen gibt, prangt der Name des Besitzers in großen Buchstaben darüber. Der arme Bruder kam tatsächlich herüber und fand seinen Bruder trotz Hotel und Kaffeehaus in den ärmlichsten Verhältnissen und kaum in der Lage seinen Lebensunterhalt zu bestreiten. Er musste nun sehen, wie er sich selbst durchschlug. Solche und ähnliche Fälle erlebte ich mehrfach.

In Cincinnati wohnt eine große Anzahl Deutscher, besonders im oberen Teil der Stadt, der vom Hauptteil durch einen Kanal getrennt ist. Die Amerikaner nennen deshalb diesen Stadtteil auch Little Germany. Aber leider zeichnen sich meine Landsleute dort nicht gerade durch Sauberkeit und gutes Benehmen aus. Ihr Ruf ist deshalb auch nicht besonders gut und der Ausdruck »Dutchman« wird von den Amerikanern als Schimpfwort benutzt.

Obwohl die Lage Cincinnatis ziemlich gesund ist, so gibt es doch eine Unzahl von Apotheken und Doktoren, darunter viele Deutsche. Ich verstehe bis jetzt nicht, wie sie alle leben können.

Wie schon erwähnt, wollte ich in Cincinnati meine beiden Koffer und das Geld aus New York abwarten. Endlich kam der kleinere der beiden Koffer an. Er war nur noch halb gefüllt und enthielt alte, fremde Schuhe und Stiefel. Von mir fand ich noch einige Hemden, ein paar Socken und einen alten Rock. Geld hatte mir mein früherer Partner nicht geschickt, weil er es wohl selbst brauchte und mich weit genug weg wusste. Dass mich die Bären und Indianer nicht umgebracht hatten, war ja nicht seine Schuld.

Also sah ich mich erneut nach Arbeit um. Weil meine Sprachkenntnisse noch nicht so gut waren, ging ich wieder an Bord des Dampfers, diesmal als Feuermann. Meine Erlebnisse würden einen eigenen Band füllen und teilweise habe ich davon in den »Mississippi-Bildern« berichtet. Aber das rohe Leben und die harte Arbeit reichten mir schließlich. Als ich wieder in Cincinnati war, suchte ich mir deshalb eine andere Arbeit.

Es hatte in der letzten Zeit einige schwere Unglücksfälle mit Dampfern gegeben und auch die Chillicothe sank auf der nächsten Reise, nachdem ich sie verlassen hatte. Ein anderes Schiff wurde bei einem Wettrennen durch die Wut des Kapitäns nahe bei Cincinnati in die Luft gesprengt. Hundertdreißig Menschen, die in den aufgefundenen Schiffspapieren verzeichnet waren, kamen dabei ums Leben. Die vielen armen Zwischendeckspassagiere konnte niemand nennen, denn sie wurden nie registriert. Dreißig Wagen brachten die zerstümmelten Körper zum Friedhof und noch nach Wochen trieben Leichen bei Cincinnati an.

Ich fand jetzt Arbeit bei einem Silberschmied. Obwohl ich von seinem Handwerk nichts verstand, arbeitete ich mich schnell hinein und war bei den freundlichen Engländern bald wie ein Familienmitglied aufgenommen.

Hier verlebte ich einen der ruhigsten Zeitabschnitte meines Lebens, arbeitete hart und gab wenig aus. Aber das Philisterleben behagte mir nicht lange. Bald trieb mich wieder die Sehnsucht in die freie Gottesnatur hinaus. Nur der Wunsch, etwas zu verdienen, um sich dann ein Stück Land zu kaufen und selbst ansässig zu werden, hielt mich zurück. Aber es waren nur Pläne und schon im Mai 1839 warf ich das selbst auferlegte Joch wieder ab. Ich hatte meine Schrotflinte gegen eine Doppelflinte eingetauscht, richtete meine Jagdgeräte wieder her, packte eine Zitter, die ich mir gekauft und spielen gelernt hatte, ein, schüttelte allen Freunden die Hand und ging mit etwas Reisegeld in der Tasche zusammen mit dem jungen Deutschen Uhl auf das Dampfboot Commerce, neuen Abenteuern und Gefahren entgegen.

7. Kapitel
Landleben im Westen

Das Dampfboot zischte durch die aufspritzenden Fluten und das Land flog wie von Zauberhand getrieben an beiden Seiten vorüber. Mir war zumute, als wäre ich neu geboren und flog einer neuen, wilden Welt entgegen. Je weiter wir zogen, desto deutlicher waren die Erinnerungen an die letzte Wanderung. Schließlich hätte ich jedem grünen Baum wie einem alten Bekannten zunicken können.

Mein Reisegefährte Uhl war ein junger Berliner. Wir hatten uns in Cincinnati angefreundet. Er liebte auch die Jagd und wollte Arkansas kennen lernen. Aber meine jetzigen Empfindungen schien er nicht zu teilen. Er hatte sich über eine geräucherte Zunge, Brot und Whisky hergemacht und sprach ihnen mit großem Appetit zu. Bald darauf dunkelte es schon und ich warf mich müde auf ein weiches Büffelfell.

Das Leben und Treiben an Bord eines Dampfers ist für kurze Zeit interessant, aber das ständige Klappern und Stöhnen der Maschine und das Rauschen der Räder ist doch ermüdend. Die einzige Abwechslung sind dann ein paar schnell vorbeiziehende Boote.

Am 17. Mai liefen wir vom Ohio in den Mississippi, den ich fast wie einen alten Bekannten begrüßte. Die Amerikaner erzählen, dass man immer zu ihm zurückmüsse, wenn man einmal am Mississippi war. Da ist etwas dran und ich habe meine Sehnsucht bis heute nicht verloren.

Schon an den Fluten kann man erkennen, wo sich der Ohio mit dem Mississippi vermischt, denn er ist im Gegensatz zum »Vater der Wasser« ganz klar.

Gegen fünf Uhr landeten wir am nächsten Tag in Memphis, Tennessee. Wir ließen uns gleich auf das andere Ufer nach Arkansas übersetzen und sprangen dort froh an Land.

Nach der viertägigen Wasserfahrt wehte uns eine balsamisch-milde Luft aus dem grünen Wald entgegen. Noch mehr hätten wir sie genossen, wenn wir nicht so viel zu tragen gehabt hätten. Außer meiner sehr gut gefüllten Jagdtasche trug ich nämlich noch das Büffelfell und Uhl hatte eine schwere Decke sowie einen Pulver- und Bleivorrat. Aber wir waren voller Kraft und beschlossen noch an diesem Abend ein Stück zu marschieren.

Nach etwa fünf Meilen lagerten wir dann und mussten ein Feuer gegen die Mücken anfachen. Frisch gestärkt, aber hungrig wie Löwen brachen wir am anderen Tag auf. Wir hofften einen Hirsch aufzuspüren. Aber schließlich waren wir froh, als wir ein Haus erreichten und uns mit Speck und Maisbrot sättigen konnten. Wir erfuhren, dass sich das Wild wegen der vielen Fliegen und Moskitos in die dunkelsten Dickichte und Schilfbrüche verzogen hatte. Tatsächlich stießen wir unterwegs auch noch nicht einmal auf eine Wildfährte. Ein armes Rebhuhn war die einzige Tagesbeute. Nachmittags bezog sich der Himmel und es wurde kühler.

Am Abend wollte ein Truthahn die Straße vor uns überqueren. Uhl schoss, verfehlte ihn aber und der Truthahn nahm die Kugel als Reisepass.

Es wurde dunkel und begann zu regnen. Wir waren froh, als wir ein altes, verlassenes Haus fanden. Ein Feuer war schnell im Kamin angefacht und als der Regen einmal aufhörte, wuschen wir etwas Wäsche in einem Bach aus, die am Kamin schnell trocknete. Das Rebhuhn wurde jetzt in unserem eisernen Kugellöffel gebraten. In Ermangelung von Salz wurde es mit Pulver bestreut und viel zu rasch war die kleine Portion verzehrt.

Der nächste Morgen brachte besseres Wetter, aber eine durch den Regen verdorbene Straße. Bald darauf erreichten wir aber ein Haus, wo wir Essen erhielten. Da der Weg sehr schlecht war, beschlossen wir unsere Sachen hier zu lagern und etwas auf die Jagd zu gehen. Das Wild schien aber ausgestorben zu sein. Vergeblich durchzogen wir den

Wald und sahen nur ein paar Truthühner. Sie waren aber so scheu, dass wir noch nicht einmal zum Schuss kamen. Auch am Abend gingen wir auf den Anstand, aber vergeblich.

Noch größeres Unglück erwartete uns am nächsten Tag. Wir entdeckten eine ganz frische Bärenfährte und folgten ihr. Da aber der Wald zu dicht war und unser Gepäck zu stark behinderte, mussten wir aufgeben. Ich wollte über ein Loch springen, blieb aber mit einem Fuß in einer Schlingpflanze hängen, stürzte und brach den Kolben meiner Büchse ab und schlug mir mit dem unteren Ende gleichzeitig die Lippe durch. Das brachte einige Zähne in einen höchst unsicheren Zustand. Ich band mit meinem Schnupftuch die Büchse, so gut es ging, zusammen. Ärgerlich und verstimmt setzten wir unseren Weg fort.

Gegen zehn Uhr brannte die Sonne bereits so stark, dass wir eine Rast in einem Haus einlegen wollten. Hier wohnte eine alte Witwe mit ihren Söhnen. Einen trafen wir in der Nähe beim Angeln. Er hatte kaum den Haken ausgeworfen, als er ihn schon wieder hereinholte und erneut auswarf. Als ich mir seine Beute ansah, stellte ich erstaunt fest, dass er Krebse angelte.

Krebse waren schon immer mein Lieblingsessen und ich hatte sie seit Jahren nicht mehr gegessen. Schnell holte ich aus meiner Jagdtasche kleine Fischhaken und in einer halben Stunde hatten Uhl, zwei kleine Knaben und ich einen halben Eimer voll erbeutet.

Die alte Frau schaute uns verwundert zu, als wir einen Kessel herbeischleppten, ihn mit Wasser füllten und unsere Beute mit etwas Salz hineinwarfen. Sie hatte immer geglaubt, dass man diese Tiere nur als Köder für Fische verwendet. Bald waren die leckeren Krebse rot und wir begannen mit Genus unser Essen. Das wäre aber nur ein kleiner Spaß gewesen, die Gesichter der alten und jungen Amerikaner, die unter Ekel und Lachen um uns saßen, erhöhte den Reiz unserer Mahlzeit. Niemals hätten diese guten Leute geglaubt, dass man die ekligen Rückwärtskriecher mit solchem Appetit verzehren würde.

Als die Bäume schon lange Schatten warfen nahmen wir freundlichen Abschied und marschierten weiter gen Westen und erreichten gegen zehn Uhr den Blackfish Lake, den wir überqueren mussten. Zwar gab es am anderen Ufer ein Haus für den Fährmann, aber er schien schon zu schlafen. So zündeten wir unser Feuer an, wickelten uns in die Decken und schliefen, umschwärmt von Moskitos, bis zum nächsten Morgen. Am 22. Mai waren wir mit der ersten Morgendämmerung wach und weckten den Fährmann. Der meinte, wir würden auf der anderen Seite mit dem Gepäck nicht durch das Sumpfgebiet kommen. Aber ich hatte das Wort »impossible« schon zu oft gehört und es dann doch möglich gemacht und ließ mich nicht abschrecken. Aber mir graute doch etwas vor dem gut zehn Meilen langen Sumpf. Für unseren Hunger konnten wir nur mit vielen Bitten und gegen hohe Bezahlung ein Stück Brot von dem Mann bekommen, der behauptete selbst nichts zu haben.

Blackfish Lake ist ein wüst und trostlos aussehender, viele Meilen langer und nur einige hundert Schritt breiter See. Sein Wasser sieht aus wie schwarzer Kaffee. Durch die dunklen, darüber hängenden Zypressen bekommt er ein schauerliches, düsteres Aussehen. Er soll übrigens wie alle Seen dieser Art von Schlangen und Ungeziefer wimmeln. Auf der anderen Seite mussten wir den Sumpf nicht lange suchen – er befand sich direkt vor uns. Nun bestand zwar das ganze Land, durch das wir bislang gekommen waren, aus Sumpfgebiet. Aber es gab bis hierher eine breite Fahrstraße, die den Staat Arkansas von Memphis in Tennessee bis nach Batesville in einer fast schnurgraden Linie von Ost nach West durchschnitt. Ab hier war der Weg jedoch kaum ausgehauen und nicht erhöht. Wir traten jetzt in das Heiligtum des Urwaldes, gerechter Gott, was für ein Marsch, was für ein Wald! Eine Last von etwa siebzig Pfund auf der Schulter, grundlosen Schlamm unter den Füßen, die Sonne höher und höher steigend, am Grund eine fast erstickende Hitze – das war unsere beneidenswerte Lage! Kaum eine Viertelmeile hatten wir uns durch Schlamm und Dornen gearbeitet, als wir erschöpft niedersanken, um auszuruhen. Aber kein Lüftchen regte sich und sowie wir anhielten, bedeckten uns Tausende von Moskitos. Das Wasser war lauwarm und aus schmutzigen, mit Schaum bedeckten Pfützen mussten wir es mit Schilfhalmen heraussaugen.

Verließen wir den etwas betreteneren, aber dadurch schlammigen Weg und gingen gerade durch den Wald, blieben wir bei fast jedem Schritt in den unzähligen Dornen und Schlingpflanzen hängen. Aber wir verzagten nicht und wanderten weiter.

Eben hatten wir wieder ermattet eine Pause eingelegt, als wir die Schläge einer Axt hörten. Das war ein himmlischer Klang für unser Ohr. Wir warfen das Gepäck ab und Uhl ging in die Richtung der Schläge.

Bald kam er zurück und rief mir zu das Gepäck wieder aufzunehmen, er hätte charmante Leute gefunden. Durch das manchmal fast undurchdringliche Dickicht arbeiteten wir uns zu den Fremden durch.

Es war eine Familie aus Tennessee, die hier Halt gemacht hatte und Mittag aß. Sie bestand aus einem alten Mann mit großer, kräftiger Gestalt und seiner Frau, einer rüstigen Matrone. Zwei Jungen von zehn und fünfzehn Jahren sowie drei Töchter von sieben bis zwölf Jahren gehörten dazu. Zwei Stiere und ein Pferd weideten ruhig neben ihnen. Zwei größere Hunde waren unter den beiden Wagen angebunden. Sie hatten einen Lastwagen und ein leichtes Fuhrwerk für die Frau und die Kinder.

Maisbrot, Butter, Schweinefleisch, Käse und Kaffee machten das Mahl aus und bald darauf lagerten wir uns alle nach türkischer Art um das Tischtuch, das auf einem trockenen Platz lag.

Um die Moskitos abzuhalten, hatten die Kinder ringsumher Feuer angezündet und faulendes Holz darauf gelegt, sodass dichter Rauch über uns hinwegzog und die Quälgeister abhielt. Nach dem ausgiebigen Essen verabschiedeten wir uns herzlich und marschierten weiter. Gegen Abend erreichten wir mit einem Jubelruf ein kleines Blockhaus auf einer Lichtung.

Hier wollten wir einen kleinen Halt einlegen und auch unsere Wäsche reinigen.

Am 23. Mai erwachte ich mit unausstehlichem Jucken im Gesicht und an der rechten Schulter. Ein Amerikaner, der in der Nachbarschaft wohnte und herübergekommen war, erklärte mir, dass der Sumpf überall mit giftigen Pflanzen bedeckt sei. Eine davon war wohl mit ihrem Saft mit mir in Berührung gekommen. Ruhe und Kühlung sollten die besten Heilmittel sein. Ich rieb die geschwollenen Stellen mit etwas Schweinefett ein. Mein Anblick mit den geschwollenen Stellen und Bläschen und dem Fett im Gesicht musste wohl sonderbar gewesen sein, denn Uhl wollte sich totlachen.

Am Abend trafen einige Maultiertreiber aus Texas ein und schlugen in der Nähe des Hauses ihr Lager auf. Es waren drei Weiße und zwei Cherokee. Der eine der Indianer sprach ziemlich gut Englisch und ich unterhielt mich lange mit ihm. Er hatte sich die Sitten der Weißen angeeignet, schien aber die »bleichen Gesichter« nicht besonders zu lieben.

Erst spät ging ich ins Bett und träumte von Indianern und Büffeljagden.

Den nächsten Tag musste ich wegen der Geschwulst liegen bleiben, gegen Abend hatte sie dann schon bedeutend abgenommen. Das Gepäck wurde uns nun aber doch zu schwer und wir beschlossen einen Teil hier bei den Leuten zu lassen. Wir hatten ja gar kein festes Ziel vor uns, sondern einfach nur den Wunsch ins Freie, in den Wald zu kommen. Als wir nun erheblich erleichtert unseren Marsch fortsetzten, gelangten wir nach einigen Meilen zu einem Schmied, der mir glücklicherweise meinen Gewehrkolben wieder instand setzen konnte. Das geschah auf Mr. Strongs Plantage, wo sich die Wege nach Batesville und Little Rock teilen. Wir waren noch unschlüssig, in welche Richtung wir gehen sollten. Da hörten wir, dass es in Richtung Batesville wesentlich mehr Wild geben sollte. Das gab den Ausschlag und wir warteten den kühleren Abend zum Weitermarsch ab.

Während der Schmied noch an meinem Kolben arbeitete, kam auch der alte Tennessier mit seiner Familie aus dem Sumpf an. Für die zehn Meilen hatten sie drei Tage und drei Nächte gebraucht. Mir ist es heute noch ein Rätsel, wie sie überhaupt durchgekommen sind.

Nachdem wir uns reichlich an Brombeeren satt gegessen hatten, trafen wir am 26. Mai abends auf ein Haus, wo wir sehr nett aufgenommen wurden. Nach dem Essen unterhielten wir uns und zu unserem Schreck hörten wir, dass der White River von hier aus ein Gebiet von über 28 Meilen überschwemmt hatte. Unser Wirt bot uns an bei ihm zu bleiben, bis das Wasser wieder abgelaufen war. Das würde höchstens bis Mitte Juli dauern und in der Zeit hätten wir reichlich Gelegenheit zur Jagd und konnten damit unseren Wirt bezahlen. Das war natürlich Wasser auf unsere Mühle. Schon am nächsten Morgen zogen wir mit ihm, der ein leidenschaftlicher Bärenjäger war, und seinen sieben Hunden hinaus.

Aber was für ein Wald! Kein Vergleich mit unseren deutschen Wäldern, sondern Sumpf und Dornen, Schlingpflanzen, wilde Weinreben, übereinander gestürzte, halb und ganz verfaulte Bäume, kleine, tiefe und schlammige Kanäle dazwischen, Buschwerk, in das man kaum mit einem Messer stechen konnte. Zu aller Wonne noch jede Menge Moskitos und eine Art kleine Mücken, »knats« genannt. An die Schlangen, die überall im Wasser herumliegen, wollen wir gar nicht denken.

Ein paar Stunden mochten wir herumgelaufen sein, als die Hunde einen jungen Bären von seinem Lager aufjagten, und wild ging die Hetze hinterher. Aber schon nach kurzer Zeit heulten die Hunde am Ufer des Flusses L'An-

guille furchtbar auf. Weder Schmeicheln noch Drohnen konnte sie dazu bringen hinüberzuschwimmen. Unser Wirt meinte, wenn jemand von uns hinüberschwimmt, würden sie ihm folgen und auf der anderen Seite die Spur wieder aufnehmen. Er konnte nicht schwimmen und Uhl wollte nicht, also warf ich meine Kleider ab und sprang ins Wasser.

Als ich ein Stück geschwommen war, hetzte unser Wirt die Hunde auf und bald hörte ich, wie sie sich heulend ins Wasser stürzten. Ich schwamm langsam mit langen Zügen und als ich die Mitte erreicht hatte, hörte ich zwei Hunde dicht hinter mir, während ihr Besitzer sie am Ufer anfeuerte. Die zwei hinter mir heulten vor Wut und blitzschnell kam mir der Gedanke – ob sie mich gleich fassen würden? Wäre es einem eingefallen, mich zu packen, hätte ich gleich die ganze Meute auf dem Hals gehabt. Jetzt begann ich kräftig auszustreichen, denn ich fürchtete um mein Leben. Aber auch die gereizten Tiere schwammen schneller und schon hörte ich das Schnaufen dicht hinter mir, als ich endlich Grund unter den Füßen fühlte. Im Nu war ich auf dem Trockenen, die Hunde auch. Aber jetzt kümmerten sie sich nicht mehr um mich, sondern begannen eifrig zu suchen. Der Bär hatte aber entweder den Strom benutzt und war etwas hinuntergeschwommen oder der Boden war zu nass. Sie konnten die Fährte nicht wieder finden und wir versuchten unser Glück noch an anderer Stelle, aber ohne Erfolg. Müde und missmutig kehrten wir abends zum Haus zurück.

Unsere Wirtsleute schienen sehr fromm zu sein, denn jeden Abend wurde ein sehr langes Gebet gesprochen, dann knieten alle nieder, lehnten die Stirn auf einen Stuhl, beteten noch einmal und dann wurde gesungen. Es waren Methodisten. Wir gingen früh schlafen, denn wir waren alle sehr müde und ich hatte mir die Leute gar nicht genauer angesehen, die mit uns den Raum teilten. Zum Frühstück wurden wir geweckt, danach schlenderten wir um das Haus, um uns alles etwas anzusehen.

Unser Wirt war in den Vierzigern, hatte ein klares Auge und gefiel mir beim ersten Anblick.

Seine Frau war eine Irin, behandelte uns artig und freundlich und schien eine tüchtige Hausfrau zu sein. Kinder hatten sie nicht. Im Haus lebte noch ein anderes Wesen, das ich beschreiben muss.

Er wollte früher einmal Schulmeister gewesen sein, jetzt aber fertigte er Schuhe an. Unser Wirt hatte Leder gekauft und der Ire verarbeitete es und erhielt dafür monatlich seinen Lohn. Er hatte rotes Haar, war etwas pockennarbig, fünf Fuß hoch, aber stark und kräftig gebaut. Er mochte wohl um die fünfzig sein, sprach aber nur sehr ungern von seinem Alter, denn er wollte gern für jung gelten. Lachend erzählte uns der Wirt, wir sollten ihn einmal am Sonntag beobachten, wenn er in seinen besten Sachen einer jungen Witwe den Hof machen würde.

Das Haus war aus roh behauenen Stämmen errichtet und bestand eigentlich aus zwei Häusern nebeneinander unter einem gemeinsamen Dach. In der Mitte befand sich ein Zwischenraum, an der Nord- und Südseite offen. Im Sommer war das ein herrlich kühler Platz zum Sitzen oder auch Schlafen. Wie alle Blockhäuser dieser Art war es mit kurzen, vier Fuß langen, roh ausgespaltenen Brettern gedeckt und hatte keine Fenster. Jedes Haus hatte aber einen tüchtigen, aus Lehm ausgeführten Kamin.

Vor dem Haus begann das Feld, ungefähr fünf Acker Land mit Mais. Nur ein kleines Stück wies Weizen auf. Südwestlich vom Haus lagen die Pferdeställe, die unser Wirt extra für die Bewirtung der Reisenden errichtet hatte. Sonst gab man sich in Arkansas nicht mit Pferdeställen ab. Ein großer, hoch eingefenzter Platz, der »lot« genannt wurde, umgab die Ställe. Hier fanden die Pferde Futterkrippen. Daneben standen einige aus Baumstämmen errichtete Hütten, in denen die Maisernte aufgehoben wurde. Ein paar hundert Meter vom Haus entfernt stand eine so genannte Pferdemühle. Dort wurde für den eigenen Bedarf gemahlen und ein Pferd zum Steindrehen dabei eingesetzt.

Eine Viertelstunde vom Haus entfernt lag noch ein etwa fünf Acker großes Maisfeld, vom Wald verborgen. Gleich hinter dem Doppelgebäude floss der Fluss Anguille vorbei. Ein kleines Räucherhaus und ein Brunnen gehörten ebenfalls zum Anwesen.

Wir wanderten jetzt die ganze Zeit über mit der Büchse auf der Schulter umher und jagten. Da wir den Wald aber nicht gut kannten, fiel unsere Jagd nicht besonders gut aus. Wir hatten nur Zufallserfolge.

Unser Wirt hatte schon mehrere Tage von einem Baum gesprochen, in dem wilde Bienen hausten. Den wollte er umschlagen, aber bislang war ihm immer etwas dazwischengekommen. Am 1. Juni brachen wir aber bei Tagesanbruch auf. Unser Wirt hatte noch seinen Schwager geholt, Uhl und ich begleiteten die beiden. Die Amerikaner hatten Äxte dabei, wir beide Eimer für den Honig, den wir erhofften. Etwa drei Meilen entfernt entdeckten wir den Baum auf einer kleinen Prärie, den unser Wirt gezeichnet hatte.

Es ist in den amerikanischen Wäldern Sitte, dass ein Jäger einen Baum mit wilden Bienen kennzeichnet, wenn er ihn später umschlagen will. Entweder ritzt er seine Initialen ein oder, wenn er nicht schreiben kann, macht er sein Zeichen wie unser Wirt. Findet jemand einen solchen Baum, wird er verschont.

Dieser Baum war eine abgestorbene Roteiche und stand am Rand der kleinen Prärie. Die beiden Äxte wurden von kräftigen, geschickten Händen geführt und brachten den ohnehin schon gebrechlichen Baum bald zum Schwanken. Krachend stürzte er nieder. Ich hatte inzwischen ein Feuer angefacht, bedeckte es mit faulem Laub und schob es auf ein großes Stück Rinde, sodass dicker schwarzer Rauch aufstieg. Sobald der Baum stürzte, hielt ich das qualmende Rindenstück direkt unter die Öffnung, durch die die Bienen ein- und ausflogen.

Vom Rauch betäubt stiegen sie hoch in die Luft und nicht eine stach mich, obwohl sie mich umflogen und sogar auf mich setzten. Unsere Mühe wurde belohnt. Wir fanden einen ziemlich dicken Ast gefüllt mit Honig. Jeder aß so viel er konnte, den Rest nahmen wir mit nach Hause.

Unser freundlicher Wirt hatte uns ins Herz geschlossen und forderte uns auf ganz bei ihm zu bleiben. Er besaß etwa zweihundert Kühe im Wald verteilt, auf die wir achten sollten. Dabei konnten wir jede Gelegenheit zur Jagd benutzen. Das kam uns nicht ungelegen und am nächsten Montag, dem 3. Juni, machten wir mit ihm einen Vertrag.

Wir sollten die Aufsicht über sein Vieh übernehmen und dazu unser Lager auf der kleinen Prärie errichten. Dann und wann musste das Vieh zur Salzfütterung zusammengetrieben werden und sollte an die Prärie gewöhnt werden. Dafür sollten wir jedes dritte Kalb für uns bekommen. Unser Wirt verpflichtete sich uns mit Schweinefleisch, Mehl, Kaffee, Zucker und Salz zu versorgen. Sowie er Zeit dazu fand, wollte er auch ein Häuschen in der Prärie errichten, in dem wir wohnen konnten.

So weit, so gut, aber die Schlussklausel setzte allem die Krone auf. Der irische Schulmeister hatte den Vertrag angefertigt und bildete sich nicht wenig darauf ein. Dort hieß es wörtlich: »Keiner der beiden Teile ist verbunden, dem obigen Kontrakt Folge zu leisten, im Fall er glauben würde sein Glück anderswo oder auf andere Weise besser zu machen.«

Diese inhaltsschwere Schrift wurde von allen unterzeichnet, unser Wirt setzte ein Kreuz darunter, und in seinem Geldkasten gut verwahrt. Der Ire steckte sich eine Abschrift davon in die Rocktasche, wahrscheinlich, um vor der Witwe damit zu prahlen. Wir aber schulterten unsere Büchsen und zogen fröhlich in den Wald, um unser neues Terrain näher anzusehen.

Da wir uns nun verpflichtet hatten einige Zeit hier zu arbeiten, mussten wir auch unsere zurückgelassenen

Sachen vom Blackfish Lake holen. Unser Wirt bot mir sehr freundlich eines seiner Pferde an. Die liefen allerdings wild im Wald umher und mussten erst eingefangen werden. Uhl und ich zogen in getrennte Richtungen, um eines zu finden, suchten aber zwei Tage vergeblich.

Als ich einem der vielen Kuhpfade im Wald folgte, ging ich bald einen wahren Irrweg durch die Wildnis. Aber vor dem Verlaufen fürchtete ich mich nicht, denn es war warm und draußen besser zu schlafen als in der Hütte. Das Gelände wurde hügelig und ich erblickte endlich auch einmal wieder Nadelbäume, nach denen ich mich richtig gesehnt hatte. Gegen Abend erreichte ich eine kleine Farm.

Hier hatte man nichts von den Pferden gesehen und da der Rückweg zu weit war, wurde ich freundlich zur Übernachtung eingeladen. Ich stellte Flinte und Mütze in die Ecke und saß bald mit den lieben, alten Leuten in der milden Abendluft vor ihrer Hütte.

Wir unterhielten uns sehr gut und ich versprach mir schon einen angenehmen Abend. Unter diesen westlichen Bewohnern der Staaten findet man oft sehr angenehme Menschen. Leider zogen dann aber Gewitterwolken herauf.

Wir hatten noch nicht lange gegessen, als ein sehr großer und feierlich aussehender Mann das Zimmer betrat, mich ernst-freundlich begrüßte und sich dann wenige Schritte von uns setzte. Er holte ein kleines Buch aus der Tasche und begann zu blättern. Ehe ich mich noch versah, stimmte er ein so furchtbar donnerndes Kirchenlied an, dass mir Hören und Sehen verging. Ich war verblüfft und sah einen nach dem anderen an, aber alle blickten ernst und andächtig zur Erde. Lauter und fröhlicher klang die Stimme des Gewaltigen. Der gute Mann schien auch das Ende seines Gesangs vergessen zu haben, denn es wurde dunkel und kühl und er schrie immer noch durch die stille Abendluft. Endlich versagte ihm die Stimme und er musste schweigen. Die anderen hatten in ehrfurchtsvoller Stimme zugehört und auch ich musste gute Miene zum bösen Spiel machen.

Ich nahm an, dass die Sache damit abgetan sei, hatte mich aber schön geirrt. Jetzt sollte es erst richtig losgehen. Männer und Frauen kamen herbei, darunter auch einige recht hübsche Mädchen, die ich in dieser Wildnis nun gar nicht vermutet hatte.

Die Luft war kühl und feucht geworden und wir gingen in das Haus, das durch lange Bänke wie eine Schulklasse eingerichtet war. Jetzt wurde mir klar, dass ich in eine Betstunde der Methodisten geraten war und aushalten musste. Der dürre Mann mit der schrecklichen Stimme holte ohne weiteres sein kleines Buch wieder hervor, las zwei Zeilen aus einem geistlichen Lied laut vor und alle standen auf. Man drehte ihm den Rücken zu und sang jetzt. Also drehte ich ihm auch den Rücken zu, aber zum Singen konnte mich niemand bringen. Die Töne blieben mir in der Kehle stecken.

Dem Gesang fehlte erneut das Ende. Erst nach anderthalbstündigem Schreien hatte man es erreicht. Aber meine Lage verbesserte sich dadurch nicht. Alle fielen jetzt auf die Erde und legten die Nase auf die Stelle, auf der sie gerade noch gesessen hatten. Weder meine Nase noch meine Knie waren das gewöhnt, aber ich musste nun mit den Wölfen heulen. Ein langes Gebet, in dem der liebe Gott auf fürchterliche Weise gequält wurde, erbat für die Gemeinde und mich eingeschlossen Gutes. Außerdem bat man ihn diese schwachen Bemühungen wohlwollend aufzunehmen. Dann schilderten sie sich als schwere Sünder und nichtswürdige Menschen, die alle mindestens verdienten gehängt zu werden. Dann sangen oder heulten wir wieder und ich dabei so kläglich, dass mich mein Nachbar mehrmals besorgt ansah. Es geschah aber nicht aus Andacht, sondern aus Verzweiflung. Zur Belohnung durfte ich auch nachher noch einmal anderthalb Stunden knien.

Alles war jetzt beendet und der Prediger ging im Kreis

herum, um jedem Bruder und jeder Schwester, wie sie sich nennen, die Hand zu reichen. Er kam auch zu mir und ich drückte sie ihm wirklich dankbar, dass er endlich aufgehört hatte. Die Versammlung ging auseinander und ich schlief sanft bis zum nächsten Morgen.

Mit dem ersten Morgenrot trat ich meinen Heimweg an. Dort traf ich am Nachmittag ein und fand Uhl mit einem Pferd vor. Am 8. Juni ritt ich in den Blackfish-Lake-Sumpf zurück, holte unsere zurückgelassenen Sachen und trat noch am Abend meinen Rückweg wieder an.

Schon am anderen Morgen begannen wir mit dem Hausbau. Wir rissen ein altes Blockhaus ab, das drei Meilen von unserem Platz entfernt stand, luden die Stämme auf einen Wagen und schafften sie an Ort und Stelle, um so bequem ein neues Haus aufzurichten.

Die Kunst des Häuserbaus ist übrigens in den Wäldern von Amerika sehr einfach. Zuerst werden schwache Bäume (Eichen oder anderes gutes Holz) gefällt und auf die gleiche Länge gehauen. Dann wird der Grund gelegt. Zwei starke Stämme kommen in der richtigen Entfernung parallel auf die Erde. An die Enden werden zwei andere gelegt und bilden ein Viereck. Damit sie fest liegen, kommen zwei weitere darauf. Diese Stämme erhalten auf der einen Seite eine Kerbe, der darunter einen Sattel, und liegen so fest aufeinander. Durch diese Technik werden auch die Spalten zwischen den Stämmen verringert. So entsteht das Haus als rohes Viereck ohne Ein- oder Ausgang. Das Türloch wird dann von außen mit einer Axt eingeschlagen. Da wir aber nur ein altes Haus wieder errichteten, passten die Klötze alle aufeinander und Tür und Kamin waren schon ausgeschnitten. Das Dach wird dann darauf gedeckt und nach Schweizer Art mit etwas Schwerem belegt, damit der Wind die dünnen, leichten Bretter nicht herunterweht. Da aber mehr Holz als Steine vorhanden ist, haut man lange, schwere Stangen oder junge Bäume ab und hebt sie oben drauf. Sie werden durch Querhölzer unterstützt und liegen so ziemlich fest. Man nennt diese Stangen »weight-poles«. Obwohl wir drückende Hitze hatten, kam die Arbeit schnell voran. Am Dienstagabend hatten wir unser Haus bis auf den Kamin fix und fertig. Für den Sommer brauchten wir keinen Kamin und deshalb unterließen wir die schwierige und unangenehme Arbeit, die man gern vermeidet.

Am Mittwoch, 10. Juni, fenzten wir das Haus ein, damit uns die Kühe nicht in die Stube liefen. Wir wollten auch eine Umzäumung haben, um die jüngsten, noch frei laufenden Kälber sicher zu haben. Dadurch würden die Kühe regelmäßig zum Haus kommen und konnten gemolken werden.

Die Fenz wird auf einfache Art gemacht, kostet aber viel Holz. Schwarz- und Roteiche oder das sehr zähe Hickoyholz werden gefällt und in zehn bis elf Fuß lange Klötze gehauen. Die spaltet man und reißt sie auseinander, bis sie vier bis sieben Zoll starke Stangen bilden. Das Holz spaltet sich leicht, da man nur das beste dazu nimmt. Im Zickzack wird es um den Platz ausgelegt, den man einfenzen will. Dabei kommt immer ein Ende auf das der vorhergelegten Stange, bis die Fenz so hoch wird, dass weder Kühe noch Pferde hinüberspringen können. Diese Arbeit war hart, die Hitze drückend und ich wurde von stechenden Kopfschmerzen gepeinigt. Ein starkes Fieber jagte mein Blut stürmisch durch die Adern. Aber meine Hilfe war nötig und ich arbeitete hart, bis sich plötzlich alles vor meinen Augen zu drehen schien. Ich wurde ohnmächtig. Ich erholte mich jedoch bald, legte mich unter einen Baum in den Schatten und setzte dann meine Arbeit bis zum Abend fort.

Am anderen Morgen wurde der Weizen gebunden. Ich fühlte mich wieder vollkommen wohl und wir halfen unserem Wirt. Als ich noch nicht ganz eine halbe Stunde bei der Arbeit war, bekam ich plötzlich trotz der brennenden Hitze Frösteln, Übelkeit und Kopfschmerzen. Lippen und Nägel wurden blau, ich hatte das »kalte Fieber« in seiner besten Form. Jetzt musste ich ins Haus und mich hinlegen, am Nachmittag ging es mir etwas besser. Unser Wirt wollte aber nicht, dass ich zu unserem Häuschen ging, sondern ich sollte bei ihnen bleiben, um nicht ohne menschliche Hilfe zu sein.

Am zweiten und dritten Tag kam das Fieber genauso stark wieder, ich wurde matt und schwach. Am Sonnabend hatte ich mich wieder etwas erholt und ging zur Mühle, um dort beim Mahlen zu helfen. Da kamen zwei Fremde, ein Mann und eine Frau, die Straße herauf. Mit Entsetzen erkannte ich in der Figur des Mannes den langen Methodistenprediger wieder, der mich vor Tagen so gepeinigt hatte. Ich befürchtete eine Wiederholung der Betversammlung und wurde auch nicht enttäuscht.

Mit einem viel sagenden, wichtigen Gesicht ritt er an mir vorüber und es war noch nicht dunkel, als seine gellende Stimme heilige Lieder durch den stillen Wald schmetterte. Die Eulen hielten erstaunt in ihrem Nachtruf inne und lauschten den sonderbaren Tönen. Uhl hatte ich die vorige Versammlung ziemlich gut beschrieben. Gemeinsam schlichen wir uns jetzt, so gut es ging, in das andere Haus, wurden aber entdeckt und zum »Prayermeeting« eingeladen.

Da wohl niemand in Deutschland bislang eine solche Versammlung erlebt hat und ich sie auch keinem empfehlen kann, möchte ich hier noch einmal die Versammlung beschreiben, zumal sie sich von der anderen unterschied.

Die Nachbarn waren zehn oder zwölf Meilen aus der Umgebung zusammengekommen, um die Predigt zu hören. Der Raum war eigentlich viel zu eng für sie. So gut es ging, hatten sich alle auf Kisten, Betten, Tischen und Stühlen an der Wand postiert, sodass in der Mitte ein freier Raum für den Prediger blieb. Etwa zwanzig Personen bildeten so einen Halbkreis.

Mit monotoner Stimme las der Mann im schrecklich langen, braunen Rock, ein Kapitel aus der Bibel vor. Dann stand alles zum Singen auf, drehte ihm dabei wieder den Rücken zu und er las zwei Zeilen vor. Dann stimmte er den

Gesang an und alle fielen ein. Er hatte das Lied einige Töne zu hoch begonnen und konnte jetzt manchmal nicht richtig weiter. Ich schielte über die Schulter zu ihm hin. Wenn er da stand und keinen Ton mehr herausbekam, war sein Gesicht mit den verdrehten Augen einfach prachtvoll. Dann wurde wieder gekniet und gebetet, danach kam die eigentliche Predigt.

Der Lange gebrauchte während seiner Predigt den rechten Arm wie einen Windmühlenflügel, unter dem linken hatte er die Bibel eingeklemmt. Seine Rede war lang, aber auch unter aller Kritik. Dabei wollte auch der linke Arm mit gestikulieren, musste aber oben das schwere Buch halten. So ging er wie ein Hackmesser immer auf und ab, während der rechte in Gefahr war ausgekugelt zu werden. Während ich so meinen Gedanken über den Schreier nachging, schlug auf einmal ein durch Mark und Bein erschütternder Schrei an mein Ohr. Erschrocken sah ich zur Seite, von der er kam. Eine Frau war wie besessen aufgesprungen und schrie, jauchzte, heulte, sprang, tobte und schlug die Hände zusammen. Dabei rief sie: »Oh! Looord – glory, glory, glory, happy, happy, happy!« Schließlich sank sie bewusstlos und erschöpft zusammen. Der Anblick dieser armen, verblendeten Geschöpfe ist wirklich schrecklich. Mit starren Augen springen sie in der Stube herum und man kann sich des Gedankens nicht erwehren, dass sie nur ein Schauspiel aufführen. Die Frau war also endlich ruhig und der Gesang sollte alles beschließen. Wir hatten zwei Verse gesungen, als das Spektakel erneut begann. Eine junge Witwe, die wohl 180 Pfund wog, sprang plötzlich umher, dass das ganze Haus wackelte. Es war übrigens die Angebetete des irischen Schusters. Als sie eine Weile gesprungen war und zu schwanken begann, stand er schon bereit, um sie in seinen Armen aufzufangen.

Die Methodisten glauben, dass dieser Zustand von Gott gesandt wird. Wer auf diese Weise ausgezeichnet wird, fühlt sich glücklich und zufrieden und wird so auch im

Himmel springen und jauchzen können. Wie schön muss es doch da sein, besonders, wenn der Lange mit seinem braunen Rock dabei ist! Nun, Glaube macht selig. Ich dankte inzwischen Gott auf meine Art, als alles glücklich vorbei und die Versammlung beendet wurde. In der Nacht träumte ich schreckliche Geschichten von dem langen Priester, der mir auf der Brust saß und mich mit aller Gewalt zum Methodisten bekehren wollte.

Der nächste Tag war ein Sonntag und ich bekam wegen der allgemeinen Feiertagsruhe auch kein Fieber.

Am 20. Juni beendigten wir unsere Fenz, am 21. wurde der Stubenboden gelegt und am 22. war endlich das große Werk vollendet.

Am Nachmittag holten wir unsere Sachen aus dem Haupthaus und am Abend sprang ich in den Fluss, um ein sehr erfrischendes Bad nach einem heißen Tag zu nehmen. Dafür musste ich schon am nächsten Tag büßen, denn ein neuer Fieberanfall schüttelte mich. Auch am nächsten Morgen war er so stark, dass ich zu meinem großen Ärger zu Hause bleiben musste, während Uhl mit einigen Leuten auf die Büffeljagd ritt.

Ich verbrachte zwei langweilige Tage auf dem Bett, fühlte mich danach aber wieder besser und schlenderte mit der Flinte am Fluss hinauf, um vielleicht Enten zu schießen.

Fast wieder am Haus angelangt, fand ich eine frische Bärenfährte. Der alte Bursche war, nachdem ich vorbeigegangen war, durch den Fluss geschwommen. Leider hatten die Büffeljäger alle Hunde mitgenommen und ich war zu schwach, um ihn zu verfolgen.

An diesem Abend kamen die Jäger ohne Büffel zurück. Sie hatten nur die Spuren gefunden und Uhl hatte eine Hirschkuh geschossen.

Am 2. Juli sattelten wir morgens und ritten zu einer elf Meilen entfernten Farm, um etwa zwanzig Ochsen und Kühe, die unser Wirt dort gekauft hatte, zur Prärie zu treiben. Erst in der Dämmerung erreichten wir den Ort und trafen den Verkäufer. Er hieß Dun, war eine dicke, behagliche Gestalt mit kupferroter Nase, die gleich ihre Herkunft verriet. Wenig später prangte eine Whiskyflasche in ihrer funkelnden Herrlichkeit auf dem Tisch. Unser Wirt trank als Methodist keinen Branntwein und kostete ihn nur. Dafür tranken wir anderen alle umso mehr. Wir lachten und erzählten viel an diesem Abend und gingen spät schlafen. Am nächsten Tag überraschte mich der herrliche Anblick, den ich von Duns Haus genoss. Hier begannen wieder die Hügel und das Wohngebäude lag auf einer östlichen Anhöhe, die sich noch ein Stück in den Sumpf hineinzog und wie eine Halbinsel herausragte. Dichter, schneeweißer Nebel bedeckte alles umher, sodass auch nicht die Spitze eines Baumes zu sehen war. Durch diese milchartige Schicht arbeitete sich der glühende Feuerball der Sonne und goss einen rosenroten Glanz über alles. Fast hätte ich nach einem Segel auf diesem Meer Ausschau gehalten. Erst als die Sonne höher stieg, verfloss der Nebel und senkte sich. Hier und da kam die Spitze eines Baumes hervor, dann hatte der weiße Schaum einem grünen Blättermeer Platz gemacht, das sich über den ganzen Horizont ausbreitete. Der Anblick war ergreifend und ich stand lange stumm da.

Nach dem Frühstück brachten wir unsere Rinder zusammen und trieben sie durch Dornen, Schlingpflanzen, Sümpfe, Schilfdickichte, Bäche und Wälder nach Hause. Rindvieh, das bislang kaum unter dem Einfluss von Menschen stand, durch einen Wald zu treiben ist die schwerste Arbeit, die man sich vorstellen kann. Wer noch nie in seinem Leben geflucht hat, lernt es bestimmt dabei. Aber das Viehtreiben war jetzt unsere Aufgabe und wir taten es gern. Nach furchtbarem Hetzen und Umhertreiben bekamen wir die Tiere endlich in unsere Umzäunung in der Prärie, fingen sie mit dem Lasso und brannten ihnen das Zeichen auf. Bis zum nächsten Morgen wurden sie dann in Ruhe gelassen.

Jetzt wurde es dunkel und ich breitete mein Büffelfell

auf der Erde aus, wir deckten uns mit Uhls Decke zu und waren bald sanft und selig eingeschlafen.

Am 4. Juli, dem denkwürdigen Tag der amerikanischen Freiheit, richteten wir uns etwas bequemer ein. Wir fertigten ein paar rohe Bänke an und befestigten Bretter an den Wänden, um dort unsere Sachen abzulegen.

Da wir nur sehr wenig Geschirr besaßen, war die Kocherei schwierig. Aber unser Wirt hatte uns mit genügend Vorrat versehen und wir litten keinerlei Not.

Bald hatten wir unsere Junggesellenwirtschaft eingerichtet. Von dem neuen Vieh behielten wir die Kälber zurück und ließen die Kühe wieder in die Freiheit. Sie entfernen sich nie weit von den Kälbern und waren deshalb gut zu beaufsichtigen. Von den anderen hatten wir nur einige wilde Tiere behalten und alle anderen laufen lassen. Da wir ihnen täglich etwas Salz auf die Prärie streuten, schienen sie sich ganz wohl zu fühlen. Am Tag zogen wir mit der Büchse im Wald umher und jagten.

Am 8. Juli schoss ich ein Hirschkalb. Das Wildbret war delikat und wir hatten eine große Menge zu uns genommen, als Uhl über Kopfschmerzen und Übelkeit klagte. Am anderen Tag fühlte er sich sehr unwohl und gegen Mittag hatte ihn das Fieber gepackt. Ich pflegte ihn so gut ich konnte. Aber in unserer Einsamkeit hatten wir wenig, um einen Kranken zu erfrischen.

Gegen Abend des 10. Juli fühlte er sich etwas besser und verlangte nach Brombeeren. Ich nahm eine Blechschüssel und ging zu einem ehemaligen Feld, wo zwischen umgestürzten Bäumen massenweise Brombeerhecken wucherten. Beim Pflücken an einem dicht bewachsenen Teil hatte ich zwar schon mehrfach Geräusche gehört, aber an die Kühe gedacht. Da öffnete sich plötzlich dicht neben mir der Busch und ein großer, starker Wolf kam langsam heraus. Er sah ruhig zu mir her und schien überhaupt keinerlei Angst zu haben. Ich hatte keine Waffen bei mir und machte mich darauf gefasst, ihn bei einem Angriff mit einem Fußtritt abzuwehren. Er ging aber langsam zu einem Dickicht, das an einem Bach stand. Kaum war er im Gebüsch verschwunden, sprang ich zum Haus, riss die Büchse vom Haken und folgte seiner Spur. Er war aber zu schnell und hatte sich schon empfohlen.

Am 11. Juli war Uhl wieder so weit hergestellt, dass er bis zur Farm gehen konnte, wo er bessere Pflege erhielt. Eine Weile war ich allein in der Prärie, aber das störte mich nicht. Ich musste mich um keinen Menschen kümmern, sah nach dem Vieh, gab ihm Salz, ging auf die Jagd und schoss junge Truthähne, die gerade flügge wurden.

Abends, wenn alles still und ruhig war, setzte ich mich vor die Tür zu einem flackernden Feuer, spielte meine Zitter und war froh keinen zu sehen. Ich verlebte so einige recht vergnügte Tage.

Am 17. ging ich wieder zur Farm, um nach Uhl zu sehen und um Mehl und Kaffee mitzunehmen. Uhl war zwar ohne Fieber und ziemlich munter, aber noch sehr schwach.

Eigentlich wollte ich gleich wieder zurückkehren, aber unser Wirt benötigte meine Hilfe. Er machte uns den Vorschlag unser Lager für den Sommer und Herbst nach Westen zu legen, an den Brushy Lake. Dort gäbe es besseres Viehfutter und die Kühe würden den Platz bestimmt nicht verlassen wollen. Im Winter könnten wir dann wieder zur kleinen Prärie zurückkehren.

Ich war damit zufrieden, zumal es am ungefähr sechs Meilen entfernten Brushy Lake mehr Wald gab. Als Uhl sich am 22. so weit gut fühlte, dass wir aufbrechen konnten, schloss sich noch ein langbeiniger Kentuckier an. Gemeinsam zogen wir aus und besahen uns den Platz, wo wir unser Lager aufschlagen konnten.

Von den Moskitos abgesehen, war die Nacht sehr schön. Bald flackerte ein helles, wärmendes Feuer auf. Der Amerikaner Jim hatte große Angst vor Schlangen, von denen es dort eine Unmasse gab. Immer wieder erzählte er eine andere Geschichte von Leuten, die nachts von einer Schlange gebissen wurden. Ich ließ ihn erzählen und lehnte mich zurück, um einzuschlafen.

Halb wach noch den Schlangengeschichten lauschend übermannte mich schließlich doch die Müdigkeit, aber die Schlangen verließen mich nicht. Immer größer und länger wurden sie und schließlich schien eine gewaltig böse aussehende direkt auf mich zuzukommen und unter mein linkes Knie zu kriechen. Ich fühlte ihre Bewegung in meiner Kniekehle, erwachte und lag einen Augenblick ganz still. Jim erzählte dem lauschenden Uhl noch immer seine Geschichten. Da spürte ich wieder, dass sich etwas unter meiner linken Kniekehle bewegte. Nichts anderes hörend, dachte ich natürlich an eine Schlange. Langsam aufstehen konnte ich nicht, denn bei der Bewegung hätte sie mich vielleicht gebissen. Also wagte ich es kurz und schnell und sprang mit einem Satz auf. Kaum sahen mich die beiden anderen so aufspringen, als sie meinem Beispiel folgten und mit einem Satz im Dickicht waren.

Ich untersuchte inzwischen den Fleck näher und entdeckte einen kleinen grünen Schössling, der sich unter meinem Knie gebogen hatte. Wir lachten alle herzlich über unser schnelles Aufspringen und waren bald alle fest und sanft eingeschlafen.

Am nächsten Morgen suchten wir also einen geeigneten Platz zur Ansiedlung und fanden auch mehrere Stellen, die sich gut eigneten. Abgesehen vom Sumpf und den Moskitos schien die Gegend für unser Vorhaben gut geeignet zu sein. Auf dem Rückweg schoss ich einen Hirsch und schwer beladen kehrten wir wieder zurück.

Wir hatten die ganze Zeit über Maisbrot gegessen, das zwar in der Mühle gemahlen, aber nicht gebeutelt werden konnte. Deshalb wurde beschlossen den Weizen zu einer gut 15 Meilen entfernten Mühle zu bringen. Er war noch ungereinigt in den Garben. Es gab keine Dreschflegel oder Reinigungsmaschinen, um ihn etwas aus dem Stroh zu bringen. Also verfuhr man auf echte arkansische Weise. Das Wetter war warm und trocken, der Weg zum Haus hart wie Stein, aber staubig. Hier wurde jetzt ein dreißig Fuß großer Platz eingefenzt und sauber gefegt. Dann band man die Garben auf und legte sie so im Kreis aus, dass immer zwei Garben sich gegenüberlagen, die eine mit der Strohseite nach außen, die andere nach innen, die Ähren aufeinander. Dann ritten wir mit sechs Pferden darauf herum und zwei Männer schüttelten das Zusammengetretene immer wieder auf. Ein kleiner Junge mit einem Korb musste aufsammeln, was herunterfiel. Nach dem Durchreiten kam die interessante Arbeit des Siebens.

Ich hatte wohl etwas zu viel gearbeitet, denn ich bekam schon zum zweiten Mal das kalte Fieber, musste mich hinlegen und konnte erst in der Dämmerung wieder aufstehen. An diesem Abend kam ein 25 Meilen entfernter Nachbar zu Besuch. Jim Bahrens hatte den Spitznamen »Lügen-Bahrens« und vor ihm musste auch Münchhausen zurückstecken. Er war sehr gesprächig und wir amüsierten uns prächtig. Dabei erfuhren wir, dass er nur ein kleines Stück Land besaß, das aber so fetten und fruchtbaren Boden hätte wie sonst nirgendwo auf der Welt.

»By God«, sagte er, »ich kann alles ziehen, alles wächst, alles gedeiht, nur Kornbohnen nicht.« Damit ist die gewöhnliche Gartenbohne gemeint, die zwischen den Mais gepflanzt wird und sich daran hinaufrangt. »Die will nicht wachsen, denn der Mais wächst so schnell, dass er sie mit der Wurzel aus dem Boden zieht.«

Er erzählte noch viel mehr und lud uns ein ihn einmal zu besuchen. Er beschwor jeden Tag 1000 Pfund Fleisch erlegen zu können, da er mitten unter den Büffeln wohne. Auch wilde Rinder würden dort massenweise herumlaufen. Wir versprachen ihn bald zu besuchen.

Am 1. August erzählte Uhl, dass ihm das Leben hier nicht mehr gefalle und er weiterziehen wolle. Aufrichtig gestanden wurde mir etwas ängstlich zumute. Ich fühlte mich so matt, dass ich kaum fortkommen konnte und sah dazu viele andere Kranke um mich herum. Ich wollte ihn deshalb nicht überreden seinen Entschluss zu ändern.

Wir teilten unsere Sachen, da wir bis jetzt alles gemeinsam besaßen, und noch am selben Tag marschierte er gen Westen und ließ mich allein und fieberkrank zurück.

Am 3. August fühlte ich mich etwas besser und beschloss am Nachmittag mit zur Mühle zu fahren. Ich wollte nicht als Kranker länger zur Last fallen und wenigstens etwas helfen. Vorher sollte noch der Weizen gereinigt werden.

Das war nun ohne Maschine schwierig, aber auch hier wussten sich die schlauen Amerikaner zu helfen. Zwei starke, kräftige Männer nahmen eine Wolldecke und fassten sie an den vier Zipfeln. Ein Dritter stellte sich auf einen Stuhl und hatte ein feines Sieb mit dem zu reinigenden Weizen in der Hand. Das hob er so hoch er konnte und schüttete es dann ganz langsam und bedächtig aus. Die beiden mit der Decke machten mit Schütteln so viel Wind wie möglich. Dadurch wurde das Leichtere weggeblasen, das schwere Getreide fiel direkt herunter und wurde in Säcke gefüllt. Zwar war damit der Weizen nicht wie bei uns gereinigt, genug Schmutz und Staub blieb dazwischen, aber der Zweck war doch schon gut erreicht. Wir waren früh genug fertig, um gegen zwei Uhr aufzubrechen. Bei Dunkelwerden erreichten wir die Mühle. Heute war nicht mehr an Mahlen zu denken. Wir zündeten also ein Feuer an, brieten unser Essen und legten uns dann in den Wagen. Es war ein herrlicher Abend, die Sterne schauten mild und freundlich auf uns herab, die Winde wehten sanft durch die grünen Zweige und wir dachten noch nicht ans Schlafen. Meine beiden Begleiter waren Amerikaner und einer von ihnen ein eifriger Methodist. So unterhielten wir uns erst über die Sterne und den Himmel, dann über Religion. Weil wir sehr verschiedene Ansichten hatten, wurde die Diskussion bald sehr eifrig.

Der liebe Gott, über den wir stritten, hörte ganz ruhig bis um Mitternacht zu. Dann schien ihm die Sache etwas zu langweilig zu werden. Er schickte einen kleinen Wind, der blies ein paar dunkle Wolken zusammen und die gossen über die beiden streitenden Parteien plötzlich so viel Wasser aus, dass wir Himmel und Hölle vergaßen und das Getreide und uns in aller Eile ins Trockene brachten.

Am nächsten Tag mahlten wir unser Mehl. Die Arbeit ging nur sehr langsam voran, weil die Mühle von zwei Ochsen angetrieben wurde, die es sich so gemütlich wie möglich machten. Trotzdem waren wir am Abend wieder zurück.

Jetzt war es Zeit geworden, die Blätter am Mais abzustreifen. Sie bildeten das Winterfutter. Der Mais selbst ist so, wie er auch manchmal bei uns in den Gärten gezogen wird, nur sehr viel größer und höher. Ich habe sehr hohe Pflanzen mit bis zu drei Kolben gesehen. Es gibt verschiedene Arten. Weißen Mais nimmt man gern für das Brot, der gelbe enthält mehr Zuckerstoff und wird deshalb als Viehfutter oder zum Whiskybrennen verwendet. Anfang Juli ist der Mais besonders in den Südstaaten so reif, dass die Blätter völlig ausgewachsen sind. Sie werden bis unter die Kolben abgestreift, getrocknet und danach in Bündeln aufbewahrt. Dabei dürfen die Blätter nicht nass werden, denn danach faulen sie auf jeden Fall.

Die Kolben sind ausgewachsen, haben aber noch nicht ihre nötige Härte erreicht. Die Körner sind milchig. In Wasser gekocht und mit Butter gegessen schmecken sie sehr delikat. Man kann die Körner auch im Fett schmoren, sie schmecken dann fast wie junge, grüne Erbsen.

Die abgestreiften und gedörrten Blätter nennt man »fudder«. Sie sind gut geeignet als Pferde- und Schaffutter. Aber besonders der Farmer im Süden gibt sich nicht gern damit ab, es sei denn, er hat Sklaven, die die Arbeit vornehmen. Das Einsammeln kann nur bei ganz trockenem Wetter erfolgen und man ist dabei den brennenden Sonnenstrahlen ausgesetzt. Das ist unangenehm und schädlich.

Erst wenn der Mais im Herbst vollkommen trocken ist, wird er in die Scheune gebracht. Bleibt er bis in den

Februar auf dem Halm, muss er umgeknickt werden. Raben und Spechte hacken sonst gern in die Kolben. Dadurch kommt Wasser hinein und lässt sie verfaulen. Wird im Frühjahr gepflügt, werden die harten Stöcke entweder mit Hacken klein geschlagen, untergepflügt oder einfach herausgerissen und verbrannt.

Am 15. August erhielt ich einen Brief von Uhl. Er schrieb mir, dass er am kleinen Red River bei den Rheinbayern sei und sich mit dem Polen Turowski zusammengeschlossen habe, um Ackerbau zu betreiben.

Weil ich sehr gern an die guten Leute dachte, beschloss ich sie mit einem kleinen Fußmarsch einmal wieder zu besuchen. Nachdem nun das »fudder« in Sicherheit war, brach ich am 20. August auf. Einer der Hunde begleitete mich durch den jetzt ausgetrockneten Sumpf.

Die Luft war in dem mit allen möglichen Schlingpflanzen und Büschen dicht bewachsenen Wald sehr schwül, kein Lüftchen regte sich. Aber ich marschierte tapfer drauflos und erreichte bei Dunkelheit den 32 Meilen entfernten White River und übernachtete dort.

Bei Tagesanbruch ließ ich mich übersetzen und hatte nun noch 40 Meilen bis zum kleinen Red River. Diese Gegend am White River ist wohl eine der fruchtbarsten in Amerika und wird aufgrund des fetten Bodens »oiltrove bottom« genannt. Viele behaupten, die Gegend wäre noch besser als der »American bottom« bei St. Louis und ich schloss mich dieser Meinung an. Die Ackererde ist sehr tief und fast schwarz, der Boden schwer und lehmig, aber auch etwas mit Sand gemischt. Alles, was man dort anbaut, wächst im Überfluss. Selbst eine Frucht, Papao genannt, wächst hier in großer Menge. Ihr Fleisch ist widerlich süß, die Kerne sind sehr ölreich. Obwohl sie viele gern essen, macht sich der Amerikaner nichts aus ihr. Aus der ungemein zähen Rinde der Bäume werden oft Seile gefertigt. Im White-River-Tal stehen sie so dicht zusammen, dass die Bären gern dort ihren Unterschlupf finden.

Nutzen konnte man die Früchte nicht, weil noch nicht einmal Schweine sie fraßen. Aber vor kurzem hat ein gewisser Magnus daraus einen so köstlichen Branntwein hergestellt, dass er schwor, er würde ihn nicht verkaufen, sondern nur noch selbst trinken.

Ich hatte morgens nicht gefrühstückt und verspürte nun nach etwa sechs Meilen einen ganz erheblichen Appetit. Als ich mich umsah, entdeckte ich ein Haus in nächster Umgebung. Die Tür stand offen und die Bewohner wollten sich gerade zum Frühstück niederlassen. Eine bessere Gelegenheit konnte ich mir nicht wünschen. Ich sprang über die Fenz und fragte einen wohlbeleibten, aber sehr bleich aussehenden Mann, ob ich hier für Geld und gute Worte etwas zu essen bekäme.

Er stimmte zu und schnell saß ich am Tisch. Maisbrot, Kaffee und Speck, das normale Frühstück, war darauf ausgebreitet. Ich hatte gerade herzhaft zugelangt, als mich der Mann mit wehmütigem Blick fragte, ob ich schon mal jemand erlebt hatte, der einen epileptischen Anfall erlitt. Die Frage fand ich zu Beginn eines Frühstücks nicht ganz angebracht und gab ihm nur ein kurzes »Yes, Sir« zur Antwort.

Ich sollte dann nicht erschrecken, wenn er einen solchen Anfall bekäme, manchmal passiere es sehr schnell. Er hätte mir mit dieser Auskunft nicht besser den Appetit verderben können. Ich sah ihn erstaunt an und dachte an einen schlechten Scherz. Er sah mich aber ganz blass und ernst an. Auch seine Frau war blass und fast durchsichtig. Ich betrachtete die Kinder. Auch sie hatten eine Leichenfarbe, aber sie waren mehr schmutzig als durchsichtig.

Ich schluckte meinen Kaffee herunter und gab meinem Hund, der wahrscheinlich nicht zugehört hatte, das Brot, bezahlte meinen Vierteldollar und machte mich wieder auf den Weg. Einige Zeit blieb ich noch auf der Straße nach Batesville und schlug dann einen ziemlich breiten Weg durch den Wald ein. Bis zur Dunkelheit erreichte ich kein Haus und entfachte deshalb auf einem Hügelkamm ein Feuer. Dort schlief ich bis auf einen kurzen Besuch eines Panters hervorragend.

Neu gestärkt durch den Schlaf stieg ich rasch den Hügel hinunter, fand ein Kanu, das mich auf die andere Flussseite brachte und bald leuchtete mir die freundliche, bekannte Wohnung meiner Rheinbayern im Schein der Morgensonne entgegen. Fast kam es mir vor, als käme ich in meine Heimat zurück und meine Lieben müssten mir jauchzend entgegenkommen – ach ja, die Träume!

Hilger und seine Frau begrüßten mich herzlich mit Händedruck und ich fühlte mich gleich wieder wohl bei den lieben Leuten. Auch die Kinder hatten mich keineswegs vergessen und kamen mir lachend und jubelnd entgegen.

Hilger hatte in den zwei Jahren, in denen ich ihn nicht gesehen hatte, seine Lage erheblich verbessert. Er besaß ein paar Pferde, viele Rinder und Schweine, bebaute sein eigenes Land und lebte unabhängig und froh im Kreis seiner Familie, die inzwischen um ein Mitglied vermehrt war.

Seine beiden Söhne, dreizehn und fünfzehn Jahre alt, waren nette Jungen geworden. Sie arbeiteten zusammen mit ihrem Vater hart. Nachmittags traf auch Uhl ein. Er hatte einen Besuch in der Nachbarschaft gemacht und sah bleich und elend aus. Er hatte die Fieberkrankheit im höchsten Grad.

Hier blieb ich nun wieder eine kurze Zeit unter Deutschen, konnte in meiner Muttersprache herzlich plaudern und lebte wie ein Mensch. Hier wuchsen Pfirsiche und Wassermelonen im Überfluss, die für mich lange entbehrte Köstlichkeiten waren.

Am anderen Tag ging ich zu dem Fährmann hinunter, bei dem ich vor zwei Jahren schon einmal übernachtet hatte. Auch er empfing mich herzlich und gastfreundlich. Er war ein leidenschaftlicher Jäger und guter Schütze. Besonders die Feuerjagd liebte er, bei der Hirsche und anderes Wild durch eine Fackel angelockt wurden. Er hatte große Übung erlangt und schoss so drei bis vier Hirsche in einer Nacht. Als ich an einem Abend mit ihm hinausging, schoss er einen herrlichen Bock. Obwohl er den Körper nur in dem ungewissen Schein der Fackel sehen konnte, schoss er ihn direkt durchs Herz. Ich beschreibe später die Feuerjagd noch genauer.

Diese Art der Jagd versuchte ich dort selbst, hatte dabei aber noch nicht viel Glück. Wir entdeckten an dem Abend auch die Augenpaare von drei Wölfen, die aber aus Scheu vor dem Feuer nicht näher herankamen.

Meine Gesundheit war noch nicht völlig hergestellt, als ich während eines Jagdausfluges völlig durchnässt wurde und gleich darauf wieder Fieberanfälle bekam. Erneut musste ich einige Tage liegen bleiben.

Der Fährmann lud mich ein bei ihm zu bleiben, bis es mir wieder besser ging. Dankbar nahm ich das Angebot an und erholte mich in wenigen Tagen, nahm dann Abschied von meinen Freunden und kehrte in meine Sümpfe zurück.

Am 4. September überquerte ich den White River und wanderte zum Little Cashriver. Nicht weit entfernt war eine Whiskybrennerei. Die jungen Leute verkauften aber sehr wenig und produzierten eigentlich nur so viel, wie sie selbst tranken.

Der Cashriver war so seicht, dass ich über einen umgestürzten Baum an das andere Ufer gelangen konnte. Dort verbrachte ich die Nacht bei einem Mann namens Harriet, der dicht am Ufer wohnte.

Wir hatten unser sehr einfaches Nachtmahl beendet und saßen gemütlich an einem hell flackernden Feuer, als mich mein Wirt von der Seite ansah, sich räusperte, seinen Stuhl etwas näher rückte, seinen Kautabak im Mund herumdrehte, ausspuckte und mich dann plötzlich fragte, wie es dem König von Spanien ginge.

Ich sah ihn an und da ich den guten Mann nicht kannte, wusste ich nicht, ob diese Frage ernst gemeint war. Schnell erkannte ich aber, dass die Frage völlig ernst gestellt war und ging darauf ein. Ich versicherte ihm, dass er nach den letzten Nachrichten, die ich von Seiner Majestät erhalten hatte, erkältet sei. Das bedauerte er sehr und ging jetzt auf alle Kaiser und Könige Europas über.

Weiß der liebe Gott, wo der Mann einmal ein altes Buch über unsere Monarchen gefunden und gelesen hatte. Mir kam es so vor, als hätte er alles zusammengeschüttelt und brachte es entsprechend auch heraus.

Der König von Spanien war für ihn Gustav Adolf, den österreichischen Franz setzte er auf den Thron Frankreichs, England bekam einen römischen Kaiser und Deutschland regierte Louis Philipp. Zum Glück erfuhren die Europäer nichts davon, es hätte sonst wohl Mord- und Totschlag gegeben.

Mir machten seine Phantasien viel Spaß und ich versäumte nicht, ihn durch Querfragen aus dem Text zu bringen. Dabei trank er fleißig aus seiner Whiskyflasche. Nach einigen Proben tat ich nur noch so, als würde ich ebenfalls trinken. Je mehr er sich dem Boden der Flasche näherte, desto toller und bunter tanzten die Gewaltigen Europas durcheinander. Mitten in einer Frage sank aber sein Kopf herab, fast gleichzeitig begann er zu schnarchen.

Seine Frau, eine gute, unschuldige Seele, die im Wald aufgewachsen war, hatte mit Bewunderung zugehört und hatte den Mund noch immer halb geöffnet, als ich mein Lager aufsuchte. Bunte Traumbilder entführten mich in die Heimat.

Vom 9. bis 11. September half ich unserem Farmer wieder bei der Maisernte. Die Kolben wurden von den Stöcken gerissen, auf einen Wagen geworfen und dann in einen Verschlag gebracht.

Als wir damit fertig waren, wurde ein halber Acker Land urbar gemacht, um weiße Rüben anzusäen. Der Ansiedler in den südwestlichen Staaten arbeitet nicht gern viel. Oft lässt er sich in der wilden Gegend nur wegen der Viehzucht und der Jagd nieder und pflegt kaum Ackerbau. Die dafür erforderliche harte Arbeit des Baumfällens übernimmt er nur sehr ungern. Um sich das zu erleichtern und auch um sein Feld noch zu vergrößern, befreit er im Herbst ein kleines Stück Boden von Büschen und Bäumen, sät in das nur schnell aufgerissene Land weiße Rüben, die »turnips« genannt werden und im neuen Boden am besten gedeihen. Im nächsten Jahr wird dann das urbar gemachte Stück zum Feld genommen und eingefenzt.

Die Urbarmachung unterscheidet sich stark von unserer Methode. Man sucht zunächst die stärksten und schlanksten Eichen heraus und spaltet sie zu Fenzstangen. Das Oberholz kommt auf große Haufen, alle jungen und schwachen Bäume werden über der Erde abgeschlagen. Dann tötet man die größeren ab, indem man mit der Axt die Rinde rund um den Stamm durchschlägt.

Mit einer starken, schweren Hacke entfernt man die Wurzeln der kleineren Büsche und Stauden. Die Stämme, die nicht zur Fenz verarbeitet werden, kommen mithilfe der Nachbarn auf große Haufen und werden angezündet, dazu das andere ausgerodete Holz und Oberholz.

Ist das Land so von allem gereinigt, was leicht weggeschafft werden kann, wird es eingefenzt und mit dem Pflug aufgerissen. Das Pflügen in einem solchen neuen Land ist aber eine furchtbar anstrengende Arbeit. Wegen der vielen Wurzeln muss der Pflug ständig angehoben und wieder eingelassen werden, dabei weicht man ständig den Stümpfen aus. Diese Baumstümpfe verleihen einem Feld ein merkwürdiges Aussehen. Sie bleiben so lange stehen, bis sie verfault sind, was oft sechs bis zehn Jahre dauert.

Die durch die Rinde abgetöteten Bäume stürzen häufig im Frühjahr oder Herbst bei den Stürmen um, manchmal mitten zwischen die Mais. Sie dann herauszuschaffen ist eine mühselige Arbeit.

Die amerikanischen Pflüge unterscheiden sich von den deutschen vollkommen. Sie besitzen keine Räder und die Pflugtiefe kann nur dadurch verändert werden, dass das Pferd kurz oder lang angespannt wird.

Um unsere Farm war der Boden sehr fruchtbar. Herrliche Eichen wuchsen überall sowie weiße und schwarze Walnussbäume sowie Sassafras. Durch den Wald rankten sich Unmassen verschiedener Schlingpflanzen, sehr viele dornige dabei und sehr viel wilder Wein, von dem es drei Sorten gibt. Die »Summergrapes« genannten Trauben sind im Juli reif, klein und blau, die »Wintergrapes« werden erst durch den Frost richtig reif und sind ebenfalls blau. Die dritte Sorte wird »Muscadines« genannt und sind die besten Trauben. Sie wachsen aber mehr wie Kirschen, höchstens vier oder fünf an einem Stängel, sind ebenfalls blau und haben eine sehr dicke Schale. Ihr Geschmack ist sehr angenehm, sie sollen aber das Fieber verursachen, wenn man viel davon ist. Sie waren auch sicher die Ursache, dass ich es bekam. Die Trauben werden im September reif. Fallen sie ab, werden sie gierig von den Schweinen, Bären, Waschbären, Opossums und Truthühnern aufgesucht. In der Nähe unseres Arbeitsplatzes wuchsen viele und ich aß ständig davon.

Nach der vielen Arbeit wollte ich einen Rasttag einlegen und beim Büchsenmacher etwas ausbessern lassen. Als ich aber am nächsten Morgen erwachte, hatte ich fürchterliche Kopfschmerzen. Ich raffte mich trotzdem auf und ritt davon. Aber keine Meile später bekam ich starke Schwindelanfälle und konnte mich kaum noch auf dem Pferd halten. Ich galoppierte so schnell ich konnte zurück und kroch, vom Fieber geschüttelt, unter mein Büffelfell. Abwechselnd frierend und schwitzend verbrachte ich den Tag und die folgende Nacht. Am nächsten Morgen ging es mir so schlecht, dass ich annahm, mein letztes Stündchen hätte geschlagen.

Von Cincinnati hatte ich etwas Medizin mitgebracht und nahm ein Brechmittel, das aber auch nicht zu helfen schien. Das Fieber hatte sich von einem kalten in ein heißes verwandelt und wuchs stündlich. In der Nacht vom 16. auf den 17. September begann ich zu phantasieren.

Der nächste Arzt wohnte zwanzig Meilen entfernt und

war selten zu Hause. Wahrscheinlich rettete mir das mein Leben. Wäre ich einem der amerikanischen Quecksilberhelden in die Hände gefallen, hätte ich mich zur letzten Abfahrt vorbereiten können. Dafür erhielt ich von unserem Wirt einige Pillen. Ich weiß nicht, ob sie so stark waren oder ob es meine kräftige Natur war – jedenfalls ging es mir am 18. erheblich besser. Ich konnte im Haus umhergehen und nach viertägigem Fasten wieder etwas genießen. Aber ich war noch lange Zeit sehr matt. Dankbar muss ich noch heute an die freundlichen Amerikaner denken, die den Fremden pflegten und behandelten.

Es war natürlich ganz und gar nicht in meinem Sinne, krank im Sumpf zu liegen. Erst vor kurzer Zeit hatte ich Geschichten gehört, bei denen man Totgeglaubte lebendig begraben hat. Ganz in der Nähe am St. Francis River war der Jagdgefährte eines Mannes gestorben. Weil die Gegend nur aus feuchtem Sumpf bestand, hatte er ihn in einem Kanu zur hiesigen Farm gebracht, um ihn wenigstens richtig beerdigen zu können. In den südlichen Ländern macht man auch nicht die Umstände wie im Norden mit einem Toten. Der Jäger grub gleich nach der Landung ein Grab und legte den Toten hinein. Die Frau unseres Wirtes erzählte, sie habe noch nie einen so gelenkigen Toten gesehen. Man hatte das Gefühl, dass er noch beinahe warm sei und rote Backen hätte. Nach der Beerdigung wurde nicht weiter darüber gesprochen, aber mich beunruhigten solche Geschichten.

Am 29. September fühlte ich mich wieder besser und half auf einem anderen Feld bei der Maisernte. Dabei erwischte mich ein Regenschauer und das bekam mir wieder nicht gut.

Am 1. Oktober kam ein alter Mann mit seinem Sohn aus Tennessee in den Sumpf, um Vieh zu kaufen. Wir sattelten die Pferde, um die Kühe im Wald zusammenzutreiben. In dieser Jahreszeit hält es sich nicht an einem bestimmten Platz auf, weil Futter überall genügend wächst.

Als Viehweide kann es keinen besseren Ort auf der Welt geben als diese Sümpfe. Im Sommer füllt fast kniehoher »peavine«, eine Kleeart, den Wald. Dazu gibt es das schönste Gras, wilden Hafer und Roggen. Im Winter sind die immergrünen Schilfbrüche oder Rohrdickichte die Weideplätze für das Vieh. An vielen Stellen des Sumpfes wächst auch so genanntes Wintergras.

Wir brachen durch Dorn- und Schlingpflanzen, Schilf und fast undurchdringliche Sassafrasdickichte hindurch, konnten aber keine Klaue finden und kehrten schließlich wieder heim. Und am nächsten Morgen hatte ich wieder Fieber und musste erneut mehrere Tage ausruhen. Aber diesmal bekam ich Gesellschaft, denn der junge Fremde wurde ebenfalls krank, aber so schlimm, dass wir schon am zweiten Tag befürchteten, er würde sterben. Aber er erholte sich nach und nach wieder.

Am 7. Oktober ritt ich zu den zwölf Meilen entfernten Ansiedlungen, nur um mir Bewegung zu verschaffen. Schon wurde es dunkel, als ich das Haus von Mrs. Lane erreichte. Sie lud mich freundlich ein die Nacht in ihrem Haus zu bleiben. Mrs. Lane könnte wohl als Musterbild der amerikanischen Frau bezeichnet werden. Sie war sehr einfach, aber geschmackvoll gekleidet. Ihr Haus bewohnte sie gemeinsam mit zwei wunderschönen Töchtern. Alles im Haushalt war so sauber und nett, wie man es sich nur wünschen konnte. Mit Vergnügen lauschten sie meinen Erzählungen aus dem weiten, fernen Europa. Ich erzählte, wie die Gewaltigen so stolz, die Armen so gedrückt und verachtet sind, welche Pracht und welches Elend in den Städten herrscht, wie schön es in der Heimat sei und wie sich das gesellige Leben abspielte. Schließlich schüttelten sie die Köpfe und meinten, es müsste kurios jenseits des großen Wassers aussehen.

Erst spät wickelte ich mich in meine Wolldecke und legte mich vor das flackernde Kaminfeuer. Ich schlief sanft und süß.

Am anderen Morgen erwachte ich mit stechenden

Kopfschmerzen und Frösteln und fühlte meinen alten Feind nahen. Aber zögern half mir nicht. Mit zitternden Händen schnallte ich meinen Sattelgurt fest und ging ins Haus, um mich zu verabschieden. Die guten Leute hatten schon heißen Kaffee bereit, der das Fieber wohl etwas aufhielt, aber nicht vertrieb.

Ich musste noch in die drei Meilen entfernte Schmiede, um dort etwas auszurichten, und dann drehte ich den Kopf meines Pferdes zum Haus des alten Dun. Ich weiß nicht mehr, wie ich dorthin kam. Erinnern kann ich mich an stechende Kopfschmerzen und große Mattigkeit. Oft lag ich auf dem Hals des Pferdes, das dann immer stehen blieb und erst weiterging, wenn ich mich wieder aufrichtete. Duns Haus war gut drei Meilen von der Schmiede entfernt und vollkommen erschöpft rutschte ich da vom Pferd herunter.

Der alte Mann erkannte, was mir fehlte, und brachte mir ein Glas und eine Flasche mit einer grünen Flüssigkeit. Ich musste einen kräftigen Schluck nehmen und die bittere Mischung schnitt mir durch die Eingeweide. Als ich ihn fragte, was zum Teufel das sei, lachte er. Er erzählte mir, dass es eine eigene Erfindung sei, Bärengalle mit Whisky. In der Nacht schlief ich ziemlich gut und konnte am nächsten Tag zur Farm zurück.

Es tat mir Leid, dass ich an diesem Abend nicht in der richtigen Stimmung war, denn der alte Dun war nicht nur ein herzensguter Mensch, sondern auch bekannt für seine trockene Erzählweise. Er wohnte zwischen lauter Stockmethodisten, von denen er die komischsten Geschichten erzählte. Aber mein Kopf schmerzte so sehr, dass ich ihm nicht lange zuhören konnte.

Bis zum 18. Oktober erholte ich mich wieder ziemlich gut. An diesem Abend kam unser Wirt von Strongs zurück, wo er ein paar Negerkinder gekauft hatte. Der Junge war vielleicht fünfzehn Jahre und pechschwarz. Als er in das Haus trat, musterte er jeden mit rollenden, weißen Augen und tat dann so gleichgültig, als ginge ihn alles nichts an.

Das Mädchen war höchstens elf, hatte aber schon schwer gearbeitet. Als es die vielen fremden Menschen sah, liefen ihr zwei große Tränen aus den dunklen Augen. Von den Eltern getrennt in die Fremde verkauft, stand es wie ein Bild des Elends da. Der Junge kam aus den östlichen Staaten von Maryland über See nach New Orleans und von dort schließlich hierher. Er hatte wohl gehört, dass er zu einem guten Herrn kam, und alles andere würde sich ergeben.

Die Sklaverei, der Schandfleck der nordamerikanischen Freistaaten, wird noch einmal der Anlass für ihre Auflösung oder zumindest für die Trennung der nördlichen von den südlichen Staaten sein. Die einen eifern dagegen, die anderen verteidigen sie und einmal müssen sich die Folgen dieser Auseinandersetzung zeigen.

Am Abend des 24. Oktobers kamen zwei kleine, aber schwer beladene Wagen angerollt. Allerlei Kurz- und Schnittwaren, Hüte, Schuhe, Pulver und Blei, sogar Gewehre hatten sie geladen. Die Pedlars, wie man diese Händler nannte, besuchten die Farmer und verkauften ihre Waren zu überhöhten Preisen. Bei uns wurden aber nur ein paar Kleinigkeiten gekauft.

Unser Wirt hatte inzwischen einen Großteil seiner Kühe an den Mann aus Tennessee und einige andere neue Ansiedler verkauft. Jetzt beschloss er auch seine Farm zu verkaufen und an den Oiltrove Bottom am White River zu ziehen. Die Amerikaner sind nun einmal ein rastloses, wanderfreudiges Volk und halten es nicht lange an einer Stelle aus. Westlich, immer weiter westlich geht ihr Drang und stille Häuslichkeit kennen sie gar nicht.

Unser Vertrag hatte sich inzwischen durch Uhls Weiterreise und meine ständige Erkrankung von selbst aufgelöst und wurde nicht mehr erwähnt. Man begann jetzt mit Vorbereitungen zum »moving«, zum Auszug. Unser Wirt war bereits am White River gewesen und hatte einen Platz gekauft sowie die Vorbereitungen getroffen. Es fehlten nur noch zwei Stiere für Gespanne. Da der Weg weich und sumpfig war, wurde beschlossen noch ein drittes Paar Stiere einzufangen. Also zogen wir noch einmal in den Wald und trieben zwei ganz wilde Tiere in die Einfriedung. Dort angekommen, warfen wir ihnen eine Schlinge um die Hörner und banden sie an einen Baum. Mit aller Anstrengung versuchten sie freizukommen, rissen an den ledernen Stricken, aber vergeblich. Sie stürzten nieder und brüllten. So blieben sie vom Nachmittag bis zum nächsten Morgen und erhielten kein Futter oder Wasser.

Gegen neun Uhr trieben wir sie einzeln zu jeweils einem alten Zugochsen ins Joch und spannten sie an. Die Peitsche knallte, der Ruf erschallte und halb von den Hieben angestachelt, halb von dem kräftigen Mitarbeiter neben ihnen, gingen sie nach vier- oder fünfstündigem Widerstand schließlich so gut, als hätten sie ihr Leben lang nichts anderes getan als Lastwagen zu ziehen.

Das Ochsenjoch in Amerika unterscheidet sich auch von unseren, ist aber sehr praktisch. Es besteht aus einem einzigen Querbalken aus leicht gebogenem Holz, der auf dem Nacken der nebeneinander ziehenden Tiere liegt. Durch Holzklammern wird er an ihrem Hals befestigt. In der Mitte des Balkens ist ein Ring angebracht, in den die Kette eingehängt wird, mit der gezogen wird. So ziehen die Ochsen nur mit dem Nacken.

Nur langsam rollte der schwere Wagen auf dem vom starken Herbstregen schmutzig und schlammig gewordenen Weg. Erst am 4. November morgens erreichten wir den White River, an dessen Ufer wir bis zum Abend warten mussten, ehe wir überfahren konnten. Heftiger Wind machte es zu gefährlich, mit dem kleinen Boot und dem hohen Wagen über den vom Sturm gepeitschten Fluss zu setzen.

Der White River ist unbestritten der schönste Fluss in Arkansas. Sein klares, stilles Wasser sticht gegen die reißenden, schlammigen Fluten des Mississippi und des Red River freundlich ab. Zur Mündung sind seine Ufer flach und von Sümpfen umgeben, während er weiter flussabwärts von malerischen Hügeln eingeschlossen wird. Er ergießt sich mit einem Arm in den Arkansas, mit einem anderen in den Mississippi und entspringt im Ozarkgebirge. Dort sollte die Jagd hervorragend sein.

Sobald der Wind etwas nachließ verwandelte sich die kalte, trockene Luft in nasskalten Nebel, der dann in ordentlichen Regen ausartete. Wir waren sehr froh, als wir das Haus eines freien Negers erreichten, der dort ein Wirtshaus betrieb. Fröhliches Lachen tönte uns aus der erleuchteten Stube entgegen, in der ein hoch aufloderndes Feuer brannte. Nach dem nasskalten Wetter erschien uns das Zimmer mit den drei jovialen, lachenden Burschen sehr gemütlich. Drei amerikanische Büchsen mit Kugeltaschen standen in der Ecke und zeigten, dass die Männer auf der Jagd waren. Vor ihnen auf dem Tisch stand eine halb geleerte Flasche. Nach kurzem Gespräch erfuhr ich, dass der kleine, dicke Mann, der mit selig glänzenden Augen und roter Nase stillvergnügt in einer Kaminecke lehnte, der Branntweinbrenner Magnus war, der mit zwei Freunden in unsere alte Gegend zur Büffeljagd wollte. Der Kleine trank mir inzwischen tapfer zu und ich amüsierte mich bald über seine Drolligkeit.

Er lebte nur noch in Gedanken an die zu erlegenden Büffel. Er schwor bei Büffeln, wettete um Büffelfelle und quälte seinen vom Whisky übrig gebliebenen Verstand damit, wie er wohl die erlegten Tiere transportieren sollte. Umsonst versuchte ich ihm auch nur eine geringe Vorstellung vom undurchdringlichen Urwald zu geben. Ich erzählte, wie schwer es sei, überhaupt einige der seltenen Büffel aufzustöbern, und dass es dann in dem Dornengestrüpp unmöglich wäre, auch nur eine Haut mitzunehmen. Er saß unverändert mit freundlichem verklärten Gesicht da. Als ich mit meinen Warnungen fertig war, reichte er mir strahlend seine Flasche, an der ich nur nippte. Dann versicherte er mir mit vor Rührung bebender Stimme, dass er selbst sein Leben daransetzen würde, um nur wenigstens einen Büffel zu schießen. Da könnten ihn ein paar Sumpflöchlein und Dornen in keinem Falle aufhalten. Seine Stimme wurde immer weicher und als ihm noch einfiel, dass er Familienvater war, brachen sich die Tränen ihre Bahn. Ehe ich wusste, wie mir geschah, hatte die kleine, runde Gestalt ihren Arm um mich gelegt. Als ich dabei seufzte, glaubte er an mein Mitleid und drückte mich noch kräftiger. Ich bekam wirklich Atemnot und als seine Freunde mich befreien wollte, rief er: »Lasst mich, er ist mein Freund, er will mich retten!« Schließlich konnte ich mich durch eine rasche Drehung befreien und seine Begleiter brachten ihn ins Bett. Dabei trat und stieß der Dicke aber um sich und beschimpfte seine Freunde als nichtsnutzige Büffelhunde. Eine Weile weinte und ächzte er noch, dann schnarchte er laut.

Wir brachen am nächsten Tag mit dem Morgengrauen auf, ohne ihn wieder zu sehen. Gegen Mittag erreichten wir dann die neue Farm, wo eben die früheren Besitzer packten und sich zur Abreise bereitmachten. Nachmittags verschwanden sie und hinterließen zur Erinnerung eine ungeheure Schmutzmenge im Haus.

Nachdem wir abgeladen und alles untergebracht hatten, fuhr unser Wirt zusammen mit den beiden Treibern wieder zurück in den Sumpf, um eine zweite Ladung zu holen. Ich blieb allein zurück.

Das kleine Häuschen lag mitten im dichten Wald an einem Acker. Herrliche Bäume standen drum herum. Ich hatte aber nicht mehr viel Zeit die Naturschönheiten zu bewundern. Durch das Abladen und Wegschaffen war der Tag auf Sturmflügeln geflohen und die Sonne untergegangen, noch ehe ich Holz aus dem Wald herangeholt hatte. Für mein Abendessen hatte ich etwas Maismehl, trockenes Hirschfleisch und wilden Honig.

Tiefe Dunkelheit umgab mich, als ich mich auf den einzigen Stuhl ans Feuer setzte. Ich hing meinen eigenen, trüben Gedanken nach und spielte schließlich ein paar klagende Melodien auf meiner Zither, um mir das Heimweh zu vertreiben. Schließlich übermannte mich die

Müdigkeit, ich warf mich nahe am Feuer auf mein Büffelfell und bald tanzten bunte Traumbilder an mir vorüber.

Der kleine, dicke Branntweinbrenner saß ganz gemütlich mit mir und meinen Lieben in Leipzig im Kuchen-
garten und erzählte uns von den Beschwerden und Gefahren, die er auf der Büffeljagd ausgestanden hatte.
Besonders meine Mutter hörte ihm aufmerksam und
andächtig zu. Noch viele liebe andere Gestalten saßen um
uns am großen Tisch, jeder mit einer Tasse Kaffee vor
sich, als uns plötzlich kräftiges Klopfen aufschreckte. Nur
der Brenner blieb ruhig sitzen und sagte, er hätte draußen
einen zahmen Büffel angebunden. Aber das Klopfen
wurde stärker und ich sprang erschrocken auf. Das Feuer
war niedergebrannt und schwarze Nacht umgab mich, als
es erneut klopfte.

Es war einer der Wagenführer, der mich tagsüber verlassen hatte und jetzt mit vor Fieber klappernden Zähnen
eintrat.

Schnell schürte ich das Feuer wieder an und sah mich
nach dem Kranken um, der totenbleich auf den Stuhl
gesunken war. Ich hatte etwas Kaffee im Haus, von dem
ich ihm einige Tassen kochte, und er trank sie so heiß wie
möglich. Dadurch etwas erquickt, warf er sich auf das Fell
und schlief bald ein. Am nächsten Morgen ging es ihm
besser und wir vertrieben uns die Zeit so gut es ging, bis
die zweite Fuhre ankam. Zu tun hatten wir weiter nichts
als genug Feuerholz herbeizuschaffen und dann und
wann einen Truthahn zu schießen, damit unsere Lebensmittel ausreichten. Nach einer ganzen Woche, in der wir
nur von Truthahn und Kürbissen vom Feld gelebt hatten,
kam der Wagen endlich an, dazu die Kühe, Pferde,
Schweine, Gänse, Hühner, Katzen und Hunde. Jetzt kam
Leben in die stille Farm.

Jetzt gab es genug Arbeit und dadurch auch wieder das
Fieber, das in diesem unglücklichen Land an mich gebun-
den schien. Ich ermannte mich zwar, aber erst am 20.
November fühlte ich mich stark genug aufs Pferd zu stei-

gen. Dann ritt ich etwas hinaus in die Natur und atmete mit unsäglicher Wonne die frische Luft ein. Ich hatte die Büchse über der Schulter und ritt ungefähr fünf Meilen in den Wald hinein.

Diese Sümpfe und nasse Landstrecken verwirklichen alles, was sich der Europäer unter Urwald denkt. Das Hügelland und der höher gelegene Boden bietet selten ein so dichtes Dickicht oder Unterholz. Jäger und Viehzüchter zünden alljährlich das dürre Laub an, um für Wild und Vieh bald wieder frisch aufkeimendes Gras zu haben. Das Feuer vernichtet das dürre Laub und die Schlinggewächse sowie das junge Buschwerk, ohne den alten, starken Stämmen viel zu schaden. Der Wald wird dadurch licht und offen. Im Sumpf, wo es selbst im größten Sommer feucht ist, erreichen die Bäume oft eine ungeheure Stärke und Höhe. Ich habe Stämme gefunden, die bis zu neun Fuß Durchmesser hatten. Natürlich wachsen hier das Unterholz und die Schlingpflanzen nach Herzenslust.

Gegen Abend sah ich einen jungen Bock, der einsam und bedächtig durch den Wald schritt. Ich war vom Pferd gestiegen, das ruhig grasend auf dem Fleck stehen blieb, und schlich ein Stück näher zu ihm. Arglos kam er heran, bis er das scharrende Pferd bemerkte. Dann hielt er, warf den schönen Kopf in die Höhe und schnob – zischend fuhr ihm mein Blei zwischen die Rippen und er brach zusammen. Matt wie ich noch war, brauchte ich einige Zeit, bis ich das nicht sehr große Tier auf mein Pferd werfen konnte. Aber es gelang mir endlich und langsam ritt ich heimwärts, denn die Sonne sah schon glutrot aus und ich musste ja noch eine Strecke bewältigen.

Kurz vor Einbruch der Nacht schoss ich mit dem anderen Rohr einen Truthahn. Da es jetzt dunkel wurde und ich in der Nähe des Hauses war, lud ich nicht wieder neu. Ich hatte meine Büchse lange nicht mehr gereinigt und wollte sie am anderen Tag auswaschen.

Der Mond ging mit voller Scheibe auf und sandte sein freundliches Silberlicht durch die dunklen Schatten der

Bäume und zeigte mir die Richtung. Eine kurze Strecke war ich so mit dem schwer beladenen Pferd gegangen, als ich einen kleinen Kuhpfad erreichte, der zum Haus lief. Gleich darauf hörte ich die Glocken der Kühe läuten und Hundegebell. Mein Pferd wieherte freudig dem ersehnten Futter entgegen. Da hörte ich es plötzlich rechts von mir in den Büschen rauschen und dicht vor mir brach eine Herde Schweine in wilder Eile über den Fußweg. Schon wollte ich weiterreiten, als es wieder raschelte und auf einmal einer der größten Bären der Sümpfe nur wenige Meter vor mir stand. Er schien meine im ungewissen Mondlicht stehende Figur neugierig zu betrachten, da er den Wind nicht von mir bekam. Leise witternd hob er den Kopf. Mein Gewehr war nicht geladen und schon durchzuckte mich der Gedanke den Kampf mit dem Messer zu versuchen. Aber erst wollte ich sehen, ob ich ihm nicht etwas Blei zuschicken konnte. Ich stellte den Kolben der Büchse auf den linken, im Steigbügel ruhenden Fuß und ließ so viel Pulver, wie ich brauchte, in den Lauf fallen. Dann stieß ich schnell eine in Papier gewickelte Kugel darauf. So weit war ich fertig, ohne dass sich der Bär auch nur gerührt hätte. Eben wollte ich ein Zündhütchen aufsetzen, als mein bislang still stehendes Pferd nun wohl die Bekanntschaft des Bären machen wollte und etwas vortrat. Meister Braun schien Lunte zu riechen und war mit einem Satz im Gebüsch. Ich hörte, wie er nach einigen Sprüngen wieder ganz still stand. Inzwischen hatte ich das Zündhütchen aufgesetzt, glitt leise vom Pferd herunter und schlich dem Bären im Dickicht nach, um vielleicht doch noch zum Schuss zu kommen.

Ungefähr zwanzig Schritt war ich, so leise es ging, im raschelnden Laub gegangen und blieb stehen, um zu lauschen. Nichts regte sich, aber ich war fest davon überzeugt, dass der Bär keine zehn Schritte vor mir stand. Im trockenen Laub hätte ich es gehört, wenn er weggelaufen wäre. Leise hob ich eben wieder den Fuß, um noch etwas weiterzugehen, weil mir die Wurzel eines umgestürzten

Baumes die Sicht nahm. Dahinter konnte er gut stehen und als ich mich behutsam weiterschob, bekam ich die Wurzel ins Gesicht und der Bär, der dahinter stand und mich beobachtet hatte, suchte brummend und schnaubend das Weite. Ehe ich mich von meinem Schreck erholt hatte und die Büchse hochnehmen konnte, war er mit langen Sätzen im Dunkel des Waldes verschwunden. Missmutig kehrte ich zu meinem Pferd zurück und ritt mit sehr guten Vorsätzen dem wenige hundert Meter entfernten Haus entgegen. Ich wollte nie wieder einen einzigen Schritt mit ungeladener Flinte gehen und am anderen Tag den alten Burschen vielleicht doch noch aufstöbern.

Am 22. November war ich trotz des kalten und unfreundlichen Wetters mit einem Nachbarn zur Bärenjagd gerüstet. Mit elf Hunden zogen wir voller freudiger Hoffnung in den Wald.

Wir waren ungefähr eine Stunde ruhig geritten, als die Hunde einen furchtbaren Lärm machten, und ab ging es über Stock und Block. Sie waren dem Bär gerade auf den Fersen. Mein Pferd hatte eine solche Jagd schon mehrfach mitgemacht und ich musste es nur wenig anspornen und den Schlingpflanzen ausweichen. Im vollen Galopp jagte es den Hunden hinterher. Aber schwächer und schwächer wurde ihr Bellen. Der Wald war fürchterlich zugewachsen und überall lagen umgeworfene Bäume so übereinander, dass mein Pferd öfter beim Springen in Schlingpflanzen hängen blieb und furchtbar stürzte. Einmal glaubte ich schon, keinen heilen Knochen mehr im Leib zu haben, aber wir rafften uns immer wieder auf.

Meinen Jagdgefährten hatte ich längst aus den Augen verloren. Ich horchte und vermutete, dass der Bär nach links zum Fluss lief. Wenn er ihn erreichte, war er gerettet, denn die Hunde würden ihm im kalten Wasser nicht folgen, und auch wir hätten an unserer Uferseite bleiben müssen. Ich änderte jetzt also meine Richtung, um ihm den Weg abzuschneiden, und erreichte glücklicherweise einen Kuhpfad. Von Dornen nicht mehr aufgehalten,

berührte das Pferd kaum den Boden und eilte mit mir im
Fluge der entgegenkommenden Jagd zu. Plötzlich sprang
es mit schnaubenden Nüstern zur Seite und aus dem
Dickicht brach das verfolgte Tier. Als es das Pferd erblickte, stutzte es und brummte laut. Ich hatte mich
gleich beim ersten Seitensprung aus dem Sattel ge-
schwungen. Im selben Moment, als der Bär hielt, sauste
ihm auch meine Kugel aus kaum 30 Schritt ins Schulterblatt. Die Hunde waren dicht herangekommen und der
Bär raffte alle Kräfte zusammen, um der wütenden Meute
zu entkommen. Aber die zerschmetterte Schulter hinderte
ihn beim Laufen und bald umsprangen ihn die Hunde mit
lautem Heulen, gleich darauf noch verstärkt durch die
größeren Tiere, die jetzt auch eintrafen. Das sind Misch-
linge aus Bracken und Doggen und jetzt begann ein wildes Gefecht. Der Bär konnte nicht mehr klettern und
kämpfte, auf den Hinterbeinen stehend, mit der rechten
Tatze um sein Leben. Einen zweiten Schuss konnte ich
nicht wagen, weil die Hunde an ihm hingen. Mit dem langen Jagdmesser sprang ich dazu und stieß dem immer
matter werdenden Tier von hinten den kalten Stahl gerade
hinter der Schulter ins Herz. Bald darauf verendete es
unter den wütenden Bissen der Hunde. Jetzt kam auch
mein Jagdgefährte, völlig ermattet und von Dornen zerrissen. Sein Pferd war schaumbedeckt. Er ärgerte sich nicht
wenig zu spät zu kommen und half mir jetzt beim Aufbrechen und Abstreifen des Bären. Jeder von uns hatte einen
Sack auf dem Pferd. Wir teilten das Fleisch in zwei Hälften und ritten langsam heim. Das Fleisch des erlegten Tieres wird unter den Jägern gleichmäßig verteilt, das Fell
aber gehört dem, der das Wild erlegt oder zuerst ange-
schossen hat.

Das Wetter wurde jetzt mit jedem Tag rauer und unbe-
haglicher. Der kalte Wind pfiff anmutige Weisen durch die
dürren, entlaubten Äste der Riesenbäume. Da drängt sich
dann alles an die warmen Kaminfeuer und besonders der
Europäer fühlt eine große Sehnsucht nach den warmen

Stuben und heißen Öfen Europas. Durch die amerikanischen Blockhäuser zieht der Wind, wo es ihm gefällt. Da es keine Fenster gibt, muss den ganzen Tag die Tür offen stehen, um etwas Licht hereinzulassen. Man kann sich also denken, dass trotz des riesigen Kaminfeuers nur sehr gemäßigte Temperaturen im Zimmer herrschen. Wir hatten nichts außer Bärenfleisch zum Essen, und das dreimal täglich. Die Männer tragen hier warme Flanellröcke in weißer, roter, grüner oder blauer Ausführung und einen solchen warmen Rock zog ich mir auch an. Dann nahm ich die Büchse auf die Schulter und wollte zur Truthahnjagd. Freudig jauchzend sprangen die Hunde mit.

Truthähne mit Hunden zu hetzen ist wohl eine der interessantesten und bequemsten Jagden der Welt. Sobald die Hunde ihre Witterung aufgenommen haben, rennen sie mit wildem Bellen hinter ihnen her. Obwohl nun der Truthahn sehr schnell läuft, würde ihn der Hund doch bald erreichen. Deshalb steigt er schwerfällig in die nächsten Bäume, meistens bis in den höchsten Gipfel, und sieht neugierig auf die unten heulend und bellend umherspringenden Hunde herab.

Jetzt muss es der Jäger geschickt anstellen und sich an den umherspähenden Truthahn anschleichen. Entdeckt er den Menschen, setzt er seine Flucht gleich wieder fort. Die beste Art, ihn zu täuschen, ist es, möglichst viel Geräusch zu machen. Rufen und Bellen, laut durch die Büsche brechen lenkt das dumme Tier ab. Dadurch kann der Jäger den Baum umgehen und springt dann schnell dahinter. Es gehört dann ein gutes Auge und eine sichere Hand dazu, den Vogel aus den oft bis 140 Fuß hohen Bäumen mit der Kugel zu schießen, Schrot würde gar nicht hinaufreichen. Er braucht nicht tödlich getroffen zu sein, es genügt, einen Flügel zu zerschießen. Unfehlbar tötet ihn beim Fall das eigene Gewicht. Ein für den Schützen lohnendes Gefühl ist es, den Truthahn zu sehen, wie er in sicherer Höhe zusammenzuckt, sich umwendet und dann mit schwerem Fall zur Erde stürzt.

Ein Tier wiegt bis zwölf oder sogar 14 Pfund, alte Tiere bis zu 20 Pfund.

Am 1. Dezember kamen die letzten Sachen, die man noch am L'Anguille zurückgelassen hatte, und damit für mich auch wieder das Fieber. Jetzt wurde mir die Sache aber doch zu bunt und ich nahm mir fest vor, den ungesunden Landstrich zu verlassen und in die Hügel zu ziehen. Was half mir hier die Jagd, wenn ich alle Augenblicke wieder das Bett hüten musste und zuletzt so schwach wurde, dass ich mich wirklich kaum noch auf den Füßen halten konnte. Schon am 4. Dezember führte ich meinen Plan aus. Meinem ehemaligen Arbeitgeber gefiel schon lange meine Doppelbüchse und er hatte mir einen Tausch angeboten. Das ist ohnehin eine Leidenschaft der Amerikaner. Sie tauschen alles, was sie haben, Landbesitz, Pferde, Vieh, Gewehre, Kleider, selbst Stiefel und Hemden oder sind bereit alles zu verkaufen. Da er noch eine sehr gute lange, aber auch unansehnliche Steinschlossbüchse hatte, wie sie Cooper bei dem alten Hawkeye beschreibt, waren wir bald handelseinig. Ich erhielt natürlich noch ein gutes Aufgeld und zog also frohen Mutes auf die nicht mehr fernen Berge zu. Aber schon bald merkte ich, dass ich nicht mehr die alte Kraft hatte. Meine Sehnen wollten nicht mehr wie vor zwei Jahren aushalten, wo ich das Wort »müde« nur vom Namen her kannte. Das häufige Fieber hatte mir meine besten Kräfte geraubt. Mit aller Anstrengung konnte ich am ersten Tag kaum zwanzig Meilen marschieren, am zweiten machten mir schon 13 zu schaffen und todesmatt kam ich gegen Abend am Little Red River an.

Bis zum 9. Dezember blieb ich dort bei einem alten Bekannten und ging dann zu den Rheinbayern hinüber. Hier verlebte ich wieder einige recht angenehme Wochen, half dem Alten bei der Arbeit, wo ich konnte, oder ging auf die Jagd und schoss Truthühner. Die guten Leute behandelten mich wie ihr eigenes Kind.

Aber das ruhelose Sehnen und Jagen, das mich bislang

von allen lieb gewonnenen Plätzen verjagt hatte, ließ mich auch hier nicht ruhen. Ich wollte fort, fort! Nur weiter, an einen anderen Ort. Durch die lange Ruhe und das freundliche Stillleben in der Familie hing ich zu oft trüben Gedanken nach. Denen wollte ich entgehen und beschloss, obwohl ich genügend Lehrgeld bezahlt hatte, in die Sümpfe zurückzukehren. Bei dem kalten Wetter war die Fiebergefahr auch nicht mehr groß.

Hilgers baten mich freundlich noch länger bei ihnen zu bleiben, aber meine alte Wanderlust siegte. Ich nahm herzlichen Abschied, aber die Kinder wollten mich überhaupt nicht ziehen lassen. Das kleine, dreijährige Mädchen konnte ich nur beruhigen, als ich zu ihr sagte, sie solle mitkommen. Wirklich setzte das kleine Ding ein Hütchen auf und ging an meiner Hand wohl eine Viertelmeile, bis sie der Bruder mit Gewalt zurücktragen musste. Auch mir wurde ganz feucht in den Augen, als das Kind noch von weitem die Hände nach mir ausstreckte und meinen Namen rief.

Fort – fort – ich hatte ja keine Ruhe. Am 25. Januar kam ich an den Bay de view, ein kleines Flüsschen, das zwischen dem L'Anguille und Cash River fließt. Bei einem der hier häufigen indianischen Grabhügel schlug ich mein Lager auf und ging am nächsten Tag auf die Jagd. Hirsche und Truthähne gab es genug. Mir steckte wie dem Branntweinbrenner jetzt die Büffeljagd im Kopf. Am 27. Januar zog ich den Fluss entlang.

Einsam zog ich durch die öden, von keiner Menschenseele belebten Wälder. Auch abends lag ich allein am Feuer und hing wieder trüben Gedanken nach. Ich hatte mich jetzt gut an das Waldleben gewöhnt und brauchte keinen Kompass. Im sumpfigen, ebenen Land, wo die ungeheuren graden Bäume stehen, kann sich der Jäger leicht nach dem Moosbewuchs der Bäume richten. Es ist fast stets an der Nordnordwestseite der Stämme viel dichter und häufiger als an der Südseite. Aber es begann jetzt zu frieren. Da der Sumpf oft knietief mit Wasser bedeckt ist, machte

188

ich laute Geräusche, wenn ich durch das dünne Eis brach. Auf die Weise verscheuchte ich natürlich alles Wild.

Am 28. und 29. Januar war ich nicht zum Schuss gekommen und lebte von den Überresten eines Truthahns und von ein paar Maiskolben, die ich in der Jagdtasche hatte. Dann war nur noch etwas Mais übrig, den ich röstete und mit großem Appetit verzehrte. Aber das reichte nur, um meinen Hunger richtig zu wecken, und ich begann die zarten Stängel des Sassafras zu kauen, um wenigstens etwas in den Magen zu bekommen.

Mein Gepäck behinderte mich kaum. Mein Büffelfell hatte ich am White River gegen eine alte Wolldecke eingetauscht. Im Jagdranzen trug ich nur ein Hemd, ein paar sehr wehmütig aussehende Socken und ein paar Stückchen Blei. Das war die ganze Last, am meisten hinderte mich beim Marsch aber die Zither, die ich über der Schulter hängen hatte. Wenn ich abends am Lagerfeuer von des Tages Last und Mühe ausruhte, entschädigte sie mich aber wieder und ich konnte es nicht über mich bringen, sie im Stich zu lassen.

Als ich mich mit wütendem Hunger gegen Abend nach einem trockenen Lagerplatz umsah, merkte ich, dass die Luft mit jedem Augenblick bedeutend kälter wurde. Schnell entfachte ich ein gutes Feuer und warf mich matt daneben. Es fror jetzt richtig und sehr vergnügt war ich, als es auch noch zu schneien begann. Ich kauerte mich zusammen, so gut es ging, und schlief ein. In der Nacht weckte mich fürchterliches Wolfsheulen. Vermutlich hatten sie genauso viel Jagdglück gehabt wie ich und ich gratulierte mir, wenn sie nur halb so viel Hunger hatten wie ich. Mehrmals in der Nacht sprang ich auf und schüttelte den Schnee ab und schürte mein Feuer wieder an. Es schneite noch immer und war bitterkalt. Mit gewaltigen Holzstücken, die ich am Abend zum Feuer geschleppt hatte, unterhielt ich es mit einer behaglichen Glut. Bald waren Wölfe und Schnee vergessen und ich wieder eingeschlafen.

Ein vom Schnee schwer beladener und heruntergebrochener Ast weckte mich. Als ich die Decke von den Augen riss, erblindete ich fast von den leuchtenden Sonnenstrahlen, die die blendend weiße Fläche zurückwarf. Schnell war ich munter, denn die lockere, dünne Masse, die mir von der Decke in den Nacken fiel, war sehr kalt. Der Schnee kam mir gerade recht. Ich rieb mir Gesicht und Hände ein, bis sie glühten und packte meine Sachen zusammen. Wohl war ich vom langen Fasten etwas matt, aber die Nachtruhe und neue Hoffnung stärkten mich. Unter den schwer beladenen Bäumen zog ich aufs Geratewohl durch den Wald. Dicht bei meinem Lagerplatz hatte ich mir am Vorabend einige Eicheln aufgesammelt, die ich jetzt mit wahrem Heißhunger verschlang, um meinem Magen eine kleine Beschäftigung zu geben.

Die Overcup-Eiche wird zu einem sehr starken Baum, wächst aber nur im nassen Boden, hat keine Blätter und eine Frucht, an der die raue Schale wie eine kleine Tasse hängt und auch den unteren Teil bedeckt. Nur am oberen Ende hat sie eine kleine Öffnung, der ihr den Namen gegeben hat. Die Eichel ist fast rund und genießbar, denn sie hat einen süßlichen Geschmack. Sie ist das Lieblingsfutter der Bären.

Ich war noch nicht weit gegangen, als ich die Fährte eines alten Bockes fand, der hier vor kurzem durchgekommen war. Still und schnell folgte ich ihm durch den sechs Zoll tiefen Schnee. Gut drei Stunden folgte ich der Spur, ohne ihn auch nur einmal zu sehen. Dann führte sie in ein ziemlich dichtes Gebüsch. Als ich hier mit Armen, Beinen und Gewehr in den furchtbaren stachligen Schlinggewächsen, den so genannten »greenbriars« hing, sah ich ihn plötzlich dicht vor mir stehen und neugierig meiner Arbeit zusehen. Natürlich war er, ehe ich mich freimachen konnte, schon in langen Sätzen entflohen und außer Schussweite.

Erneut nahm ich die Spur auf und konnte jetzt die gewaltigen Sprünge bewundern, die er gleich gemacht hatte. Im dritten Sprung war er über ein gut neun Fuß hohes Gebüsch gesprungen, und mit dem nächsten Satz zwanzig Schritte weit.

Bald erkannte ich, dass er wieder ruhig weiterschritt und verdoppelte meine Anstrengungen bei seiner Verfolgung. Etwa 100 Schritt vor mir sah ich ihn erneut in einem Dickicht stehen. Da er sich nach mir umschaute und ich nicht hoffen durfte, näher an ihn heranzukommen, nahm ich die Büchse, zielte bedächtig und drückte ab. Beim Knall zuckte er zusammen und floh, zur Seite springend, in wilder Eile durch die dichten Büsche. Er war mir jetzt sicher und ruhig lud ich wieder und ging zum Platz, wo er gestanden hatte.

Der Schnee war dort überall gerötet und ein breiter Streifen großer dunkler Tropfen bezeichnete den Weg, den der Flüchtling genommen hatte.

Vom scharfen Gehen war ich ermüdet und wollte dem verwundeten Tier auch Zeit lassen sich zu legen. Deshalb setzte ich mich ruhig auf einen umgestürzten Baumstamm.

Nach etwa einer halben Stunde folgte ich der Fährte, der Hirsch hatte aber unglücklicherweise den kleinen Fluss aufgesucht, um seine Wunde zu kühlen. Er war durchgeschwommen und lag am anderen Ufer verendet im Schnee, den er rings um sich rot gefärbt hatte. Wäre ich nicht halb verhungert gewesen, hätte ich nie daran gedacht, mich ins kalte Wasser zu wagen. Aber die Not überwand alle Bedenken. Mit einem Stück Seil, das ich bei mir hatte, befestigte ich zwei Stücke faules Holz miteinander und legte Büchse, Zither, Decke und Jagdhemd, Pulverhorn, Tasche und mein Ersatzhemd darauf. Dann stieg ich in das eiskalte Wasser. Hosen und Leggins behielt ich an, denn die waren bereits vom Durchwaten kleinerer Gewässer am Morgen durchnässt. Als ich erst einmal im Wasser stand, duckte ich mich schnell unter bis an den Kopf, und schwamm dann in kurzer Zeit an das andere Ufer. Mein kleines Floß stieß ich dabei vor mir her.

Vor Frost klappernd zündete ich ein Feuer an. Da alles vom Schnee bedeckt war, hatte ich ziemliche Mühe dabei, aber mein Tomahawk half mir weiter. Ich trocknete mich nun wieder und legte einige Stücke Fleisch auf die Kohlen. Halb roh verzehrte ich sie, um meinen wirklich wütenden Hunger zu befriedigen.

Das Verfolgen des Wildes und das kalte Bad hatten mich ermattet. Ich warf mich neben das Feuer, um auszuruhen. Meine Kräfte hatte ich wohl zu sehr angestrengt, denn ich fühlte, wie das Fieber wieder zurückkehrte. Zwei Stunden fror ich so schlimm wie noch nie zuvor, dann kam die glühende Hitze, die mich Schnee und Eis vergessen ließen. Erst gegen Abend fühlte ich mich etwas besser, aber ich war zu schwach, um weiterzugehen. Ich räumte den Schnee um mich herum weg, machte einen Schutzwall davon, um den Wind abzuhalten, suchte mir einen Holzvorrat zusammen und schlief die Nacht über sanft und süß. Merkwürdigerweise war es das letzte Mal, dass ich das kalte Fieber in Amerika bekam.

Obwohl ich mich am nächsten Tag wieder wohl fühlte, war ich doch noch sehr schwach und blieb bis zum Abend am warmen Feuer ausgestreckt und aß von meinem Wildbret.

Dann ging ich, um mir Bewegung zu verschaffen, eine Strecke spazieren und kehrte dann zu meinem alten Lager zurück. Am dritten Tag brach ich endlich in südlicher Richtung auf, um die so heiß ersehnten Büffel zu finden.

Der Wald war in dieser Gegend wirklich großartig. Die gewaltigen Riesenstämme, bis zu 80 Fuß vom Boden gerade aufsteigend, ehe sie auszweigten, boten mit den schneebedeckten Wipfeln einen wunderbaren Anblick. Es hatte aufgehört zu schneien und eine heilige Stille herrschte ringsumher. Nur dann und wann brach ein schneebeladener Ast herunter oder das heisere Krächzen eines Raben unterbrach die Ruhe. Es ließ sich auch sehr gut marschieren. Lange schmale Streifen erhöhten Landes liefen zwischen den zahlreichen Bächen und dem überschwemmten Boden hin. Da es jetzt stark gefroren und geschneit hatte, hielt ich mich ständig auf dem Eis und wanderte so leicht und ungehindert wie auf einer ebenen Landstraße dahin. Der Schnee behinderte mich wenig, denn ich hatte noch immer meine deutschen Wasserstiefel an. Mehrfach kreuzte ich Wolfsspuren, sah mich aber nicht danach um. Einen Wolf hätte ich noch nicht einmal geschossen, wenn er mich darum gebeten hätte. Ich musste Pulver und Blei sparen. In einer Gegend, wo man seine Munition nicht ersetzen kann, geht man sorgfältig damit um. Ich verließ mich deshalb auf mein Hirschwildbret und zog an ein paar Völkern Truthähnen ruhig vorbei. Auch sie schienen wenig Notiz von mir zu nehmen.

Nach einigen Stunden vorsichtigen Pirschens erreichte ich einen Platz, wo in der vergangenen Nacht etwa zwanzig Büffel gelagert haben mussten. Überall war der Schnee verschwunden, die Zweige der Büsche waren abgenagt und die Fährten sahen noch so frisch aus, als ob sie eben erst in die weiße Schneedecke gedrückt waren. Das war es, was ich finden wollte. Ein alter Bulle musste ein besonders kräftiges Tier sein. Ich vermutete die Herde noch in der Nähe und folgte der breit ausgetretenen Fährte schnell und so geräuschlos wie möglich. Zunächst ging es zum Fluss hinunter, dann wieder in die Sümpfe zurück, wo sie sich meistens lagerten. Dann änderte sich plötzlich ihre Richtung, sie waren nordwestlich gerannt, offensichtlich in großer Eile.

Bald erkannte ich den Grund für diesen plötzlichen Wechsel. Wolfsspuren zeigten, dass die Herde angefallen und zerstreut wurde, obwohl der Büffel sich eigentlich nicht vor Wölfen fürchtet. Jetzt begann auch für mich ein beschwerlicher Marsch, denn ich musste mir hinter den einzeln laufenden Tieren den Weg bahnen. Leider waren sie jetzt in einen Schilfbruch gelaufen und das machte den Weg für mich schrecklich beschwerlich. Wer so einen Schilfbruch noch nicht gesehen hat, kann sich keine Vorstellung davon machen. Das Schilf ist hart wie Holz und bis zu zwei Zoll dick, dabei gut 40 Fuß hoch. Es steht so dicht, dass man sich kaum hindurchzwängen kann, dazu kommt eine Unmasse dorniger Schlingpflanzen. Der Jäger muss sich mit dem breiten Jagdmesser seine Bahn hauen. Dabei muss er noch sehr oft umgestürzten Bäumen ausweichen und kommt in dem Dickicht aus Bäumen, Schlingpflanzen, Rohr und Dornen bald von seiner geraden Richtung ab. Wie langsam man vorwärts kommt, habe ich einmal in einem Mississippital erfahren. Dort brauchte ich für eine Strecke von 500 Schritten ganze drei Stunden. Hier ging es etwas besser, denn die Büffel hatten doch ihre Bahn gebrochen. Die hereinbrechende Dämmerung überraschte mich. Das Schilf schien kein Ende zu nehmen. Zwar hätte ich durch den hellen Schnee weiterwandern können, aber das dicke Rohr nahm schon am hellen Tag meine Aufmerksamkeit in Anspruch. Deshalb zündete ich mithilfe meines Tomahawks und etwas trockenem Schwamm ein Feuer an. Den Lagerplatz reinigte ich vom Schnee und hatte mich bald gemütlich eingerichtet.

Ich lag auf einer kleinen Erhöhung mitten im Schilf, sodass ich gegen den kalten Nordwind ziemlich geschützt war. Das Unangenehme war aber, dass ich keinerlei Aussicht durch das Dickicht hatte. Aber ich war zu müde, um meinen Platz freizuschlagen, aber noch nicht müde genug zum Schlafen. Ich stellte meinen Kompass in die Büffelfährte und grübelte darüber nach, in welcher Richtung jetzt wohl meine Heimat lag. Ein Abweichen von hier um $1/_{32}$ Zoll nach links oder rechts würde mich in die Sahara oder nach Sibirien bringen. Neue Gedanken kamen dazu, was die Lieben in der Heimat wohl jetzt gerade machten, ob sie auch an mich dachten und so weiter. Da krachte ein kleiner Zweig dicht neben mir. Zwar war der Laut nur gedämpft, aber ich hatte es deutlich gehört und hob schnell den Kopf. Instinktiv hatte ich das Messer gezogen.

Eine Weile blieb alles ruhig und ich hörte nur mein

Herz schlagen. Da krachte es wieder, ganz nahe. Was auch immer es war, es befand sich keine zwölf Fuß von mir entfernt. Deutlich vernahm ich jetzt die leisen Schritte im Schnee, wie das Tier mich umschlich. Oh, wie ich mir damals einen Hund wünschte!

Eine Zeit lang schien es still zu stehen, dann hörte ich es wieder in der anderen Richtung, deutlicher als vorher. Meine Sinne waren zum Zerreißen angespannt, jeden Augenblick erwartete ich eine Bestie, einen Panter oder Wolf. In dieser angenehmen Hoffnung hatte ich nun auch den Hahn der Büchse gespannt und durch dieses Geräusch herrschte wieder lautloses Schweigen.

Auch nach schier endlosem Schweigen und Warten regte sich nichts mehr, mein nächtlicher Besuch hatte mich verlassen. Lange Zeit lag ich noch wachend und betrachtete den vor mir stehenden Baum, ein ungeheuer großer Sassafrasstamm, von dichten Schlingpflanzen umgeben. Äste und Zweige fehlten ihm und wie eine riesige Säule starrte er in den dunklen Nachthimmel. Im Sommer, wenn die Schlingpflanzen ihre grünen Blätter bekommen, sehen diese Baumleichen herrlich aus. Dann ist von der alten, vertrockneten Rinde nichts mehr zu erkennen. Die grüne, lebendige Säule steht wie ein Denkmal vergangener Zeiten da, wo noch der Indianer durch die Wildnis zog, die jetzt sein Grab umschließt.

Ich schlief bald darauf ein und der Morgenruf der Eulen weckte mich erst wieder.

Zunächst einmal untersuchte ich, wer mein nächtlicher Besucher war und fand ziemlich kräftige Wolfsspuren beim Lager. Einmal war er nur noch drei Schritte von mir entfernt gewesen. Ich hielt den Wolf immer für sehr menschenscheu und wunderte mich deshalb. Aber zwei Jahre später holte mir eine solche Bestie das Jagdmesser fort, das dicht neben mir lag. Am Griff war noch Blut verschmiert vom letzten erlegten Hirsch und der Wolf zerkaute mir den Griff völlig.

Mit neuen Kräften folgte ich den Büffelspuren, die sich

jetzt wieder vereint hatten. Aber weit und breit konnte ich nichts von ihnen erblicken. Immer wieder wurde ich von einem brechenden Ast oder einem aufgescheuchten Hirsch getäuscht, das gesuchte Wild blieb aus. Als die Sonne wieder blutrot am Horizont verschwand, blieb meine einzige Hoffnung die Nacht. Der Wald war lichter und die Büffel würden bei Einbruch der Dämmerung in keinem Fall weiterziehen. Aber erneut stellte sich mir ein Schilfdickicht entgegen und mir blieb nichts anderes übrig, als wieder zu lagern.

Mein Nachtlager war ausgezeichnet. Durch einen umgestürzten Stamm gegen den kalten Luftzug geschützt, briet an einem herrlichen Feuer ein ansehnliches Stück Hirschfleisch. Ich hätte mich also wohl fühlen können, wenn mir nicht die aufziehenden Wolken Sorgen bereitet hätten. Dazu wurde es fühlbar wärmer und mir graute vor dem Tauwetter. Ich war viele Meilen in den Sumpf eingedrungen und fast nur auf Eis marschiert. Wenn diese Schneemasse jetzt flüssig wurde, durfte ich wenig auf trockenen Boden hoffen. Aber was konnte ich tun? Jetzt musste ich es abwarten, hüllte mich in meine Decke und schlief bald ein. Die Sonne war schon lange aufgegangen, als ich erwachte und meine Befürchtungen erfüllt fand. Es regnete und die Luft war warm und mild wie im Mai. Wie ich mich jetzt nach dem kräftigen Nordostwind sehnte!

Mit welchen Gefühlen ich meine nasse Decke zusammenrollte und mich marschfertig machte, lässt sich denken. Sollte ich umkehren und Büffel Büffel sein lassen? Die Fährten sahen aber zu verlockend aus und noch blieb mir die Hoffnung sie einholen zu können. Es bestand ja auch die Möglichkeit, dass sie gar nicht weiterzogen, sondern ruhig äsen würden. Fest entschlossen folgte ich also der Fährte, weil es jetzt auf eine Meile mehr oder weniger nicht mehr ankam. Ich trotzte dem Himmel, der mir eine Wasserwolke nach der anderen auf den Pelz goss. Die Büffel schienen auch ganz in der Nähe zu sein, in den Fähr-

ten stand das schlammige Wasser, das ihre Tritte aufgerührt hatten. Losung, die ich fand, war noch warm, also musste ich sie finden. Da kam es mir plötzlich so vor, als hätte der liebe Gott alle Schleusen geöffnet, es regnete nicht mehr, es wasserfallte. Der Boden glich einer riesigen Eislimonade, bei der nur Zucker und Zitronen fehlten.

Es ist doch eine merkwürdige Sache mit dem Menschenherz. Vor kleinen Beschwerden und Gefahren bebt es zurück. Stürmt aber alles wild und toll darauf ein, kommt ein Schlag nach dem anderen, dann wird es verstockt und störrisch wie ein wilder Stier. Man macht die Augen zu und stürmt blindlings gegen alles an, was sich in den Weg stellt.

Etwas besser machte ich es doch, umging die Bäume. Aber dieser fürchterliche Witterungswechsel hatte mich so erbittert gemacht, dass ich beschloss alles zu wagen. Der ganze Wald stand unter Wasser bzw. unter geschmolzenem Schnee und ich musste auf das mit Dornen und Schlingpflanzen durchsetzte höhere Land ausweichen. Auch die Büffel hatten diese Route eingeschlagen, weil sie ständig auf dem Eis einbrachen. Noch konnte ich die Fährten erkennen und folgte, oft bis an den Gürtel im Wasser, den Tieren. Ich war gegen alles gleichgültig geworden und wollte nur noch Büffel sehen, einen schießen und dann wäre ich mit dem größten Vergnügen gestorben, um nicht den ganzen Weg wieder zurückgehen zu müssen.

Da lichtete sich der Wald plötzlich und nach wenigen Schritten dehnte sich eine weite, öde Fläche vor mir aus. Es war zumindest jetzt ein See mit nur einer dünnen, schmelzenden Schneedecke darauf. Und hier – hier waren die Büffel hindurchgegangen. Deutlich konnte ich die langen, dunklen Streifen, die sich querdurch zum anderen Ufer zogen, erkennen. Aber vergeblich spähte ich nach den Tieren selbst. Eine rätselhafte Wanderlust trieb sie vorwärts und ich unglückliches Menschenkind hatte gerade diesen Zeitpunkt wählen müssen, um Jagd auf sie zu machen. Aber das brachte mich jetzt auch nicht weiter. Auf einem etwas trockenen Platz band ich alle Habseligkeiten in die Decke, nahm sie auf die Schulter und – folgte den Fährten.

Wenn ich heute an diese Jagd zurückdenke, glaube ich einen gelinden Anfall von Wahnsinn gehabt zu haben. Wenn ich die Büffel wirklich einholte, konnte ich höchstens ein paar Pfund Fleisch und vielleicht ein Horn als Siegestrophäe mitnehmen. Jetzt aber fühlte ich nur den Trieb in mir, hatte nur das Ziel im Auge und fand mich bis unter die Arme im Schneewasser, mitten im See. Als mir das Wasser über die Brust stieg, verging mir der Atem, aber der Boden war glücklicherweise fest, nicht schlammig. Ich erreichte das andere Ufer, oder, besser gesagt, das höhere Land, denn von Ufer war nicht die Rede, ohne unterwegs erstarrt zu sein. Hier stand das Wasser nur noch knietief und ich atmete etwas freier. Zu meiner großen Verwunderung schien es Abend zu werden, während ich noch an die Mittagszeit glaubte. Sollten wir eine Sonnenfinsternis haben? Immer dunkler wurde es und völlig still im Wald. In der Ferne ließ sich ein Wolf hören – kein Zweifel, die Nacht brach schon wieder herein und mir war es unbegreiflich, wo die Zeit geblieben war.

Der Regen hatte am Nachmittag etwas nachgelassen und setzte jetzt wieder stärker ein. Als ich mich nach einem Lagerplatz umsah, regnete es die berühmten »Bindfäden«. Auf dem trockensten Platz, den ich fand, stand das Wasser noch immer bis zwei Zoll hoch, an ein Feuer war nicht zu denken. So kauerte ich mich unter einen halb umgestürzten, schräg liegenden Baumstamm, um wenigstens die fürchterlichsten Regengüsse abzuhalten. So versuchte ich zu schlafen. Schlafen? Ich machte mehrfach die Augen zu, aber an Schlaf war hier nicht zu denken. Fleisch hatte ich noch, aber keinen Appetit und sehnsüchtig erwartete ich den anbrechenden Morgen.

Es mochte wohl Mitternacht sein, als ich die ersten Wölfe wieder hörte. Sie schienen ganz in der Nähe zu sein und heulten jämmerlich. Die armen Bestien hatten wohl auch nasse Füße. Ich war so abgestumpft gegen jede Gefahr, dass ich noch nicht einmal das Messer aus der Scheide zog, sondern ruhig abwartete, was nun passierte. Schon der Gedanke, mich zu bewegen, war grässlich. Es waren wohl sechs oder sieben Wölfe, denn so viele Solosänger konnte ich unterscheiden. Ich erinnere mich noch deutlich, dass ich lachen musste, als ein junger Wolf mit einer besonders dünnen Stimme ein paar klägliche Töne ausstieß. Immer näher kamen sie und ich wunderte mich, dass sie mich nicht anfielen, denn jetzt konnte ich sie deutlich im Wasser waten sehen.

Weil mir ihre Nähe jetzt doch etwas zu freundschaftlich wurde, wollte ich der Sache ein Ende machen. Ich nahm die Büchse an die Backe und drückte ab. Ja, da konnte ich gut drücken, es war alles nass geworden. Also lehnte ich die Büchse neben mich und schloss die Augen. Alles kam mir so ekelhaft und fatal vor, dass ich nichts mehr sehen wollte.

Endlich brach der so heiß ersehnte Morgen an – aber wie! Alles grau und feucht. Der Regen hatte nachgelassen, das Wetter schien noch wärmer zu werden. Sämtlicher Schnee war geschmolzen und der ganze Wald eine flüssige Masse, in der jede Fußspur zusammenlief. Die Büffelfährten existierten nur noch in der Erinnerung. Da stand ich nun mit meiner Büffeljagd, weiß Gott wie weit von einer menschlichen Wohnung entfernt. In diesem Wald hätte sich ein Frosch erkälten können, ein Stück kaltes, gebratenes Hirschfleisch hatte ich noch und eine Büchse, die nicht losgehen wollte. Also aß ich erst und brach dann auf.

Wie ich das alles überstanden habe, ist mir noch heute ein Rätsel. Nass zum Auswringen, die ganze Nacht gekrümmt unter einem Baum im Schneewasser verbracht, von Wölfen umheult, fühlte ich mich doch jetzt wohl und kräftig. Nur die Kniegelenke waren etwas steif.

Wenn ich auch in dieser Zeit ein so eifriger Jäger wie

sonst kaum einer war, hatte sich doch diese Leidenschaft durch die letzten Ereignisse etwas abgekühlt. Ich sehnte mich nach Menschen, Brot und Bergen. Ohne Berge konnte ich mir keine Erlösung aus dieser Wasserwüste vorstellen. Mit einem halb traurigen, halb ärgerlichen Blick in südwestlicher Richtung verabschiedete ich mich von den Büffeln und zog dann in gerader Richtung Nordost zum St. Francis River. Von dort wollte ich den Mississippi erreichen, auf ihm dann zum Ohio und zurück nach Cincinnati.

Meine Lust auf den Urwald war für einige Zeit beendet, aber das half mir noch nicht heraus. Der vor mir liegende Weg erfüllte mich mit Grausen und Schauder. Tagelang musste ich noch in dem kalten Wasser waten und eine einzige Frostnacht konnte meinen Untergang bedeuten. Wenn sich jetzt auf dem Wasser eine dünne, scharfe Eisrinde gesammelt hätte, wäre ich verloren gewesen. Glücklicherweise blieb es aber warm und ich trat den Marsch mit dem festen Entschluss an alles ohne Murren zu ertragen.

Es ist mir aber unmöglich, diesen Weg zu beschreiben. Nur wenige Streifen mit trockenem Land fand ich. Gleich auf dem ersten Stück brachte ich meine Büchse wieder in Ordnung. Dann ging es durch Sumpf und Moor, durch Fluss und seegleiche Wasserstrecken, dabei oft bis unter die Arme im Eiswasser, und mehrfach musste ich sogar schwimmen. In der ersten Nacht konnte ich mich wieder an einem warmen Feuer und einem Truthahn erquicken, den ich von einem Baum herunterschoss.

Neu gestärkt schlug ich am anderen Morgen meine Richtung nach Nordost wieder ein und erstaunte nicht wenig, als ich gegen neun Uhr plötzlich Rauch witterte und bald darauf ein noch nicht ganz niedergebranntes Feuer fand.

Das niedergedrückte Laub an der Windseite verriet deutlich, dass hier ein einzelner Jäger mit vier Hunden gelagert hatte. Etwa 20 Schritt vom Feuer lag etwas Mais auf der Erde und an einem Baum hatte sein angebundenes Pferd geknabbert. Wie es aussah, war er vor kaum einer Stunde aufgebrochen. Da noch Tau und Frost auf den Blättern lag, war seine nach Südosten führende Spur deutlich zu sehen. Ich hatte sie erst kurze Zeit verfolgt, als ich in ziemlicher Entfernung einen Schuss vor mir hörte. Schnell eilte ich in die Richtung und traf ein, als er einen aufgebrochenen Hirsch an einen jungen Baum hängte.

Der Jäger hieß Pearce, wohnte hier im Sumpf und ich kannte ihn ziemlich gut. Wir begrüßten uns herzlich und waren froh uns so zufällig getroffen zu haben. Er versicherte mir, dass das Treffen nicht besser passen konnte. In der Nähe hatte er vor einigen Tagen einen Baum gefunden, in dem sich ein Bär aufhalten musste, wie die Spuren drum herum bewiesen.

Gern nahm ich seine Einladung an und hatte meinen Entschluss, nicht mehr zu jagen, fast schon vergessen. Mit großen Schritten eilten wir zum Brushy Lake, den wir bald erreichten. Pearce orientierte sich und meinte dann, dass wir zu weit südlich gekommen waren und eine Strecke stromauf gehen mussten. Weil wir müde waren, lagerten wir hier sehr früh am Nachmittag auf einem trockenen Landstück.

Wenige Schritte von unserem Lager stand ein Sassafrasbaum, dessen Rinde in etwa sieben Fuß Höhe ganz zerbissen und zerkratzt war. Ich hatte schon eine Weile vom Feuer hinübergesehen, als mich mein Gefährte fragte, ob ich wisse, warum der Bär so weit oben an die Rinde geht. Ich verneinte und er erzählte mir Folgendes: Wenn der Bär im August der Fährte einer Bärin folgt, richtet er sich so hoch er kann an einem Baum auf und beißt und kratzt dort in die Rinde und geht weiter. Findet ein anderer Bär diese Zeichen, richtet er sich ebenfalls auf und versucht das gleiche Experiment. Kann er die gleiche oder eine höhere Stelle erreichen, folgt er der Fährte weiter. Falls nicht, nimmt er einen anderen Weg.

Ich zweifelte an dieser Schilderung, konnte aber nichts

dagegen anbringen, weil ich diese Zeichen selbst schon öfter gesehen hatte, und manchmal auch von zwei Bären. Aber wer kann sagen, was der Bär dabei denkt? Wir schliefen in der Nacht sehr gut und die Sonne stand hoch am Himmel, als wir marschfertig waren.

Es mochte gegen zehn Uhr sein, als Pearce mir dicht am Ufer eine dicke Zypresse zeigte. Er versicherte mir, dass der Bär da drinstecken würde. Der Baum hatte vielleicht einen Durchmesser von vier Fuß und in der Rinde waren deutliche Spuren von den Bärenklauen eingedrückt. Wir rüsteten uns deshalb zu unserem Vorhaben.

Eigentlich wollte Pearce den Bären allein ausräuchern. Aber jetzt mit meiner Hilfe konnten wir den morschen Baum mit den Tomahawks umhauen. Wir brachten das Pferd in sichere Entfernung und bald erklang der Wald von den Schlägen unserer kleinen Äxte. Den Hunden wurde es bald zu langweilig und sie jagten um uns herum nach Kaninchen und Waschbären.

Wir hatten uns gerade etwas ausgeruht und ein paar Bissen gegessen, als Pearce plötzlich ausrief: »Look out! The bear!«

Schon beim ersten Wort hatte ich zur Büchse gegriffen. Wie ein Blitzstrahl fuhr der Bär jetzt am Baum herunter. Das Gewehr auf ihn abdrücken, es wegwerfen und mit dem Messer auf ihn zuspringen war für uns beide eins. Aber schlangengleich schlüpfte die Bestie zwischen uns hindurch und beinahe wären wir mit unseren gezückten Messern gegeneinander gerannt. Keiner wusste, dass der andere geschossen hatte, gleichzeitig waren die Schüsse gefallen.

Der Bär war eben aus seinem Winterschlaf erwacht und wusste nicht recht, wie ihm geschah. Durch die Schüsse angelockt, kamen die Hunde zurück und trieben ihn zur Flucht. Pearce hatte sich aufs Pferd geworfen und folgte ihnen. Ich ließ mein Gewehr liegen und sprang, so schnell ich konnte, mit dem Messer in der Hand hinterher. Das von unseren Kugeln schwer verwundete Tier lief nur eine kurze Strecke und kletterte dann auf einen Baum, um den Hunden zu entkommen. Pearce hatte die abgeschossene Waffe mitgenommen und lud sie jetzt. Als ich eintraf, konnte ich gerade noch zusehen, wie der Bär von der Kugel getroffen hoch aufsprang, sich drehte, mit beiden Tatzen sich noch einen Augenblick am Stamm festhielt und dann schwer zu Boden stürzte.

Es war schon spät geworden und deshalb schlugen wir unser Lager auf, wo ich meine Büchse gelassen hatte. Wir schleppten Holz für ein prasselndes Feuer zusammen und bereiteten ein kapitales Abendessen. Pearce war auch schon einige Tage im Wald und hatte keinen Kaffee mehr. Ich riss deshalb eine Sassafraswurzel aus, schnitt sie klein, warf sie in unsere Becher und hatte bald darauf einen ziemlich guten Tee fertig, um etwas Heißes zu haben, mit dem wir das Fleisch herunterspülen konnten.

Nachdem wir uns so gelabt und gestärkt hatten, wickelten wir uns in die Decken ein und schwatzten noch etwas. Pearce erzählte mir über den Winterschlaf der Bären, die sich oft im Dezember einen hohlen Baum suchen, ihn auskratzen und reinigen und dann zwischen Weihnachten und Neujahr hineinklettern. Bis Ende Februar rühren sie sich nicht. Erst dann beginnen sie das Lager hin und wieder zu verlassen, um zu trinken. Wird das Wetter milder, sucht er sich seine Nahrung. Viele finden auch keine Höhle oder Baum, sondern überwintern mitten im Schilf, wo sie sich ein Lager bereiten.

Von unserem Lager bis zum nächsten Haus musste ich noch gut zehn Meilen in nordöstlicher Richtung gehen und hatte dann auch den schlimmsten Sumpf hinter mir. Ich hatte also Hoffnung, bald wieder wie ein Mensch zu wandern und nicht wie eine Amphibie halb im Wasser und halb im Schlamm. Wir hatten ein paar Stunden geschlafen, als wir plötzlich von einem mächtigen Krachen und Bersten geweckt wurden und blitzschnell aufsprangen. Der Bärenbaum, um den wir uns nicht mehr gekümmert hatten, war durch einen Windstoß umgestürzt. Dieser

Wind war unsere Rettung, denn er warf den Baum in die andere Richtung. Wir hätten sonst unseren Leichtsinn schwer gebüßt. Er war geradewegs über den Brushy Lake gefallen und bildete für mich am nächsten Morgen eine Brücke. Die Hunde waren gleich beim ersten Krachen fortgelaufen und wir lachten noch eine Weile über unser schnelles Aufspringen. Dann legten wir uns wieder schlafen.

Als es tagte, waren wir beide gerüstet. Pearce packte sein Bärenfleisch auf das Pferd, wir verabschiedeten uns herzlich und ich wanderte gegen Nordosten. Nach dreistündigem Wandern, fast immer bis an die Knie, oft bis an den Gürtel im Wasser, erreichte ich endlich die breite Straße, die nach Memphis führt, und zog nun östlich.

Nachmittags erreichte ich die alte Farm, auf der ich so lange gearbeitet hatte, und zog noch zu M. 'O. weiter, um dort zu übernachten. Ich freute mich schon den ganzen Weg auf ein warmes Bett und ein Lager in einem Haus unter Menschen.

M. 'O. nahm mich herzlich auf und tat alles, um es mir so behaglich wie möglich einzurichten. Seine Frau kam erst später von einem Ritt in die Nachbarschaft zurück, wo sie ein paar Witwen besucht hatte.

Es ist merkwürdig, wie viele Witwen sich in diesem Sumpf aufhalten. Wo man hinkommt, findet man eine Witwe und ich bin fest überzeugt, dass sich der alte »Weller« aus Dickens »Pickwickier« hier sehr unglücklich gefühlt hätte. Jedenfalls bekam das Klima den Frauen wohl besser.

Wir saßen am flackernden Kaminfeuer und erzählten uns ein paar Geschichten, als sich die Tür verdunkelte. Ich hatte ihr den Rücken zugekehrt und drehte mich jetzt um. Da stand – der lange Methodistenprediger. Allmächtiger Gott, so nahe war ich dem Entrinnen! Nur noch eine einzige Nacht und ich wäre aus seinem Bereich gewesen. Mit zwei Schritten war er bei mir, reichte mir die Hand und ich sank kraftlos auf meinen Stuhl zurück. Mein Wirt ging hinaus, um das Pferd zu versorgen, und er selbst verlor keine Zeit, mir mit gar erbaulicher Stimme die Vorteile eines religiösen Lebenswandels auseinander zu setzen. Da aber erwachte in mir der Geist des Widerspruchs und wir begannen eine ernsthafte Debatte. Dabei lag es nicht an mir, wenn er nicht erfuhr, was ich über die Schreierei dachte.

M. ’O. kam jetzt herein und ergriff die Partei des Langen, aber ich blieb standhaft. Endlich kam auch seine Frau und schlug sich zu meinen Feinden, aber ich behauptete meine Stelle. Aber sie hätten meine Festung ausgehungert und zur Übergabe gezwungen, wenn nicht zu meiner Rettung eine Negerin mit dem Abendessen gekommen wäre.

Vor dem Essen hielt der Schreckliche noch ein wirklich Entsetzen erregendes, langes Tischgebet. Dabei wurde selbst die fromme Frau des Hauses unruhig und rutschte auf ihrem Stuhl hin und her. Doch auch das endete und wir fielen wie Wehrwölfe über das Essen her.

Als wir wieder am Kamin saßen, wurde mein Wirt vom Bösen geplagt. Er bat den Langen doch etwas zu singen. Als er aber bedauernd sagte, dass er sein Gesangbuch vergessen habe, wäre ich ihm beinahe um den Hals gefallen. Meine Freude währte aber nicht lange, denn er versprach sein Bestes zu versuchen und ein Lied auswendig zu singen.

Es mochte sechs Uhr sein, als er nach mehrfachem Anstimmen das schöne Lied »It is the old ship, oh Zion, halleluja!« begann. Die hölzerne Wanduhr schlug sieben, dann acht, schließlich war es halb neun und das unselige Lied noch nicht zu Ende. Jeden Vers wiederholte er dreimal und Gott wusste, wie viele Verse es hatte. Da hörte er plötzlich auf und erklärte, das seien alle Verse, die er auswendig wusste. Nachdem der Mensch fast drei Stunden gesungen hatte, erklärte er, dass er nicht alle Verse kannte.

Wir waren sehr müde geworden und als der Braune erst

einmal Ruhe gab, schliefen wir bald ein. Mit Sonnenaufgang wanderte ich neu gestärkt dem St. Francis River entgegen und erreichte Strongs Post Office noch vor Sonnenuntergang.

Das war zwar ein Postamt, aber man darf sich das nicht so wie bei uns vorstellen. Der Briefverkehr wäre in den dünn besiedelten westlichen Staaten gar nicht möglich, wenn sich nicht hier und da Farmer fänden, die die Aufgabe eines Postmeisters übernahmen. Sie sind über alle Countys verteilt und haben nicht sehr viel zu tun. Ein reitender Bote zieht durch das Land über eine bestimmte Strecke. Er hat eine lederne, mit Eisen beschlagene und verschlossene Tasche bei sich. Auf bestimmten Stationen übernachtet er dabei. So geht ein Mail Rider von Memphis in Tennessee ab und hat Briefe für Little Rock und Batesville bei sich. Er reitet etwa 40 Meilen bis zu Strongs Plantage. Von dort aus nimmt er die Post wieder nach Memphis zurück.

Die Vereinigten Staaten geben für eine gewisse Gratifikation das ganze Postwesen in einem bestimmten Bezirk an eine Privatperson, die sich dafür bewirbt. Sie erhält dafür ein jährliches Gehalt und muss an bestimmten Tagen die Briefe an die Adressen befördern. Wie, ist dann seine Sache – ob zu Fuß, zu Pferd oder mit Wagen. Strong hatte einen solchen Vertrag abgeschlossen und man sagte, dass er dabei ganz gut verdiente. Andere kleine Posthalter, die vielleicht nahe an einem County-Sitz oder einer kleinen Ansiedlung wohnen, haben gar keinen Nutzen davon – abgesehen von der Ehre und der kostenlosen Beförderung der eigenen Briefe. Der Farmer, der das übernimmt, muss einen Schwur leisten, dass er alles ehrlich und redlich besorgen will. Dann bekommt er den Schlüssel für die Postmappe. Trifft der Postreiter ein, schließt er die Mappe auf, entnimmt die Briefe für seinen Distrikt, schließt die abzusendenden ein und hat seine Pflicht getan. Das Abholen der Post muss jeder selbst vornehmen.

Sehr oft wird aber mit diesen Postmappen sehr nachlässig umgegangen. Ich selbst habe gesehen, dass der Behälter, der zwischen Strong und Batesville hin- und herging, an der eisenbeschlagenen Seite ganz aufgerissen war. Der Mailreiter nahm eine Hand voll Briefe heraus, zeigte sie mir und steckte sie wieder ein.

Bei Strong fand ich einen Brief für mich aus Cincinnati. Vogel teilte mir mit, dass inzwischen drei Briefe für mich aus Deutschland gekommen waren und ich doch bald bei ihm vorbeikommen sollte.

Der nächste Tag fand mich schon auf der anderen Seite des Francis River, wo ich dann wieder dieselbe Sumpfstrecke durchwanderte, die Uhl und ich vor etwa neun Monaten mit allen Mühseligkeiten und Beschwerden durchzogen hatten. Zwar war der Weg auch jetzt noch schlammig und beschwerlich zu gehen, aber kein Vergleich zu dem damaligen Zustand.

Kurz nach Dunkelwerden erreichte ich den See und auf mein Rufen kam der Fährmann und setzte mich ans andere Ufer. Es war jetzt ein anderer Fährmann, der hier wohnte. Weil der Himmel verdächtig aussah, beschloss ich die Nacht in seinem Haus zuzubringen. Er war ein junger Mann, der hier mit einem kleinen Negerjungen lebte. Aber in direkter Nachbarschaft hatte er Gesellschaft genug. An dem Platz, an dem Uhl und ich kampiert hatten, lagerten jetzt drei Familien, die nach Texas wollten.

Am nächsten Tag war ich früh auf dem Marsch und erreichte am 11. abends das wohnlich aussehende Farmhaus eines wohlhabenden Pflanzers. Als ich auf meine Frage nach einem Nachtquartier eine freundliche, bejahende Antwort erhielt, stellte ich Büchse und Ranzen in die Ecke und setzte mich auf einen bequemen, weichen Stuhl ans Feuer.

Die Frage nach einem Nachtquartier bei den Häusern entlang der Straßen hat aber nichts mit Gastfreundschaft zu tun. Der Fremde, der irgendwo anklopft, muss immer damit rechnen, für Abendessen, Schlafstelle und Frühstück einen halben Dollar zu bezahlen. Egal, wie gut oder schlecht das Essen ist, der Preis ist überall gleich. Nur bei Strong musste ich einen ganzen Dollar bezahlen, was aber überteuert war.

Von hier aus waren es nur noch 13 englische Meilen bis Memphis. Die Straße war gut und gegen zwei Uhr stand ich wieder an den Fluten des Mississippi. Die Fähre brachte mich über den Strom nach Tennessee, hinter mir lag Arkansas und zum zweiten Mal kehrte ich aus dem wilden Waldleben in ein zivilisiertes Leben zurück – aber war es auch glücklicher?

In Memphis angekommen war mein Bargeld so zusammengeschmolzen, dass ich mir unbedingt Arbeit suchen musste, um mir neue Bekleidung anzuschaffen. Hier folgte ich meinem gefassten Vorsatz und verkaufte meine Büchse. Ich war wirklich fest entschlossen nie wieder auf die Jagd zu gehen. Das Leben hatte ich gründlich satt bekommen.

Memphis war damals noch ein ziemlich kleines Städtchen. Es lag auf dem hier sehr hohen und schroffen Ufer des Mississippi und kann vom Fluss aus gar nicht gesehen werden. Die Dampfboote landen hier an so genannten »Warftboats«. Das sind alte, ausgediente Dampfer, die zu diesem Zweck befestigt wurden. Mit Sicherheit wird dieser Ort später einmal sehr bedeutend werden, denn das Landesinnere ist stark besiedelt und Memphis der einzige Verbindungsort sowohl in die nördlichen wie die südlichen Staaten. Es liegt an der Mündung des Wolf River in den Mississippi.

Leider waren die Zeiten damals sehr schlecht und ich konnte keine andere Beschäftigung bekommen, als Klafterholz zu hauen. Das war aber für meinen geschwächten Körper und meine mit der Axt ungeübte Hand keine Kleinigkeit. Aber die Not ist eine sehr gute Lehrmeisterin.

Eine halbe Stunde vor der Stadt hatte der Besitzer der

Sägemühle ein Stück Land. Ich hieb für ihn das Klafter-holz und erhielt dafür Essen und $^1/_2$ Dollar pro Klafter oder »cord«. Obwohl meine Arbeit zuerst sehr langsam vor-wärts ging, kam ich doch bald zurecht und konnte später im Durchschnitt wenigstens eine Klafter pro Tag rechnen, die ich fällte, spaltete und aufsetzte. Man geht in Amerika davon aus, dass ein tüchtiger Arbeiter mit der Axt genauso viel schafft wie zwei Mann mit der Säge.

Etwas mehr als vierzehn Tage arbeitete ich so hart, wie man nur kann. Dann beschloss ich nach Cincinnati hi-naufzugehen. Ich wollte meine Briefe abholen und hoffte da auch andere Arbeit zu finden. Vor allen Dingen wollte ich aber meinem Körper ein gesünderes Klima bieten, um endlich wieder zu Kräften zu kommen und – Berge wollte ich sehen.

Den Vertrag hatte ich mit dem Holzbesitzer selbst geschlossen und wollte jetzt von ihm das Holz für acht-zehn aufgestellte Klafter haben. Er war aber ein echter Yankee und wollte sich um das Bezahlen drücken. Einen ganzen Tag trieb ich mich in der Stadt herum und konnte kein Geld von ihm bekommen. Jeden Augenblick erwar-tete ich einen Dampfer, mit dem ich nach Cincinnati gehen konnte. Da ich nicht mehr arbeitete und so selbst für mein Essen sorgen musste, hätte ich in ein Gasthaus gehen und einen Teil meines sauer verdienten Geldes aus-geben müssen. So weit wollte ich es aber nicht kommen lassen. Wenn sich der reiche Amerikaner nicht schämte, mir mein ehrlich verdientes Geld vorzuenthalten, wollte ich mich nicht schämen, es ihm abzuessen. Am nächsten Morgen ging ich deshalb mit Sack und Pack zu ihm, stellte meine Sachen in sein Haus und erklärte ihm, dass ich kein Geld mehr hätte und jetzt so lange bei ihm wohnen würde, bis er mich bezahlte.

Das half. Als er sah, dass ich Ernst machte, hatte er plötzlich Geld und zahlte mich am selben Morgen aus. Da er bemerkte, dass ich jetzt schnell weiterwollte, und annahm, dass ich die verschiedenen Banknoten nicht alle kannte, betrog er mich noch um drei Dollar, indem er mir einige falsche gab. Am selben Nachmittag kam der Dampfer Persian stromauf und ich schiffte mich nach Cincinnati ein.

8. Kapitel

Versuch eines geregelten Lebens

Es war ein eigentümliches Gefühl, mit dem ich beim Betreten von Cincinnati praktisch das wilde Wald- und Jagdleben abschüttelte. Von jetzt an wollte ich nicht mehr wie ein Halbwilder draußen im Sumpf leben, sondern mir mein Brot »im Schweiße meines Angesichts« erwerben.

Die besten Vorsätze hatte ich gefasst und machte mir keine Sorgen. Der Wald lag hinter mir und ich wusste, dass er mich wieder aufnehmen würde, wenn es hier oben zwischen den so entsetzlich praktischen Menschen nicht gehen sollte. Er war ja ein alter, bewährter Freund und als ich ihn verließ, hatte er den Kopf geschüttelt und gar nicht geglaubt, dass ich Ernst mache.

In Cincinnati wurde ich von meinen alten Freunden wieder herzlich aufgenommen. Ich bemühte mich ernsthaft um Arbeit, aber du lieber Himmel, wie sah es dort aus! Alle Wirtshäuser waren dicht gedrängt voll von Menschen, die nach Arbeit jammerten und gern nur für ihr Essen irgendeine Arbeit angenommen hätten. Ganze Familien mit vielen kleinen Kindern und noch etlichen alten, gebrechlichen Leuten dazu waren hierher gekommen, um ihr Glück zu machen. Sie fanden noch nicht einmal Brot und befanden sich in völlig hilfloser Lage. Schöne Versprechungen hatte man ihnen über das Meer geschrieben, ein Dollar pro Tag für jede Arbeit war der geringste Lohn, der sie erwartete. Als sie aber ankamen, zahlen die Farmer nicht mehr als fünf, höchstens sechs Dollar für den Monat – und konnten vier Fünftel der Angekommenen nicht gebrauchen.

Die armen Teufel taten mir Leid, aber mir ging es nicht besser. Ich lief manchen vergeblichen Weg, um eine Arbeit zu bekommen. Ich erinnere mich, dass mich damals eine Buchhändleranzeige lockte. Ein Buchhändler in Cincinnati zeigte in der Zeitung an, dass er einen jungen Mann mit guten Deutsch- und Englischkenntnissen suche. Die Arbeit sollte gut bezahlt werden. Ich ging zu ihm und erkundigte mich, um was es ging. Dabei erfuhr ich, dass mich der gute Mann mit einer Ladung Bibeln in das Land schicken wollte. Ich sollte sie verkaufen und dafür Provision erhalten. Natürlich dankte ich dafür.

Dann ergab es sich, dass ich auf eine neue Tätigkeit stieß, nämlich auf Schachtelherstellung. Davon verstand ich nun überhaupt nichts, aber ich lernte schnell. Apotheker Vogel war auf die Idee gekommen in Amerika deutsche Kaiserpillen herzustellen. Das Rezept hatte er und er benötigte nur noch kleine runde Schachteln für die Pillen, um die Ähnlichkeit zu den echten herzustellen. Mit großem Eifer ging es an die Arbeit. Ein Tischler hobelte die Späne, die Deckel und Böden wurden ausgeschlagen, mit Fernambuk färbte ich die Seitenwände und bald war die Schachtelfabrik in vollem Gang. Ich machte Pillenschachteln, als ob ich mein Leben lang keine andere Beschäftigung gehabt hatte. Doch alles hat ein Ende und ich war wieder arbeitslos. Doch wieder half Vogel. Ich wurde Schokoladenfabrikant. Ich zerstieß sie in einem eisernen Mörser und verdiente dabei täglich etwa einen Dollar.

In dieser Zeit hörte ich von einem Tabakfabrikanten, dass das Schilfrohr fast völlig fehle, das man für die Pfeifen benutzte. Da die Flüsse fast alle stark angestiegen waren, hatte keiner Lust, in die mit Schlangen und Moskitos gefüllten Sümpfe bei hohem Wasserstand zu gehen. Das war wieder etwas, das mir zusagte. Zusammen mit einem anderen jungen Mann verabredete ich alles. Anfang April fuhren wir dann mit nur wenigen Dollar in der Tasche auf einem Dampfer den Ohio hinab in den Mississippi, dann hinunter nach Tennessee. Dort legte das Boot eines Nachmittags an, um Holz aufzunehmen.

Schilf wuchs dort genug, ich sprach mit dem Eigentümer des Holzplatzes und er war bereit uns für zwei Dollar die Woche aufzunehmen und zu versorgen. Im Nu waren unsere Sachen am Ufer und schon am nächsten Morgen begannen wir mit unserer Arbeit.

Das Rohr wuchs in ungeheuren Dickichten direkt am Ufer des Mississippi. Wir konnten aber nur die dünnsten Rohre nehmen, schnitten sie dicht über der Wurzel ab und hatten so Längen bis zu sechs Fuß. Mit eigens dafür angefertigten und mitgebrachten Messern hackten wir es ab, streiften die Blätter ab und banden die kahlen Ruten immer zu fünfhundert Stück in Bündel ab. Das gab immer einen recht tüchtigen Arm voll. Das grüne Rohr ist noch sehr schwer. In Cincinnati bekamen wir für hundert 50 Cents.

Der Mann, bei dem wir uns einquartiert hatten, erwies sich als sehr freundlich. Glücklicherweise besaß er ein altes Kartenspiel, mit dem wir uns an den langen Abenden die Zeit vertreiben konnten. Oft kam noch ein weitläufiger Verwandter von ihm vorbei und wir spielten dann Whist. Dabei wünschte ich mir, dass die Freunde in Deutschland eine von diesen Whistrunden gesehen hätten, und sei es auch nur, um den Unterschied zwischen einer heimischen Runde und einer im Rohrdickicht von Tennessee zu erleben. Auf jeden Fall hatte unsere den Vorzug der Einfachheit. Ein ganz roher, oben etwas abgehobelter Tisch wurde in die Mitte der Stube gerückt und wir setzten uns auf Sessel und Kästen drum herum. Da aber die Moskitos zahlreicher als irgendwo anders waren, hatten wir unter unserem Tisch einen großen Eisentopf mit glühenden Kohlen stehen. Die kleinen Negerjungen, die zum Haus gehörten, mussten regelmäßig faules Holz auflegen, um dicken Rauch zu erzeugen. Der kam dabei so dick und beißend unter dem Tisch hervor, dass man sich mit der Brust dicht an die Platte legen musste, sonst hätten es die Augen nicht aushalten können.

Das ging vielleicht noch an, wenn die Beleuchtung besser gewesen wäre. Das einzige Brennmaterial war Speck. Um darauf zu kommen, das als Licht zu benutzen, musste man allerdings im Rohrdickicht wohnen. Eine Stange wurde abgehauen, die Dielen, auf denen wir saßen, etwas auseinander geschoben und die Stange hineingerammt. Jetzt wurde der Speck in lange, dünne Streifen geschnitten, mit Baumwolllappen umwickelt, an die Stange gebunden und angezündet. Es brannte nicht schlecht, etwas düster, aber doch hell genug. Wenn man nicht gerade eine Karte erwischte, die schmutziger als die anderen war, oder der Rauch von dem Topf die Augen zu stark reizte, konnte man ziemlich genau erkennen, ob man schwarz oder rot in der Hand hielt. Ich muss noch erwähnen, dass wir um Bärenfelle spielten, aber trotz hartnäckiger Jagd nicht ein einziges erhielten.

Viel Vergnügen brachte mir außerdem noch der Fischfang. Mit der Harpune fing ich den so genannten »Buffalofisch«. Da der Mississippi immer noch anstieg, wollten die Fische durch kleine Ufervertiefungen in den Sumpf. Das Land am Mississippi, etwa 100 bis 150 Schritt vom Strom entfernt, ist bedeutend niedriger als das wirkliche Ufer. Im Winter und Frühjahr sammelt sich das Wasser auf diesem niedrigen Bereich und trocknete im Sommer und Herbst aus. Dadurch haben die Myriaden von Moskitos und anderen Insekten ihr Brutgebiet, die Luft wird verpestet und Fieber und Seuchen entstehen. Zum Fischfangen ist es aber vortrefflich. Ich fing an einem Nachmittag in einer knappen Stunde fünfzehn Fische, von denen der kleinste etwa zehn Pfund wog.

Wir arbeiteten bis Ende April und hatten etwa achttausend Rohre geschnitten. Als das erste Boot flussaufwärts ging, riefen wir es an, brachten unsere Ernte an Bord und landeten am 30. April wieder in Cincinnati.

Schnell konnten wir hier verkaufen, was wir mitgebracht hatten. Der Bedarf war aber damit noch nicht gedeckt und ich hatte große Lust die Reise noch einmal zu machen. Diesmal beschloss ich allein zu gehen, denn mein Kompagnon teilte zwar den Verdienst, aber nicht die Mühe gerecht mit mir. Nur ein paar Tage ruhte ich mich in Cincinnati aus.

Der Fluss stieg höher und ich bereitete mich auf den nächsten Zug ins Rohr vor. Meine Schulden hatte ich alle bezahlt und noch Geld übrig behalten. Ende Mai fuhr ich einer zweiten Ernte entgegen, wollte aber südlicher gehen. Diesmal wollte ich auch Angelruten aus dem Rohr, 30–40 Fuß hoch und $1^{1}/_{2}$–2 Zoll dick, schneiden. Das wuchs in den südlichen Staaten stärker als in den nördlichen.

Wir kamen vom Ohio in den Mississippi und staunten. Die kleine Stadt Cairo, die auf der Landspitze von Illinois liegt, war fast nicht mehr zu sehen. Nur das Wirtshaus und die Faktorei, ein großes Backsteingebäude, waren noch verschont. Der Mississippi hatte alles überschwemmt, die Stadt bot einen trostlosen Anblick.

Cairo liegt überhaupt auf einem bösen Platz und die Kompagnie, der es gehört, hat schon viel Geld dafür verwendet, alles zu erhöhen – bislang vergeblich. Die ständigen Überschwemmungen des Mississippi und Ohio, die übrigens jedes Schaltjahr höher stiegen als in anderen Jahren, bedeckten es wieder und rissen manches der kleinen Holzhäuser fort.

Die Ufer waren mit Ausnahme einiger Hügel auf der linken Stromseite unter Wasser und erst in Louisiana, wo der Damm oder die so genannte »levée« beginnt, fand ich trockenes Land. Ich ließ mich ans Ufer setzen, um nicht ganz bis nach New Orleans zu kommen. Wieder einmal kam ich unter wildfremde Leute und schneite in eine französische Siedlung hinein. Eine Plantage lag dicht neben der anderen. Doch durch Fragen wird man klug und so erfuhr ich von einem Creolen, dass etwas weiter unten am Fluss Deutsche wohnen sollten. Die wollte ich auf jeden Fall aufsuchen, um etwas Näheres über das Land zu hören.

Zunächst kam ich zu einem deutschen Pflanzer, der mich noch weiter hinunter zu einem deutschen Gastwirt schickte. Der war ein äußerst liebenswürdiger und zuvorkommender Mann, von dem ich herzlich aufgenommen wurde. Er bot mir auch sein kleines Schiff an, mit dem ich jeden Tag an das gegenüberliegende Ufer rudern konnte, um so viel Schilf zu schneiden, wie ich mochte.

Gesagt, getan! Schon am nächsten Morgen begann ich und fuhr auf Entdeckung aus. Das war aber eine schöne Gegend, alles unter Wasser, alles, selbst das Rohr, das sonst immer im Sumpfland auf den höchsten Stellen wächst. Wo es hier und da trockene Landstellen gab, wimmelte es von allen möglichen Arten Schlangen, während die Luft durch Moskitos richtig verdichtet war. Hier half aber kein Besinnen, ich war an Ort und Stelle und musste arbeiten.

Dass ich damals gesund blieb und nicht wieder das kalte Fieber bekam, ist mir noch jetzt ein Rätsel. Den ganzen Tag stand ich bis meistens an die Knie im Wasser und der warme, in der heißen Sonne aufsteigende Dunst war oft kaum zu ertragen.

Nie im Leben und an keiner Stelle habe ich eine solche Unmasse von Schlangen zusammen gesehen wie hier. Klapperschlangen gab es im Dutzend, Königsschlangen, Mokassins, Cottonmouth und wie sie alle heißen. Wenn ich im Wasser stand, konnte ich damit rechnen, dass auf einem trockenen Flecken mindestens eine Schlange lag, meistens mehrere. Fast alle waren giftig, die Cottonmouth-Schlange soll aber die gefährlichste sein. Die Hinterwäldler behaupten, dass noch nicht einmal die Indianer ein Mittel gegen ihr Gift kennen. Würde einer von ihnen gebissen, wickele er sich zum Sterben in seine Decke.

Obwohl ich aber nun mitten zwischen diesen Bestien lebte, bin ich nicht ein einziges Mal von ihnen gebissen worden. In den langen Jahren, die ich mich in Amerika aufhielt, habe ich auch nur sehr wenige Beispiele gehört, dass Leute von Schlangenbissen getötet wurden.

Wunderschöne Angelruten wuchsen hier und ich hieb eine große Menge von ihnen ab. Das fertige Schilf band ich zusammen und schaffte es auf einen der höchsten Plätze. Dort wollte ich es später mit einem größeren Boot abholen. Abends kehrte ich stets auf das rechte Ufer zurück zum »Ferry-Hotel«.

So verlebte ich vier sehr vergnügte Wochen, teils in der Gesellschaft der Deutschen, teils mit meiner Arbeit beschäftigt. Dann brachte ich meine Sachen an Bord des Bootes Independence, das nach Cincinnati ging. Ich nahm herzlichen Abschied von meinen Bekannten, besonders von meinem freundlichen Wirt, fuhr den angeschwollenen Strom hinauf in den Ohio hinein und landete am 3. Juli in Louisville, wo ich einen Teil meines Rohres verkaufte und den Rest mit nach Cincinnati nahm. Schnell brachte ich auch das an den Mann und war wieder frei zu tun und zu lassen, was ich wollte.

Die Demokraten und Whigs lagen sich in dieser Zeit sehr in den Haaren und schimpften und fluchten aufeinander in öffentlichen Blättern und schimpften und schlugen sich in öffentlichen Häusern, dass es eine Lust war. Fast alle Deutschen sind Demokraten. Sie hatten es in Cincinnati bei der Regierung des Ohiostaates durchgesetzt, Freischulen zu bekommen, in denen Deutsch und Englisch unterrichtet wurde. Die deutschen Schullehrer, die dort lebten, hielten sich zurück und fürchteten sich vor dem Examen, das ihrer harrte. Da redeten mir mehrere meiner guten Freunde zu doch das Examen zu machen und Schullehrer zu werden. Ich würde gleich zu Beginn zwischen 25 und 30 Dollar Gehalt bekommen.

Die Sache leuchtete mir ein. Ich wollte nicht unbedingt Schulmeister werden, aber das Examen machen, denn es war etwas Neues und ich versprach mir einigen Spaß davon.

Zu diesem Zweck musste ich aber einige Zeit ordentlich studieren, denn mit meiner englischen Grammatik sah es noch trübselig aus, mit der Geographie auch nicht besonders, die Vereinigten Staaten ausgenommen, in denen ich ziemlich zu Hause war. Das Rechnen setzte aber allem die Krone auf, denn das wenige, was ich früher einmal wusste, hatte ich fast wieder verlernt. Mit ungeheurem Fleiß begann ich deshalb meine Arbeit, lernte die Grammatik fast auswendig, prägte mir ordentlich die Geographie der Vereinigten Staaten ein und warf mich mit wahrer Wut über die verschiedenen Rechenbücher.

Der verhängnisvolle Tag nahte. Außer mir waren noch zwei Deutsche und drei Amerikaner zum Examen angetreten. Dazu kamen fünf oder sechs junge Damen für den weiblichen Teil der Schule. Irgendeine Form wurde dabei nicht verlangt. Man musste sich nur melden und von irgendeinem Bürger der Stadt ein Zeugnis über seinen guten moralischen Charakter vorweisen. Das hatte mir mein früherer Lehrherr oder Arbeitgeber des edlen Silberschmiedehandwerks auf sehr glänzende Weise gegeben. Da nicht einmal ein schwarzer Frack verlangt wurde, ging ich in meinem Staubhemd zum Examen, war rechtzeitig da und betrat mit leichtem Herzen den Saal. Fünf sehr ehrwürdig aussehende Herren hatten sich hier versammelt. Die beiden Deutschen waren Schullehrer, der eine ein richtiger Erzschulmeister, der andere ein fröhlicher junger Mann. Er wollte für spätere Zeiten sich eine sichere Existenz gründen und sprach besonders gut Englisch.

Die Damen saßen schon und da keiner den Anfang machen wollte, setzte ich mich ganz gemütlich nach vorn. Jeder schrieb seinen Namen auf eine Tafel, die herumgereicht wurde.

Dann begann das Examen und einer der Herren bemerkte, dass wir zuerst Geographie vornehmen wollten. Es begann wie folgt:

»Now, Mr. Kresdeger!«

»Gerstäcker, Sir.«

»Oh! Excuse me, now, Mr. Kerseker, will you be so kind, as to give us the boundaries of Ohio?« (Entschuldigen Sie, Mr. Kerseker, sind Sie so gut und nennen uns die Grenzen von Ohio?)

Auf diese höfliche Art ging er alle durch und richtete an jeden mehrere Fragen, die von allen, mit Ausnahme des Erzschulmeisters, richtig beantwortet wurden.

Nun befragte mich der gute Mann über Deutschland und erkundigte sich plötzlich, aus welchem Staat ich käme.

»Aus Sachsen.«

»Wie ist Sachsen eingeteilt?«

»In fünf Distrikte.«

»Wie heißen die?« Wenn er mich totgeschlagen hätte, wären mir in diesem Augenblick die Namen nicht eingefallen. Da half mir meine Frechheit. Da er alles aus dem Kopf prüfte, vermutete ich, dass er sich auch nicht besser auskannte. Ruhig antwortete ich: »Leipzig, Dresden, Grimma, Meißen und Oschatz.«

Er war mit der Antwort völlig zufrieden und der junge Deutsche biss sich in die Lippen. Kurze Zeit prüfte er noch in Geographie weiter, dann ging er zur Grammatik über, die sehr genau durchgenommen wurde und wo unser Erzschulmeister förmlich stecken blieb. Danach wurde buchstabiert und dazu besonders schwierige Wörter vorgenommen. Danach kam das Rechnen und hier rettete mich nur die etwas kurze Zeit, die uns übrig geblieben war, vor einem schrecklichen Durchfallen. Zum Schluss mussten wir als Schreibübung den eigenen Namen auf ein Stück Papier mit einer ganz neuen Feder zierlich malen.

Jetzt wurden wir entlassen und bekamen den Hinweis

am nächsten Mittwoch wieder einzutreffen, um nach dem Ergebnis zu fragen. Der nächste Mittwoch kam, aber keine Entscheidung, sondern eine neue Prüfung, die noch viel langweiliger als die erste war. Dann wurden wir auf den 5. August erneut bestellt. Wir drei Deutschen gingen gemeinsam hin und der junge Lehrer und ich erhielten unsere Bescheinigung, der andere war durchgefallen. Wehmütig schlich er von dannen und meinte naiv, dass man ihn wohl vergessen hatte.

Ich hatte mich bei dem Spaß länger aufgehalten, als es meine Absicht war. Im Traum wäre es mir nicht eingefallen, wirklich Schullehrer zu werden – da konnten meine Freunde mir noch so gut zureden. Da gefiel mir das Schilfschneiden besser und ich machte mich jetzt fertig, um meine dritte Schilfreise zu unternehmen. Von Louisiana hatte ich einige Naturalien mitgebracht wie ausgestopfte Vögel, Schlangen und Eidechsen in Spiritus, Käfer und einige lebendige Schlangen, die ich nach Deutschland schicken wollte. Ich konnte aber nicht genug von meinem Geld entbehren, um für Transport und Verpackung zu sorgen und musste sie deshalb für einen Spottpreis an das Museum von Cincinnati verkaufen.

Am 6. August ging ich mit dem kleinen Dampfer »Ocean« bis zur Mündung des Ohio. Dort erreichte ich den wesentlich größeren »Massachusetts«, mit dem ich den Mississippi hinunterfuhr. Diesmal fuhr ich jedoch nur bis Tennessee, etwas unterhalb des ersten Platzes. Hier ließ ich mich an Land setzen und konnte bei Verwandten meines früheren Wirtes wohnen.

Ich hatte erst einige Tage Rohr geschnitten, als ein paar Nachbarn und mein Wirt einen Jagdzug an den Tironiafluss machen wollten, der gegenüber in Arkansas lag. Da sie nur wenige Tage wegbleiben wollten, musste ich unbedingt mit. Wo waren meine Vorsätze!

Ein Pferd und eine Büchse bekam ich geborgt und in wenigen Tagen waren wir wieder in Arkansas. Ich will die Jagd aber nur kurz schildern. Wir blieben ungefähr eine

Woche am Tironia, wo er mit dem Big Creek zusammenfließt. Drei Bären schossen wir trotz ungünstiger Jahreszeit. Sie waren jetzt nicht nur mager, sondern auch ihre Felle fuchsig und untauglich.

Zufällig trafen wir dort einen jungen Mann. Woodsworth wollte wieder in meine alten Sümpfe am Bay de view und Cash River, um Büffel zu schießen. In diesen Sümpfen befand sich damals der einzige Platz in den Staaten, wo es noch einzelne Büffel gab – und ich glaube, es gibt sie noch heute! Eine bessere Gelegenheit konnte aber nicht kommen. Schnell waren die Jagdgefährten überredet und in fünf Tagen waren wir im Weidegrund der Büffel, Woodsworth kannte sich hier sehr gut aus.

Drei Tage waren wir vergeblich unterwegs, bis wir im furchtbarsten Sumpf eine Herde von etwa sechzehn Tieren entdeckten. Eine Kuh und ein Kalb waren die letzten der Herde und wir schossen alle die Büchsen auf die Kuh ab in der Hoffnung das Kalb lebendig zu bekommen. Die Kuh stürzte nach wenigen Sätzen, aber zu unserem Ärger setzte das wilde, fette Kalb in langen Sprüngen der Herde nach und war uns bald aus den Augen verschwunden. Was für einen Braten hatten wir aber an der Kuh! Gut gegerbtes Sohlenleder wäre dagegen eine Delikatesse gewesen. Wenn wir ein Stück mit den Zähnen verarbeitet hatten, schwoll es so an, dass wir es kaum wieder herausbekommen konnten. Die Markknochen waren das einzige Genießbare an dem Tier.

Zwei Mann schnitten das ganze Tier der Länge nach durch und jeder nahm eine Hälfte auf sein Pferd. So wandten wir uns wieder nach Nordosten und ritten wieder zurück, ohne auch nur in die Nähe eines Hauses zu kommen. Von der Sumpfstraße erreichten wir nach fünf Tagen wieder die Wohnung des Jägers Woodsworth.

So hatte ich dann nun trotz meines Vorsatzes, nicht mehr zu jagen, endlich eine Büffeljagd mitgemacht und in wenigen Wochen alles Elend, alle Strapazen der Sümpfe im reichlichen Maß wieder überstanden, und mit welchem Erfolg? Nur um eine halbe Büffeldecke kaum durch die Dornen und Schlingpflanzen zu bringen und todesmatt Gott zu danken, als wir endlich wieder einen begangenen Weg erreichten.

Wieder einmal hatte ich die Sümpfe in Arkansas herzlich satt bekommen und schwur noch einmal, sie nie mehr zu betreten. Aber ich glaubte mir schon selbst nicht mehr. Sooft ich aber das halbe Büffelfell ansah, musste ich an den kleinen Branntweinbrenner Magnus denken.

An Ort und Stelle angekommen wurden wir kräftig von den Frauen ausgelacht, als wir ein halbes Büffelfell und zwei paar magere Bärenkeulen, klein geschnitten und getrocknet, heimbrachten. Ich kümmerte mich nur noch um meine Arbeit und schnitt Rohr bis Ende Oktober. In dieser Zeit brachte ich etwa 30.000 Stück zusammen, mit denen ich wieder per Dampfer nach Cincinnati zurückkehrte. Doch jetzt schienen sie dort genug Pfeifenrohre zu haben und ich wollte deshalb weiter nach Pittsburg in Pennsylvanien. Ich wollte das Rohr zum Teil dort, teilweise in den vielen kleinen Städten an den Ufern des Ohio verkaufen.

Ich machte am oberen Teil des Ohio ziemlich gute Geschäfte und hatte meinen Vorrat bald verkauft. Dann hielt ich mich nicht länger in Pittsburg auf als unbedingt nötig, denn der fürchterliche Steinkohlendunst, der ständig über der ganzen Stadt hängt, ist unerträglich. Oft lagert er so dick in den Straßen, dass man nicht weiter als 30–40 Schritt sehen kann.

Pittsburg liegt aber sehr schön auf der Landspitze, die der Monongahela- und Alleghanyfluss bilden, die vereint dann Ohio heißen. Malerische Hügel umgeben die Stadt. Leider bekommt man sie aber nur sehr selten zu sehen, da der dichte Kohlenstaub sich nicht richtig aufklärt. Während meines Aufenthaltes geschah das nur einmal und ich konnte die am anderen Ufer liegende Landschaft erkennen.

Von Pittsburg aus führen viele Brücken über die Flüsse

in die gegenüberliegenden kleinen Städtchen. Das Überschreiten kostet Zoll, selbst der Fußgänger muss einen Cent dafür bezahlen.

In Pittsburg fand ich sehr viele Deutsche und die Wirtshäuser waren voll von ihnen – selten ein gutes Zeichen. Die wenigen, mit denen ich sprach, klagten auch sehr über schlechte Zeiten und mancher wäre gern wieder nach Europa zurückgekehrt. Aber entweder hatten sie kein Geld mehr oder sie schämten sich zu sehr, wie sie mir gestanden. Von Pittsburg ging ich wieder nach Cincinnati zurück, wo ich mich einige Wochen aufhielt.

Einen Plan für meine Zukunft machte ich nicht. Einmal hielt ich mich nicht an Planungen und dann zog mich der verwünschte Mississippi schon wieder gen Westen. Ich konnte die rauschenden Wälder nicht vergessen und ihre Strapazen und Beschwerden verloren in der Ferne ihre Schrecken. Außerdem war in Cincinnati überhaupt keine Arbeit mehr zu bekommen. Da kam mir ein Brief von Röttken aus Louisiana sehr gelegen, der mich damals sehr freundlich aufgenommen hatte. Er schrieb mir, ich sollte doch den Winter bei ihm verbringen.

Die Jagd in Arkansas lockte mich auch wieder, wenn auch nicht in den Sümpfen. Diesmal wollte ich in die Berge. Dazu hatte ich mir eine einfache deutsche Büchse gekauft, folgte aber erst einmal der Einladung und war bald darauf auf dem Weg nach Süden.

Der Dampfer Artisan, mit Rindern, Hühnern, Mehl, Passagieren und Whisky beladen, trug mich den schönen Ohio hinunter. Es war aber kalt und als wir am zweiten Tag in Louisville noch mehr Fracht aufnahmen, begann es furchtbar zu schneien.

Als wir an die Mündung des Ohio kamen, lag der Schnee acht Zoll hoch. Das ganze Ufer des Mississippi bis unterhalb von Memphis war weiß. Dort wurde der Schnee dann dünner, bis er zwischen Vicksburg und Natchez nur noch wie leichter Reif auf der Erde lag und unterhalb von Natchez völlig verschwand.

In der Nacht setzte mich das Boot, wie man glaubte, am richtigen Fleck aus. Es war aber stockdunkel und ich kam etwa acht Meilen zu hoch ans Land. So stellte ich meine Sachen auf einer Plantage über Nacht ab und wanderte am Fluss entlang zu Röttkens Haus. Dort wurde ich herzlich aufgenommen und erfuhr zu meinem Erstaunen, dass er sein schönes und gut gelegenes Hotel in Pointe Coupée verkaufen und mit seiner ganzen Familie nach Arkansas in die Berge ziehen wollte.

Ich riet ihm schon wegen seiner Familie davon ab, aber Röttken behauptete, dass das Klima in Louisiana viel gefährlicher sei als in Arkansas. Er machte sich große Sorgen um die Gesundheit seiner Familie, die ständig kränkelte. Sie waren davon ausgegangen, dass ich mitziehen würde. Noch ein anderer Freund der Familie, Haller, ein Gerber aus Indiana, und der junge Kaufmann Korn wollten ebenfalls mitkommen.

Während Haller und Röttken Familie hatten, waren Korn und ich ledig. Korn sollte zunächst bei den Frauen zurückbleiben und die Wirtschaft führen, wir anderen wollten voraus nach Arkansas gehen und uns da umsehen. Wenn uns dann die Gegend gefiel, sollte ein Platz in Beschlag genommen werden und die Frauen konnten dann nachkommen.

Anfang Januar waren wir so weit. Der vorbeibrausende Dampfer Amazone nahm uns an Bord und bald strebten wir unserem neuen Ziel brausend und schäumend entgegen.

9. Kapitel

Deutsche Ansiedlung in Arkansas

Unser nächstes Ziel war Little Rock, von dort wollten wir nach Fort Smith an der westlichen Grenze Arkansas.

Röttken hatte folgenden Plan gefasst: Er besaß etwa 4.000 Dollar, wir anderen hatten nichts. Um nun alles gleichmäßig zu verteilen, wollten wir uns alle auf einem Stück Land ansiedeln und es gemeinsam bebauen. Röttken wollte Waren mitnehmen und Handel treiben, alles sollte gemeinsam erfolgen. Für das ausgelegte Geld sollte er vier Prozent Zinsen erhalten, um ihn für die Auslagen zu entschädigen. Solche Verträge wurden in Amerika sehr oft entsetzlich leichtsinnig unternommen.

Weil er nun über alles Geld verfügte, wurde er gewissermaßen zum Oberhaupt. Wir standen aber alle auf so freundschaftlichem Fuß, dass es keinen drückte oder jemand auffiel. So ging die Sache vor sich.

In Little Rock hörten wir von mehreren Deutschen viel Gutes über den kleinen Fluss Fourche la Fave. Dort sollte das Land besonders gut sein. Wir wanderten also dorthin und wurden von dem deutschen Siedler Klingelhöfer ganz herzlich aufgenommen. Er lief mit uns in der ganzen Gegend umher, zeigte uns alles und tat alles, was in seinen Kräften stand, um uns behilflich zu sein. Wir konnten vom Land selbst nicht viel sehen, da Schnee lag. Aber Klingelhöfer kannte es genau und versicherte uns, dass es gut sei. Der Weidegrund für Vieh war vorzüglich, die Jagd gut. Er war für uns schon ein freundlicher, lieber Nachbar und bald waren wir uns über unsere Wahl einig.

Nicht weit voneinander entfernt gab es zwei Felder mit jeweils einem Wohnhaus, die einem Amerikaner gehörten. Ganz nach amerikanischer Sitte war er gleich bereit zu verkaufen. In einer halben Stunde waren wir mit ihm handelseinig. Für 250 Arkansas-Dollar, die damals etwa 175

226

Dollar entsprachen, hatten wir die beiden »improvements«, wie man die Plätze nannte, mit dem »preemtionright«, dem Vorkaufsrecht erworben.

Dazu gehörten zwei urbar gemachte und mit Fenzen umgebene Felder, zusammen zirka 14 Acker Land. Zu jedem Feld gehörte ein Wohnhaus in erträglichem Zustand. Alles lag auf so genanntem Kongressland, d.h., es gehörte noch der Regierung der Vereinigten Staaten. Wer sich darauf ansiedelte, hatte das Erstkaufsrecht, das dem armen Ansiedler Vorteile bietet.

Wenn ich mich an einer Stelle im Wald niederlasse, die mir gefällt, und das Land ist noch Regierungsland, kann ich es einfach bebauen. Kein Mensch hat ein Recht dazu, mich wieder zu vertreiben. Wird das Land vermessen und öffentlich zum Verkauf in der Staatszeitung angeboten, habe ich das Vorkaufsrecht zu einer Viertelsektion oder 160 Acker. Davon kann ich auch nur 40 Acker nehmen, aber nicht weniger. Jetzt muss ich das Land auch bezahlen, allerdings erhalte ich es zum Kongresspreis von $1\frac{1}{4}$ Dollar, auch dann, wenn andere mehr bieten. Bezahle ich es jedoch nicht, verliere ich das Recht darauf und andere können es kaufen. Wilson hatte ein solches »preemtionright«, das er an uns verkaufte.

Nachdem der Handel abgeschlossen war, gingen wir nach Little Rock zurück. Röttken wollte die Familien holen, wir beiden sollten Lebensmittel einkaufen und uns dann am Fourche la Fave einrichten.

Little Rock hatte sich in den paar Jahren, in denen ich es nicht gesehen hatte, ungemein vergrößert und sehr zu seinem Vorteil verändert. Aber es gefiel mir noch immer nicht. Besonders unangenehm fand ich die Lage des Friedhofs, der höher als alle Gebäude vor der Stadt lag. Ich konnte deshalb das Wasser immer nur mit einem Gedanken an die Leichen trinken, an denen es vorbeigeflossen war, und ekelte mich davor.

Da wir nahe am Fluss Fourche la Fave wohnten, bot es sich an, ein kleines Schiff zu kaufen, um damit unsere

Sachen besser transportieren zu können. Von Little Rock aus ging es etwa 30 Meilen den Arkansas und dann noch 40 Meilen den Fourche la Fave hinauf.

Wir kauften einen recht guten Kahn für zehn Dollar, dann etwas Mehl, Kartoffeln, Kaffee, Zucker usw., dazu einiges Handwerkszeug. Dann fuhren wir vergnügt den Arkansas hinauf zu unserem neuen Wohnsitz. Ich hatte in Little Rock einen jungen Hund guter Rasse geschenkt bekommen, den ich mit ins Boot nahm und für mich abrichten wollte.

Gegen Abend des zweiten Tages erreichten wir die Mündung des Fourche la Fave und liefen ein, konnten aber vor Dunkelwerden keine Wohnung mehr erreichen und mussten im Freien kampieren.

Am nächsten Morgen regnete es, was vom Himmel wollte. Deshalb waren wir froh, als wir ein Haus erreichten, in dem wir etwas vor Regen geschützt waren. Leider wirklich nur etwas, denn das Dach war undicht. Ständig tröpfelte mir in der Nacht das kalte Wasser auf das Gesicht. Glücklicherweise hatte ich aber ein seltenes Einrichtungsstück im Haus eines Farmers entdeckt: einen alten Baumwoll-Regenschirm. Den spannte ich auf und schlief dann den Rest der Nacht sehr behaglich.

Am nächsten Tag erreichten wir Klingelhöfers Farm und wurden sehr gastfreundlich aufgenommen. Am folgenden Tage trafen wir am Ort unserer Bestimmung ein.

Dort sah es noch öde und wüst wie im früheren Chaos aus. Die vier Wände waren alles, was wir zur Bequemlichkeit hatten. Doch wir richteten uns bald häuslich ein, was einfach genug war.

Jetzt hatten wir nicht mehr zu tun, als die Fenzen um die Felder instand zu setzen. Außerdem wollten wir, sowie das Wetter etwas besser wurde, einige Schweine schlachten, um für alle Wintervorräte anzulegen.

Unsere Junggesellenwirtschaft war wirklich reizend und wird mir immer in heiterer Erinnerung bleiben. Ich hatte gleich zu Beginn Pech gehabt und mir die Hand ziemlich bösartig verletzt. Das behinderte mich nun bei vielen Arbeiten und deshalb übernahm ich das Kochen und die übrigen Hausarbeiten. Außerdem ging ich auf die Jagd, weil mein Gefährte davon nichts verstand.

Unsere Kocherei sah wie folgt aus: Wir hatten ein Fass Weizenmehl und buken uns zu jeder Mahlzeit ein Brot. Dann gab es Speck, der in schmale Scheiben geschnitten und gebraten wurde. Dazu Kaffee und etwas brauner Zucker wurde im Papier auf einem kleinen Brett aufbewahrt. Davon holten wir uns immer mit einem Esslöffel, was wir gerade brauchten. Das war unser Morgen-, Mittag- und Abendessen, wobei wir nur abends den Kaffee gegen ein Glas Whisky tauschten.

Diese Kocherei war übrigens am Anfang angenehmer als nach drei Wochen. Eines Morgens hatte ich mich über etwas geärgert und die Bratpfanne aus der Tür geworfen. Dabei brach der Henkel ab und sie ließ sich künftig sehr unbequem anfassen. Haller hatte der Blechkanne einmal einen Tritt gegeben, als ich sie direkt hinter die Tür gestellt hatte. Deshalb mussten wir jetzt jeden Morgen ihren Boden mit Mehlpappe zukleistern. Das Kochen wäre ja noch gegangen, wenn nicht immer das langweilige Geschirrabwaschen gewesen wäre.

Meine Hand besserte sich nach und nach und das Wetter änderte sich. Es trat jetzt eine für das Land ungewöhnliche, grimmige Kälte ein. So beschlossen wir die zehn Schweine, die wir gekauft hatten und die jeweils wohl 200 Pfund wogen, zu schlachten. Ein junger Amerikaner, der uns unterstützte, fällte einen Sassafrasbaum und höhlte ein halbes Dutzend Tröge aus. Fünf davon sollten für das Fleisch sein, einer für das Schmalz.

Die Schweine wurde in eine Einfenzung getrieben, die Nachbarn zur Hilfe eingeladen und eins nach dem anderen geschossen, abgestochen, abgebrüht, gereinigt und ins Haus geschleppt. Da wir keinen großen Kessel hatten, mussten wir das Abbrühen nach echt amerikanischer Art vornehmen.

Ein Fass, dessen Deckel oben eingeschlagen ist, wurde etwas schräg in die Erde eingegraben und mit Flusswasser gefüllt. Dicht daneben wurde ein großer Holzstoß errichtet, angezündet, und mit einer Menge Steinen belegt. Als sie glühend wurden, warfen wir sie in das Fass und legte eine Wolldecke darüber, um die Hitze zu halten. Dadurch bekam das Wasser bald die richtige Temperatur. Das Schwein wurde nun mehrfach in das Fass getaucht und in unglaublich schneller Zeit durch fünf bis sechs Hände von allen Borsten befreit. Gegen Abend waren wir mit allem fertig und hatten die Gedärme auf die Seite gelegt, um aus ihrem Fett Seife zu kochen. Ich brachte sie auf einen etwas erhöhten Platz, damit unsere beiden Hunde sie nicht erreichen konnten.

Die guten Leute, die uns geholfen hatten, begannen jetzt zu trinken und Haller half ihnen kräftig dabei. Nach etwa anderthalb Stunden wusste keiner mehr so recht, ob er auf dem Kopf oder den Füßen stand. Ich ließ sie ruhig gewähren, bis sie richtig betrunken waren. Ein Mann soll nicht eher als betrunken gelten, bis er nicht auf dem Boden liegt und Arme und Beine von sich streckt, um nicht tiefer zu fallen. Dann packte ich sie, legte jeden in einen Trog und ließ sie ruhig ausschlafen. Haller und der junge Amerikaner hatten sich beim Trinken ewige Freundschaft geschworen und waren sich zärtlich um den Hals gefallen. In dieser Stellung blieben sie, bis sie einschliefen. Jeder fürchtete, dass man sonst auf dem schwankenden Boden umfallen könnte.

Am nächsten Tag zerlegten wir die Schweine, salzten sie in die Tröge ein, die im Rauchhaus aufgestellt wurden, und gingen am Abend dann zum nächsten Nachbarn, um einen Kessel für das Fettauslassen zu borgen. Als ich am Nachmittag das Gedärmefett für die Seife in Sicherheit bringen wollte, war die Hälfte davon weg. Aber nicht die Hunde waren schuld, sondern die Wölfe. Ihre Fährten fand ich deutlich im feuchten Sand am Bach, keine 15 Schritt vom Haus entfernt. Aber wir behielten noch genügend übrig. Das Fleisch wurde in den Trögen vollkommen mit Salz bedeckt, um die immer wieder vorkommenden Schmeißfliegen abzuhalten. Dann ließen wir das Schmalz aus und füllten damit fast den ganzen Trog. Jetzt hatten wir genügend Proviant.

Ich konnte auch wieder öfter auf die Jagd gehen und hatte besonderen Spaß an der Truthahnjagd. Diese Jagd hatte so viel Anziehendes für mich, dass ich sie kaum einen Morgen versäumte und manchen schönen Truthahn zum Haus schleppte. Aber ich musste auch oft Lehrgeld zahlen und hatte den schon angelockten Vogel durch eine unvorsichtige Bewegung oder einen falschen Lockton verscheucht.

Als wir so etwa acht Wochen verbracht hatten, kam endlich Korn an, um die Ankunft der Familien zu melden. Sie rasteten an der Mündung des Fourche la Fave. Röttken hatte in Little Rock ein großes Flatboot gemietet und seine Waren damit transportiert. Die Familie war mit einem Dampfer bis an die Mündung des angeschwollenen Fourche gebracht worden. Haller fuhr ihnen gleich mit dem Boot entgegen und Korn und ich blieben bei den Häusern.

Korn hatte sich schon am vorigen Abend verirrt und dabei zufällig ein Haus gefunden. Dort lebten drei Geschwister, ein junger Mann mit seiner Frau und zwei sehr hübsche junge Mädchen. Sie nahmen ihn gastfreundlich auf. Dort war ihm, kaum dass er in Arkansas angekommen war, ein Prediger in die Quere gekommen und wir beide mussten über sein Erlebnis herzlich lachen. Der Prediger traf kurz nach Korn ein und bat um ein Nachtquartier. Wie es nun so in amerikanischen Häusern üblich ist, die nur einen großen Raum haben, schlafen alle unter einem Dach und zu zweit in einem Bett. So schliefen dann Korn und der Prediger zusammen, das junge Paar und die beiden hübschen Mädchen.

Gerade als es zu dämmern begann, erwachte Korn und hörte, dass sich die Mädchen zum Aufstehen rüsteten.

Der Prediger lag vorn ihm Bett, die langen Glieder ausgestreckt und die dürren Hände fromm auf dem scharfen Brustknochen gefaltet. Korn wollte heimlich die Mädchen beobachten und stützte sich auf dem linken Ellbogen ab. Aber der Mann Gottes durchschaute sein freches Begehren, denn er war ebenfalls wach geworden. So zog er seine dünnen, mit der Wolldecke behangenen Knie herauf und versperrte jede Aussicht. Er selbst blickte, fromm aufseufzend, mit gefalteten Händen zur Decke. Korn fluchte innerlich und sank auf sein Kissen zurück.

Reges Leben kam jetzt in unsere Wirtschaft. Es wurde gewaschen, gescheuert, gebaut und hergerichtet, dass es eine Lust war. Röttken hatte eine Menge Waren mitgebracht und wir schafften alles in ein kleines Haus, das wir kurz vorher errichtet hatten. Jetzt mussten wir sogar noch einen Verschlag anbauen. In wenigen Tagen standen Laden und Warenlager fertig da.

Der Hauptbestandteil der mitgebrachten Güter war Kaffee, Zucker, Salz, Pulver, Blei, Stoffe und eine Auswahl von Kurzwaren, die am häufigsten im Wald gebraucht wurden. Diese Sachen sollten eigentlich nur gegen Bargeld verkauft werden. Aber gerade das fehlte in Arkansas überall. So wurde bald ein Tauschhandel eröffnet und Rindvieh, Schweine, Pferde, gesalzenes Fleisch, Butter, Hühner, Eier, Felle und geräucherte Hirschkeulen gegen die mitgebrachten Waren angenommen. Diese Dinge wurden dann wieder nach Little Rock gebracht und dort gegen Geld oder neue Waren eingetauscht.

Die Güter in einem Boot nach Little Rock und wieder zurück an den Fourche la Fave zu bringen übernahm ich. Ich war mit der Wasserfahrt gut vertraut und diese Beschäftigung sagte mir am meisten zu. Übrigens war es keine Kleinigkeit, den Arkansas erst 30 Meilen und dann den anderen Fluss 40 Meilen gegen den Strom zu rudern.

Röttken hatte noch mehrere Arbeiter angestellt und wir

bereiteten die Felder für den Maisanbau vor. In dieser Jahreszeit hatte ich auch wieder reichlich Gelegenheit zur Jagd. Da wir jedoch am Tag beschäftigt waren, ging ich nur nachts mit der Pfanne los. Dabei nimmt man eine gewöhnliche Bratpfanne, unter deren langen Stiel noch ein schmales Brett kommt, damit sich der gut vier Fuß lange Griff nicht auf der Schulter herumdrehen und den brennenden Inhalt ausschütten kann. In diese Pfanne kommt fein gespaltener Kien, der eine hohe, helle Flamme gibt. Die Pfanne wird auf die linke Schulter, die Büchse in die Hand genommen. Ideal ist es, wenn noch jemand mitkommt und den Kienvorrat in einem Sack trägt. Um sicherer schießen zu können, wird noch ganz vorn am Griff ein kleiner, gabelartiger Zapfen eingebohrt, in den die Büchse beim Zielen gelegt wird. Der Jäger hat nun seine Pfanne mit der Flamme so zu halten, dass sich sein Kopf zwischen dem Feuer und den auf ihn gerichteten Augen des Wildes befindet. In der Nacht leuchten sie ihm wie glühende Kohlen entgegen.

Der Hirsch ist an die häufigen Waldbrände gewöhnt und hat keine Angst vor dem Feuer. Der Jäger nähert sich ihm unter dem Wind und sieht zuerst nur etwas wie glimmende Kohle. Erst beim Näherkommen kann man zwei Augen unterscheiden. Der Jäger legt behutsam sein Gewehr auf und zielt, was mit dem Feuer hinter ihm kein Problem ist. Dann braucht er nur noch eine sichere Hand, um fast jedes Mal Beute heimzutragen.

Am Fourche la Fave gibt es eine Menge Salzlecken, die sowohl vom Wild wie vom Vieh oft aufgesucht werden. Um das Wild bei diesen Besuchen abzufangen, geht der Jäger in Amerika in ähnlicher Weise auf den Anstand. Vier Pfähle werden mit einem Abstand von fünf Fuß in den Boden gerammt und oben mit Querstangen belegt. Darauf kommt Laub oder Moos, dann Sand oder Erde etwa fünf Zoll dick. Auf dieser Erdschicht wird ein helles Feuer entzündet. Der Jäger sitzt unter diesem Dach etwa 30 Schritt von der Salzlecke entfernt und hat so ein weites Feld, das er überblicken kann. Der Hirsch achtet nicht auf das Feuer, nähert sich mit langsamen Schritten der Salzlecke und wird erlegt.

Manche Nacht lag ich in der milden, warmen Luft im Wald. Doch so lieblich und erfrischend die Natur auch war, so störend waren wieder einige Insekten, die mich oft zur Verzweiflung trieben. Teilweise sind es Moskitos, teilweise die Holzböcke. Sobald das Feuer angezündet ist und dunkle Nacht ringsum herrscht, hört das Stechen der Moskitos ziemlich auf, denn sie fliegen zur hellen Flamme. Aber die Zecken werden dafür umso unangenehmer. Sie sind in den südlichen Staaten Nordamerikas eine fürchterliche Plage. Besonders im Juli kommen die kleinen »Seedticks«, die aussehen wie Mohn, nur noch kleiner. Sie bevölkern zu Millionen die Büsche und ich war oft von ihnen wie überzogen. Das einzige Mittel gegen sie ist Tabakrauch, der sie abtötet.

Nicht nur der Mensch wird von ihnen geplagt, sondern auch das Wild wird förmlich zerstochen und ausgesaugt. Oft fand ich bei den erlegten Tieren die Ohren so bedeckt, dass kein Fell mehr erkennbar war. Erst der kalte Winter vertreibt die meisten von ihnen.

Unsere Arbeit ging ruhig voran und der Mais wurde gepflanzt. Aber unsere Verhältnisse veränderten sich mehr, als wir früher erwartet hatten.

Röttken, der sonst immer freundlich und liebevoll war, wurde herrisch und oft nur kurz angebunden. Mir befahl er mehrfach etwas in einem Ton, den ich von keinem Menschen ertragen konnte. Da er aber erst kurze Zeit in Arkansas war, nahm ich ihm das nicht übel, sondern lachte ihn aus. Dann schulterte ich meine Büchse und ließ mich vierundzwanzig Stunden nicht mehr sehen. Kehrte ich zurück, war er klug genug zu tun, als wäre nichts gewesen. Er sah bald ein, dass er mit Befehlen nichts erreichte. Auch das Verhältnis zwischen ihm und Korn war angespannt, aber da der junge Kaufmann Röttken immer schmeichelte, ging es noch gut.

So kam der Juni heran und mit ihm ein förmlicher Bruch. Während ich auf der Jagd war, misshandelte Röttken Korn. Der riss seine Büchse vom Nagel und hätte Röttken erschossen, wenn nicht Haller dazwischen gesprungen wäre. Damit war das freundschaftliche Verhältnis beendet. Korn kam zu Haller herüber, wo ich wohnte, und wir beide zogen uns von dem gemeinsamen Vertrag zurück. Das war ein böser Strich durch Röttkens Rechnung, der genau wusste, dass wir kein Geld hatten. Er nahm deshalb an, dass er uns in der Hand hätte. Doch da hatte der gute Mann nicht daran gedacht, dass es in Arkansas Wild gab und ich eine Büchse hatte und dass der Fluss nach New Orleans strömte. Dort konnte Korn, der ein ausgezeichneter Buchhalter war, bald eine neue Karriere starten.

Wir waren zum Abmarsch gerüstet und ich wollte vorher Korns Sachen mit einem Kanu nach Little Rock schaffen. Er selbst wollte später zu Pferd dorthin folgen. Da aber in Kürze ein Farmer zum Unabhängigkeitstag ein Fest geben wollte, beschlossen wir so lange noch zu bleiben. Ich hatte so etwas auch noch nicht miterlebt. Aber der Amerikaner tut selten etwas, ohne einen besonderen Zweck im Auge zu haben. Unser freundlicher Gastgeber hegte die Hoffnung bei der nächsten Wahl in die Legislatur gewählt zu werden.

Im Frühjahr sind diese Feste, »frolicks« genannt, häufig. Wenn z.B. die zerteilten und ausgerodeten Baumstämme auf den Feldern liegen, ruft er die Nachbarn zusammen, um das Holz auf Haufen zu rollen und anzuzünden. Dann wird ein so genannter »log rolling frolick« gefeiert, ein »Klötzerollenfest«. Sind Frauen im Haus, so richten sie es meistens so ein, dass sie irgendeine Steppdecke, einen »Quilt« anfertigen. Der wird aus bunten, drei- und viereckigen Stücken Stoff zusammengesetzt. Dazu kommen dann die jungen Mädchen aus der Nachbarschaft zusammen und das Ganze heißt dann »Quilting frolick«, Steppdeckenfest.

Gegen Abend folgt dann nach der Arbeit ein fröhlicher Tanz oder ein Pfänderspiel.

Ich war bislang noch nie zu einem solchen Vergnügen gegangen, denn ich hatte mich nicht unter Menschen gesehnt und war lieber allein geblieben. Aber jetzt ging es wieder in den Wald hinein und wer weiß, wann ich das nächste Mal vergnügte Menschen sah.

Der 4. Juli brach an und gegen zehn Uhr wanderte ich ohne Büchse zum etwa vier Meilen entfernten Versammlungsort. Unterwegs wuchsen viele Heidelbeeren, bei denen ich mich lange aufhielt und deshalb erst gegen Mittag eintraf.

Hier herrschte reges Leben, denn die ganze Umgebung hatte sich versammelt. Die rauen »Backwoodsmen«, wie man die Hinterwäldler nannte, wogten in bunten Gruppen durcheinander. Manche trugen wie auch ich ihre Jagdhemden, andere von den Frauen gewebte Jacken, wieder andere liefen in Hemdsärmeln herum. Mächtige Braten dampften über großen Feuern im Freien und auf einem Schattenplatz beim Haus kochten mehrere Frauen Kaffee.

Schon von fern tönte mir die schrille Musik einer einzigen Violine entgegen. Ich fand in einem Teil des Hauses das junge Volk beim eifrigen Tanz vor. Da ich aber noch nicht einmal unsere heimischen Walzer und Rutscher tanzen konnte, drängte ich mich nicht zu diesem Vergnügen und amüsierte mich damit, die Neuankömmlinge zu beobachten. In bunten Gruppen trafen sie aus allen Ecken und Enden des Countys ein. Eine große Anzahl junger Mädchen befand sich darunter. Leicht und anmutig kamen sie auf ihren kleinen Pferden angaloppiert. Von der Anstrengung hatten sie leicht gerötete Wangen und sahen dadurch lieblich und interessant genug aus. Sie waren alle offenbar eher auf einem Pilgerzug unterwegs als zum Tanz, denn die meisten hatten riesige Bündel am Sattelknauf hängen. Ich half mehreren, die ich kannte, vom Pferd.

Jetzt wurde eine lange Tafel vor dem Haus gedeckt und Bänke und Stühle herbeigeschafft.

Da aber unmöglich alle sitzen konnten, nahmen die Damen ganz gegen die sonstige amerikanische Sitte zuerst Platz. Das Mittagessen bestand aus Rinder- und Schweinebraten, süßen und anderen Kartoffeln, Maisbrot, Kuchen, Milch und Kaffee. Röttken hatte für die Damen ein Kistchen Wein mitgebracht, der jetzt gern ausgeleert wurde.

Nach dem Essen gab es eine kurze Ansprache zum 4. Juli und dann ging der Tanz erneut los. Ich fand ein paar andere, interessante Gruppen überall auf dem Platz verteilt. Hier lag eine Gruppe kräftiger, sonnenverbrannter Gestalten im Gras und erzählte sich ihre Jagdabenteuer. Dort saßen zwei rittlings auf einem umgestürzten Baum und spielten Karten. An der Seite übten sich einige im Springen und hielten schwere Steine in der Hand, um damit Schwung zu holen. Auf der anderen Seite befand sich im Schatten eines Baumes eine Reihe langer Burschen, die gemütlich ihre Siesta hielten.

Korn und ich schlenderten ruhig zwischen allen herum und amüsierten uns damit, Bemerkungen über unsere Beobachtungen zu machen. Dann und wann gingen wir auch in den Tanzsaal, wenn man ein 16 Fuß breites und 20 Fuß langes Blockhaus so nennen darf. Dort war die Luft stickig heiß, aber der Anblick war so herrlich, dass wir uns nicht so schnell losreißen konnten.

Die jungen Mädchen, die hier mit ihren kleinen Füßchen den Takt zu den »Jigs«, »Reels« und »Hornpipes« schlugen, boten einem Verehrer von Naturschönheiten wie mir schon einen fesselnden Anblick. Dann aber nahm ein Amerikaner meine Aufmerksamkeit in Anspruch. Nie werde ich das Bild vergessen, das er bot.

Er war ein Mann mittlerer Größe, aber sehr dünn und etwas schwach in den Knien und hatte sich in einen dunkelblauen Frack mit gelben Knöpfen und hellblauen Nähten eingeknöpft. Der konnte unmöglich für ihn gemacht worden sein, denn die Ärmel waren Dreifingerbreit zu kurz und die schmalen Schöße mindestens 14 Zoll zu lang. An einem hing noch dazu ein ungeheures Stück Kautabak, an das er beim Springen immer mit dem Absatz schlug. Endlich nahm er es ab und steckte es in die Brusttasche. Das Schönste an seiner Erscheinung war aber seine Krawatte, in der er förmlich verschwand. Sie war so hoch und breit, dass sein Kopf wie eine Tasse in einer zu großen Untertasse erschien. Sein Kinn war nicht zu sehen und oft tauchten bei einem Sprung auch Mund und Nase hinter das schwarze Bollwerk. Dabei lief ihm das Wasser in Strömen Wange und Stirn entlang. Ruhte er sich einmal in einer Ecke für einen Moment aus, versank sein Kopf wieder und nur seine dunklen Augen glühten über die steife Halsbinde. Er ähnelte einer Spinne in ihrem Netz.

Gegen Abend verbrachten wir einige Stunden mit dem Kartenspiel »Eucre« zu, das unserem »Besten Buben« ähnelt. Die Whiskyflaschen machten die Runde und die Gemüter wurden angeregter.

Als es mir langweilig wurde, ging ich wieder zum Tanz zurück. Ich drückte mich durch die Menge in eine der Ecken, wo ich aber gerade neben den unglücklichen Violinspieler kam. Der hatte gerade in einer besonderen Laune begonnen seinem Instrument seltsame Laute ohne jeden Takt zu entlocken. Aus einem wilden Allegro ging er plötzlich in schwermütige Fantasien über, brach plötzlich ab und fragte mich, ob ich nicht einen Bissen Kautabak hätte. Als ich verneinte, quälte er das Instrument erneut mit einigen kühnen Strichen. Dann verfluchte er die Augen der Anwesenden, weil sie ihn so trocken sitzen ließen. Er hatte nämlich bislang zwei Whiskyflaschen allein ausgetrunken, sah sich wild im Kreis um und begann – zu weinen. Schluchzend fiel er dem dürren Männchen im blauen Frack um den Hals und drückte ihn dabei ganz in seine Krawatte. Vier junge Leute packten ihn ohne Umstände und trugen ihn hinaus.

Jetzt bot sich jemand an einen nüchternen Violinspieler zu finden, aber das hätte zu lange gedauert. Deshalb ging ein langer Bursche, ohne eine Miene zu verziehen, zum Kamin, krempelte seine Ärmel auf und begann mit gewaltig schallenden und blitzschnell aufeinander folgenden Schlägen den Takt mit den flachen Händen auf seine Knie zu schlagen. In zwei Minuten war wieder alles beim Tanz.

Endlich kam der versprochene Musiker, allerdings nicht ganz nüchtern, aber er versprach bis Mitternacht durchzuhalten.

Jetzt fiel mir auf, dass viele junge Damen in hellen Kleidern umherliefen. Ich hatte angenommen, dass sie vorher dunkle Kleider trugen, achtete aber nie so genau darauf und irrte mich vielleicht. Aber einer der Amerikaner erklärte mir, dass viele Mädchen sich schon zum dritten Mal umgezogen hätten. Wenn ich aufpassen würde, könnte ich das vielleicht noch einige Mal erleben. Jetzt achtete ich wirklich darauf und stellte fest, dass sich einige der jungen Mädchen zwischen Mittag und dem nächsten Morgen fünfmal umgezogen hatten.

Sie haben ja so selten Gelegenheit ihre Kleider zu zeigen und nutzen deshalb jedes Fest. Ich erfuhr, dass man selbst hier im Wald die Nase rümpfte, wenn eine junge Dame die ganze Nacht in einem Kleid tanzen würde. Das war so wie in Deutschland, wenn eine Dame mit demselben Kleid in einem Winter auf zwei verschiedenen Bällen erschien.

Einer der Farmer am Fourche la Fave hatte mir ein altes Kanu versprochen. Damit wollte ich Korns Sachen nach Little Rock schaffen. Der Farmer meinte, ich sollte es dann ruhig schwimmen lassen, denn das Zerhacken würde sich nicht lohnen. Ich beschloss also am nächsten Morgen den etwa vier Meilen langen Weg zu ihm zu machen und das Kanu zu Röttkens Platz zu rudern.

Es war etwas nach zwölf Uhr und man hatte gerade den zweiten Violinspieler ins Gras gelegt, wo er seinen Rausch ausschlafen konnte, und ein dritter nahm seinen Platz ein. Ich war müde und legte mich unter einen Baum. Mein Kopfkissen war ein harter Schleifstein und ich schlief trotz des Lärms sanft bis zum nächsten Morgen.

Die Sonne schickte ihre warmen Strahlen über die Baumwipfel auf die kleine Lichtung,

Noch immer wurde getanzt, während überall Gruppen lagen und schliefen. Es gab aber schon Vorbereitungen für den Aufbruch und die Pferde wurden gesattelt. Sie waren teilweise innerhalb einer kleinen Fenz untergekommen, teilweise an Büschen und Bäumen festgebunden. Hier und da verschwanden schon kleine Gruppen Männer und Frauen im grünen Wald.

Zusammen mit dem Amerikaner und seiner Frau machte ich mich jetzt auch auf. Noch lange hörten wir die unermüdliche Geige durch den Wald.

Das Kanu fand ich, aber der Mann hatte Recht. Das Zerhacken lohnte sich nicht und es war nichts weiter als ein roh ausgehauener Trog. Aber es würde dem Zweck genügen und ich begann meine Fahrt. Der Weg zu Röttken betrug auf dem Wasser gut 20 Meilen, zu Fuß nur acht.

Die Sonne lag eben auf dem grünen Blättergewölbe und die Luft, die tagsüber drückend heiß war, wurde etwas kühler. Mit langsamen Ruderschlägen zog ich leise den Fluss hinauf, dessen überhängende Weiden mir genug Schatten spendeten.

Am nächsten Tag kam ich zu Haller und Korn, lud seine Sachen auf und ruderte nach Little Rock. Auch meine Tierfelle nahm ich mit, die ich dort besser als am Fourche la Fave verkaufen konnte.

In wenigen Tagen war ich reisefertig und verließ am nächsten Morgen die Ansiedlung, um den Fluss weiter hinauf in die Berge zu gehen und dort den Sommer über zu jagen. Korn traf ich, als ich zu Fuß an den Fourche la Fave zurückkehrte. Er versprach zu schreiben, und sprengte auf seinem kleinen Pferd rasch gen Süden.

Haller lebte zwar noch auf Röttkens Land, wartete aber auch nur auf eine günstige Gelegenheit. So nahm die deutsche Ansiedlung ein schmähliches Ende. Ich tröstete mich aber mit dem Gedanken, dass es allen ähnlichen deutschen Versuchen in den Staaten so erging. In keiner von ihnen fehlt ein kleiner Despot, der sich nach und nach entwickelt und damit mit dem Freiheitsgefühl der anderen nicht übereinstimmt.

Klingelhöfer bot mir gutmütig für den Sommer eines seiner Pferde an. Mit herzlichem Dank willigte ich ein und zog fröhlich den Fluss hinauf. Ich wusste allerdings nicht, wohin ich genau wollte, aber das war auch eigentlich immer meine geringste Sorge.

Nicht weit entfernt wohnte der alte Jäger Slowtrap, mit dem ich bald Freundschaft schloss. Er hatte ein so ehrlich-herzliches Gemüt, dass ich ihn bald lieb gewann. Aber ich sehnte mich nach Deutschen und hatte eigentlich Klingelhöfers Pferd schon viel zu lange und wollte seine Güte nicht missbrauchen. Im August brach ich deshalb von Hogan auf und ritt, noch immer fieberkrank, zu Klingelhöfers Farm. Ich wurde mit der alten Herzlichkeit empfangen und fühlte mich bald wie ein Kind im Haus.

Klingelhöfer war in Deutschland Prediger und hatte das Superintendentenjoch der alten Welt abgeschüttelt und dafür das freie, unabhängige Farmerleben eingetauscht. In seinem kleinen Familienkreis fühlte er sich glücklich und zufrieden.

Seine junge Frau war ein Muster an Häuslichkeit und die vier gesunden, prächtigen Kinder bildeten den Hausstand. Alles, was er brauchte, zog er sich selbst. Obwohl er doch nicht an harte Arbeit gewöhnt war, bestellte er sein Land ganz allein. Kein Amerikaner konnte ihm bei der Führung einer Axt etwas vormachen und seinen Tabak baute er ebenfalls an. Dazu hatte er noch eine schöne Rinder- und Schweinezucht.

Am Anfang fühlte ich mich noch sehr schlecht und die freundliche Pflege der Madame Klingelhöfer stellte mich nach einiger Zeit wieder her. Ich konnte auf der Farm helfen und ging gelegentlich auf die Jagd.

Während dieser Zeit sollte Gerichtstag oder »Court« am Fourche la Fave sein. Mehrere Advokaten kamen aus Little Rock und quartierten sich bei den Farmern in der Umgebung von Perryville ein. Auch Klingelhöfer nahm einen von ihnen auf, einen sehr netten Jungen. Er hatte selbst einige Streitigkeiten, die beim Gerichtstag entschieden werden sollten.

Jetzt kam Leben in die sonst so stille Gegend. Das kleine Städtchen Perryville lag etwa zwei Meilen von uns entfernt. Es bestand aus einem Laden und der Wohnung des Fährmanns, der auch gleichzeitig Postmeister war. Der Laden gehörte einem Deutschen, den ich hier beschreiben muss.

Bockenheim, von den Amerikanern »Buckinham« genannt, muss nach meiner Meinung früher Besenbinder gewesen sein. Diese schöne Kunst beherrschte er nämlich gut. Hier versuchte er seinen Lebensunterhalt mit dem Handel zu bestreiten. Die Leute aus der Umgebung mussten bei ihm kaufen und das Geschäft lief ganz gut. Natürlich bot er alles an und machte genau wie Röttken auch Tauschhandel. Durch dessen neuen Laden hatte er zunächst alle Kunden verloren. Aber mit dem stolzen Benehmen des neuen Ladeninhabers kamen nach und nach alle alten Kunden wieder zu ihm.

Bockenheim lebte wie im Paradies. Ursprünglich hatte er Plattdeutsch gesprochen, denn er war Oldenburger oder Hannoveraner. Jetzt mischte er eifrig seine Sprache englisch, Platt- und hochdeutsch und kauderwelschte ein fürchterliches Zeug zusammen. Zuerst wusste man bei ihm nicht, ob er vielleicht indianisch sprach, und weder die neu eingetroffenen Einwanderer noch die Amerikaner verstanden ihn. Aber er kam doch ganz gut damit durch. Durch den Handel hatte er etwas verdient und schrieb das wie alle diese guten Leute seiner Klugheit zu.

In der anderen Hälfte der Stadt wurde Gerichtstag

gehalten. Das bedeutete, dass der Postmeister die Hälfte seines Hauses zur Verfügung stellte. Dort versammelte sich also alles.

Der Richter, der diesen Bezirk bereiste, war von Little Rock mit einem Advokaten gekommen und hatte auf einem Rohrstuhl am Kamin Platz genommen. Zwei lange Tische in der Mitte der Stube bildeten die Tafel, an der die Advokaten und der Gerichtsschreiber saßen.

Zunächst wurde eine Schlägerei verhandelt und dafür die Jury gewählt. Jede Partei hat das Recht, aus zwölf vorgeschlagenen Männern sechs abzulehnen, für die dann andere gewählt werden müssen.

Die Jury wurde vereidigt und setzte sich auf eine lange Bank an der Wand. Der Staatsanwalt eröffnete die Verhandlung und trug die Klage vor. Dabei machte er sie auf die verschiedenen Gesetze aufmerksam. Dann begann der Advokat, der den Angeklagten verteidigte. Er rief seine Zeugen auf und schloss mit einer langen Rede an die Jury. Danach erhob sich der Staatsanwalt erneut und versuchte einige der Gründe lächerlich zu machen und legte der Jury nahe dem Verklagten eine ordentliche Strafe aufzulegen.

Dann erhob sich der Richter und erklärte die verschiedenen Möglichkeiten und Gesetze und wies darauf hin, dass bei Zweifeln dem Angeklagten eher zu verzeihen wäre, anstatt ihn zu verdammen. Darauf zog sich die Jury in den angrenzenden Pferdestall zur Beratung zurück.

Später wurde ein interessanterer Fall verhandelt. Angeklagt war ein angesehener Farmer, der die Kuh eines anderen im Wald geschossen und gegessen haben sollte. Viele Zeugen wurden dazu gehört und alle waren auf das Urteil gespannt, denn die Tat sollte schon vor Jahren begangen worden sein und damals standen darauf als Strafe Stockschläge und Gefängnis. Die Jury beriet sich lange im Pferdestall und erklärte ihn dann für unschuldig.

Die Gerichtssitzung ging über mehrere Tage und nach und nach verlief sich alles wieder.

Röttken hatte ich seit langer Zeit nicht mehr gesehen. Er machte sich jetzt auch in der ganzen Umgebung sehr unbeliebt, weil er für die schlichten Landleute von Arkansas ein zu abstoßendes Benehmen zeigte. Er hatte sich mit großen Kosten ein riesiges Blockhaus bauen lassen und dafür den größten Teil seines Bargeldes ausgegeben. Es brachte ihm zwar keinen besseren Nutzen, aber er war ein guter Farmer und auch sonst in allen Dingen sehr geschickt. So konnte man hoffen, dass er wieder vernünftig würde, wenn er sein Geld ausgegeben hatte.

Ich lebte mit meinem jetzt schon sehr groß gewordenen Hund im Wald und war mit mir selbst nicht einig, was ich tun sollte. Da gab ein alter Bekannter den Ausschlag, der eines Abends bei Klingelhöfer übernachtete. Es war der alte Slowtrap, der mit einem voll beladenen Pferd vorbeigekommen war. Er erzählte, dass er auf diese Weise vor nicht langer Zeit seine ganze Familie und alle Habseligkeiten transportiert hatte. Ich erinnerte mich, dass ich ihn einmal mit vier Stühlen und einem großen Spinnrad auf dem Pferd sitzen sah. Das Pferd scheute aber immer wieder vor dem Spinnrad und er hängte es schließlich in einen Busch, um es später abzuholen. Aber ein Jäger setzte den Wald dort in Brand und Slowtrap kam gerade rechtzeitig, um es brennen zu sehen.

Nach seinen Erzählungen war es sehr unbequem, die lebenden Sachen zu transportieren. Auch diesmal hatte er in einem Korb eine der großen weißen Enten bei sich, mit der er in den letzten drei Jahren schon viermal umgezogen war.

So ziehen diese Leute mit Frau und Kind immer weiter und tiefer in den Wald. Oft nur deshalb, weil die Weide um ihr Haus etwas dünner wird und sie gezwungen sind ein oder zwei Acker Mais mehr anzubauen.

Im Oiltrove Bottom am Whiteriver sah ich einmal eine Familie, die in einem Camp oder Schuppen zehn Monate hauste. Der Schuppen war nur mit Brettern gedeckt und bot an drei Seiten notdürftigen Schutz gegen Sturm und

Regen, die vierte blieb aber bei jedem Wetter offen. In diesem Verschlag standen vier Betten, zwischen denen sich bei Regen Pfützen bildeten. Hier schlief das Ehepaar zusammen mit zwei erwachsenen Stieftöchtern, zwei oder drei Knaben und einem Säugling. Bei Schnee und Eis verbrachten sie so den Winter und litten alle fürchterlich unter dem kalten Fieber. Es ist mir ein Rätsel, wie die schwachen Frauen das alles aushalten.

Slowtrap erzählte mir viel von seinem Schwiegervater im Ozarkgebirge, der ein alter, eifriger Bärenjäger sein sollte. Er wollte selbst in einigen Wochen zu ihm aufbrechen und ich sollte ihn dabei begleiten. Da war mein Entschluss gefasst, ich packte meine Sachen zusammen und war am nächsten Morgen marschbereit.

Leid tat es mir, Klingelhöfers zu verlassen, bei denen ich wie ein Familienmitglied behandelt wurde. Aber so ging es mir ja ständig und ich hatte die Hoffnung sie bald wieder zu sehen.

10. Kapitel

Jagdzug

An einem kalten, unfreundlichen Novembermorgen trat ich mit meinem Begleiter die Wanderung an. Ich hatte nur wenig Gepäck. Mein Anzug bestand aus Leggins und Mokassins und Hirschleder, um mich vor Dornen zu schützen. Ein dünnes Jagdhemd aus leichtem Sommerstoff und eine blaue, schottische Mütze bildeten den Rest. Das Jagdhemd hielt ich mit einem breiten Ledergürtel zusammen. Rechts stak der Tomahawk, links das breite Jagdmesser, auf dem Rücken hing der Blechbecher. Meine Decke trug ich zusammengerollt über der Schulter. Eingerollt darin hatte ich Pulver und Blei, ein kleines

Säckchen mit gebranntem Kaffee und ein sauberes Hemd. Ein Pulverhorn hatte ich mir aus dem Schädel der Büffelkuh selbst gemacht. Es hing an einer kleinen Ledertasche für die Kugeln.

Mein Jagdgefährte musste erst noch nach Hause, um sich dort umzuziehen. Er wohnte in der Nähe der Mündung des Fourche la Fave und war etwa 50 Meilen in das Landesinnere gezogen, um nach und nach sein Kochgeschirr, Handwerkszeug, Betten usw. mit dem Pferd in die neue Heimat zu schaffen. Dabei hatte er auch noch Rinder und Schweine getrieben und Frau und Kinder transportiert.

Wie beschwerlich das Umziehen für den armen Amerikaner ist, kann man vielleicht verstehen. Ich habe Familien getroffen, die dreimal in einem Jahr solche Touren durchgemacht haben, wie auch mein alter Freund Slowtrap.

Er war ungefähr sechs Fuß hoch und sehr starkknochig gebaut. Aus dem gutmütigen, vom Wetter hart mitgenommenen Gesicht blickten grundehrliche Augen aufmerksam von einem Ort zum anderen und gaben der sonst etwas plumpen Gestalt viel Lebhaftes.

Nie hatte man ihn lachen hören. Wer ihn aber kannte, wusste, dass das Breiterwerden seines Mundes und das Zusammenziehen des linken Auges seine gute Laune verriet. Niemand hatte ihn auch je laufen gesehen, Slowtrap ging immer schnell.

Ein schwarzer, abgetragener Frack mit sehr breiten Schößen und noch größeren Taschen, der ihm nur an den Schultern passte, hing um ihn herum. Eine helle, dünne Hose enthüllte muskulöse Waden. Sehr kurze Socken und schwere, selbst gefertigte Schuhe sowie ein früher schwarzer Filzhut vollendeten seinen Anzug.

In einem Sack transportierte er Salz und andere Kleinigkeiten. Weil das schwere Salz auf der einen Seite herunterzog, musste er selbst sich sehr weit auf die andere lehnen, um das Gleichgewicht zu halten. Den Korb mit der Ente hing er dafür an die schwere Sackseite. So ging das Pferd zwischen ihm und dem Korb und beide boten ein sehr abenteuerliches Bild. Auf dem Sattelknopf hatte er eine ungeladene Flinte liegen, die er für eingelöste Schulden angenommen hatte.

Unser Weg zog sich auf der so genannten »county-road« entlang. Slowtrap unterhielt mich mit seinen drolligen Erzählungen, von denen er Tausende kannte. Ab und zu warf er mir dabei einen komischen Seitenblick zu, der mich immer zum Auflachen reizte.

Die »county-road« ist eine Straße, die der Bezirk (County) aushauen lässt, um einen Fahrweg durch die Wildnis zu bekommen. Dazu wird ein Aufseher ernannt, der dann die gesamte männliche Bevölkerung des Bezirks im Alter von 18 bis 45 Jahre zusammenruft. Innerhalb kurzer Zeit fällen die kräftigen Waldsöhne die im Weg stehenden Bäume und schaffen sie auf die Seite, sodass sich ein Wagen dazwischen durchwinden kann. In gerader Richtung verlaufen nur die vom Staat ausgeschlagenen Straßen, hier wich man den stärksten Bäumen aus. Löcher und Unebenheiten werden nicht geglättet, wenn es nicht unbedingt erforderlich ist. Man reist entsprechend bequem.

Wir zogen am Fourche la Fave hinauf, bekamen aber den Fluss selten zu sehen, weil er sich durch dichte Schilfbrüche und Rohrdickichte schlängelte. Die Hauptrichtung verlief von West nach Ost und herrliches Land liegt in dem Flusstal an beiden Seiten des Ufers, das auch gute Winterweide für das Vieh bietet. Das niedrige Land ist mit dem immergrünen Rohr bedeckt, während die Bergrücken eine ausgezeichnete Sommerweide bieten. Dichte Pechkieferwälder bedecken die Berge.

Der Weg war übrigens seit längerer Zeit nicht kontrolliert und Massen heruntergebrochener Äste und umgestürzte Bäume erschwerten unseren Marsch. Slowtrap fand alles völlig normal und meinte, eine Fichte könne nur auf den Weg stürzen, wenn sie umkippt, so wie ein »Sweet gum« immer auf eine Fenz falle.

Unser Weg führte an einer Schule vorbei. In der Mitte der Ansiedlung wird aus rohen Stämmen ein Blockhaus aufgeschlagen, gedeckt, ein Kamin aus Lehm gebaut und die Öffnungen oder Spalten zwischen den Stämmen verstopft. Eine in ungefähr vier Fuß Höhe wird offen gelassen, weil davor ein langes Brett befestigt wird. Das ist das Schreibpult für die Kinder und die lange Spalte soll ihnen Licht geben.

Sonst lässt man wie bei allen Blockhäusern kein Fenster im Schulhaus und nur selten gibt es einen Bretterboden. Die Tür steht im Winter wie im Sommer offen. Ist es sehr kalt, erlaubt der Lehrer den Kindern ab und zu sich am Kaminfeuer zu wärmen. Er selbst sitzt dort die ganze Zeit breitbeinig auf dem einzigen Stuhl.

Wer weiter weg wohnt, kommt mit dem Pferd und bindet es in der Nähe an. Essen bringen sich die Kinder mit und kehren erst am Abend nach Hause zurück.

In diesen Backwood-Schulen wird buchstabiert, gelesen, geschrieben und gerechnet. Nur selten gibt es Geschichte und Geographie, die sich dann nur auf die Vereinigten Staaten beschränkt.

Sehr selten können die Lehrer selbst mehr als Rechnen und Schreiben und wollen natürlich ihre Schüler nicht gescheiter machen als sie selbst. In den Sümpfen erlebte ich einmal einen Lehrer, der Schüler bis 20 Jahre unterrichtete. Dabei konnten sie das, was sie schrieben, selbst nicht lesen. Sie malten die unbekannten Zeichen nur ähnlich ab.

Es war wohl gegen zwölf Uhr, als wir am Schulgebäude vorbeikamen. Lehrer und Schüler waren eifrig dabei, Ball zu schlagen. Bei schönem Wetter ist das die übliche Erholung. Nachher gehen alle mit noch größerem Eifer wieder an das Buchstabieren – hier waren es fast alles junge Erwachsene.

Das Wetter hatte sich bis jetzt ziemlich gut gehalten, aber jetzt drohten dunkle Wolken eine Änderung an. Nach kurzer Zeit regnete es. Slowtrap hatte in der Gegend einen seiner besten Freunde, den wir aufsuchen wollten. Wir fanden eine halbe Meile weiter ein kleines Blockhaus, aus dessen Kamin der Rauch lustig emporwirbelte.

Der alte Behrens, dem der Platz gehörte, war nicht zu Hause. Aber seine zehn und fünfzehn Jahre alten Jungen empfingen uns ganz freundlich. Drei früher angekommene Fremde waren schon im Zimmer und machten uns Platz. Bald wärmte das flackernde Feuer unsere etwas steif gewordenen Glieder.

Zwei der Fremden unterhielten sich eifrig über ein Wettrennen, das demnächst in der Gegend stattfinden sollte. Der dritte schlief völlig übermüdet auf seinem Stuhl.

Es wurde immer später und da keine Frauen anwesend waren, begannen wir mit den Vorbereitungen für das Abendessen. Wir holten einige Maiskolben aus dem »Corncrib«, dem Verschlag für die Maisaufbewahrung und mahlten die Körner mit einer Stahlmühle zu feinem Mehl. Aber diese Stahlmühle! Wir leierten und leierten über eine Stunde, bis wir kaum genug für eine Mahlzeit zusammenhatten. Dann feuchteten wir das Wasser mit Mehl an, taten es in eine Eisenpfanne, setzten sie auf Kohlen, bedeckten den Deckel ebenfalls mit Kohlen und ließen es durchbacken. Milch und geräucherte Hirschkeule vollendeten die Mahlzeit.

Nachdem wir den Eingeschlafenen mit viel Mühe aufgerüttelt hatten, setzten wir uns gemeinsam an den Tisch und aßen. Der Müde hatte jetzt nur die Sorge alles so schnell wie möglich aufzuessen und bald darauf war er auf seinem Stuhl wieder eingeschlafen.

Es gab keine Betten weiter im Haus und Slowtrap und ich breiteten unsere Decken auf der Erde aus, von den Jungen erhielten wir noch zwei zum Zudecken. Bald lagen wir fünf friedlich nebeneinander ausgestreckt und schliefen. Am anderen Morgen machten wir uns noch vor dem Frühstück auf den Weg. Ich wollte eigentlich nur der Stahlmühle entkommen.

Das Pferd hatte über Nacht reichlich Maisfutter gehabt und wurde wieder aufgezäumt. Der Sack mit dem Salz und den anderen Sachen lag auf ihm und mein alter Kamerad kletterte hinauf. Ich reichte ihm die Ente und das alte Schießeisen nach, warf meine Decke über die Schulter und schüttelte den beiden Wachen die Hand – der Dritte schlief noch.

Das Wetter hatte sich wieder aufgeklärt und leichten Schrittes wanderten wir auf dem jetzt ziemlich ausgetretenen Weg entlang. Beargrease, wie ich meinen Hund genannt hatte, lief vor uns her. Meistens hatte er die Nase auf der Erde und schnupperte nach irgendeinem Wild. Traf er auf eine frische Fährte, blieb er jedes Mal stehen und sah mich mit bittendem Blick an, als wolle er um Erlaubnis bitten dem Wild zu folgen. Aber es war nicht unsere Absicht, jetzt die Zeit mit Jagd zu versäumen, und nur einmal schoss ich einen Truthahn als Proviant.

Die Straße zog sich ein Stück durch kleine Erdhügel, die es hier in Arkansas sehr häufig gibt und die meistens mitten im flachen Land liegen. Es gibt kaum einen Zweifel, dass sie vor langer Zeit einmal von Menschen angelegt wurden. Sie sind wie regelmäßige Wohnungen an Straßen angelegt, die Hügel liegen 20 bis 40 Schritt auseinander. Viele sind ganz rund, andere wieder länglich. Ich habe oft zwölf bis 20 Reihen hintereinander gesehen. Von den Amerikanern erfuhr ich, dass man oft dort gegraben hatte und hoffte Schmuckstücke oder Ähnliches zu finden. Meistens waren es aber nur Gefäße, ganz selten Menschenknochen, die dort gefunden wurden. Die so genannten »mounds« befinden sich im fruchtbarsten Land, aber die Indianer wollen nichts von ihnen wissen. Nach ihrer Aussage weiß niemand, wer die Hügel gebaut hat.

Die heutigen Indianer errichten auch Hügel von ziemlicher Größe als Begräbnisplätze, zum Beispiel bei St. Louis oder Cincinnati. Sie sehen aber völlig anders aus.

Endlich hatten wir die sumpfigen Stellen hinter uns

und kamen nach einer kleinen Prärie an die alte Buffalo-Salzlecke und bald darauf an den alten Wohnplatz von Slowtrap. Auf einer Spitze des Hügellandes, die in das niedrige Tal auslief, lag das Haus. Es unterschied sich in nichts von den anderen amerikanischen Blockhütten. Es war 16 Fuß lang, 16 Fuß breit und neun bis zehn Fuß hoch, hatte eine Tür in der Frontseite, einen ungeheuren Kamin an der rechten Seite, kein Fenster und ein rohes, mit Pfählen beschwertes Dach. Daneben befand sich ein etwa sieben Acker großes Maisfeld.

Als wir ankamen, standen Slowtraps Frau und Kinder in der Tür. Obwohl ich wusste, dass sie sich alle sehr lieb hatten und glücklich miteinander lebten, gab es jetzt keine Begrüßung, obwohl Slowtrap gut drei Wochen weg gewesen war.

»Take my saddle in!«, sagte er zu seinem ältesten Sohn, einem achtjährigen Jungen, der ruhig an der Fenz lehnte und uns wie Fremde beobachtete. Als das Pferd versorgt und alles in Ordnung war, ging Slowtrap in das Haus, setzte sich, nahm das jüngste Kind auf den Schoß und begrüßte alle mit »how do you do, all of you?«.

Dieses fremde, zurückhaltende Benehmen der Amerikaner selbst in den eigenen Familien habe ich fast überall gefunden. Oft war es gerade dieses Verhalten, das mich die liebe Heimat umso mehr vermissen ließ. Mann und Frau behandelten sich in der Öffentlichkeit häufig so, als ob sie Fremde wären. Ich habe auch erlebt, wie sich die Männer vor einer monatelangen Abwesenheit noch nicht einmal von ihrer Frau verabschiedet haben. Das wird kein Mangel an Herzlichkeit sein, denn ich habe auch oft erlebt, wie innig sie ihre Liebe bezeugten. Aber es macht einen merkwürdigen Eindruck auf die Europäer.

Ich sah mich im Haus um. In zwei Ecken des kleinen Gebäudes standen zwei ungeheure Bettgestelle, auf denen gewaltige, bunte Steppdecken lagen. Zwischen den Bettstellen war ein kleines Brett, etwa vier Fuß über der Erde. Darauf lagen noch weitere Decken und die Wäsche der Familie, die nur selten aus mehr als drei oder vier Stücken pro Person besteht. Die Möbel wurden noch durch ein paar »gums« ergänzt. Das sind abgesägte Stücke aus einem hohlen Baum, etwa einen Fuß im Durchmesser und bis drei Fuß Höhe. Darunter werden Bretter genagelt. Oft nimmt man sie als Bienenkörbe, hier enthielten sie Mehl und Salz.

Über der Tür waren zwei hölzerne Haken angebracht für die lange Büchse des Hausherrn. Kugeltasche und Pulverhorn hingen daran herunter. Daneben befand sich ein kleines Brett mit Schuhmacherwerkzeug, ein dickes medizinisches Buch, eine Familienbibel, »The life of Washington«, »Life of Marion«, »Essays of Benjamin Franklin« und ein Kalender sowie eine abgegriffene Landkarte der Vereinigten Staaten. Über dem Kamin, in den Ritzen der Stämme steckten verschiedene Ahlen, Feilen, abgebrochene Messer, ein Kugellöffel und eine Kugelform. Zwei Bretter links neben dem Kamin enthielten vier Teller, zwei Ober- und drei Untertassen sowie mehrere Blechbecher und eine große Blechkanne. Alles war sauber gescheuert.

Neben dem Kamin stand eine eiserne Bratpfanne mit Deckel zum Brotbacken, ein tiefer Eisentopf, aus dem der Griff mit einem großen Stück herausgebrochen war und ein großes eisernes Gefäß, das zum Waschen, Färben usw. diente.

Über dem Kamin ganz oben unter dem Dach hingen noch Überreste geräucherten Schweinefleischs, ein Seitenteil, zwei Schultern und eine Keule sowie zwei getrocknete Hirschschinken. Stöcke, die oben angebracht waren, trugen in Streifen geschnittene Kürbisse zum Trocknen. Sie gaben im Winter nahrhaftes und delikates Gemüse. Besonders in den südlichen Staaten sind sie sehr süß und schmackhaft und werden von den Farmern in großen Mengen in den Maisfeldern gezogen.

Der erwähnte Junge und seine wohl zwei Jahre ältere Schwester und ein kleines, blauäugiges und blondes Mädchen mit roten Backen sowie das Jüngste auf Slowtraps Schoß bildeten die kleine Familie, die mich noch etwas scheu betrachtete, obwohl ich vor sechs Monaten schon einmal hier war.

Eigentlich wollten wir gleich in das Gebirge aufbrechen, aber Slowtrap hatte noch einige Geschäfte zu erledigen, wie er sich ausdrückte. So verschoben wir unseren Aufbruch auf die nächste Woche und ich wollte mir die Zeit so gut wie möglich vertreiben. Ich nahm also meine Büchse und zog herum, um auch die Bekannten in der Nachbarschaft aufzusuchen. Am 12. Dezember war ich wieder bei den Slowtraps. Der Grund dafür war einmal die nasskalte Witterung, dann wollte ich auch meine Mokassins ausbessern. Die Sohle hatte an den scharfen Steinen doch sehr gelitten. Auch Slowtrap war damit beschäftigt, ein Paar Schuhe in Ordnung zu bringen.

Die Backwoodsmen reparieren ihre Schuhe meistens selbst und deshalb ist der seltenste Beruf hier der Schuhmacher. Überhaupt haben die Amerikaner gelernt sich von Jugend an selbst zu helfen. Besonders geschickt sind sie dabei in allen Arbeiten, für die sie eine Axt benötigen – und sie gebrauchen die Axt fast zu allen Sachen.

Natürlich erlernen sie den Gebrauch der Axt schon in frühester Jugend. Deshalb kommt es ihnen komisch vor, wenn ein neu angekommener Deutscher das Werkzeug in die Hand nimmt und sich dabei so ungeschickt anstellt. Ihre Häuser hauen sie mit der Axt, machen Dach und Fußboden, Kamin und Tür damit und benutzen höchstens noch einen Bohrer. Die Schuhe werden selbst angefertigt und Leder gegerbt, sie schäften die Pflüge und Gewehre, graben sich ihre Brunnen und erledigen alle vorkommenden Arbeiten, für die wir immer nach Handwerkern rufen.

In der Nacht schlugen die Hunde mehrmals an. Kurz vor Morgengrauen machten sie einen fürchterlichen Lärm. Wir dachten an Waschbären, standen auf, griffen die Flinten, pfiffen den Hunden und gingen im Dunkeln in die schneidend kalte Morgenluft hinaus. Der feuchte, oft von dünnem Eis bedeckte Boden machte die Jagd nicht gerade angenehm. Meine Hirschledermokassins waren sofort nass und meine Füße wurden kalt. Unsere Hunde suchten brav und wenig später zeigte ihr Geheul, dass sie irgendetwas auf einen Baum gejagt hatten.

Da es noch zu dunkel zum Schießen war und wir fürchterlich kalte Füße hatten, schlugen wir Feuer und bald darauf loderte eine freundliche Flamme unter dem dicken Baum. Auch unsere Hunde schienen sich über die behagliche Wärme zu freuen, wendeten aber keinen Blick von dem Baum, auf dem sich ihre Beute befand. Ab und zu stießen sie ein kurzes, ungeduldiges Geheul aus. Endlich zeigte sich der erste lichte Schein im Osten, nach und nach wurde es hell genug, um die nächsten Gegenstände zu erkennen. Dann brachte Slowtraps Büchse mit sicherem Schuss den Waschbär herunter und mitten zwischen die Hunde. Wir gingen wieder zum Haus zurück und legten uns bis zum Frühstück noch einmal hin.

Nach dem Frühstück brach ich auf, um einen Truthahn zu schießen, die es dort in großer Anzahl gibt. Als ich in das niedrige Flusstal kam, entdeckte ich so viele wilde Weintrauben, die so genannten »Wintergrapes«, dass ich nicht mehr an die Jagd dachte. Ich suchte mir eine große Portion zusammen, setzte mich unter einen Baum und aß. So verbrachte ich wohl einige Stunden, als ich plötzlich hörte, wie sich mehrere Truthähne riefen. Ich sprang auf, nahm meine Lockpfeife und hatte mich kaum hinter einem umgestürzten Stamm verborgen, als einer der Burschen aus einem Gebüsch kam. Bis auf gut 20 Schritte ließ ich ihn herankommen, dann pfiff ich. Gleich darauf hatte ich den größten geschossen und kehrte zufrieden mit meiner Beute zu Slowtrap zurück. Durch die Weintrauben hatte ich mir aber das Mittagessen gründlich verdorben.

Das Wetter wurde jetzt noch sehr warm und wir beschlossen in den Wald zu ziehen und die Bienen zu suchen, die wir schon vor sechs Monaten vergeblich gesucht hatten. Wir nahmen die Lockspeise mit und wanderten zu dem eine halbe Meile entfernten Platz. Um Bienen im Herbst mit Lockspeise zu ködern, wählt der Jäger in der Umgebung einen kleinen, offenen Platz oder haut einen im Dickicht aus. Dann schlägt er einen Stock in die Erde, steckt Blätter darauf und verteilt darüber den verdünnten Honig.

Nicht lange und die Bienen finden die Stelle und beladen sich damit schwer. Dann steigen sie in zuerst kleinen, dann immer größeren Kreisen in die Höhe und schießen plötzlich in schnurgerader Richtung auf ihren Bau zu.

Der Bienenjäger muss genau auf die Richtung achten, in der die Bienen fliegen. Dann trägt er seinen Köder gut dreihundert Schritte weiter in dieser Richtung. Finden die Bienen ihn, geht das Spiel erneut los. Fliegen die Bienen wieder in gerader Richtung davon, ist ihr Bau noch entfernt. Wenn Sie jedoch plötzlich zurückfliegen, weiß der Jäger, dass er am Bau vorbei ist. Zwischen dem letzten Punkt und dem jetzigen muss sich also der Bienenstock befinden. Ist er in der Nähe, erkennt er den Platz durch die dicht am Baum auf- und absteigenden Bienen.

Wir hatten unseren Köder erst einmal vorwärts getragen, als die Bienen schon zurückflogen. Wir befanden uns also kaum 100 Schritt von ihrem Baum entfernt und begannen mit der Suche. Durch die einbrechende Dunkelheit konnten wir aber ihr Warenlager noch nicht entdecken.

Als es am anderen Morgen gegen zehn Uhr wärmer wurde, nahmen wir unsere Suche wieder auf. Nach gut vier Stunden entdeckten wir die Öffnung, durch die die kleinen Arbeiter aus- und einschwärmten.

Sie hatten ihren Bau in einer »Postoack«, einer Eichenart, die am liebsten auf feuchten Böden oder auf Bergen wächst und kleine, süße Eicheln trägt. Das Holz ist sehr haltbar und fault kaum in der Erde.

Wir hatten das Pferd mitgenommen und ich ritt jetzt

schnell zurück, um einen Eimer, eine Axt, ein Messer und einen Löffel zu holen. Zurück beim Baum dauerte es nicht lange und er fiel unter unseren Hieben. Rauch wurde gemacht, die Bienen betäubt, schnell eine Öffnung gehauen, durch die wir den Honig bequem herausnehmen konnten. Der schönste Anblick für einen Bienenjäger bot sich uns mit der Unmasse gut gefüllter Honigscheiben.

Wir füllten den Eimer mit den besten und aßen so viel von den anderen, wie wir nur konnten. Dann steckten wir den geplünderten Baum in Brand, damit uns die Bienen beim nächsten Suchen nicht irre machten.

Beim Haus gab es eine Menge zu erledigen. Wir schlugen Feuerholz und schleppten es zum Haus, mahlten das Mehl auf der ausgezeichneten Stahl-Handmühle und setzten uns abends an das prasselnde Kaminfeuer. Dort erzählte Slowtrap wieder neue Geschichten.

Wir hatten tagsüber einen Mann mit einer Schrotflinte vorbeigehen sehen und jetzt drehte sich das Gespräch um diese Waffe. In den Backwoods hat fast jeder eine gezogene Büchse und deshalb fällt eine Schrotflinte besonders auf.

»Ich hatte einmal etwas Ähnliches«, erzählte Slowtrap. »Es war eine Muskete. Nicht weit von unserem damaligen Haus war ein kleiner See, an dem sich immer eine Unmasse von Enten aufhielt. Eines Morgens nahm ich die alte Waffe, die einen furchtbaren Rückschlag hatte, und schlenderte zum See. Nach kurzer Zeit entdeckte ich am anderen Ufer eine ganze Menge Enten. Ein umgestürzter und in den See gefallener Baum diente mir als Brücke, um leise ganz nahe an die Enten zu kommen. Als ich nur noch 60 Schritt von den sorglos Schnatternden entfernt war, hob ich die schwere Muskete auf und zielte. Ich wusste ja, dass der alte ›Killdevil‹ einen fürchterlichen Rückschlag hatte und beugte mich deshalb weit vor. Als ich abdrückte, versagte der alte Satan, das erwartete Zurückstoßen blieb aus und ich fiel kopfüber in den See. Mit Mühe kam ich wieder ans Ufer und habe weder Muskete noch Enten je wieder gesehen.«

Er sah mich dabei von der Seite an, zog den linken Mund- und Augenwinkel in die Höhe und machte ein so ernst-komisches Gesicht, dass ich laut lachen musste.

Der Himmel versprach für die nächste Zeit günstige Witterung. Da noch keine Aussicht bestand, dass Slowtrap in die Berge aufbrechen würde, unternahm ich eine kleine Jagdpartie auf eigene Faust. Weil sich auf der Südseite des Flusses weniger Ansiedlungen befanden, war die Jagd dort wesentlich besser.

Dicht am Fluss auf der anderen Seite wohnte der junge Curly, der zwar im Verdacht stand ein Pferdedieb zu sein, aber sonst ein herzensguter Kerl und sehr guter Jäger war. Sein kleiner Fehler, dass er Pferdefleisch zu sehr mochte, konnte mir egal sein, denn mir stahl er keins. Ich ging an den Fluss und rief nach ihm. Wenig später kam er herüber und holte mich ab. Meinen Vorschlag griff er gern auf und wollte nur etwas Proviant zusammenstellen. Curly wohnte in einem kleinen Blockhaus am Fluss, ringsum von Wald umgeben. Es gab keine Handbreit urbar gemachtes Land daneben, Curly lebte fast nur von der Jagd. Vor noch nicht sehr langer Zeit war er mit seiner Frau, Mutter und Schwester hierher gezogen.

Er hatte kein Mehl und musste deshalb jetzt erst mahlen. Allerdings benutzte er dazu, wie leider so oft in Arkansas, eine Art Mörser. Ein gesunder Baumstumpf wird ausgebrannt und mit Feuer, Meißel und Messer innen so glatt wie möglich gemacht. Dazu wird ein Stößel mit zwei Griffen aus hartem Holz gefertigt und an einer schwingenden Stange befestigt. Es sieht fast so aus wie unsere Brunnen in den Dörfern.

Soll Mais gemahlen werden, bewegt man den Stößel immer nur nach unten, denn durch die Stange wird er immer wieder nach oben gezogen. Es ist aber eine langweilige und ermüdende Arbeit, die man zu jeder Mahlzeit auf sich nehmen muss, denn viel Mehl kann man so nicht zubereiten. Die Methode wird deshalb auch nur von denjenigen durchgeführt, die nicht das Geld für eine Stahlmühle haben.

Endlich hatten wir genügend Mehl für zwei Tage, falls wir nichts schießen würden. Curly wickelte alles, was er mitnahm, in eine Wolldecke, hing Blechbecher und Tomahawk an die Seite und fröhlich zogen wir in die weite Gottesnatur.

Am nächsten Morgen verzehrten wir unser Frühstück und fütterten die Hunde beim ersten grauen Dämmerstreifen im Osten. Als wir unsere Umgebung besser erkennen konnten, schlugen wir unsere Richtung ein und glitten in der Dämmerung leise und vorsichtig durch den stillen Wald.

Nichts war zu erspähen, und doch hörte ich kurz vor Sonnenaufgang Curlys Büchse krachen, nach wenigen Minuten wieder und noch einmal. Ich stand wohl eine Viertelstunde lauschend und dachte, dass vielleicht ein aufgescheuchter Hirsch bei mir vorbeifliehen würde, aber nichts regte sich.

Ich war nur ein kleines Stück weitergegangen, als ich einen Bock sah, der majestätisch auf der Fährte einer Hirschkuh heranschritt. Die Brunftzeit hatte begonnen und die Hirsche zogen unstet im Wald umher. Ich näherte mich ihm im rechten Winkel zu seinem Weg und war auf 80 Schritt herangekommen. Dann rief ich ihn an. Er stutzte und meine Kugel saß ihm auf dem Blatt. Nur wenige Sprünge noch und er lag zuckend auf dem gelben Laub. Mein Hund sprang auf ihn zu, aber da er schon verendet war, leckte er nur die Schusswunde und legte sich ruhig neben ihn.

Ich streifte den Hirsch schnell ab, nahm die Keulen, hing sie an einen Baum und das Fell darüber. Mein Hund bekam seinen Teil ab, der Rest war für die Aasgeier und Wölfe.

Jetzt fiel ein Schuss kaum 100 Schritt entfernt auf der anderen Seite des Dickichts. Ich ging darauf zu, um zu sehen, wer geschossen hatte. Es war Curly, der einen Truthahn erlegt hatte. Er lag unter einem Baum und erzählte mir von seinem Pech mit trauriger Miene. Bei der Verfolgung eines angeschossenen Bockes achtete er nicht auf lockere Steine auf einem Hügel und hatte sich den Fuß so vertreten, dass er kaum von der Stelle könne. Das angeschossene Wild musste er seinem Schicksal überlassen.

Da wir fast in einem Kreis gejagt hatten und unser Lagerplatz nicht weit entfernt war, half ich ihm dorthin. Curly war aber die Lust zum Jagen vergangen. Mit langsamen Schritten und mithilfe eines dicken Stockes machte er sich auf den Heimweg, um sein Bein zu pflegen.

Ich konnte mich von dem neu gefundenen Jagdgrund aber noch nicht trennen und beschloss allein weiterzujagen. Ich holte mir die Hirschkeulen und richtete mich so ein, dass ich auch bei schlechtem Wetter etwas Schutz fand. Um Mitternacht weckte mich ein fürchterlicher Donnerschlag und gleich darauf begann mein Hund zu heulen. Dicht hinter mir stand eine Eiche in Flammen.

Blitz folgte auf Blitz, Schlag auf Schlag, der ganze Wald schien in einem schwefelgelben Flammenmeer zu schwimmen. Dann entluden sich die Wolken und das Wasser stürzte in solchen Mengen herunter, dass der kleine Bach neben meinem Lager in kurzer Zeit anschwoll und schäumend an mir vorbeibrauste.

Dann ließ das Gewitter plötzlich nach, als hätte sich alles erschöpft. Tiefe Finsternis und Ruhe umgab mich und der Regen fiel stark. Nur im Osten blitzte und murmelte es noch mit verbissenem Zorn.

Meine aufgespannte Wolldecke erwies sich als sehr praktisch, denn ich wurde überhaupt nicht nass und schlief bald darauf wieder ein.

Gegen Morgen klärte es sich wieder auf und ich hatte jetzt das herrlichste Jagdwetter, das man sich wünschen kann. Um zehn Uhr hingen schon drei von mir aufgebrochene Hirsche im Wald. Zwei davon waren Böcke und das

Fleisch wegen der Brunftzeit ziemlich schlecht, aber die Kuh war so fett und delikat wie selten.

Die nächste Nacht wurde ich durch ständiges Bellen meines Hundes geweckt. Ich legte meine Hand auf ihn und brachte ihn so zum Schweigen, aber sämtliche Haare blieben gesträubt. Ich vermutete Wölfe in der Nähe und hörte dann auch in dem gefrorenen, raschelnden Laub den leisen, behutsamen Tritt eines schweren Tieres.

Ich hatte das Feuer wieder angeschürt und Kien darauf geworfen, sodass es hell aufloderte. Jetzt stellte ich mich zwischen das Feuer und die Geräusche, um die Augen meines nächtlichen Besuchers sehen zu können. Dreimal zeigten sich zwei glühende Feuerballen, verschwanden aber schnell wieder und überzeugten mich dadurch, dass es sich um einen Panter handelte.

Er ging mehrmals um das Feuer, aber nie nahe genug, um seine Gestalt zu erkennen. Eine halbe Stunde verbrachte ich im Anschlag, während mein Hund dicht an meine Seite geschmiegt mit mir jedes Geräusch verfolgte, das die Tritte des Tieres verursachten. Jedes Mal, wenn ihm der Panter unter den Wind kam, stieß er ein langes, klagendes Geheul aus.

Die Bestie schien nicht genug Mut zu haben, um einen Angriff zu wagen. Leise zog sie sich zurück. Ich blieb noch eine gute Viertelstunde auf meinem Posten, bis sich selbst mein Hund überzeugt hatte, dass alles sicher sei, und sich wieder hinlegte. Ich folgte seinem Beispiel, wickelte mich in meine Decke und war bald sanft eingeschlafen.

Es war ein grimmig kalter Morgen und ich hatte nur meine dünnen Mokassins ohne Strümpfe oder Socken. Da fiel mir das Mittel ein, das mir einmal ein alter Jäger verraten hatte. Ich badete meine Füße in dem eiskalten Wasser des Baches, trocknete sie gut ab und zog die Mokassins wieder an. Bald danach glühten meine Füße förmlich und blieben den ganzen Morgen warm.

Mit Tagesanbruch war ich wieder unterwegs und zog den kleinen Bach entlang. Das Gebüsch wurde immer

struppiger und dichter. Ich wollte schon umkehren und über den Hügel an einen anderen Bach zurückgehen, als ich rechts von mir einen herrlichen Bock ruhig ins Dickicht gehen sah.

Um ihm den Weg abzuschneiden, umschlich ich das Dickicht schnell und geräuschlos. In diesem Augenblick hörte ich das herzzerreißende Klagen des Hirsches.

Mein erstes Gefühl war vorwärts zu stürzen. Bei dieser Bewegung stürzte auch Beargrease davon. Ich besann mich aber und holte den gehorsamen Hund mit einem scharfen Pfiff zurück. Hinter einem Baumstamm verborgen überlegte ich, was zu tun sein.

Der Klagelaut kam von dem Hirsch und nur der Panter konnte ihn verursacht haben. Hätte ihn ein Wolf angefallen, wäre nicht alles plötzlich so ruhig gewesen, denn der hätte ihn nicht so schnell überwältigt. Von den Amerikanern hatte ich gehört, wie der Panter seine Beute schnell tötet und sich dann satt frisst. Den Rest verscharrt oder bedeckt er und kehrt später zurück. Ich wartete also eine Weile, um den Panter sicher zu machen, um ihn dann zu beschleichen. Damals wusste ich noch nicht, wie schwer ein Panter zu überlisten ist, aber das Glück war mir günstig.

Nach etwa einer halben Stunde schlich ich vorsichtig und leise auf das Gebüsch zu und mein Hund folgte mir ebenso leise. Ich hatte den Rand erreicht und suchte einen Weg, der wenig Geräusch verursachte, als ich ein leichtes Rascheln hörte.

Mein Herz begann wild zu hämmern. Da teilten sich auch schon die Büsche und die zwei dunklen Augen des Panters schauten zu mir herüber.

Es war erkennbar, dass er nicht gleich wusste, was er mit mir anfangen sollte. Dann zog er sich zusammen und schmiegte sich kaum 20 Schritt von mir entfernt in das gelbe Gras. Ich blieb nicht müßig. Als er sich duckte, krachte mein Schuss. Hoch aufspringend stürzte das tödlich getroffene Tier wieder auf den Boden.

Im Nu war Beargrease auf ihm und bearbeitete wütend das Fell seines grimmigsten Feindes.

Als ich ihn auf die Fährte setzte, warf er immer wieder sehnsüchtige Blicke zu seinem toten Gegner zurück. Bald stieß ich auf den toten Hirsch. Der Panter hatte ihn mit Laub bedeckt, aber das Fell war nicht mehr zu gebrauchen. Er hatte es völlig zerfetzt. Ich streifte den Panter ab und machte mich auf den Rückweg.

Im Lager eingetroffen schnürte ich meine Felle mit Baumrinde zusammen und hatte eine ziemliche Last zu tragen, mit der ich gegen Abend bei Curly eintraf. Da ich keine Lust hatte bei Nacht über den Fluss zu setzen und dann noch durch ein Rohrdickicht zu kriechen, blieb ich bei Curly.

Die Familie war in dem kleinen Haus sehr beengt, zumal noch zwei mächtige Betten, ein Tisch und drei Stühle den Raum ausfüllten. Ein paar Teller und Tassen machten den ganzen Hausrat aus. Ein Loch in der Wand diente als Fenster. Wir verbrachten einen sehr angenehmen Abend, denn Curly kannte eine Menge Lieder. Besonders einige recht komische irische Lieder konnte er gut singen. Vom Singen und Lachen ermüdet wickelte ich mich vor dem Kamin in meine Decke.

Mit Tagesanbruch war ich auf und konnte den jetzt stark gefallenen Fluss durchwaten, erreichte bald Slowtraps Hütte. Dort spannte ich meine Felle auf.

Slowtrap war unterwegs, um wilde Enten zu schießen. An der Mündung des Baches in den Fourche la Fave hielten sie sich in solchen Massen auf, wie ich sie noch nie gesehen hatte. Sie bedeckten richtig das Wasser. Mit einer guten Doppelflinte hätte man Unmengen erlegen können, weil das hohe Ufer ein Anschleichen begünstigte.

Ich glaubte Slowtrap nicht weit entfernt, nahm meine Büchse und schlenderte am Wasser entlang. Plötzlich sah ich keine 15 Schritt von mir eine Kette Enten ruhig schnatternd auf dem Wasser umherschwimmen. Sie saßen verführerisch nahe, ich hob die Büchse und schoss der größten von ihnen den goldgrün schimmernden Kopf weg und lud wieder. Meine Beute fischte ich heraus und wollte eben weiter flussaufwärts gehen, als ich Slowtraps Büchse wohl eine Meile entfernt hörte. Das war mir doch zu weit und ich ging wieder heim.

Heim? Hatte ich denn eine Heimat? Wo ich mein Rindendach errichtete, meine Decke ausspannte oder ein Feuer entzündete, war meine Heimat. Und am nächsten Morgen zog ich vielleicht schon mit meinen wenigen Habseligkeiten auf der Schulter weiter.

Ich ging also heim und besserte meine alten Mokassins erneut aus. Aus einem gegerbten Fell, das ich besaß, schnitt ich mir gleich ein neues Paar aus, denn einen weiten Marsch würde das alte Paar nicht mehr aushalten. Als es dunkel wurde, kehrte Slowtrap mit sieben Enten zurück.

Collmar war über die Berge gekommen, um uns zum Aufrichten eines neuen Hauses einzuladen. Die Baumstämme lagen schon alle bereit und nach amerikanischer Sitte rief er jetzt die Nachbarn zur Hilfe.

Slowtrap war der übernächste und wohnte neun Meilen entfernt, der nächste dann acht Meilen. Ich versprach auf jeden Fall zu kommen. Nur mein Alter konnte nicht fest zusagen. Einmal war es gegen seine Grundsätze, etwas bis zum übernächsten Tag fest zu bestimmen, und dann fühlten sich seine Frau und das jüngste Kind nicht wohl.

Mit Erzählungen und Anekdoten verkürzten wir uns den Abend und warfen uns endlich ermüdet auf die Decken. Collmar brach mit der ersten Dämmerung wieder auf, um noch Vorbereitungen zu treffen. Ich nahm meine Büchse, um einen Truthahn zu schießen, und schlenderte mit meinem Hund langsam in den Wald. Noch keine halbe Meile vom Haus entfernt jagte Beargrease eine Gruppe in die Bäume. Der Wald war hier aber so dicht, dass ich nicht erkennen konnte, auf welche Bäume die Truthähne geflogen waren. Sie verstecken sich dann ja hinter dem Stamm. Ich setzte mich unter einen Baum und wartete ab, bis sie sich wieder lockten, um zusammenzukommen.

Ich hatte noch nicht lange gesessen, als überall der Lockton laut wurde. Etwa 100 Schritte von mir entfernt erhob sich ein mächtiger Truthahn auf einem Zweig, wo ich ihn vorher nicht bemerkt hatte.

Ich zielte und schoss. Verwundet flatterte er herunter in ein dichtes Gebüsch. Ich hätte ihn dort nicht gefunden, wenn sich nicht Beargrease mit wahrer Todesverachtung zwischen die Dornen geworfen hätte. Der Truthahn verschwand im Rohrdickicht, aber mein treuer Hund folgte ihm jauchzend und bellend.

Als ich endlich den Kampfplatz erreichte, bot sich mir ein interessantes Bild. Mein Hund war noch jung, der alte Truthahn wog bestimmt über 20 Pfund. Beargrease wusste, dass er ihn nicht beschädigen durfte und versuchte ihn mit den Pfoten niederzuhalten. Dazu war er aber dem starken Tier nicht gewachsen, das nur leicht am linken Flügel verletzt war. Er konnte sich befreien, wurde aber gleich wieder von Beargrease niedergedrückt. Ich beendete den Kampf, indem ich dem Truthahn mit meinem schweren Messer den Kopf abschlug.

Bei Slowtrap sattelte ich sein altes Pony, ließ Beargrease zurück und ritt zu Collmar über die Berge. Die Berge und Flüsse an der Südseite Arkansas laufen fast alle von Westen nach Osten. Die Gebirge zeigen eine ganz besondere Bildung. Die »Backbone ridge« ist der höchste Zug, daneben laufen noch parallel kleinere Bergrücken. Die kleinen Flüsse, wie Petite Jeanne, Fourche la Fave und Washita, die sich auf dieser Seite in den Arkansas ergießen, haben diese Gebirge zwischen sich.

Aufmerksam nach Wild spähend, ritt ich langsam die steilen Abhänge hinauf und hinunter. Ein scharfer Nordwind hatte sich erhoben und ich fror in meinen Hemdsärmeln. Mein Jagdhemd hatte ich bei Slowtrap gelassen, aber ich wollte meine Wolldecke noch nicht umhängen.

Da bemerkte ich auf der anderen Seite eines kleinen Baches einen Fuchs, der vorsichtig zu mir herübersah. Langsam erhob ich mich im Sattel und meine Kugel pfiff zu ihm herüber, aber ich war zu durchgefroren und verfehlte ihn. Ich ging zu dem Platz, wo er gesessen hatte und suchte nach einer Spur. Weil ich nichts entdecken konnte, lud ich wieder und kehrte zum Pferd zurück, das ruhig graste. Mit dem linken Fuß in den Steigbügel tretend und das rechte Bein über den Sattel werfend, sah ich mich noch einmal um. Wer beschreibt mein Erstaunen, als ich den verwünschten Fuchs wieder an der gleichen Stelle sah? Er war so unbekümmert, als wäre nichts vorgefallen.

Diesmal musste ich zum Schießen das Pferd wenden und der Fuchs drehte sich zur Flucht. Ich pfiff laut und er blieb einen Augenblick stehen. Ehe ich abdrücken konnte, eilte er im langen Trab zu einem Dickicht. Aber nicht schnell genug für meine Kugel. Der Sprung, den er machte, zeigte mir, dass ich getroffen hatte. Rasch eilte ich ihm nach.

Als er mich durch die Büsche rascheln hörte, blieb er stehen, um zu horchen. Die Kugel hatte seinen linken Hinterlauf zerschmettert. Ich warf alles weg, was mich beim Laufen hinderte und blieb ihm dicht auf den Fersen. Er rannte davon, aber ich kam ihm immer näher. Als er das bemerkte, lief er den Hügel hinauf. Mir ging der Atem aus und bald musste ich stehen bleiben. Bald darauf hatte ich ihn aus den Augen verloren.

Müde und erhitzt marschierte ich zum Pferd zurück und sammelte auf dem Rückweg alle Gegenstände auf. Meine Büchse, Mütze, Kugeltasche und Pulverhorn ergriff ich, lud das Gewehr wieder und wickelte mich in meine Decke. Dann bestieg ich das geduldig wartende Pferd und war bald auf dem Bergrücken, der den Fourche la Fave von seinem linken Arm trennte.

An der Südseite des Berges folgte ich einem kleinen Bach und erreichte nach anderthalb Stunden Collmars

Bauplatz. Mit zwei anderen hieb er die Stämme zu. Der Grund für das Haus war schon gelegt, die Dielen behauen, und nach und nach versammelten sich noch einige Nachbarn mit ihren Büchsen und Hunden. Bald war der ganze Platz lebendig vom Lachen und Erzählen.

Als es dunkel wurde, hobbelten wir unsere Pferde in einem kleinen Schilfbruch aus und schütteten ihnen auf einem trockenen Platz geschälten Mais hin. Dann kehrten wir zu Collmars Schuppen, in dem er mit seiner Familie wohnte, zurück. Es wurde schon ziemlich dunkel, als wir das Gebäude betraten. Ein wildes Gemälde bot sich uns.

Die Hütte, in der ich früher einmal zwei Tage krank gelegen hatte, war aus gespaltenen Brettern zusammengenagelt. In der Mitte wurde sie mit hölzernen Gabeln gestützt. An der einen Seite standen drei roh gearbeitete Betten, an der anderen ein Webstuhl und zwei Baumwollspinnräder. Das Gebäude war wohl 50 Fuß lang und 20 Fuß breit und hatte keinen anderen Boden, als ihn der liebe Gott der umliegenden Gegend gegeben hatte.

An verschiedenen Stellen waren Büchsen angebracht, in einer Ecke lagen mehrere Sättel. Drei Paar Hirschschinken zierten den Winkel der Wohnung, getrocknete Kürbisse, auf Stangen gereiht, bildeten den Himmel dieses Paradieses.

In der einen Ecke der charakteristischen Wohnung waren ungeheure Klötze aufgehäuft. Sie standen in voller Glut und schickten die Flamme fast bis an die glänzend schwarzen Bretter hinauf. Mehrfach musste ein Eimer Wasser hinaufgeworfen werden, um die glühenden Bretter zu löschen. Das hinaufgegossene Wasser stürzte in das Feuer zurück und füllte den ganzen Raum mit feinem Aschenregen.

In der Glut der Flammen standen Bratpfannen, Töpfe und alles mögliche Geschirr. Seitwärts an einer Stange schmorte ein Truthahn, neben dem von der Decke herab an gedrehter Baumrinde ein fettes Opossum hing.

Obwohl ich mich lange genug unter Menschen aufgehalten habe, die dieses Tier leidenschaftlich gern aßen, konnte ich mich nie mit dem Rattenkopf und -schwanz, den fast menschlichen Fingern und langen Klauen anfreunden. Seine Jungen hatte es lange nach der Geburt noch wie ein Känguru in einem Beutel bei sich und auch das konnte meinen Appetit auf dieses liebe Tier nicht vergrößern.

Meine Aufmerksamkeit galt jetzt aber zwei alten Jägern, die um eine Kuh handelten. Aber zunächst einmal will ich die Personen beschreiben, die hier versammelt waren.

Collmars Frau hatte eine große, starke Figur. Sie war wohl Mitte dreißig und hatte zwei Töchter im Alter von zehn und vierzehn Jahren. Sie waren emsig am Feuer damit beschäftigt, mit einem ungeheuer langstieligen Löffel Truthahn und Opossum zu begießen, drehten die Fleischscheiben in den Pfannen um. Vier oder fünf kleine Gestalten drängten sich mit Blechbechern voller Milch dazwischen und starrten mit offenen Mäulern die Neuankömmlinge an.

Unsere Wirtin schickte die Kinder bald ins Bett und wir saßen im Kreis behaglich um das Feuer herum. Man kann sich davon keine richtige Vorstellung in Europa machen, es sei denn, man stellt sich einen brennenden Klafter Buchenholz in einer Stube vor.

Die Töchter waren kleine, gedrungene Gestalten, aber fett und gesund. Eine blühende Gesichtsfarbe ersetzte ihnen, was vielleicht an Schönheit fehlte. Die beiden interessantesten Figuren waren aber die beiden erwähnten alten Ansiedler und Jäger. Sie wollten ihre Kühe austauschen und machten sie dabei so schlecht, dass sich die Kälber hätten schämen müssen. Nachdem sie stundenlang die Fehler und Nachteile der anderen Tiere aufgezählt hatten, schwuren sie sich beide, dass sie die Kuh des anderen nicht geschenkt haben wollten. Die Frauen hatten den roh gearbeiteten Tisch in die Mitte gerückt und Klötze, Sessel und Kästen als Sitze drum herum gestellt.

Jetzt machten sie dem Handel ein Ende, weil sie das Essen auftrugen. Die lang ersehnten Wörter »Supper is ready« schlugen wie Sphärenmusik an unser Ohr. Truthahn-, Hirsch- und Schweinefleisch, Opossum, Maisbrot und das Labsal des westlichen Jägers, Kaffee, machten das Essen aus. In erstaunlicher Schnelle verminderte sich alles, bis vom Opossum nur noch die Knochen, vom Brot die Erinnerung, vom Truthahn das Gerippe und vom Kaffee der Satz übrig war.

Einer nach dem anderen stand gesättigt auf. Die Frauen hatten etwas für sich übrig behalten und begannen jetzt mit dem Essen. Das ist so eine der westlichen Sitten, die mir immer missfallen hat. Immer essen die Frauen nach den Männern von den benutzten Tellern. Höchstens die Frau des Hauses sitzt mit am Tisch und schenkt den Kaffee oder Tee ein.

Eine andere Sitte sagte mir aber mehr zu. Die Amerikaner standen auf, wenn sie gesättigt waren, und verschwanden ohne noch ein »Mahlzeit« oder »Wünsche wohl gespeist zu haben« zu sagen. Nach dem Essen lagerte alles in bunten Gruppen und unterhielt sich. Es ging um die Jagd, die Weide, das erst vor kurzem in der Gegend vermessene Land und schließlich sogar um die Religion. Da sich einige Methodisten, Baptisten und Presbyterianer mit mehreren höchst ungläubigen Christen vereinten, wurde die Diskussion recht hitzig.

Glücklicherweise gab der Whisky dem Gespräch eine andere Richtung. Collmar hatte seinen fünfzehnjährigen Sohn zum gut zehn Meilen entfernten Laden geschickt und der Junge kam jetzt mit zwei großen Krügen, die wohl vier Flaschen enthielten, zurück.

Alte Jagdgeschichten, Gefechte und Indianerüberfälle verkürzten uns schnell die Zeit, während der Whisky lustig im Kreise herumging. Besonders amüsierte die alten Bärenjäger die Erzählung eines Mannes, der erst vor kurzem aus North Carolina herübergekommen war und einen traurigen Bericht von der Jagd dort gab. Um auch einmal eine Bärenjagd zu veranstalten, hatten mehrere Farmer vor einigen Jahren einen zahmen zweijährigen Bären losgelassen und ihm eine halbe Stunde Vorsprung gegeben. Dann ging es zu Pferd und mit Hunden ihm nach.

»Die Hunde stellten ihn nach anderthalb Stunden auf einem Baum. Niemand hatte ein Gewehr bei sich und wollte etwa den Bär töten. In der Nähe stand ein Haus, zu dem ich ritt und eine Axt holte. Neugierig sah Petz von oben zu, wie wir den Stamm fällten. Als er stürzte, konnten wir den halb Betäubten wieder fesseln und mitnehmen. Die meisten stimmten für eine zweite Jagd, der Bär wurde wieder losgelassen und die zweite Hetze begann.

Diesmal dauerte es aber länger, weil der Bär durch einen Fluss schwamm. Wir wollten nicht nass werden und mussten eine Viertelmeile Umweg reiten, bis wir eine Brücke fanden. Endlich jagten die Hunde ihn auf eine sehr starke Fichte, und jetzt war guter Rat teuer, wie wir ihn wieder herunterbekamen. Das nächste Haus war meilenweit entfernt und die Axt hatten wir auch vergessen. Der Bär schaute immer wieder unruhig zu uns herunter und das brachte einen alten Virginier auf eine Idee. Mit einem Knüppel schlug er mehrfach gegen den Stamm und der Bär zuckte wie elektrisiert zusammen. Im nächsten Augenblick sauste er den Stamm hinunter mitten zwischen die Hunde. Noch so einen Sturz wollte er wohl nicht erleben und wir konnten ihn erneut fesseln und mit nach Hause nehmen. Dort lief er noch ein paar Jahre herum, bis er fett und schließlich geschlachtet wurde.«

Viel wurde über die Angst gelacht, die das arme Tier vor einem zweiten Sturz hatte. Erst spät wickelten wir uns in unsere Decken und schliefen auf dem kalten Boden sanft und selig. Nur hin und wieder wurden wir wach, wenn einer aus der hinteren Ecke aufstand und etwas trinken wollte. Wenn er dabei über die Liegenden stolperte, konnte man froh sein, wenn er nur Mokassins trug.

Bei Tagesanbruch waren wir auf und rüsteten uns für den Hausbau. Ein tüchtiges Feuer wurde an Ort und

Stelle gemacht, um Hände und Füße zu wärmen. An jeder Ecke des Hauses stand einer der Männer mit einer Axt, um die Endstücke zu beschlagen und aufeinander zu passen. Wir anderen sieben mussten die behauenen, sehr schweren Fichtenstämme hinaufreichen. Je höher wir kamen, desto schwieriger wurde das. Aber die Amerikaner kennen eine Menge Handgriffe, mit denen fast unüberwindliche Schwierigkeiten beseitigt wurden.

Gegen Abend hatten wir das Haus bis unter das Dach fertig. Da es leicht regnete, wurden die Balken zu glatt zum Stehen und wir mussten aufhören. Die Nacht verbrachten wir noch bei Collmar und brachen nach einem sehr frugalen Frühstück auf. Wir hatten dem armen Teufel fast alles aufgegessen.

Das Wetter war nasskalt und neblig. Ich war froh, als ich Hozarts Haus am Abend erreichte. Erst am nächsten Tag traf ich bei Slowtrap ein. Bei meiner Erzählung von dem Erlebnis mit dem Fuchs lächelte er und erzählte mir schnurrige Anekdoten von Füchsen. Einmal, als er noch ein Kind war, hatte ein Fuchs versucht an seiner ältesten Schwester hochzuspringen und sie zu beißen. Solche Fälle waren aber sehr selten und wilde Katzen sind viel bösartiger und fallen Menschen öfter an.

Mitchell, einem alten Mann in den Cash-Sümpfen, war es einmal sehr schlecht ergangen. Während der Balzzeit der Truthähne war er auf der Jagd und hörte einen in der Nähe kräftig kullern. Hinter einem Stamm versuchte er ihn mit dem Lockruf der Henne zu ködern. Dadurch wurde aber eine Wildkatze angelockt, die sich auf ihn warf und ihr Bestes versuchte ihm die Halsadern durchzubeißen. Der erschrockene Mann war nicht in der Lage, sie herunterzuziehen, und musste sie auf seinem Rücken mit dem Skalpiermesser töten. Wochenlang hütete er anschließend das Bett, um seine bösartigen Wunden von den Krallen zu kurieren.

Am nächsten Tag hatte sich das Wetter wieder aufgeklärt, aber Slowtrap war mit seinen Vorbereitungen noch nicht fertig und schien meine Geduld aufs Äußerste strapazieren zu wollen. Mit aller Gemütlichkeit vertrödelte er den Tag, ohne dass man ihm dafür böse sein konnte. Aber ein Tag nach dem anderen verging und noch immer war der lange versprochene Zug nicht angetreten.

Das auf Vorrat gemahlene Mehl war auch fast aufgebraucht und wir mussten wieder neues mahlen. Slowtraps Frau hatte die notwendig gewordene Wäsche jeden Tag verschoben, um sie erst nach unserer Abreise vorzunehmen. Aber schließlich konnte sie nicht länger warten und bestimmte den nächsten Tag zum Waschtag. Curlys junge Frau und seine Schwester wollten ihr dabei helfen. Ich bekam den ehrenvollen Auftrag sie abzuholen.

Ich schnallte eine Wolldecke aufs Pferd und ritt hinüber. Weil wir aber nicht alle drei auf ihm sitzen konnten, musste ich den Weg zweimal machen. Die Amerikanerinnen sind übrigens alle beherzte Reiterinnen. Leicht schwang sich die junge Frau hinter mir auf den breiten Rücken des Pferdes, hielt sich an meinem Gürtel fest, und in vollem Galopp ging es erst durch den nicht tiefen Fluss, dann durch den dichten Wald zur Wohnung des Alten. Von hier aus galoppierte ich zurück und holte das junge Mädchen. Als ich sie abgeliefert hatte, dachte ich an meine eigene Sicherheit. Es fiel mir nicht ein, an einem Waschtag allein zwischen drei Frauen zu bleiben.

Ein paar Tage hatten wir nasses, unangenehmes Wetter und konnten uns nichts vornehmen. Also hackten wir Holz und brachten es ins Haus. Als die Sonne dann wieder durch die grauen, zerrissenen Wolken auf die feuchte, dampfende Erde schaute, ging ich wieder zu Curly, um vielleicht noch einen Hirsch zu schießen.

Den alten Collmar fand ich auch dort zusammen mit einem jungen Mann namens Martin, ein echtes Original.

Martin war etwa fünfundzwanzig Jahre alt und hatte kein einziges Haar mehr auf dem Kopf. Über die Ursache seiner Glatze erzählte er die tollsten Geschichten, verwickelte sich aber immer dabei. Dann sprang er auf, lief aus der Tür und wurde an diesem Tag nicht mehr gesehen. Eine Art stiller Wahnsinn trieb ihn auch, wenn er eine Weile auf einem Platz gearbeitet hatte. Irgendwann verschwand er heimlich, ohne seinen Lohn oder sogar seine Habseligkeiten mitzunehmen. Als das bekannt wurde, war Martin überall ein gern gesehener Arbeiter.

Wir hatten ihm nach und nach weisgemacht, dass er in Illinois geheiratet und eine Frau mit Stelzfuß dort sitzen gelassen hatte. So verächtlich er zuerst darauf reagierte, desto nachdenklicher wurde er später und wir redeten ihm den Unsinn dermaßen ein, dass er es selbst glaubte. Ich habe einmal gehört, wie er einem Fremden erklärte, dass er in Illinois verheiratet sei. Die tollsten Geschichten erzählte er von seinen Erlebnissen. Aber immer, wenn man ihn danach fragte, erzählte er es anders und wurde wütend, wenn man nur den geringsten Zweifel hegte.

Unter Erzählen und Lachen verging der Nachmittag. Als es dunkel wurde, nahmen Curly und ich unsere Feuerpfannen, um unser Glück noch einmal bei der Nachtjagd zu versuchen.

Zunächst schienen die Sterne hell und wir versprachen uns eine schöne Nacht, doch nach und nach lagerte sich im Norden ein dunkler Wolkensaum und manchmal blitzte es. Wir waren schon fast eine Stunde unterwegs, ohne Wild zu bemerken. Auf einem freien Platz wollten wir uns nach den Sternen neu orientieren und bemerkten mit Schrecken, dass dichte Wolken aufgezogen waren. Meinen Kompass hatte ich nicht mitgenommen und der Wind kam wechselnd von allen Seiten. Wieder blitzte es und leiser Donner in der Ferne machte uns auf das bevorstehende Gewitter aufmerksam.

Nichts ist leichter, als sich nachts mit der Fackel zu verirren. Der Schein beleuchtet nur wenige Schritte weit den Wald und gibt den Bäumen ein fremdartiges Aussehen. Alles, was weiter als 30 Schritt entfernt ist, verschwindet in völliger Finsternis.

Die Not schärft die Sinne. Ich erinnerte mich, dass es

am Anfang gerade unter dem Nordstern geblitzt hatte, und wir meinten, dass sich das Wetter nach Osten gezogen haben müsste. Ein stärkerer Donnerschlag erinnerte uns, dass wir keine Zeit zu vertrödeln hatten, und im Geschwindmarsch traten wir den Weg an.

Wir waren vielleicht zwei Meilen von Curlys Haus entfernt und immer stärker wurden die Blitze, häufiger und lauter der Donner. Den Sack mit den Kienspänen hatten wir schon längst an einen Baum gehängt und flohen jetzt mit wehender Kienflamme dem sicheren Dach entgegen. Furchtbar grell zuckte ein gewaltiger Blitz jetzt durch die rabenschwarze Nacht und schon hörten wir im entfernten Rauschen und Prasseln der Bäume das nahende Unwetter. Aber Curly hatte im Licht des Blitzes auch das Dach seiner Wohnung entdeckt. Wir erreichten das Haus, sprangen hinein und hatten kaum die Tür geschlossen, als schmetternder Hagel auf das Dach niederdonnerte. Wir sahen uns an und brachen in ein schallendes Gelächter aus.

Im Haus waren alle durch unseren geräuschvollen Eintritt, das laute Lachen und den starken Hagel wach geworden. Der Hagel wurde von einem mächtigen Platzregen abgelöst. Als wir nach einer Weile hinaussahen, war er vorbei und die Sterne blinkten wieder.

11. Kapitel

Zug in die Ozarkgebirge

Es war ein kühler, heiterer Wintertag, als der alte Slowtrap und ich mit unseren drei fröhlich nebenher springenden Hunden ausrückten. Der Alte saß auf seinem Klepper und hatte einen Sack Proviant, unsere Decken und meine Felle aufgeladen. Ich war mit Mokassins, Leggins und

Jagdhemd bekleidet und trug ein ungegerbtes Waschbärenfell als Mütze.

Slowtrap sah auf seinem Pferd aus, als würde er 300 Pfund wiegen, so gut hatte ihn seine Frau mit Ober- und Unterbekleidung ausgestattet. Ich fühlte in meiner Sommerkleidung die Kälte beim Marschieren nicht. Lustig wanderten wir einen schmalen Fahrweg entlang durch den dichten Wald.

Unsere Straße zog sich zu Beginn einige Meilen durch sumpfiges Land. Bald erreichten wir aber die Hügel, die den kleinen Fluss Petite Jeanne vom Fourche la Fave trennten, und es wurde trocken.

Dicht am Petite Jeanne hatte das County Yell (benannt nach dem Gouverneur von Arkansas) einen neuen Gerichtssitz eingerichtet, der gleich auch den Beginn einer kleinen Stadt bildete. Sie war genauso groß wie Perryville, also zwei Häuser und ein Stall.

Der Beginn einer Stadt ist eine merkwürdige Sache. Die Straßen werden abgesteckt und oft eine halbe Meile lang angedeutet. Dazu wird ein Stückchen Rinde von den Bäumen abgeschlagen, an denen sie langläuft. An die verschiedenen Straßenecken werden Brettchen angenagelt, auf die mit schwarzer Farbe geschrieben wird: »Mainstreet«, »Secondstreet«, »Walnutstreet«, »Elmstreet« usw. Mitten im Wald entdeckt man oft die Zeichen beabsichtigter Kultur und erfährt dadurch, dass man sich auf der Hauptstraße einer Stadt befindet.

Ist die Lage des neugeborenen und gleich getauften Städtchens gut, dann wächst es unheimlich schnell. Liegt es aber nicht besonders, vielleicht noch dazu in einer Ecke des Distrikts und ein Teil der Bevölkerung hat zu weite Wege bis zum Gericht, dann wird der Sitz innerhalb weniger Jahre wieder verlegt. Dann ziehen die Händler wieder weg, angefangene Bauten bleiben stehen, die verlassenen Blockhäuser werden vom Sturm abgedeckt, verfallen und das Gerichtsgebäude wird, wie ich es am White River gesehen habe, als »Corncrip« verwendet.

Dieser Ort wurde Danville genannt und hatte einen kleinen Laden. Ein unternehmungslustiger Geist hatte vom zwanzig Meilen entfernten Arkansas ein Whiskyfass herangebracht und verkaufte es hier gegen Felle und Pelze. Er hatte auch Pulver und Blei, amerikanische Zündhütchen, übrigens sehr schlechte Qualität, Kaffee und Zucker. Ich tauschte meine Felle gegen Pulver, Blei und Kaffee.

Auf diese Art etwas leichter geworden, zogen wir am dicht besiedelten Bach Spring Creek hinauf. Hier lag eine Farm neben der anderen und wir kamen auch an einer Wassermühle vorbei. Erst als es zu dunkeln begann und der Himmel sich bewölkte, sahen wir uns nach einem Lagerplatz um.

An einer umgestürzten Fichte hielten wir an, nahmen die Last vom Pferd, gaben ihm etwas Mais und suchten uns Holz für das Feuer zusammen und um einen Wetterschutz gegen den aufziehenden Regen zu errichten. Fichtenrinde lag überall im Unterholz herum und trotz der vielen Holzwurmlöcher benutzten wir sie doppelt und dreifach übereinander gelegt. So brachten wir ein ziemlich wetterfestes Dach zustande.

Als es fertig warf, warf ich mich ermüdet neben das Feuer. Aber mein Gefährte war noch nicht zufrieden gestellt. Immer größere Stücke Rinde schleppte er zusammen, um sie an der Seite und am Rückteil aufzustellen und auch den Boden abzudecken.

Wohl oder übel musste ich wieder auf und Rinde tragen, bis er endlich erklärte, dass es ausreiche. Unser einfaches Abendessen war bald beendet.

Er zog jetzt seinen alten, abgeschabten Rock aus und faltete ihn bedächtig zusammen, um ihn neben seinem Sattel als Kopfkissen zu benutzen. Dann legte er seine Wolldecke auf die Rinde, zog die Schuhe aus und legte sie mit der Sohle nach oben neben sich. So lief ihm bei Regen das Wasser nicht hinein. Die Strümpfe hing er über sich unter das Rindendach, dann legte er sich sacht und behutsam hin, deckte sich zu und war bald eingeschlafen.

Ich hatte noch keine Ruhe und warf mich dicht am Feuer hin. Mit einem Stock stöberte ich die Glut auf. Die Funken fuhren knisternd und wirbelnd auf und wurden vom Wind davongetragen. Dann erinnerten mich die ersten Tropfen daran, das trockene Lager aufzusuchen.

Die aufgehende Sonne fand uns schon wieder auf dem Marsch und wir erlebten nichts Besonderes bis zum Abend, wo wir einen alten Pflaumengarten der Cherokee entdeckten.

Es war ein offener Platz mit einem Umfang von mehreren Meilen. Er war dicht mit zwei bis sechs Fuß hohen Pflaumenbüschen bedeckt, die noch von den Cherokee stammten und auch »Cherokeeplums« genannt werden. Die Büsche tragen kleine, runde, außerordentlich süße Früchte, die etwa im August reifen. Ähnliche Pflaumenanlagen sind an mehreren Stellen am Arkansas und Mississippi. Noch vor Dunkelwerden erreichten wir den Arkansas gegenüber der kleinen Stadt Pittsburg und ließen uns übersetzen.

Aufgrund unseres schwachen Kassenbestandes gingen wir gar nicht erst in die Stadt, sondern blieben gleich am Ufer. Hier zündeten wir ein Feuer an und errichteten aus angeschwemmten Brettern ein Dach. Wir waren sehr zügig marschiert und hatten unsere Hunde dabei angebunden aus Angst sie beim Wildstöbern zu verlieren. So hatten wir aber noch nicht einmal einen Truthahn geschossen und unser Proviant ging sehr zur Neige. Wir teilten die Reste so ein, dass wir Abendessen und Frühstück für uns und die Hunde hatten und legten uns schlafen.

Am nächsten Tag zogen wir eine große Strecke den Weg entlang, auf dem vor vielen Jahren die östlichen Indianer nach dem Westen transportiert wurden. Überall zeigten noch viereckige, ausgehauene Löcher in den umgestürzten Bäumen die Stellen an, wo die indianische Frau ihren Mais stieß, um Brot zu backen. Aber viel traurigere Anzeichen sind die Pferde- und auch Menschenknochen, die wenige hundert Schritt von der Straße verstreut liegen.

Mancher tapfere Häuptling, manch junge Squaw fand dort auf der Straße durch Krankheiten den Tod. Selbst die Verwandten und Freunde konnten nichts für sie tun, als sie in Decken zu wickeln und mit Pfählen und Zweigen zu bedecken um die Aasgeier abzuhalten. Alte Amerikaner erzählten mir, dass der Zug ständig von Tausenden dieser Geier verfolgt wurde. Die weißen Treiber ließen ihnen noch nicht einmal so viel Zeit sie zu begraben. Die Wölfe, die dem Zug ebenfalls folgten, rissen schon am Abend den schwachen Schutz auseinander und zerrten die Gebeine im Wald umher. Traurige Folgen der Zivilisation! Hier zeigte sich der schändliche Schachergeist, mit dem alles in Amerika rein kaufmännisch betrieben wird, in seinem grellsten Licht.

Die Regierung hatte sich nach dem Verkauf des Landes verpflichtet die Indianer in das weit entfernte neue Reservat zu bringen. Um den Transport so preiswert wie möglich zu machen, wurden dafür Privatleute verpflichtet. Dafür wurde Geld gezahlt, das für einen bequemen Transport ausreichend gewesen wäre. Aber die armen Indianer verhungerten und verkümmerten unterwegs fast alle. Die Transporteure aber wurden reich dabei. Sie wurden eher wie Waren als wie lebendige Menschen transportiert und was unterwegs zugrunde ging, musste später nicht mehr verköstigt werden.

Nicht einmal satt zu essen bekamen die Unglücklichen unterwegs. Die Farmer in den Sümpfen und Gebirgen an der Straße versicherten mir mehrfach, dass die Indianer alles verkauft hätten, nur um Brot zu bekommen. Pferde verhandelten sie für zwei bis drei Dollar, Büchsen und Tomahawks wurden gegen Brot getauscht. Medizin gab es für sie überhaupt nicht und als Krankheiten unter ihnen ausbrachen, starben sie in Unmassen. Auch unter denen, die das neue Gebiet erreichten, starben Tausende noch unter den Entbehrungen.

Ungefähr gegen drei Uhr kamen wir an die Ozarkgebirge und gingen an den Gebäuden einer Farm vorüber.

Mehrere zahme, ganz weiße Truthähne gingen herum und mein Hund, der besonders die Truthahnjagd liebte, betrachtete sie zwar misstrauisch, nahm dann aber keine weitere Notiz von ihnen. Dann lief ihm aber einer direkt vor der Nase vorbei und er nahm die frische Witterung auf. Blitzschnell folgte er ihm und schnupperte abwechselnd auf seiner Fährte und dann an dem Vogel, als wenn er sagen wollte: »Wie passt ihr denn zusammen?« Aber der Truthahn ging mit großen Schritten weiter, und sah sich nur ab und zu nach seinem neuen Freund um, der ihm fast auf die Hacken trat. Slowtrap, den noch niemand hatte lachen sehen, lächelte.

Endlich pfiff ich Beargrease und mit scharfem Schritt wanderten wir weiter zum Lauf eines kleines Baches in die so lang ersehnten Gebirge.

Das Tal, durch das der kleine Bach floss, war sehr schmal. Aber trotzdem standen Häuser an Stellen, wo sie niemand vermutet hätte. Oft gab es kaum fünf bis sechs Acker nutzbares Land in der Nähe.

Ein Platz amüsierte mich besonders. Wir sahen nichts weiter als ein kleines Rübenfeld, etwa 60 Schritt lang und breit. An einer Ecke stieg Rauch in die Höhe.

Anzeichen menschlicher Wesen waren sonst nicht weiter zu entdecken und ich wollte deshalb wissen, woher der Rauch kam. Als ich darauf zuging, staunte ich sehr. An der Ecke des Feldes sah ich in einen Schornstein hinunter. Das Haus war unten in eine Schlucht hineingebaut, wahrscheinlich, um das Stückchen fruchtbares Land nicht noch zu verkleinern.

Was Leute veranlasst haben kann, sich in solchen Winkeln niederzulassen, weiß ich wirklich nicht. Gerade in Arkansas sind weite Strecken herrlichen Landes zu haben. Wir stiegen jetzt auf den »Spur«, die erste auslaufende Spitze, um dann auf den Bergrücken zu kommen, der den Mulberry vom Arkansas trennt.

Der Abhang war sehr steil, aber die Mühe wurde durch eine freundliche Aussicht belohnt. Leider war es etwas zu

trübe für weite Sicht und der Himmel zog sich im Nord-
westen wieder zu. Slowtrap hatte, ohne ein Wort zu sagen,
einen großen Stein an den Abhang gerollt. Jetzt stieß er
ihn hinab und hetzte die Hunde darauf. Sie hörten das
Geräusch in den Büschen und jagten wie toll hinterher.
Zuerst rollte der Stein nur langsam, kam immer mehr in
Schwung, machte große und größere Sätze, riss einen
kleinen Baum mit und kam mit furchtbarem Gepolter im
Tal an. Mir war dabei gar nicht wohl, denn ich befürchtete, dass sich die Hunde Hals und Beine brechen konnten. Aber Beargrease war schlauer als die anderen und
kam bald darauf wieder zurück. Er duckte sich und
wedelte mit dem Schwanz, als wüsste er, dass er eine
Dummheit gemacht hatte. Nach einiger Zeit folgten auch
die anderen keuchend und schnaufend.

Slowtrap schien sich dabei gut amüsiert zu haben. Er
hatte sich auf einen Felsen gesetzt, den Zügel um den linken Arm geschlungen, und sah der Hetze zu, ohne eine
Miene zu verziehen. Wir wollten an diesem Abend noch
gut zehn Meilen marschieren, um ein Haus zu erreichen.
Die Dämmerung brach aber immer schneller herein und
mit langen Schritten zogen wir auf dem Hügel entlang.
Nach Slowtraps Auskunft mussten wir gut sieben Meilen
hinter uns bringen, ehe wir an den Mulberry hinunterstei-
gen und auf Ansiedlungen hoffen konnten.

Immer dunkler wurde es und nur ein schmaler, selten
begangener Fußweg war erkennbar. Auf dem ging ich aufmerksam weiter, während Slowtrap langsam hinter mir
herritt.

Es wurde Nacht und ein feiner, aber durchdringender
Regen fiel aus den drohend zusammengezogenen Wolken.
Aber unermüdlich folgte ich bis etwa zehn Uhr dem Pfad.
Plötzlich aber hatte ich jede Fährte verloren und erklärte
dem Alten, dass der Weg hier entweder aufhöre oder ich
ihn übersehen hätte.

Slowtrap war mir bislang wortlos gefolgt und fragte
mich nun, ob ich ihn wieder finden könnte, wenn ich

etwas zurückginge. Das Wetter war für eine Unterhaltung nicht passend und so schulterte ich schweigend meine Büchse und ging eine kurze Strecke zurück, beschrieb einen Zirkel und fand bald darauf den etwas dunkleren Streifen im Laub. Ich rief und Slowtrap kam heran. Er war abgestiegen und führte sein Pferd am Zügel. Ich sollte jetzt aufsteigen und er wollte dem Weg folgen, weil seine Augen besser an die Wildnis gewöhnt wären.

Das war mir ganz recht, ich war müde vom Laufen und kletterte schnell aufs Pferd. Slowtrap zog mit vorgebeugtem Oberkörper gut 200 Schritt vor mir her. Aber etwa an der gleichen Stelle, wo ich die Spur verloren hatte, hielt auch er an und schwur, er wolle verdammt sein, wenn der Weg da nicht aufhöre.

Weit konnten wir vom Abhang des Berges nicht mehr sein, wo es zum Mulberry hinunterging. Der Wald wurde lichter vor uns und Slowtrap glaubte, dass wir im Hellen jetzt das ganze Tal übersehen könnten. Jetzt war es aber dunkel und wir sahen nichts als unser eigenes Elend und versuchten noch eine halbe Stunde einen Pfad zu finden. Ungefährlich war das in den Bergen nicht, denn oft taten sich unvermutet Abhänge auf und das Pferd konnte leicht dabei abstürzen. Außerdem regnete es in Strömen und wir waren völlig durchnässt.

Als wir endlich überhaupt nichts mehr erkennen konnten, beschlossen wir gerade hinabzusteigen. Uns war egal, wo wir ankamen, noch nässer konnten wir kaum werden. Steil und schlüpfrig ging es hinunter. Obwohl wir das Pferd führten, waren wir doch oft in Gefahr an einer steilen Stelle abzustürzen. Gegen elf Uhr gaben die Hunde plötzlich Knurren und dumpfes Gebell von sich. Der älteste von ihnen war ein alter Jagdhund mit mancher ehrenvollen Narbe auf dem Körper. Er blieb stehen, streckte die Nase in die Höhe und stieß ein kurzes, klagendes Geheul aus. Es wurde aus weiter Ferne durch ein scharfes Gebell beantwortet, das uns neue Lebenskräfte gab. Mit frischem Mut kletterten wir auf das Hundegebell zu, das wir durch nachgeahmtes Wolfsheulen immer wieder anfachen konnten.

Endlich stießen wir am Fuß des Berges auf einen Waldstrom und ein kleines Haus, zu dem uns die Hunde geführt hatten. Wir traten ein und erhielten Quartier, bekamen aber keine freundlichen Gesichter zu sehen.

Am anderen Morgen waren Slowtrap und ich uns völlig einig. In den Bergen konnte ein Bach sehr rasch anschwellen und deshalb waren wir bereits mit dem ersten Tageslicht wieder unterwegs. Wir durchquerten den etwa knietiefen Fluss und kamen zu dem Farmer Davis, der uns herzlich und gastfreundlich empfing.

Mr. Davis war nicht nur Farmer, sondern auch Prediger. Er wollte uns auf keinen Fall gleich weiterziehen lassen. Es hatte die ganze Nacht in Strömen gegossen und alle Bäche und Flüsse im Gebirge waren angeschwollen. Wir wurden sehr freundlich behandelt, aber selbst am nächsten Tag war es noch schwierig, mit nur einem Pferd durch die noch immer angeschwollenen Wasser zu kommen. Slowtrap war aber mit der Gegend gut vertraut und wir mussten die Nächte nicht im Wald zubringen. Nass und müde erreichten wir am nächsten Abend mit am Körper festgefrorenen Kleidern das Haus eines alten Squatters.

An diesem Tag hatten wir den Hauptbergrücken überstiegen, die so genannte »Boston Divide«, die den White River vom Mulberry trennt. Der White River war hier so klein, dass man ihn überspringen konnte. Weiter unten wird er allerdings von Dampfern befahren.

Die Gegend sah hier ganz anders aus als südlich vom Arkansas. Von dem grünen Nadelholz war keine Spur mehr, nur dürr und kahl bedeckte Eichen, Buchen und Hickory boten uns einen traurigen, monotonen Anblick.

Mir fiel auf, dass sich das schönste, fruchtbarste Land auf dem höchsten Gipfel der Berge befand. Am Fourche la Fave befand sich dort oben immer nur der schlechteste Boden. Hier gediehen der schwarze Walnussbaum, die wilde Kirsche, der »Black locust«, eine amerikanische Akazie, und der Zucker-Ahorn. Das sind alles Bäume, die nur auf dem fettesten Boden gut wachsen. Besonders der »Black locust« war häufig zu finden und die langen, spitzen Dornen machten unseren Marsch nicht gerade leicht.

Am 24. Dezember näherten wir uns endlich unserem Ziel, dem Wohnort von Slowtraps Schwiegervater. Gegen Nachmittag kamen wir an einem kleinen Häuschen vorbei, in dessen Tür ein dicker, rotköpfiger Mann stand. Als wir etwas weiter waren, sah mich Slowtrap an und erzählte mir, während er mit dem linken Auge blinzelte, dass der Mann vor vier Jahren eine Wanduhr gekauft habe. Nach ein paar Tagen kamen ihm Zweifel, ob sie wohl innen vollkommen in Ordnung war, und schraubte sie auseinander. Als er sich davon überzeugt hatte, schraubte er alles wieder zusammen und behauptete, genügend Räder für eine weitere Uhr übrig behalten zu haben.

Es wurde dunkel und es war Weihnachtsabend. Für kurze Zeit wurde ich ziemlich traurig. Alle fröhlichen Bilder der lieben Weihnachtszeit tauchten vor mir wieder auf und zeigten mir umso deutlicher meine Einsamkeit. Dass Erinnerung so süß und dabei so bitter sein kann!

Slowtraps Schwiegereltern, die alten Konwells, erreichten wir noch rechtzeitig. Sie lebten in einer kleinen Blockhütte, umgeben von waldigen, steilen Bergen und dicht am Ufer des White River. Auch hier war er noch so schmal, dass man Bäume als Brücken benutzen konnte. Um ein flackerndes Feuer war die Familie Konwell versammelt, er selbst jedoch abwesend.

Eine freundliche Matrone stand von ihrem Sitz auf und begrüßte ihren Schwiegersohn herzlich. Zwei acht und elf Jahre alte Jungen sprangen um ihn, während sich ein junges, schlankes Mädchen zurückhielt. Dann kam Sophie auch heran und begrüßte ihren Schwager. Natürlich wurde auch der Fremde nicht vergessen und von allen herzlich begrüßt. Eben noch war ich tieftraurig, aber als ich das freundliche, ehrliche Gesicht der alten Frau, die sanften Züge des jungen Mädchens und die offenen Gesichter der Jungen sah, wurde ich fröhlich. Es kam mir so vor, als hätte ich eine Heimat gefunden und wäre zu Hause angekommen. Noch nie in meinem Leben habe ich mich bei fremden Leuten vom ersten Augenblick an so wohl und heimisch gefühlt.

Wir hatten vielleicht eine halbe Stunde zusammengesessen, als der alte Konwell eintrat. Habe ich je Biederkeit in einem Gesicht eingeprägt gesehen, so in seinem. Ein alter Mann mit schneeweißen Haaren, dabei rüstig, als wäre er gerade erst zwanzig. Er trug Jagdhemd und Mokassins. Wir schüttelten uns die Hand und als wir eine Stunde zusammensaßen, kam es mir vor, als kannten wir uns von Kindesbeinen an. Der Abend verflog in unglaublicher Schnelle.

Am ersten Weihnachtstag war es bitterkalt und wir hatten ein herrliches Feuer im Kamin angefacht. Da kam John, der jüngste Sohn, und sagte, dass ein ganzer Gang Truthühner im Kornfeld sei. Schnell nahm ich meine Büchse, pfiff Beargrease und war im Feld. Beargrease hatte kaum die Fährte aufgenommen und das Losungswort gehört, als er wie ein Pfeil unter sie fuhr. Schnell flatterten sie in die Bäume. Ich schoss einen herunter, lud wieder und versuchte einen zweiten zu treffen. Beargrease blieb bei dem angeschossenen Truthahn zurück, weil viele Schweine in der Nachbarschaft umherliefen. Ohne zum Schuss zu kommen, kehrte ich wieder zurück und fand Beargrease, der gerade einem größeren Hund klarmachen musste, dass er mit diesem Truthahn nichts zu tun hatte. Er hatte ihn über einen umgefallenen Baumstamm geworfen und hielt ihn dort mit dem grimmigsten Gesicht der Welt fest. Als er mich sah, wedelte er mit dem Schwanz – vorn bös und hinten freundlich wie Janus.

Ich befreite den armen Teufel aus seiner Lage. Beargrease knurrte ständig und warf dem anderen grimmige Blicke zu. Ich streichelte und lobte ihn für sein gutes Betragen.

Ein paar Tage amüsierte ich mich mit Truthahnschießen und ließ Slowtrap Zeit für seine Besorgungen. Da erklärte er mir, dass er schneller fertig geworden sei als erwartet und gleich wieder nach Hause aufbrechen wolle. Seine Abreise war mir aber aus zwei Gründen unangenehm. Einmal war er ein sehr angenehmer Gesellschafter und dann kannte er die Berge hier sehr genau. Er wollte sich aber nicht zurückhalten lassen und sein Abmarsch wurde auf den nächsten Morgen festgesetzt.

Am Nachmittag, als die Sonne recht warm und freundlich auf die kalte Erde schien, hatten wir uns vor das Haus gesetzt und erzählten etwas. Slowtrap gefiel das Sitzen auf der feuchten Erde nicht und er hatte sich auf die fünf Fuß hohe Fenz gesetzt. Von dort aus gab er eine seiner launigen Erzählungen zum besten, ohne nur eine Miene zu verziehen. Dabei versammelten sich mit der Zeit mehrere Kühe hinter ihm. Wie schon erwähnt, trug er einen alten Frack, dessen Schöße an der Fenz weit herunterhingen. Aus der Tasche hing sein vom Schweiß feuchtes Tuch und die Kühe schienen das zu wittern. Eine war leise herangekommen, nahm den Frackzipfel ins Maul und kaute daran.

Ich hatte mit Vergnügen zugesehen, bis ich befürchtete, dass sein Frack in Gefahr war. Deshalb rief ich ihm zu, er solle sich umdrehen. Er bemerkte die Kuh, die in aller Gemütsruhe an seinem Frack kaute und wollte sie mit einer Armbewegung verjagen. Armer Slowtrap! Die Kuh trat einen Schritt zurück, hatte aber beim Kauen den Frack zwischen die Zähne bekommen und gab dadurch Slowtrap einen kurzen Ruck. Im nächsten Moment lag er in der Einfriedung.

Was weiter geschah, kann ich nicht so genau sagen, denn wir wälzten uns alle vor Lachen auf dem Boden.

Am 27. Dezember bestieg mein alter Gefährte morgens sein Pferd, schüttelte seinen Verwandten und mir die Hand und war bald im dichten Wald verschwunden.

Ich begann meine Siebensachen zusammenzupacken,

um in die Berge zu ziehen und allein zu jagen. Da sagte der alte Konwell, dass er gern mit mir jagen wolle. Er hatte aber noch einiges in der Nachbarschaft zu erledigen und könnte erst in ein paar Tagen aufbrechen. Ich erwiderte, dass ich vorausgehen wolle, um ihm nicht zur Last zu fallen. Da wurde er aber richtig böse und versicherte mir, dass ich ohne ihn nicht fortdürfe. Seine freundliche Einladung in seinem Haus zu bleiben schloss er mit den herzlichen Worten: »You are as welcome as the flowers in May.« Solch liebevoller Einladung konnte ich nicht widerstehen und blieb gern.

Am 28. Dezember ritt er fort und kam am Abend des nächsten Tages zurück. Am Nachmittag schneite es bis spät in die Nacht hinein und wir hofften auf gutes Jagdwetter. Aber die Freude währte nicht lange, denn es war zu warm. Trotzdem bereiteten wir am Abend alles für unseren Ausflug vor, besserten Mokassins aus, gossen Kugeln, schliffen die Messer. Am 30. Dezember zogen wir zum »Pilotrock« zu den Quellen des Hurricanes.

Nach Überquerung der Boston Divide gingen wir am Abhang des Berges entlang und schlugen an einer Quelle unser »Struck Camp« auf.

Die Nacht war klar und kalt, aber das schöne Wetter tagsüber hatte den Schnee verdorben. Am Feuer ausgestreckt, die Hunde neben uns, schliefen wir bald sanft und süß.

Weil wir den richtigen Jagdgrund noch nicht erreicht hatten, brachen wir sehr früh wieder auf und stiegen den Berg hinunter, überquerten den Hurricane und schlugen auf der anderen Seite unser Lager auf. Dort ließen wir Konwells Pferd, unsere Decken und den Proviant. Dann stiegen wir von verschiedenen Seiten den Berg hinauf, um etwas zu schießen.

Der Hurricane ist ein kleiner Bergstrom, der seinen Namen von einem Orkan erhielt, der früher einmal an seiner Mündung gewütet hatte. Die Spuren waren noch sehr deutlich zu sehen. Er ergießt sich in den Mulberry und strömt dann in den Arkansas. Konwell hielt sich links, ich rechts. Wir mussten über steile Felsen klettern und ich hob dabei oft meinen Hund hinüber, bis wir eine Art flacher Terrasse erreichten.

Es ist eine Besonderheit dieser Berge, dass sie terrassenförmig gebildet sind und von unten gar nicht so hoch aussehen, weil man immer nur den Gipfel der zweiten Abdachung sieht. Klettert man aber auf eine, hat man wieder eine andere, genauso hohe vor sich. Die Jäger haben ein Sprichwort, wonach immer noch eine weitere Terrasse folgt.

Ich hatte von unserem Lagerplatz aus kaum die dritte Terrasse erstiegen, als ich mich in Schussweite zu einem fetten Schmaltier befand. Natürlich war ich nicht blöd, denn für unser Lagerfeuer brauchten wir Wildbret. Ich hing es auf und zog weiter. Am Ende der Terrasse, wo sich eine Quelle steil den Berg hinunterstürzte, fand ich die ersten Bärenzeichen. Der alte Bursche hatte dort viele Steine umgedreht, um Würmer zu suchen, und auch einige Sassafrasbüsche abgebissen. Sonst fand ich aber keine Spur und beschloss zum Lager zurückzukehren. Morgen konnten wir gemeinsam weitersuchen.

Ich lud mir eine Hälfte auf und stieg zum Lager hinunter, wo ich Konwell schon mit der Zubereitung eines sehr fetten Truthahnes vorfand. Ermüdet vom vielen Klettern, warfen wir uns auf unsere Decken, um zu verschnaufen. Aber die sinkende Sonne und die immer schneidendere Kälte ließ uns nicht lange ruhen. Wir brauchten Feuerholz für die Nacht. Holz war genügend vorhanden, wir mussten es nur eine kleine Strecke zum Lager schleppen. In wenigen Minuten prasselte unser Feuer in den Nachthimmel. Kaum hatte die Sonne die Baumwipfel erreicht, wurde es in unserer Schlucht finstere Nacht. Die Dämmerung dauerte keine zehn Minuten.

Es war Silvesterabend. In der Heimat flogen jetzt bei rauschender Musik fröhliche Paare Arm in Arm durch die erleuchteten Säle und vergaßen vergangenen Schmerz und Leid. Ich lag neben dem knisternden Feuer hingestreckt, sah zum blauen Sternenhimmel hoch, links neben mir der treue Hund, rechts die Büchse. Am Ende eines wieder traurig dahingegangenen Jahres war mir nicht nach Tanzen zumute.

Seit sieben Monaten hatte ich keine Nachricht mehr aus der Heimat und kam mir in den einsamen Bergen vor wie einer, hinter dem die Welt abgeschlossen war und der nur noch vorwärts, nie mehr zurückkonnte.

Auch die Zukunft zeigte mir keine verlockenden Bilder. Von allem, was mir lieb und teuer war, weit entfernt in der endlosen Wildnis sah ich mich schon mit weißen Haaren, auf meine Büchse gelehnt, in den Bergen stehen – ein einsamer, freudloser Jäger. Dem alten Hawkeye muss es doch manchmal recht weh zumute gewesen sein.

Konwell hatte sich auf einen Arm gestützt und sah in die Glut. Auch er dachte wohl an die Vergangenheit, aber er hatte dabei wohl freundlichere Gedanken, denn oft lächelte er vor sich hin. Sein bewegtes Leben lag hinter ihm und er hatte ein freundliches Greisenalter vor sich, lebte im Kreis seiner kleinen, netten Familie und in der Nachbarschaft mehrerer verheirateter Kinder, war selbst noch stark und rüstig – weshalb sollte er traurig sein?

Ich stand auf, schürte das Feuer an, warf die durchgebrannten Stücke zusammen und hatte mich eben wieder auf die Decke gelegt, als Konwell ein Gespräch begann. Er sagte, dass er heute 62 Jahre alt geworden sei. Er war am Sylvesterabend 1779 geboren und noch so munter, dass ich ordentlich ausholen musste, um mit ihm in den Bergen Schritt zu halten.

Jetzt erzählte er, wie er als Pionier erst nach Carolina, dann nach Kentucky, Tennessee und dann nach Missouri gegangen war. Aber auch hier im Ozarkgebirge rückten ihm die Leute auch schon wieder zu nah auf den Leib und er hätte Lust sich nach einem stilleren Fleck umzusehen. Er erzählte, wie glücklich und vergnügt er mit seiner Familie lebte, erzählte von seinen Kindern – und je länger ich zuhörte, desto ruhiger wurde auch ich. Es war mir, als hörte ich von meiner eigenen Familie reden.

So lagen wir, bis uns endlich der Schlaf die Augenlider schwer machte, und, in die Decken eingehüllt, waren bald Vergangenheit und Zukunft vergessen.

Als sich die Sonne am nächsten Morgen auf den Gipfeln der Bäume zeigte, erhoben wir uns von unserem Lager. Wir schüttelten den Reif von den Decken und atmeten mit froher Brust die frische, klare Morgenluft ein. Es war bitterkalt, das Wasser in unseren Blechbechern hart gefroren wie auch das Wildbret. Aber bald dampfte ein delikates Frühstück vor uns, wie es sich kein Fürst hätte besser wünschen können. Saftiger Hirschbraten, fetter Truthahn, ein Becher mit heißem, starken Kaffee und dazu geröstetes Maisbrot – wo war das Hotel, mit dem wir tauschen wollten? Der Mensch ist aber unersättlich und mein Alter seufzte nach Bärenfleisch.

Ehe das Frühstück ganz fertig war, ging ich an den Creek, der wenige Schritte von uns vorbeifloss, um mich zu waschen. Ich fand ein ziemlich tiefes Loch, das an dem kalten Morgen richtig dampfte. Schnell warf ich die Kleider ab und tauchte in dem klaren Element unter. Es war ein herrlicher Genuss und ich empfand die Kälte erst, als ich wieder herauskam. Aber schnell war ich an der hoch auflodernden Flamme und kaum hatte ich meine trockenen Sachen wieder an, als eine belebende Wärme durch den ganzen Körper strömte. Ich fühlte mich so stark und kräftig, als ob ich Eichen ausreißen könnte.

Der alte Konwell hatte mir lächelnd zugesehen und meinte dann, für ihn wäre es heute Morgen zu kalt. Er begnügte sich damit, Gesicht, Brust, Hände und Füße darin zu baden. Dann setzten wir uns zum Frühstück und alles verschwand im Nu. Selbst mein Hund schien sich darüber zu wundern. Vor uns sitzend, sah er mit offenem Maule zu, was ich für ein Zeichen seines Erstaunens ansah. Konwell meinte aber, das wäre nur Faulheit, damit er die ab und zu hingeworfenen Bissen leichter fangen konnte.

Nachdem der halbe Truthahn und der größte Teil der Hirschkeule zur allseitigen Zufriedenheit in Sicherheit gebracht war, machten wir uns auf den Weg, um den Bären aufzuspüren.

An Ort und Stelle wurden unsere Hunde gleich unruhig. Dann jagten sie den steilen Absatz der Terrasse hinunter. Wir folgten, so schnell wir konnten. Unter einem riesigen Felsblock war ein Höhleneingang, in dem sich der Bär befand. Abgebissene Zweige bewiesen das wie seine Losung vor dem Eingang.

Die Hunde machten einen wütenden Lärm. Ich wollte nun feststellen, wo der Bär eigentlich steckte und legte meine Büchse hin, die Kugeltasche daneben und wollte eben mit dem Messer in der Hand mich im Inneren umsehen, als Braun wohl Unrat witterte. Er musste dicht vor dem Eingang gelegen haben, denn die Höhle war nur acht Fuß tief und er lag hinter einer leichten Krümmung. Das Bellen der Hunde konnte ihn nicht gestört haben, aber als ich mich vor dem Eingang bückte, hatte ich den Wind gerade im Rücken. Kaum spürte er mich, als er blasend und schnaubend heraussprang und davonlief, wobei er mich fast über den Haufen rannte.

Mein Seitensprung war fast akrobatisch. Konwell aber, der schon mehrere solcher Jagden erlebt hatte, war völlig ruhig am Eingang stehen geblieben, die Büchse schussbereit. Ehe die Hunde oder ich reagierten, hörten wir schon den scharfen Knall seiner Büchse. Der Bär schien entschlossen zu sein sich von nichts aufhalten zu lassen und war bald verschwunden. Mit ihm auch unsere beiden Hunde, die erst durch den Schuss munter geworden waren. Der alte Mann lachte herzlich, als er mich mit dem Messer in der Hand verdutzt vor der leeren Höhle stehen sah.

Wir folgten den Hunden über die Felsen. Dabei entdeckten wir bald dunklen Schweiß mit Äsung vermischt.

290

Kein Zweifel, er war waidwund geschossen. Vom Blutverlust ermattet, konnte er nicht weit laufen, als ihn die Hunde einholten. Da sie aber beide jung und unerfahren waren, kostete es ihn nicht viel Mühe, sie sich vom Leib zu halten. Aber sie stellten ihn wenigstens.

Wir kamen auf dem Kampfplatz an, als der Bär die Hunde zurückgeschlagen hatte und eben einen steilen Abhang hinaufkletterte. Ich zielte nach dem Kopf und zerschmetterte seine rechte Vordertatze. Überstürzend kam er zurück und wurde wieder von den Hunden in Empfang genommen. Jetzt war auch Konwell heran, zielte kurz und sandte dem Bär eine Kugel ins Herz. Es war ein junger, zweijähriger und ziemlich feister Bär, der einen delikaten Braten versprach. Wir beschlossen ihn zu Konwells Wohnung zu schaffen.

Während er mit dem Ausweiden begann, ging ich zum Lager zurück, um unsere Decken zusammenzupacken und das Pferd zu holen. Ich ritt auch am Rest des Schalentieres vorbei, den ich ebenfalls mitnahm. Unser Pferd hatte etwa 200 Pfund zu tragen und wir beschlossen deshalb an der nächsten Quelle zu übernachten.

Auf einer ebenen Fläche gingen wir über den Gipfel des Berges und hörten plötzlich einen Gang Truthähne mit großem Spektakel. Das war ein sicheres Zeichen von herannahendem schlechten Wetter.

Wie ein Blitz war der Alte vom Pferd und wir liefen auf die Vögel zu. Nahe genug heran hetzte ich meinen Hund. In diesem Augenblick war es, als ob der ganze Wald von Truthähnen lebendig wurde. Im Nu schwärmten die Bäume von den dicken, unbeholfenen Gestalten.

Den nächsten schoss ich herunter und lud wieder. Dabei sah ich, wie mein Alter bedächtig zwischen den lange Hälse machenden Burschen herumging und alle aufmerksam betrachtete. Plötzlich hielt er, zielte und der Truthahn schwankte auf dem Ast, blieb aber stehen.

Ich hatte wieder geladen und schoss den nächsten herunter. Jetzt war der größte Teil verschwunden, nur der angeschossene saß noch auf dem Ast. Konwell hatte jetzt auch wieder geladen und schoss ihn herunter. Auf meine Frage, warum er nicht auf einen anderen geschossen hatte, wo ihm dieser doch sicher war, antwortete er, dass dieser der fetteste und schwerste aus dem ganzen Gange war und wir genug Vorrat hätten. Tatsächlich wog auch sein Truthahn mindestens drei Pfund mehr als einer der anderen. Er lachte und erklärte dann: »Wenn die Truthähne so von den Hunden aufgescheucht auf den Bäumen sitzen, dann muss man nicht in aller Eile den ersten besten herunterschießen. Ein guter Jäger nimmt erst den fettesten. Ein kurzer, dicker Hals ist immer das beste Kennzeichen. Je magerer der Truthahn, desto dünner und länger ist sein Hals und der Vogel erscheint größer.«

Durch lange Erfahrung habe ich seine Behauptung bestätigt gefunden. Aber es gehörte einige Zeit dazu, bis ich mir die herumsitzenden Truthähne kaltblütig genug ansehen konnte, um meine Wahl zu treffen.

Wir »zogen sie aus«, denn selbst bei kaltem Wetter verderben die Vögel schnell, wenn nicht die Eingeweide ausgenommen werden. Zwei warfen wir auf das Pferd, den dritten schulterte ich. An diesem Abend gingen wir nur noch eine kurze Strecke, bis wir an ein gutes Wasser kamen und uns dort für die Nacht behaglich einrichteten.

Am nächsten Tag erreichten wir bequem das Haus meines Jagdgefährten. Aber einsetzender Regen hinderte uns an einem erneuten Aufbruch. So schafften wir Holz zum Haus und setzten uns im Halbkreis um die knisternde Flamme.

Das Mittagessen war jetzt fertig und nach dem Essen machten wir eine kleine Siesta. Dann wurde gelesen und erzählt und so schnell verschwand die Zeit, dass der Abend fast unbemerkt wieder hereinbrach.

Jetzt musste ich viel erzählen von der Alten Welt, ob der König die Leute köpfen ließ, wenn er wollte, wie die Häuser gebaut wurden, wenn so wenig Holz vorhanden sei, und was man im Winter mache. Am meisten erstaunt waren sie aber, dass wir in Deutschland keine Fenz für die Felder brauchten, sondern unser Vieh eingesperrt hatten. Als ich erzählte, dass wir auch Holz anpflanzten, aber keinen Mais, schüttelten die Kinder ungläubig die Köpfe. Dann wollten sie wissen, ob König und Königin immer mit Krone und Zepter herumgingen und wie die Adligen aussähen.

Die Zeit verflog schnell und erst spät legten wir uns hin. Aber der nächste Morgen fand uns schon beschäftigt. Als die Sonne die höchsten Gipfel der Bäume mit einem matten gelben Schein vergoldete, wanderten wir bergauf zu den Wassern des Richland und Wareagle, die sich in den White River ergießen.

Proviant hatten wir diesmal nicht mitgenommen, sondern nur jeder eine Wolldecke auf ein Pferd gelegt und waren dann aufgebrochen. Mein Alter meinte, dass wir Wild genug fänden. Im Jagdgrund angekommen, ließen wir die Pferde frei. Sie nahmen langsam die Richtung zum Haus wieder auf und wir begannen unsere Jagd, jeder in eine andere Richtung. Am Abend wollten wir uns bei unseren Decken wieder treffen.

Ich marschierte wohl sechs Meilen in die Runde und ging langsam und sorgfältig vor, konnte aber weder Hirsch noch Truthahn zum Schuss bekommen. Konwell hatte ich aber einmal schießen gehört. Als ich zu unserem Lager zurückkehrte, machte ich ein gutes Feuer, breitete meine Decke aus und streckte mich ruhig aus.

Die Schatten wurden schon sehr lang, als ich einen leisen Schritt nahen hörte. Erst glaubte ich an ein Wild, aber es war Konwell ohne Wildbret und Hund. Er setzte sich neben mich auf die Decke. Als er bemerkte, dass ich großen Hunger hatte, lachte er mich aus und behauptete bis morgen fasten zu können. Er hatte gut lachen!

Sein Hund war hinter einem angeschossenen Hirsch hergejagt, der nur leicht verwundet war. Das war eine mühsame Hetze, denn ein Hund konnte den Hirsch in diesem Fall kaum einholen. Wir machten uns darauf gefasst, hungrig die Nacht zu verbringen, als mein Beargrease die Schnauze hob und winselte. Konwell meinte, sein eigener Hund käme wohl auf seiner Fährte zurück. Ich achtete also nicht weiter darauf, glaubte dann aber ein kurzes Anschlagen zu hören. Beargrease knurrte leise und sah mich an. Ich sprang wieder auf und nahm meine Büchse, als ganz in der Nähe das Laub raschelte. Keine Minute später kam ein herrlicher Hirsch in vollen Sprüngen die Schlucht herunter und passierte kaum 20 Schritt von uns das Lager.

Ich sandte ihm meine Kugel zu und mein Hund, der noch frisch und ausgeruht war, folgte ihm. Aber weit kam der Angeschossene nicht mehr. Meine Kugel hatte ihm den linken Hinterlauf zerschmettert und war ihm durch den rechten gegangen. So rannte er ungefähr noch 200 Schritt und sprang dann in den Richland.

Die Hunde waren zwar herangekommen, aber sie mussten schwimmen, wo er noch festen Stand hatte, und er trieb sie zurück. Ich griff Konwells Büchse, der so ruhig liegen blieb, als ginge ihn alles nichts an, sprang ans Ufer und zerschmetterte dem gequälten Tier das Hirn. Ohne Klagelaut brach er zusammen und ich musste ins Wasser, um ihn herauszuziehen. Jetzt war Wildbret im Überfluss da und ehe es noch völlig dunkelte, hatten wir ihn schon zurechtgemacht, abgestreift, die Keulen aufgehauen, die Rippen am Feuer geröstet und die Hunde gefüttert.

Wir schliefen gut und waren früh wieder auf, um die Jagd fortzusetzen. Das Laub war aber so trocken, dass wir nichts zum Schuss bekamen. Nur Konwell brachte einen Truthahn zum Feuer als einzige Beute. Der Himmel begann sich zu beziehen, aber wir gaben noch nicht auf.

Der Wind begann scharf von Norden her zu blasen. Aber zu dieser Seite war unser Lager durch einen steilen Bluff geschützt, der den kalten Wind gut abhielt. Ein tüchtiges Feuer ließ uns auch die Kälte bald vergessen.

Wir waren mit dem Abendessen fertig und Konwell zog seinen Mokassin aus, um einen kleinen Stein herauszuholen. Lächelnd drehte er sich zu mir um und sagte, dass ihn das an einen Spaß erinnerte, den er vor langer Zeit als Kind erlebt hatte. Ich hatte mich zwar schon in meine Decke gehüllt, aber als ich merkte, dass er Lust zum Erzählen hatte, sprang ich wieder auf, schürte das Feuer, lehnte mich zurück und schob mir Beargrease unter den Kopf, dem das sehr zu gefallen schien.

Konwell wischte sich mit der Hand über das Gesicht und begann.

»Ich war fünf oder sechs Jahre alt, als mein Vater mir die ersten Mokassins machte. Wir Kinder hatten bis dahin nur Schuhe, während Vater immer die leichten Mokassins trug. Natürlich waren wir stolz darauf, genauso herumzulaufen wie er. Als ich meine Mokassins erhielt, wurde mir eingeschärft sie ja nicht zu verlieren. Am selben Tag war ein Pedlar bei uns gewesen. Der wandernde Krämer hatte meinem Vater ein Paar große Stiefel aufgeschwatzt für ›außerordentlich schmutziges Wetter‹. Da es gerade viel geregnet hatte, zog er sie an, nahm seine Büchse und ging in den Wald.

Er war kaum fort, als ich meine neuen Mokassins anziehen wollte und zu meinem Entsetzen bemerkte, dass einer fehlte. Umsonst suchte ich das ganze Haus von oben bis unten ab, der Mokassin blieb verschwunden und der andere schien nur übrig geblieben zu sein, um mich daran zu erinnern, dass ich derbe Schläge bekommen würde.

Mit Herzklopfen sah ich meinen Vater früher als erwartet zurückkommen. Durch das nasse Wetter und die misslungene Jagd war er ärgerlich und fragte mich barsch, warum ich barfuß herumliefe. Weinend erzählte ich ihm, dass ich den einen Mokassin nicht finden könnte und dass ich glaubte, die Katze hätte ihn fortgeschleppt.

Er wollte mir etwas von der Katze erzählen und wenn ich nicht bis zum Abend den zweiten gefunden hätte, gebe es eine Abreibung. Mit tränenden Augen begann ich wieder zu suchen und meine Brüder halfen mir. Inzwischen hatte sich mein Vater ans Feuer gesetzt, fluchte, dass etwas den ganzen Tag in dem verdammten Stiefel gedrückt hatte. Als er ihn dann auszog, brachte er – meinen zweiten Mokassin hervor.«

Noch lachend wickelte der Alte sich in seine Decke und war bald darauf eingeschlafen.

Mir war aber noch nicht nach Schlafen zumute, denn durch seine kleine Erzählung waren andere Bilder in mir wach geworden. Ich starrte in das Feuer, mein Hund hatte sich dicht an mich geschmiegt und seine Schnauze auf meine linke Schulter gelegt. Ein paar Mal hatte er schon den Kopf gehoben, sich aber immer wieder beruhigt. Jetzt schnupperte er erneut und knurrte leise. Auch mir war so, als hörte ich etwas. Als ich mich umsah, fand ich zu meinem großen Erstaunen ein Paar glühende Augen auf mich geheftet.

Da mein Kopf zwischen den Augen des Tieres und dem Feuer war konnte ich sie deutlich sehen. Wie zwei rot glühende Feuerbälle lagen sie dicht auf dem Felsen. Es musste ein Panter sein und nach der Haltung zu urteilen, musste er sich zum Sprung ducken.

Die Büchse lag wie jede Nacht neben mir und ich richtete mich so auf, dass das Feuer hinter mir auf Korn und Visier fiel. Dann zielte ich zwischen die beiden Augen und der Krach der Büchse rollte donnernd zwischen den Felsen.

Konwell sprang auf und hatte sein Gewehr in der Hand, die Hunde schlugen an und begannen in wilder Hast zu suchen. Alles war still und lachend begann ich zu laden.

Der Alte schüttelte den Kopf und fragte mich, wonach ich um Himmels willen denn geschossen hätte. Ich lud, ohne zu antworten, nahm einen Feuerbrand und stieg die 20 Schritt entfernte, ziemlich steile und an manchen Stellen schroff abfallende Felswand hinauf. Tatsächlich fand ich den toten Panter, ein altes, starkes Tier.

Ich warf ihn den Abhang hinunter und mein Alter schleppte ihn zum Feuer. Die Kugel war ihm durch das rechte Auge ins Gehirn gedrungen. Das Tier hatte derbe

Fänge und als wir es aufschnitten, fanden wir nichts im Magen. Hunger hatte ihn also so dicht zum Feuer getrieben, meinte Konwell. Das frische Wildbret hätte ihn angelockt. Die Hunde konnten ihn nicht wittern, weil er gerade über uns lag.

Wir streiften ihn ab und warfen den Kadaver in den Richland unterhalb des Lagers. Die Hunde mochten das Fleisch nicht fressen, obwohl es zart und gut aussah.

Es war schon spät am Nachmittag und ich auf dem Rückweg zum Lager, als ich auf eine frische Bärenfährte stieß. Mein Hund nahm sie sofort an. Obwohl sie in die andere Richtung führte, zögerte ich nicht lange und folgte ihm.

Regen fiel immer stärker und als wir an einen Bach kamen, durch den der Bär gegangen war, verlor mein Hund die Fährte. Trotz allem Zureden fand er sie nicht wieder. Es wäre nutzlos gewesen, noch weiter zu suchen, und ich war auch vom Lager zu weit entfernt und die Dämmerung brach bereits herein. Da war es mir sehr lieb, als ich eine Höhle fand, in die der Wind Laub geweht hatte. Ein Feuer davor wäre jedoch zu gefährlich gewesen und deshalb kroch ich rasch hinein, nahm Beargrease wieder als Kopfkissen und war bald in den Blättern trotz meiner nassen Bekleidung eingeschlafen.

Gegen Morgen schüttelte mich der Frost etwas, aber ich kauerte mich zusammen und schlief bis zum hellen Tag. Dann wanderte ich zum Lager zurück, das Konwell schon wieder verlassen hatte. Ich zog ebenfalls noch einmal los.

An diesem Morgen erlegte ich wieder einen jungen Bock, aber auf unangenehme Weise. Der Mensch ist doch das grausamste Geschöpf der Erde.

Ich pirschte am Abhang einer kleinen Schlucht entlang und sah den ruhig äsenden Bock. Die Büchse legte ich auf einen Stein, zielte ruhig und drückte ab. Beim Schuss brach das Wild auch wie vom Blitz getroffen zusammen. Als ich wieder lade, sehe ich, dass er sich wieder auf die

Vorderläufe stehen will. Die Kugel hatte ihn wohl nur am Nacken gestreift und betäubt. Rasch warf ich mich auf ihn und auch Beargrease packte ihn. Ich wollte ihm mit dem Jagdmesser den Hals durchschneiden, als er sich mit einem raschen Ruck drehte und wir alle drei den gut zehn Fuß tiefen Abhang hinabstürzten.

Im Fallen hatte ich mein Messer losgelassen und stieß mich ziemlich am Kopf und an der linken Seite. Aber weder mein Hund noch ich ließen die Beute los.

Ich hatte kein Messer und durfte das zu Tode geängstigte Tier nicht loslassen, das mit aller Kraft sich befreien wollte. So blieb mir nur ein grausames Mittel. Ich warf ihn auf die Seite und zerschmetterte seine beiden Vorderläufe mit einem scharfen Stein. Dann sprang ich auf, suchte mein Messer und fing das arme, gequälte Tier ab. Mit unendlicher Mühe hing ich es auf, denn meine linke Seite schmerzte stark. Dann kletterte ich den Abhang hinauf, lud meine Büchse und hinkte zum Lager zurück. Dort traf ich Konwell, der vier Hirsche geschossen und die Keulen mitgebracht hatte. Es waren lauter Böcke, von denen in dieser Jahreszeit außer den Keulen nichts schmeckt. Wir wollten am nächsten Tag zu seinem Haus jagen, dort Pferde nehmen und das erlegte Wild einholen. Deshalb machten wir uns früh am Morgen auf und zogen südwest, zur Wohnung des alten Konwell.

Unterwegs schoss ich noch einen Truthahn, Konwell zwei. Am Haus angelangt, suchten wir noch am Abend die Pferde und ruhten uns dann im lieben Familienkreis aus.

Gegen Mitternacht begann es zu regnen und goss am anderen Morgen in Strömen. An das Hereinholen des Wildes war bei dem Wetter nicht zu denken. Wir saßen also um das Feuer und erzählten uns alte Geschichten und Anekdoten. Dabei kam das Gespräch auch auf die Prärien und Konwell erzählte mir aus dem Schatz seiner Jagderinnerungen folgende Abenteuer.

»Vor nicht langen Jahren, als ich noch an der Kickapoo-Prärie in Missouri wohnte, machten wir uns zu viert auf, um einen Büffel zu schießen. Es war bitterkalt und wir ritten über die gefrorene Steppe.

Von einer kleinen Anhöhe aus entdeckten wir Büffel und begannen die Jagd. Auf eine halbe Meile herangekommen, bekamen sie Wind von uns und fort ging es, wir aber wild hinterher.

Das letzte Tier war eine feiste Kuh, die nicht mit den anderen mitkam. Auf sie hatten wir es jetzt alle abgesehen. Es war ein herrliches Rennen und während wir neben ihr hergaloppierten, bekam sie alle Kugeln. Sie brach zusammen und wurde abgefangen. Der Wind blies jetzt von Nordwest über die Prärie, dass uns das Mark in den Knochen gefror. Wir konnten kaum das Feuer aus trockenem Büffeldung anfachen, so sehr zitterten uns die Hände. Das nächste Holz war etwa eine Meile entfernt und es war nun die Frage: Brachten wir das Holz zum Büffel oder den Büffel zum Holz? Einer von uns begann mit dem Abstreifen und Auslösen und wir anderen unterhielten das kleine Feuer, um die Hände zu wärmen. Wir schnitten die besten Fleischstücke heraus und lösten die Markknochen heraus. Alles wurde in das Fell gepackt und über ein Pferd gelegt. Dann ritten wir zu einem Platz mit Wasser und Brennholz. Mit den Tomahawks hackten wir bald genug Holz für ein großes, prasselndes Feuer.

Als wir genügend Kohlen hatten, legten wir die Markknochen erst mit dem einen Ende in die Glut, dann mit dem anderen. Ein delikateres Essen gibt es nicht für den westlichen Jäger, abgesehen von Bärenrippen und Honig. Das Fleisch selbst war übrigens zäh und nicht besonders.

Zur Schlafenszeit machte einer den Vorschlag sich gemeinsam auf die Büffeldecke zu legen. Aber dagegen protestierte Turner, der die Büffelkuh allein abgezogen hatte. Er wollte allein in dem Fell schlafen. Uns war das egal, jeder hatte eine gute Decke und beim Feuer konnte man es schon aushalten. Turner wickelte sich in das schwere Fell, die Haare nach innen. Bald darauf schliefen wir alle.

In der Nacht wurde es grimmig kalt und wir mussten

mehrfach aufstehen, um frisches Holz aufzuwerfen, um die schneidende Kälte abzuhalten. Turner rührte und regte sich nicht in seinem warmen Fell.

Gegen Morgen drehte sich der Wind und dichte Schneewolken zogen herauf. Deshalb wollten wir so schnell wie möglich aufbrechen, um den herannahenden Sturm nicht auf der offenen Steppe zu erleben. Wir bereiteten unser Frühstück und sattelten die Pferde. Mehrmals riefen wir Turner, er solle aufstehen. Aber nur der Fellberg bebte etwas. Endlich konnten wir eine dumpfe Stimme aus dem Fell um Hilfe rufen hören.

Erschrocken sprangen wir auf, weil wir glaubten, ihm sei etwas zugestoßen. Aber wie wurde der arme Kerl ausgelacht, als wir feststellten, dass er eingefroren war!

Die blutige Fleischseite war außen ganz hart und steif gefroren und Turner konnte sich überhaupt nicht bewegen. Überall hatte sich das nasse Fell an ihn geschmiegt und wurde durch den Frost in Stein verwandelt. Nur am Kopf hatte der warme Atem es weich gehalten. Unter großem Gelächter wurde er zum Feuer gewälzt, bis die Haut etwas auftaute und wir ihn herausschälen konnten. Durch das Rollen und die Hitze war er ganz schwindlig geworden, aber ein heißer Markknochen brachte ihn bald wieder zu sich.

Wir warfen das aufgetaute Fell und das übrige Fleisch auf die Pferde und erreichten unsere Häuser gerade rechtzeitig vor dem Unwetter.«

Eine Erzählung jagte jetzt die andere bis zum späten Abend.

Auch am nächsten Morgen regnete es und sah betrübt aus. Der Himmel hing wie ein alter geflickter Salzsack über den vom Regen triefenden Bäumen und tiefer und tiefer sanken die schweren Wolken auf die Berge. Das zahme Vieh kam in die Nähe des Hauses, stand mit hängenden Ohren und der Rückseite zum Wind traurig da.

Glücklicherweise hatte mein Alter noch ein paar Bücher, darunter »Dialogue of Devils«, »Life of marion«,

»Life of Washington«, »Pilgrims progress«, »United States Reader« und einige in der Art. Mit dem Durchblättern vertrieb ich mir die Zeit.

Der Regen dauerte bis zum 12. Januar abends, die Bäche und Flüsse waren zu Strömen geworden und wir mussten noch bis zum 14. im Haus bleiben. Unser Fleischvorrat war fast vollkommen aufgegessen und wir hatten wenig Hoffnung, dass sich das Fleisch im Wald gehalten hatte. Wir wollten aber wenigstens die Häute retten.

Ohne die Pferde wären wir nicht durch die angeschwollenen Bäche gekommen. Gegen Mittag erreichten wir unser Jagdlager und fanden, wie erwartet, das Fleisch schon angegangen. Tausende von Aasgeiern waren versammelt und hatten schon vieles verzehrt.

Obwohl die aufgespannten Felle schon rochen, glaubten wir sie retten zu können. Der Wind und die etwas hervorsehende Sonne mussten dabei helfen.

Es wurde bald Abend und wir hatten nur Brot und Salz mitgenommen. Deshalb brachen wir mit den Hunden auf, um einen Truthahn zu schießen. Einen Gang fanden wir, der sein Nachtquartier auf einem Baum bezog, und schossen zwei. Leicht hätten wir noch mehr herunterholen können, aber wir hatten schon genug verdorbenes Fleisch in der Nähe.

Etwa eine halbe Meile von unserem alten Lager und dem böse riechenden Fleisch schlugen wir unser neues Lager auf und spannten die Decken aus, denn es fiel ein feiner, durchdringender Regen. Die Pferde wurden angehobbelt und mit Mais gefüttert. Die ganze Nacht heulten Wölfe um unser früheres Lager und schienen sich um die Hirschkeulen zu reißen.

Gegen Morgen hörte der Regen auf, die Wolken begannen sich zu zerteilen und ich wollte mich an einen der Wölfe heranschleichen, um ihm etwas das Heulen zu vertreiben.

Das Laub war nass und ich umging das Lager, um aus dem Wind zu kommen. Dann rutsche ich fast 200 Schritt nur auf den Knien bis hinter einen dicken Baum. Ich zählte acht Wölfe, die sich eben zum Aufbruch rüsteten.

Plötzlich hob einer von ihnen die Nase in die Höhe, drehte sich herum und lief auf ein Dickicht zu. Ich wusste, dass es höchste Zeit für den Schuss war und hielt auf den größten, der mit seinem Körper noch andere deckte.

Nach dem Krach der Büchse und als sich der Rauch verzogen hatte, war kein Wolf mehr zu sehen. Sie schienen wie durch Zauberei verschwunden. Ich kam näher und entdeckte dann aber den verendeten Wolf. Ein weiterer musste schwer verwundet sein, denn sein Schweiß war deutlich erkennbar. Ich fand ihn aber nicht und die anderen müssen ihn zerrissen haben, denn Wölfe lassen nie einen verletzten Kameraden leben. Ich skalpierte den erlegten, weil es für den Skalp drei Dollar gab, und ging zum Lager.

Mein Alter hatte inzwischen um das Feuer schöne Truthahnstücke verteilt und wir hatten ein delikates Frühstück. Als wir wieder aufbrachen, kam ich auch an der Stelle vorbei, an der ich mir beinahe den Hals gebrochen hatte. Der Bock war fast vollkommen aufgefressen. Ich schoss einen anderen und eine Wildkatze. Als ich mit Konwell zusammentraf, hatte er auch zwei Hirsche erlegt. Wir holten das Fleisch zum Lager, weil zu viele Wölfe in der Umgebung herumstreiften.

Da wir aber keine Bärenspuren entdeckten, beschlossen wir den Richland zu verlassen und an den Mulberry zurückzukehren. Am nächsten Tag bepackten wir unsere Pferde und zogen heimwärts.

Plötzlich hielt Konwell an einem Abhang an einer Eiche, betrachtete die Rinde genau und beteuerte dann, dass ein Bär entweder im Baum sei oder ihn erst vor kurzer Zeit verlassen hatte. Wir hatten zum Umhauen nur unsere Tomahawks, aber nach einigen Schlägen erkannten wir, dass die Eiche hohl war. Wir gingen an die harte Arbeit. Nach dreistündigem Hacken fing der Baum an zu krachen.

Blitzschnell sprangen wir zu unseren Büchsen, riefen den Hunden und eilten in die Richtung, in die er stürzen musste. War wirklich ein Bär darin, wollten wir ihn gleich in Empfang nehmen.

Erst krachten ein paar Späne, dann ein stärkerer, dann neigte sich der Gipfel langsam zum Abhang, dann stürzte er prasselnd hinunter. Vergeblich warteten wir auf einen Bären. Er hatte sein Lager wohl erst vor kurzer Zeit verlassen, Spuren genug fanden wir von ihm. Ungefähr fünf Fuß unter dem Loch, das der Bär als Eingang benutzte, war ein Ast herausgewachsen. Hier musste einmal ein Indianer versucht haben ein Loch in den Baum zu schlagen. Die Spuren waren noch erkennbar, wir schätzten sie auf vier oder fünf Jahre.

Als wir noch die Öffnung betrachteten, fragte Konwell, was die Hunde hätten. Sie waren nämlich sehr damit beschäftigt, etwas von der Erde aufzulecken. Da erkannten wir, dass wir zufälligerweise einen Bienenbaum umgeschlagen hatten. Das kalte Wetter hatte die Bienen erstarren lassen und der Honig war durch den zerschmetterten Ast zum Vorschein gekommen.

Konwell brach auf, um einen Hirsch zu schießen. Dessen Haut wurde besonders abgestreift und als Schlauch genommen, um den Honig zu transportieren. Ich wollte in der Zwischenzeit mit dem Tomahawk einen Trog ausschlagen. Er musste nicht sehr tief sein, denn der Honig lief bei der Kälte nicht aus. Bald darauf legte ich die leckersten Scheiben in den Trog und zündete dann ein Feuer an. Für unser Nachtlager trug ich Holz zusammen, als ich die Büchse des Alten hörte und gleich darauf seinen Ruf. Ich antwortete und war bald darauf an seiner Seite. Er hatte eine ziemlich große und feiste Kuh geschossen. Wir hingen sie an den Hinterläufen auf, um einen Sack aus der Haut herzustellen.

Oben zwischen den Keulen wurde ein Schnitt gemacht und dann das ganze Fell über den Körper des Tieres gestreift, ohne das Messer wieder anzusetzen. Nur die

Läufe und der Kopf wurden abgeschnitten. Dann wurden alle Öffnungen einschließlich des Kugelloches fest verstopft. Dann drehten wir es mit der Haarseite nach außen und füllten den Honig hinein. Anschließend ritten wir nach Hause.

Wir waren nicht schlecht beladen und sehr froh, als wir unter Dach und Fach kamen. Aber kaum waren die Füße aus den Steigbügeln, wurde uns eine Neuigkeit erzählt. In den Bergen jagende Cherokee hatten eine Höhle entdeckt, in der mit Sicherheit ein Bär war. Aber sie wagten nicht hineinzukriechen. Die Höhle war sehr lang und eng.

Das war Wasser auf unsere Mühle. Die Felle und das Fleisch wurden in Sicherheit gebracht, die Gewehre abgeschossen und gereinigt, die Pferde gefüttert und wir bereiteten uns auf die Jagd vor.

Es war spät geworden und wir legten uns hin, um am nächsten Tag frisch zu sein. In der Nacht wurde es bitterkalt und wir bekamen den herrlichsten Jagdtag, den man sich wünschen konnte.

Uns begleitete der Sohn des Alten, der in der Nachbarschaft verheiratet war, und ein junger Mann namens Smith. Als wir an der Schule vorbeiritten, schloss sich auch der Schulmeister an. Er jagte seine Schüler nach Hause und folgte uns. Gespaltenes Kienholz hatten wir genug. Smith, der den Bären mit verfolgt hatte, machte den Führer.

Gegen zwei Uhr waren wir an Ort und Stelle und bereiteten uns ein kräftiges Essen. Während das Fleisch am Feuer briet besah ich mir die Höhle von außen. Es war eine steile Felswand aus Kalkstein mit vier oder fünf Höhlen.

Nach dem Essen machten wir uns fertig für die Höhle. Wir nahmen nur eine Büchse mit, da wir hintereinander herkriechen mussten. Da konnte durch das versehentliche Losgehen einer Büchse schnell jemand verletzt werden. Jeder nahm aber sein großes Jagdmesser mit, ich schnallte mir auch mein Pulverhorn fest an den Körper. Die Büchse in der Rechten, eine Fackel aus Kienspänen in der Linken betrat ich den dunklen Gang, der sich etwa vier Fuß hoch und zwei breit in den Berg zog. Die beiden Konwells folgten, der Alte vorweg mit einer Fackel, sein Sohn trug die gebündelten Kienspäne.

Die Höhle bestand aus festem Felsen und etwa 80 Schritt konnten wir bequem gehen. Dann gab es einen starken Bogen und wir mussten auf die Knie, um weiterzukommen. Der bislang harte Boden wurde weicher und bestand aus Tonerde. Deutlich konnten wir Bärenspuren erkennen. Eine sah so frisch aus, als wäre sie erst vor wenigen Stunden entstanden. Je tiefer wir eindrangen, desto enger wurde die Höhle, und bald mussten wir auf dem Bauch kriechen. Bis dahin waren auch die Indianer gekommen, denn wir fanden Kienstücke, die sie dort liegen gelassen hatten.

Der Gang wurde jetzt so eng, dass ich mich auf dem linken Ellbogen weiterzog und dabei mit den Füßen schob. Die Fackel hielt ich in der linken Hand, die Büchse in der rechten. Die Höhle war fast ganz rund und die Wände glatt und schwarz gerieben. Sie sahen richtig fettig aus. Das konnte nur durch das Ein- und Auskriechen von wilden Tieren seit Jahrhunderten geschehen sein.

Tropfstein hing überall von den Decken und hinderte die Fortbewegung noch mehr. An manchen Stellen kam ich nur mit Mühe hindurch. Es war zu erkennen, dass wir die ersten Menschen an dieser Stelle waren. Der weiche Boden gab jede Spur wieder, die in vielen Jahren eingedrückt wurde. An manchen Stellen fanden wir sogar versteinerte Bärenspuren. Einmal kam mir der Gedanke an den Rückweg. Wenn wir ihn nicht wieder fanden, müssten wir hier vielleicht verschmachten. Aber ich konzentrierte mich darauf, den Bären vor mir zu entdecken, und kroch weiter.

Interessant waren die Unmassen von Fledermäusen, die mit den Hinterbeinen an der Decke hingen. Durch das

dicht an ihnen vorbeigetragene Feuer wurden sie aufge-
stört und gaben einen schrillen Ton von sich, fast wie das
Rasseln einer Klapperschlange. Heimchen und Schmeißfliegen fanden wir ebenfalls.

Meine Fackel war ziemlich ausgebrannt, denn ich hatte
immer nur wenige Späne benutzt. Ich hielt an, um mir von
meinem Hintermann weitere geben zu lassen. Als ich
einen Augenblick ganz ruhig lag, glaubte ich ein nicht weit
entferntes Wimmern zu hören. Sofort waren wir ganz still
und hörten deutlich den Laut, den die Bären beim Sau-
gen von sich geben. Dabei ließ sich ein leises Brummen
hören und wir wussten jetzt, dass wir uns dem Lager einer
säugenden Bärin näherten.

Ich fragte die beiden Konwells, ob sie auch den Laut
gehört hatten, und sie stimmten mir ziemlich kleinlaut zu.
Wir berieten uns kurz, wie es weitergehen sollte.

Die Höhle wurde jetzt so eng und unbequem, dass wir
uns nur mit äußerster Anstrengung bewegen konnten.
Dann hatten wir auch mit einem schlafenden Bären und
nicht mit einer wachen Bärin mit Jungem gerechnet. Es
war auch noch viel zu früh in der Jahreszeit, aber Konwell
erzählte mir später, dass er in Arkansas schon junge Bären
zur Weihnachtszeit gesehen hatte.

Es war jetzt aber egal und wir waren alle schon oft auf
Bärenjagden gewesen und wussten genau, welchen Gefahren wir uns aussetzten. Wir waren da und der Bär
auch. Keiner von uns war feige genug den Rückzug auch
nur anzudeuten.

Ich untersuchte meine Büchse, ob alles in Ordnung
war, und schob mich weiter. Da erhielt ich von Konwell
noch den Rat ja einen sicheren Schuss zu machen. Es
wäre ja auch für mich das Beste, weil ich ja der Erste in
der Reihe war.

Näher und näher kamen wir der brummenden Bärin,
die uns schon lange gehört haben musste und jetzt aufmerksam abwartete. Endlich war ich nahe genug, um das
Gewinsel der Jungen und das Brummen der Alten dicht

vor mir zu haben. Als ich die Fackel hinter meinen Kopf hielt, sah ich deutlich ihre glühenden Augen.

Ich reinigte das Visier von Erde, frischte die Fackel auf und kroch ohne einen weiteren Laut auf den schwarzen Klumpen zu, den ich deutlich erkennen konnte.

Der Augenblick der Entscheidung schien gekommen. Als ich den Kopf der Bestie aus der Umgebung hervorschimmern sah, begann ich meine Vorbereitungen für eine schussrichtige Lage.

Die Bärin hatte sich im Lager aufgerichtet und saß mit ihren gewöhnlichen, schwankenden Bewegungen auf den Hintertatzen. Ich versuchte auf eines ihrer Augen zu zielen, als sie plötzlich nach hinten in der Dunkelheit verschwand. Am Lager angekommen, fanden wir drei prächtige kleine Junge, die lustig aufschrien, als sie das nie gesehene Licht erblickten. Wir befürchteten aber, dass durch ihre Schreie die Mutter besonders gereizt wurde. Der alte Konwell sollte bei ihnen bleiben, sie beschwichtigen und ein Feuer unterhalten, während wir anderen der Bärin folgen wollten.

Konwell war einverstanden, kauerte sich hin und steckte den Kleinen die Finger in das Maul. Sie saugten daran und waren ruhig.

Keine zehn Schritte hinter dem Lager teilte sich die Höhle in zwei gleich große Öffnungen. Der weiche Boden verriet aber die gerade eingedrückte Spur in der rechten Höhle, der wir folgten.

Die Jungen schrien jetzt erneut und uns wurde es mulmig. Wenn die Bärin jetzt nach vorn stürzte, um zu ihnen zu kommen, versperrten wir mit unseren Körpern den Weg. Wir berieten uns kurz, aber da war es auch wieder ruhig geworden und wir schoben uns weiter. Bislang zeigte sich die Bärin außerordentlich feige und das konnte uns nur recht sein. Die Höhle schien aber kein Ende zu haben und wir krochen und schoben uns über raue Steine, wobei unsere Ellbogen und Rippen sehr litten.

Die Steine fand ich in keiner anderen Höhle wieder, wie wir sie hier erlebten. Sie liefen wie Regale flach durch die Höhle. Schlug man gegen sie, gab es einen Ton wie von Stahl. An einer Stelle liefen sie in zwei Reihen dicht nebeneinander her. Wenn man den Kopf zwischen ihnen hindurchsteckte, konnte man im unteren Teil fast sitzend kriechen und der Kopf befand sich in der oberen Höhle. Das war sehr gefährlich in Gegenwart der Bärin. Aber wir konnten diesen Engpass überwinden und gerade wollte ich tief Luft holen, als ich das Brummen dicht vor mir hörte.

Obwohl ich nun seit Stunden auf dieses Brummen gehorcht und gewartet hatte, überraschte mich der plötzliche Ton doch. Fast hätte ich den Kien fallen lassen, aber dann erholte ich mich von meiner Überraschung und hielt die Fackel zur Qual und Überraschung einiger Fledermäuse so hoch ich nur konnte. Die Bärin war kaum zehn Schritte vor mir deutlich zu erkennen. Sie saß aufrecht, schnappte mit den Fängen und scharrte die Erde vor sich mit den scharfen Krallen zusammen.

Der junge Konwell legte seine Hand auf meinen Fuß und wisperte mir zu, dass er die Bärin höre. Ich gebot ihm Schweigen und kroch noch etwas vor. So erreichte ich einen Platz, wo ich zum Schuss kommen konnte. Den rechten Fuß ließ ich in eine Höhlung hinunter und richtete mich, so weit es ging, auf dem linken Knie auf. Mein Hintermann ermahnte mich, um Himmels willen gut zu zielen. Obwohl ich bei einem Angriff der erste war, mochte ich doch nicht mit ihm tauschen, denn er konnte überhaupt nichts sehen. In solchen Fällen will ich lieber der Gefahr ausgesetzt sein als immer im Ungewissen zu schweben.

Die Bärin schnappte wütend um sich und ihre Augen glühten wie Feuer. Die kurzen Ohren waren zurückgelegt, ihr Körper pendelte unruhig hin und her. Ich hatte keine andere Wahl als auf den Kopf zu schießen und hatte dabei die Hoffnung sie wenigstens in die Brust zu treffen. Als ich so zielte schoss mir ein Gedanke an meine Lieben in der Heimat durch den Kopf, aber in der Aufregung vergaß ich Vergangenheit und Zukunft. Ich zielte lange, weil das Tier nie ruhig war, und trotzdem berührte der Finger den Stecher zu schnell. Dichter Rauch füllte die Höhle, und ein banges Stöhnen verkündete, dass die Bestie verwundet war. Wir nahmen uns aber nicht die Zeit den Stand der Dinge genauer zu untersuchen, sondern krochen, so schnell es ging, rückwärts. Wir wollten einen höheren Platz erreichen, um neu laden zu können, und dann zurückzukehren.

Noch keine 100 Schritt waren wir krebsartig gekrochen und ich hielt eben an einem passenden Fleck, als das verwundete Tier schnaubend und die Zähne zusammenschlagend näher kam.

Mein erster Gedanke war »Ade, Tageslicht!«, aber zum Überlegen blieb mir nicht viel Zeit. Ich warnte Konwell und noch nie habe ich Krebse schneller zurückkriechen sehen als uns beide. Aber es ging trotzdem nur sehr langsam und das Schnauben kam immer näher. Ich musste meine leere Büchse zurücklassen, weil sie mich zu stark behinderte, und sah plötzlich die glühenden Augen dicht vor mir. Im selben Augenblick stieß mein Arm gegen einen Vorsprung in der Höhle und die Fackel entfiel mir. Tiefe Dunkelheit umgab uns sofort. Der junge Konwell hatte zwar noch eine brennende Fackel in der Hand, aber mein Körper füllte die Höhle gerade völlig aus. In einer instinktartigen Bewegung schleuderte ich den glühenden Rest der Bärin entgegen. Das musste sie stutzig gemacht haben, denn sie hielt plötzlich an. Aber bald darauf folgte sie uns wieder.

Plötzlich hielt der junge Konwell hinter mir an und schwur, er wolle verdammt sein, wenn das nicht das Ende der Höhle wäre. Er könne nicht weiter. Zugleich rutschte er mit seiner Hand, in der er die Fackel hielt, in die Quelle und völlige Finsternis umgab uns.

Ich konnte ihm nicht antworten, denn die Bärin war

dicht vor mir und ich war überzeugt, dass ich sie mit ausgestrecktem Arm erreichen konnte. Deutlich fühlte ich den heißen Atem der Bestie in meinem Gesicht und wartete mit dem Jagdmesser in der Hand auf ihren Angriff. In diesem Augenblick dachte ich an nichts anderes als mein Leben so teuer wie möglich zu verkaufen. Hoffnung aus dieser Klemme zu kommen hatte ich nicht.

Der junge Konwell blieb nicht untätig und hatte nach Stein und Schwamm gegriffen. Jetzt hörte ich sein Messer gegen den Stein schlagen, von der Bärin kam kein Geräusch mehr. Nach einer ängstlichen Pause hörte ich Jim Konwell endlich: »Ich habe Feuer, gib mir das Pulverhorn und einen Lappen!« Ich schnitt es rasch vom Riemen ab, riss ein Stück vom Jagdhemd herunter und reichte es ihm zu. Dann brannte neuer Kienspan und ich bekam neue Hoffnung. Jetzt entdeckte er auch die richtige Öffnung und konnte vorwärts kriechen, während ich noch immer auf einen Angriff der Bärin wartete und deshalb ihr lieber zugedreht blieb. Jim gab mir brennenden Kien und die Bärin brummte laut. Gleichzeitig bewegte sie sich aber auch wieder etwas rückwärts. Gleich darauf folgte sie uns aber, als sie unsere Rückzugsbewegung bemerkte. Not macht erfinderisch! Ich legte ein paar Stücke brennenden Kiens auf den Boden der Höhle. Mit Vergnügen sah ich, wie sie an der Flamme anhielt und sich nicht weitertraute. Mit vielleicht noch größerer Eile rutschten wir jetzt auf die Stelle zu, wo der alte Konwell bei den jungen Bären wartete. Jim rief seinem Vater schon zu zurückzukriechen, weil uns die Bärin folgte.

Weiter wurde kein Wort gewechselt. Tatsächlich kam ihr Schnauben schon wieder näher. Die Flamme war wahrscheinlich auf dem feuchten Boden ausgegangen und sie konnte uns wieder folgen.

Als ich das Lager der Bärin erreichte, erkannte ich auch, weshalb die Jungen wieder ruhig waren. Konwell hatte ihnen an den Felsen den Schädel eingeschlagen und uns dadurch wahrscheinlich das Leben gerettet. Ein einziger Schrei der Jungen, als uns die Fackel ausgegangen war, und das verwundete Tier wäre zur Wut gereizt worden.

Ungefähr hundert Schritte hinter dem Lager hielt ich, um zu horchen, aber es war nichts mehr zu hören. Ich rief den beiden zu auf mich zu warten. Als wir an eine ziemlich geräumige Stelle kamen, wo früher auch einmal ein Bär ein Lager hatte, berieten wir uns. Der alte Konwell meinte, dass die Bärin sich zu den toten Jungen gelegt hätte und einer von uns aus dem Lager eine neue Büchse holen müsse. Bevor ich aber den weiten Weg auf mich nahm, wollte ich lieber noch einmal zum Bärenlager schleichen und sehen, ob die Bärin nicht vielleicht verendet war. Ich konnte mir nicht denken, dass meine Kugel so schlechten Erfolg gehabt haben sollte. Dort angekommen, konnte ich allerdings nichts von ihr entdecken.

Auf meinen Ruf kamen die anderen heran und wir untersuchten den Platz genauer. Wir fanden dicken, dunkelroten Schweiß und erkannten, dass sie in die linke Höhle gegangen war. Mein Gewehr lag über 300 Schritt weit in dem rechten Gang und ich war gezwungen wieder hineinzukriechen. Es war mit Schlamm und Blut bedeckt. Ich kehrte so schnell wie möglich wieder um und reinigte und lud es wieder. An Ausruhen war nicht zu denken, wir waren alle zu aufgeregt und zogen erneut vorwärts, um den Kampf zu beenden.

Die linke Höhle war genauso schlecht zu durchkriechen wie die rechte. Aber die Bärin hatte sich glücklicherweise nicht sehr weit zurückgezogen und erwartete uns, wütend um sich beißend.

Ich konnte kaum noch acht oder neun Fuß entfernt sein, legte die Büchse auf das linke Handgelenk, wo ich auch die Fackel hielt, und drückte in dem Augenblick ab, in der sie den Kopf eine Sekunde still hielt. Wieder gab die Höhle den dumpfen Krach zurück und alles war in dichten Rauch gehüllt.

Die Bärin konnte ich stöhnen und sich bewegen hören,

aber ich hielt stand, weil ich wusste, dass meine Kugel diesmal auf dem richtigen Fleck sitzen musste. Als sich der Rauch verzog, lag sie nicht drei Schritte vor mir verendet. Der junge Konwell und ich waren aber selbst halb tot und es wäre unmöglich gewesen, sie jetzt herauszuschaffen. Das Umherkriechen in der dumpfen Höhlenluft und dem Rauch der Kienspäne und die ständige Aufregung über Stunden war doch selbst für unsere kräftigen Naturen zu viel. Wir wollten jetzt so schnell wie möglich an die frische Luft.

Nach ungefähr einer halben Stunde erreichten wir den Ausgang. Ich werde aber mein Leben lang nicht den Eindruck vergessen, den die kalte, herrliche Nachtluft auf mich machte. In langen, durstigen Zügen zog ich den balsamischen Duft des freien Waldes ein.

Unser Schulmeister und der junge Smith schliefen fest. Die Hunde schlugen aber an und beide sprangen auf. Vor Schreck wären sie fast wieder umgefallen und schworen, sie hätten noch nie so scheußliche Gestalten wie uns drei gesehen. Die rote Beleuchtung unserer Kienfackeln, dazu von Kopf bis Fuß mit Schlamm bespritzt und vom Kienrauch geschwärzt, mussten wir ein tolles Bild geboten haben.

Nach den Sternen musste es ungefähr zwei Uhr morgens sein, so lange hatten wir uns in dem Loch herumgeschlagen. Obwohl wir hungrig wie die Löwen waren, fühlten wir uns doch zu erschöpft, um etwas zu genießen.

Bei Tagesanbruch weckten uns die beiden und wir nahmen ein ziemlich gutes Frühstück ein. Dann ließen wir den alten Konwell zurück, der sich für seine Jahre auch schon viel zu sehr angestrengt hatte. Mit Stricken zogen wir zu viert in die Höhle, um unsere Beute herauszuholen. Ein Strick wurde um den Hals der Bärin befestigt, und ich zwängte mich dahinter und schob sie, während die anderen zogen. So bewegten wir sie Zoll für Zoll weiter, und gegen Mittag warfen wir sie unter allgemeinem »Hurra« den Abhang hinunter an unser Lagerfeuer. Beargrease nahm sie gleich in Besitz und setzte sich knurrend neben sie.

Da es bis zum Konwellhaus eine ziemliche Strecke war, brachen wir sie auf und banden sie dann auf eines der Pferde. Gegen Abend trafen wir dann ein und ich badete im Fluss und legte mich schlafen. Ich war mehr tot als lebendig, die Anstrengung hatte mich doch sehr angegriffen.

Am anderen Morgen, dem 19. Januar, waren wir frisch gestärkt und bereit zu neuen Taten. Wir beschlossen erneut in diese Gegend zu ziehen, in der Konwell noch andere Höhlen kannte. Wir nahmen Stricke und Proviant mit und machten uns diesmal zwei ziemlich dicke Wachslichter, die nicht den unangenehmen Qualm von sich gaben. Sie verlöschen auch nicht zu leicht und geben so helles Licht wie eine Fackel.

Am Nachmittag erreichten wir den Ort, an dem sich acht oder neun Höhlen befanden, die alle 40 bis 50 Fuß in die Erde gingen. Bären fanden wir nicht und wir verteilten uns, um neue Gänge aufzusuchen. Wenn einer Spuren fand, sollte er das Zeichen geben, damit alle etwas von der Jagd hatten.

Ich fand in einer kleinen Höhle frische Spuren, der Bär selbst war aber nicht da. Entweder hatte er den Platz gewechselt oder war zum Wasser gegangen. Vor dem Eingang hörte ich die Hunde bellen, die direkt auf mich zukamen. Lauter und stärker wurde das Krachen dürrer Äste und plötzlich sah ich einen Bären hervorbrechen.

Er kam einen kleinen Abhang empor und direkt auf mich zu. Ich stand ganz ruhig und wartete ab, wie dicht er zu mir kommen würde. Da bekam er etwa 50 Schritte vor mir meine Witterung, hielt einen Augenblick und lief schnell wieder von mir weg. Dieser Moment genügte, um ihm meine Kugel zuzuschicken. Aber ich war zu aufgeregt und mein Blei fuhr ihm nur in den Schenkel und brach seinen Hüftknochen.

Die Hunde waren durch den Bluff, in den sich Petz heruntergestürzt hatte, etwas aufgehalten und er gewann einen guten Vorsprung. Doch die Verletzung behinderte ihn und bald hörte ich, wie ihn die Hunde stellten.

Ein junger Mann mit Namen Erkswine hatte in der Nähe gejagt und wurde durch das Hundegebell und meinen Schuss herbeigelockt. Er kam gerade rechtzeitig beim Bären an, um ihm den tödlichen Schuss zu geben.

Auch die beiden Konwells kamen jetzt heran und gemeinsam brachen wir den Bären auf. Erkswine erzählte uns, dass er selbst eine Höhle gefunden habe und überzeugt sei, dass sich dort ein Bär aufhielt. Wenn jemand von uns mitkäme, wollte er den Versuch machen den Bären zu bekommen. Er war gerade auf dem Weg zur nächsten Kienwaldung gewesen, um sich Fackeln zu machen.

Ich war gleich bereit und nahm eines von unseren Wachslichtern. Nachdem wir den beiden genau beschrieben hatten, wo sie uns finden konnten, brachen wir auf und erreichten den nicht sehr weit entfernten Platz gerade mit Sonnenuntergang. Vor dem Eingang entzündeten wir ein Feuer und krochen hinein, Erkswine voran. Die Öffnung war sehr eng, aber innen erweiterte sich die Höhle stark und wir konnten aufrecht nebeneinander hergehen. Nachdem wir ein Stück gegangen waren, hörten wir den Bären leise winseln. Erkswine, ein alter Bärenjäger, der sich schon lange in den Bergen herumgetrieben hatte, meinte, dass er fest schliefe.

An einer Biegung der Höhle angelangt, sahen wir ihn plötzlich vor uns. Er hielt den Kopf zwischen den Tatzen und gab einen leisen, klagenden Laut von sich.

Erkswine, der die Büchse trug, hielt sich nicht lange mit der Vorrede auf, setzte dem Bär den Lauf an den Hinterkopf und drückte ab. Nach kurzem Todeskampf lag das Tier ausgestreckt da.

Konwells hatten in der Zwischenzeit noch andere Höhlen durchsucht, aber keinen Bären gefunden. Wir fanden es merkwürdig, dass wir auch keine Hirsche gesehen hatten. Der Wald schien wie ausgestorben zu sein, abgesehen von den Bären. Auch Truthähne fanden wir nur wenige.

Jetzt mussten wir erst einmal unsere Beute in Sicherheit bringen, beluden die Pferde mit unserem Anteil und zogen zu Konwells Wohnung. Unterwegs hielten wir uns nicht mit der Jagd auf und freuten uns liebevoll nach der harten Arbeit aufgenommen zu werden.

Solche mühevollen und beschwerlichen Jagdzüge muss man aber selbst ertragen haben, um dann das stille, wohltätige Walten der Frauen zu würdigen. Der Jäger kann im Wald von der Jagd existieren, wenn er Glück hat, und sich ein Dach bauen, wenn er geschickt ist, das ihn vor Wind und Wetter schützt. Mit seinem Hund an der Seite als treuer Wächter muss er sich auf seinem Lager nicht stundenlang wie der Städter herumwälzen, ehe er einschläft. Wer aber kümmert sich darum, ob er sanft ruht und ihm das Essen schmeckt, ob er glücklich gejagt hat oder sich missmutig auf das Lager wirft? Niemand! Ist er mit Jagdgefährten unterwegs, so kümmert sich jeder um sich selbst und achtet kaum auf den anderen.

Anders ist es im Haus, wo die Frau mit freundlicher Geschäftigkeit dem ermüdeten, erschöpften Mann jede Bequemlichkeit bieten möchte und die Familie damit wetteifert, dem lieben Mann und Vater alle überstandenen Mühen und Gefahren vergessen zu lassen. Ich besaß leider keine Hütte und wenn auch alles freundlich und liebevoll zu dem Fremden war, fühlte ich doch, dass ich ein Fremder war. Umso mehr ergriff mich das Heimweh.

Obwohl ich mich im Traum mit grimmigen Bären und Fledermäusen herumschlagen musste, erwachte ich am nächsten Morgen doch neu gestärkt und das delikate Frühstück schmeckte mir besonders gut. Vielleicht hatte nach dem Leben in der Wildnis dieser stille Kreis so viel Reiz für mich, jedenfalls werde ich die liebe Familie nie vergessen.

Mein Alter und ich saßen den ganzen Tag über am

Kamin und besserten unsere Leggins und Mokassins aus. Die Zeit verflog dabei in Zauberschnelle, denn der alte Konwell hatte viel erlebt und konnte hervorragend erzählen.

Am Morgen des 22. Januar schulterten Konwell und ich wieder unsere Büchsen und wanderten zum Richland. Es war gut, dass wir Proviant mitgenommen hatten, denn wir kamen nicht zum Schuss. Hätte Konwell am nächsten Tag nicht einen Truthahn geschossen, hätten wir Sassafras kauen können.

Endlich schoss er am dritten Tag einen Hirsch und ich einen Truthahn, was unseren Hunden wieder neues Leben gab. Doch die schlechte Jagd langweilte uns und wir beschlossen am nächsten Tag wieder nach Hause zu gehen. Das Wetter sah auch sehr schlecht aus. Zu unserer großen Freude schneite es nachts und wir änderten unsere Pläne. Jeder ging in eine andere Richtung, am Abend wollten wir uns wieder im Lager treffen.

Noch nicht weit gegangen, spürte ich in dem wohl vier Zoll tiefen Schnee einen jungen Bock auf, folgte ihm und schoss ihn. Fast zu gleicher Zeit hörte ich auch Konwells Büchse. Ich hing meinen Hirsch auf und wanderte weiter. Gut eine Stunde war ich gegangen, ohne etwas zu finden, als ich auf die Spur des Alten traf. Er verfolgte mit seinem Hund die blutige Fährte eines Panters.

Der linke Hinterlauf war ihm zerschmettert, denn ich konnte bei jedem Sprung nur drei Spuren sehen und dunkelrote Tropfen bezeichneten den Weg. Ich folgte natürlich, so schnell ich konnte. Nach einer Stunde schnellen Marsches hatte ich ihn am Eingang einer Höhle eingeholt. Er wusste, dass ich seine Spur finden musste und erwartete mich.

Das verwundete Tier hatte seine Zuflucht in der Höhle gefunden und glaubte wohl sicher zu sein. Wir hielten kurzen Kriegsrat und Konwell sagte, dass er etwa zwei Meilen entfernt ein Bündel mit Kienspan in einer Schlucht versteckt habe. Wenn ich hier Wache hielt, würde er es holen. Mir war es recht und mit gespanntem Hahn und gezogenem Messer lagerte ich vor der Höhle.

Im Schnee zu liegen war nicht so angenehm, obwohl es mir zuerst nichts ausmachte. Nach und nach kühlte ich jedoch ab und zuletzt schlugen mir die Zähne zusammen wie im Fieber.

Durch Hin- und Herlaufen und Herumspringen musste ich mich warm halten und war sehr froh, als Konwell endlich zurückkam und ein gutes Feuer entzündete. Ich hatte natürlich nicht gewagt die Büchse aus der Hand zu legen, um den Panter nicht entwischen zu lassen.

Nachdem wir uns aufgewärmt hatten, machten wir Fackeln und betraten vorsichtig die Höhle. Ich kroch zuerst voran, aber die Höhle wurde dann so hoch und geräumig, dass wir gut nebeneinander gehen konnten.

Sie bog nach links und zog sich in den Berg hinein. Als wir gut zweihundert Schritt gegangen waren, sahen wir die glühenden Augen des verwundeten Tieres. Der Alte nahm meine Fackel und trat hinter mich. Ich zielte und drückte ab. Wir hörten zwar ein Geräusch nach dem Schuss, konnten aber nicht erkennen, was passiert war. Schnell lud ich meine Büchse wieder und der Alte trat hinter mir vor, aber wir konnten die Augen nicht mehr entdecken. Mit gespannten Büchsen gingen wir vorwärts, auf alles gefasst.

Leise vorpirschend, entdeckten wir plötzlich den Panter in einer kleinen Vertiefung. Es war ein schrecklich-schöner Anblick. Die Ohren waren zurückgelegt und kaum zu sehen. Die Zähne, weiß wie Elfenbein, schlugen in wilder Wut zusammen, die glühenden Augen waren weit geöffnet. Im Nu flogen unsere Büchsen in die Höhe und das Echo donnerte durch die Höhle. Instinktmäßig ließen wir die Büchsen fallen und rissen die Messer aus der Scheide.

Ich fühlte gleichzeitig etwas gegen mich prallen. Sehen konnten wir in der Dunkelheit und dem Pulverdampf nichts. Ich stieß mit dem Messer danach. Unsere Fackeln verlöschten und alles ging so schnell, dass ich erst richtig wieder zur Besinnung kam, als ich neben Konwell vor der Höhle stand und die frische Luft einatmete.

Mechanisch hatten wir die Messer in der rechten und die verlöschten Fackeln in der linken Hand behalten. Jetzt konnten wir sehen, wie wir aussahen. Mit Schweiß und Blut waren wir bedeckt und die Bekleidung war zerrissen.

Konwell klagte über Schmerzen auf der Brust. Als wir das Hemd aufrissen, fanden wir zwei tiefe Risse vom linken Schulterblatt herunter bis zur Herzgrube. Auch ich hatte ein paar leichte Schrammen abbekommen und unsere Jagdhemden waren total zerfetzt. Keiner hatte gefühlt, dass er verletzt war. Wir zündeten ein großes Feuer vor der Höhle an, dann wuschen und verbanden wir unsere Risse und setzten uns ans Feuer, um zu beratschlagen.

Der Panter musste noch in der Höhle sein, ob er noch lebte, wussten wir nicht. Jedenfalls war er schwer verwundet, denn unsere beiden Jagdmesser mir ihren neun Zoll langen Klingen waren bis ans Heft blutig. Wir mussten wieder in die Höhle, denn unsere Büchsen und Konwells Kugelbeutel lagen dort.

Wir hätten den Panter vielleicht mit Rauch töten können, wussten aber nicht, ob es nicht einen anderen Abzug gab. Also machten wir uns neue Fackeln und betraten mit den Messern in der Hand erneut die Höhle, nicht ganz ohne Herzklopfen.

Mit vorgehaltener Flamme schlichen wir leise und vorsichtig entlang, um nicht wieder unangenehm überrascht zu werden. Ungehindert erreichten wir unsere Büchsen. Ich hielt jetzt beide Fackeln und Konwell lud, dann wechselten wir uns ab. Vorsichtig ging es weiter, bis wir den ausgestreckten Panter auf dem Boden entdeckten. Er war tot.

Wir streiften ihn ab und schnitten ihn auf. Alle drei Kugeln hatten ihn getroffen und beide Messer waren ihm durch den Leib gegangen. Er hatte uns im letzten Todeskampf angesprungen. Wir nahmen das durchlöcherte Fell mit.

Als wir aus der Höhle kamen, war es Nacht und hungrig legten wir uns hin. Konwell kam nicht richtig zur Ruhe, denn die Verletzung schmerzte, aber gegen Morgen schlief er dann auch ein.

Mit der ersten Dämmerung brachen wir auf und gingen zu dem Platz, wo ich den ersten Hirsch aufgehängt hatte. Dort frühstückten wir und ich machte den Vorschlag nach Hause zu gehen und Konwells Verletzung zu versorgen, damit sie sich nicht entzündete. Aber der Alte lachte mich aus und behauptete, dass der Hautriss ihn nicht stören würde. Wir wollten weiterjagen.

Es war aber wieder wärmer geworden und die dünne, weiße Decke war verschwunden. Obwohl wir genügend Spuren entdeckten, kamen wir doch nicht zum Schuss. In der Nacht wurden wir durch einen feinen, dünnen Regen geweckt, der nasskalt auf uns herabträufelte. Wir mussten unsere Decken aufspannen und der nächste Tag wurde sehr mühselig. Wir zogen durch den nassen Wald, ohne zum Schuss zu kommen oder auch nur einem Truthahn zu begegnen.

Unser Wildbret ging auch auf die Neige, denn wir hatten es uns nicht eingeteilt. Nach dem Frühstück blieb für jeden ein nicht sehr großes Stück, das wir zum Abendessen mit den Hunden teilen mussten. Trotzdem hofften wir auf unser Jagdglück, konnten aber bis zum Abend noch nicht einmal Aasgeier sehen.

Am 29. Januar saßen wir mit leerem Magen morgens beim Feuer. Da brach mein Alter in lautes Lachen aus und fragte mich, wer uns denn zwänge in dieser wildleeren Gegend zu bleiben – wir wollten doch nach Hause gehen! Das war mir aber nicht recht. So ganz ohne Beute und nur mit einem zerlöcherten Panterfell war es mir doch zu unangenehm. Fänden wir bis zum Nachmittag nichts, wollten wir uns wieder am Lager treffen und den Heimweg antreten.

Lautlos und auf alles achtend, schlich ich nun mit Bear-grease an alle Plätze, wo ich sonst Wild getroffen hatte. Aber alles schien wie ausgestorben zu sein und nagender Hunger peinigte mich. Wie schön war doch da die deut-sche Jagd, wo man alle halbe Stunde an ein Wirtshaus kam und sich mit Bier und Butterbrot erfrischen konnte! Hier gab es nur dichten Wald und ein nasskalter, langweiliger Baum sah wie der andere aus. Gelbes Laub, umgestürzte Bäume und zur Abwechslung einige schwarze Akazien, in denen der müde Jäger alle Augenblicke hängen bleibt. Rutscht er auf dem schlüpfrigen Boden mit den glatten Mokassins aus, kann er damit rechnen, sich in die Akazien zu setzen, die gerade für seine Bequemlichkeit dort zu wachsen scheinen.

Matt und todmüde kehrte ich in das Lager zurück, wo Konwell mich schon erwartete. Er lag ruhig am Feuer aus-gestreckt und meinte, er würde mich schon seit einigen Stunden erwarten.

»Es ist hier nichts mehr mit der Jagd«, sagte er und ich stimmte ihm aus vollem Herzen zu. Wir schulterten unsere Decken und das Fell und gingen mit leichtem Gepäck, aber schweren Gliedern zurück. Lange nach Dunkelwerden erreichten wir Konwells Haus und wurden herzlich empfangen, aber auch ausgelacht, als wir, anstatt Proviant mitzubringen, über alles herfielen, was essbar aussah.

Gern hätte ich mich einen Tag ausgeruht, aber Konwell wollte trotz seiner tiefen, noch nicht verheilten Schram-me nach der ersten Mahlzeit wieder aufbrechen. Er wollte die Scharte auswetzen, sonst glauben die Leute noch, er könnte keinen Hirsch mehr schießen.

Am nächsten Vormittag waren wir wieder unterwegs und erreichten die Quellen des Hurricane und ritten über den »Devils stepping path«, den Teufelspfad, ein schma-ler Felssteig, mit einem Abgrund an jeder Seite. Dann lie-ßen wir den Pilotrock zur Linken und kamen am Abend an die Grenze der Fichtenwälder, wo wir Kien bekamen.

Eine steile Berghöhe hinuntersteigend, entdeckten wir am Bachlauf eine dünne, blaue Rauchsäule. Dort lagerten Jäger und wir ritten zu ihnen. Bald erreichten wir ein indianisches Lager, wo wir auch den jungen Erkswine wieder trafen. Es waren Cherokee mit drei jungen Choktaw-Kriegern.

Sie waren auf der Bärenjagd und hatten mehr Glück gehabt. Das ganze Lager strotzte von Bärenfleisch, selbst die Hunde waren übersättigt.

Wir warfen uns ans Feuer und eine der Squaws steckte für uns ein paar delikate Stücken Bärenfleisch an die Flammen, die uns prächtig schmeckten. Die Nacht brach herein und alles lag in tiefer Ruhe. Ich hatte mich auch hingelegt, konnte aber nicht schlafen. Mein Hund hatte sich bei der Jagd auf Truthähne verausgabt, die ihm dann doch über eine tiefe Schlucht entkamen, und träumte jetzt neben mir. Dabei strampelte er und bellte leise. Als ich ihm so zusah, fiel mir eine alte Geschichte ein. Ein alter Bärenjäger hatte mir mal erzählt, dass man einem schlafenden Hund das Taschentuch über den Kopf legen soll und sich das dann später unter den Kopf schieben müsse. Wenn man dann einschlafe, hätte man den gleichen Traum wie der Hund. Ich hatte zwar kein Taschentuch, aber meine blaue schottische Mütze, die ich ihm auflegte. Als er unruhiger wurde, nahm ich sie weg und legte sie mir unter den Kopf. Bald darauf war ich eingeschlafen.

Obwohl ich sonst nie von dem träumen kann, was ich mir wünsche, lief ich bald darauf im Traum auf merkwürdige Weise hinter Truthähnen her, was man ja bei der Jagd den Hunden überlässt. Als ich sie auf den Baum gejagt hatte, sah ich zu ihnen hinauf, ohne an den Schuss zu denken. In dem Augenblick schlug mein Hund so laut an, dass ich erschrocken aufwachte.

Einer der Indianer war aufgestanden, um sein Feuer zu schüren, und Beargrease fand das verdächtig. Mein schöner Traum war vorbei und ich konnte mich nicht mehr daran erinnern, ob ich gebellt hatte oder nicht. Früh am Morgen brachen wir wieder auf.

Wir teilten uns in zwei Parteien. Konwell hatte einen alten Bekannten getroffen und ging mit einem Teil der Indianer zum Pilotrock. Erkswine und ich gingen mit drei Cherokee an die Quellen des Frogbayou.

Gegen zehn Uhr fanden wir eine Höhle und fertigten Fackeln an. Einer der Indianer und ich gingen hinein, Erkswine wollte mit den anderen am Feuer bleiben. Er meinte, dass er in den letzten vier Tagen in so vielen Höhlen herumgekrochen sei ohne Erfolg, dass er es langweilig fand.

Die Höhle war zuerst sehr eng, wurde dann nach und nach geräumiger und wir gingen ein langes Stück hinein. Wir fanden alte Mokassinspuren und Kohlestückchen. Plötzlich blieben wir stehen. Vor uns lag ein menschliches Gerippe kaum drei Fuß von den Knochen eines Bären entfernt. Eine dick mit Rost überzogene Büchse und ein durch die feuchte Luft fast zerfressenes Messer lagen an der Seite. Als wir Glaskorallen fanden, wussten wir, dass hier ein Indianer einsam und im tödlichen Kampf geblieben war. Dass er sein Leben teuer verkauft hatte, bewiesen die Bärenknochen neben ihm.

Das Gerippe war weitgehend vollständig, nur die kleinen Knochen fehlten. Wahrscheinlich hatten Ratten oder andere Tiere sie fortgeschleppt. Der Indianer wies schweigend auf den Knochen des rechten Oberarms, der wahrscheinlich im Kampf mit dem Bären zerschmettert war. Das Messer lag auf der linken Seite.

Ein erschütternder Anblick, die vermodernden Knochen eines Menschen zu finden und daneben im Staub seine Fußabdrücke, als ob sie eben erst eingedrückt waren. Ich wollte stillschweigend weitergehen, aber der Indianer legte mir die Hand auf den Arm und schüttelte den Kopf.

»Der Geist des roten Mannes ist in der Höhle und Wachiga geht nicht weiter«, sagte er in gebrochenem Englisch.

Keine Macht der Erde hätte ihn weitergebracht. Er zeigte auf die Knochen und sagte ruhig: »Die Knochen des roten Mannes gehören einem großen Häuptling. Der Bär sucht nicht sein Bett, wo der Jäger schläft.«

Da konnte ich ihm nur zustimmen und so kehrten wir erschüttert zurück. Wir fanden Erkswine allein, die anderen beiden Cherokee waren auf die Jagd gegangen. Als ich von meinem Fund erzählte, hatte er nicht die geringste Lust selbst in die Höhle zu gehen. Noch drei Höhlen fanden wir an diesem Tag, aber in keiner einen Bären.

Als Erkswine und ich eine Höhle untersuchten, teilte sich der Gang und jeder nahm sich einen vor. In meinem entdeckte ich bald deutliche Spuren, aber die Höhle wurde jetzt so eng, dass ich alles mit Ausnahme von Messer und Fackel zurücklassen musste. Noch nicht einmal nach links oder rechts konnte ich mich umdrehen.

Ich hatte mein Jagdhemd ausgezogen und nur noch ein altes Baumwollhemd und meine Leggins an. So rutschte ich Zoll für Zoll weiter und war sicher vor mir einen Bären zu finden. Die Höhle war ganz rund und die Seiten an vielen Stellen durch das Entlangreiben glatt wie Glas geworden. Auch die Haut einer Klapperschlange fand ich.

Als ich mich in eine sehr enge Stelle quetschte, steckte ich plötzlich fest. Ich konnte weder vorwärts noch rückwärts und der kalte Angstschweiß brach mir aus. Eine Minute lag ich bewegungslos, dann versuchte ich alles, um wieder rückwärts zu kommen. Endlich gelang es mir, wobei ich den größten Teil meines Hemdes an den Vorsprüngen ließ. Ich hatte jetzt allen Respekt vor den Höhlen bekommen und bei dem Gedanken, in einem solchen Loch zu stecken und elend zu verschmachten, sträubten sich meine Haare.

Als die Nacht hereinbrach, waren wir zu weit von den anderen Indianern entfernt und schlugen deshalb unser eigenes Lager auf. Wachiga war sehr nachdenkend geworden, rauchte aus seinem Pfeifentomahawk und sah starr in die Flammen. Obwohl er Christ war, hatte der alte

Aberglaube noch zu tiefe Wurzeln in seinem Inneren. Die neuen Histörchen der Missionare hatten wohl auch nicht dazu beigetragen, seinen Glauben sehr zu festigen. Erkswine war umso munterer und erzählte eine Schnurre nach der anderen.

Am nächsten Morgen, dem 1. Februar, waren wir kaum aufgebrochen, als wir schon Hunde jagen hörten. Wachiga erklärte, dass es die Hunde seiner Brüder seien und verschwand ohne weitere Worte. Wir horchten eine Weile und hatten den Eindruck, dass die Jagd eine andere Richtung nahm. So schnell uns unsere Füße tragen konnten, liefen wir auf dem Bergrücken entlang, um ihnen den Weg abzuschneiden. Wir mussten uns aber geirrt haben, denn in wenigen Minuten war alles totenstill. Einmal hörten wir etwas wie einen Schuss, waren uns aber nicht sicher.

Jetzt stiegen wir auf die höchste Terrasse des Gebirges und wanderten langsam weiter. Dabei hofften wir frische Spuren zu finden oder die Jagd wieder zu hören. In den steilen, abgebrochenen Felsmassen im Tal hörte man oft das Gebell der Hunde selbst in geringer Entfernung nicht, während es oben in den Bergen weit schallte.

Es musste gegen zwei Uhr nachmittags sein und wir hatten nichts gefunden. Da hob mein Hund die Nase und verharrte einen Augenblick. Dann stieß er ein kurzes, dumpfes Geheul aus und sprang den Berg hinab.

Wir horchten und vernahmen deutlich das Bellen der Meute, die den Hurricane herunterkam. Erkswine rief triumphierend: »Jetzt haben wir Bärenfleisch heute Abend!«

Er folgte dem Hund, um der näher kommenden Jagd den Weg abzuschneiden. Ich hatte ihn bald eingeholt und nicht lange brach der gehetzte Bär durch die Büsche. Ein kleiner Felsvorsprung hielt ihn auf und Erkswines Kugel begrüßte ihn. Dicht an mir stürzte er vorbei und nahm auch meine Kugel mit, verschwand dann aber aus unserem Gesichtskreis.

Die Hunde wurden durch unsere Anwesenheit und den frischen Schweiß auf der Fährte wieder angespornt und verfolgten ihn mit doppelter Wut, der ausgeruhte Bear-grease voran.

Nach wenigen hundert Schritten hatten sie ihn einge-holt und gestellt.

Uns blieb keine Zeit zum Laden und wir stürzten auf den Kampfplatz zu. Wir kamen gerade rechtzeitig, um zu erleben, wie der Bär mit unseren Hunden umging. Mit vier Tatzenschlägen tötete er vier von ihnen, aber umso wütender warfen sich die anderen auf ihn. Wären unsere Büchsen geladen gewesen, hätten wir nicht schießen kön-nen. Eben flog wieder ein großer brauner Rüde blutend und heulend zur Seite und Erkswine schrie: »Save the dogs!«, warf seine Büchse weg und stürzte sich in das blu-tige Knäuel mit seinem Messer.

Ich war an seiner Seite, aber als uns der Bär bemerkte, schleuderte er mit einer furchtbaren Kraftanstrengung die Hunde von sich. Diesen Augenblick nutzte mein küh-ner Gefährte und rammte ihm den Stahl in die Seite. Wie ein Blitz aber drehte sich der Bär zu ihm um, ergriff ihn und ich hörte einen einzigen, furchtbaren Schrei.

Dadurch zur Verzweiflung getrieben, stieß ich dem Tier dreimal mit aller Kraft die breite Klinge in den Leib, ohne daran zu denken zurückzuspringen. Beim dritten Stoß hatte sich der Bär gewandt und ich sah nur, wie er nach mir schlug und wollte dem Schlag ausweichen. Von einem stechenden Schmerz durchzuckt wurde ich ohnmächtig.

Als ich wieder zu mir kam, leckte mein Hund das Blut von meinem Gesicht. Ich wollte aufstehen, konnte es aber nicht, weil die ganze linke Seite schmerzte und ich den linken Arm überhaupt nicht bewegen konnte.

Endlich ermannte ich mich und stand auf.

Allmächtiger Gott, wie sah der Platz aus! Der Bär lag dicht neben mir und keine drei Fuß entfernt von ihm Erkswine kalt und starr.

Mit einem Angstschrei sprang ich auf die Füße und stürzte zu ihm, es war leider wahr. Er lag in seinem Blut, das ganze Gesicht zerfetzt und die rechte Schulter fast

vom Körper getrennt. Um ihn verteilt waren fünf der tapfersten Hunde mit aufgerissenen Bäuchen und zerschmetterten Knochen. Der Bär war so von geronnenem Blut bedeckt, dass man kaum noch seine Fellfarbe erkennen konnte.

Ich selbst war zum Umfallen matt und konnte meinen linken Arm nicht bewegen. Er schien aber nicht gebrochen, sondern nur ausgerenkt zu sein. Die Sonne war untergegangen und ich hatte gehofft, dass die anderen Jäger unsere Schüsse und das Gebell der Hunde gehört hatten. Aber es wurde Nacht und niemand kam. Ich rief und schrie, aber niemand hörte mich. Dann versuchte ich Feuer zu schlagen, aber mein linker Arm war so geschwollen, dass es mir unmöglich wurde.

Unter diesen Umständen ohne Feuer die kalte Nacht zu verbringen konnte mir den Tod bringen. Ich riss mir ein Stück vom Jagdhemd aus dem Rücken heraus, weil alles andere vom Blut durchnässt war. Dann streute ich Pulver darauf und rieb es hinein. Anschließend schüttete ich etwas Pulver in mein Gewehr, setzte den Propfen darauf und schoss es auf den Lappen ab, der sich sofort entzündete. Durch Blasen brachte ich trockenes Laub zum Brennen, warf dürre Reiser darauf und erhielt endlich unter fürchterlichen Schmerzen und unglaublicher Anstrengung ein Feuer.

Es war dunkel geworden und ich ging wieder zum toten Kameraden zurück, der wenige Schritte vom Feuer entfernt lag. Er fing an steif zu werden und mit Mühe versuchte ich seine Arme herunterzuziehen und ihn etwas auszustrecken. Auch die Augen wollten nicht zubleiben, obwohl ich kleine Steinchen darauf legte.

Die Hunde waren hungrig geworden, doch war es für mich unmöglich, den Bären zu zerlegen. Ich riss ihm aber mit dem Messer den Wanst auf, zog die Eingeweide heraus und warf sie ihnen zu. Beargrease hatte sich neben die Leiche gelegt und sah ihr starr ins Gesicht. Er rührte den Bären nicht mehr an.

Um Hilfe herbeizurufen, lud ich mein Gewehr zweimal und schoss es ab. Nichts antwortete und der Wald war wie ein weites, ungeheures Grab. Mir ging es schlechter und ich musste mich mehrmals übergeben. Meine Schulter schmerzte sehr. So gut es ging, wickelte ich mich in meine Decke und legte mich ans Feuer. Ob ich schlief oder ohnmächtig lag, weiß ich nicht. Aber ich träumte, ich wäre zu Hause und läge im Bett. Meine Mutter brachte mir Tee und legte die Hand auf meine Brust. Ich hörte die Kinder draußen auf der Straße lärmen und sah den Schnee auf den Dächern. Meinem ärgsten Feind will ich das Erwachen danach nicht wünschen.

Mein Hund hatte sich eng an mich geschmiegt und seine Nase auf meine Brust gelegt. Das Feuer war fast heruntergebrannt und Fieberfrost schüttelte mich. Die Wölfe heulten in unmittelbarer Nähe. Durch den Geruch der Lebenden waren sie zwar eingeschüchtert, aber doch nicht bereit die Beute wieder zu verlassen.

Ich konnte mich kaum bewegen und raffte, so gut es ging, mehr Holz zusammen. Als das Feuer wieder aufflackerte, schienen sich die bleichen, blutbefleckten Gesichtszüge der Leiche wieder zu beleben. Ich starrte gebannt hinüber, aber es war nur eine Täuschung.

Lauter und wilder heulten die Wölfe. Außer Beargrease waren noch fünf lebende Hunde bei mir, die antworteten. Ihr Geheul war aber kein wildes, herausforderndes Heulen, sondern schien mehr eine Totenklage für die anderen zu sein.

Um die Wölfe zu verscheuchen und auch um in der stillen Nacht noch einmal mein Glück zu versuchen, lud ich unter großen Mühen wieder mein Gewehr mit Pulver und feuerte dreimal. Wer beschreibt mein Entzücken, als ich drei Schüsse als Antwort hörte. Wieder lud ich und schoss, bis das letzte Pulverkorn verbraucht war.

Der Morgen dämmerte, als ich nicht weit von mir entfernt einen Schuss hörte und gleich darauf einen zweiten. Ein an der Planke hängender Schiffbrüchiger strengt seine Stimme nicht mehr an, um ein vorbeifahrendes Schiff anzurufen, als ich in diesem Moment. Eine menschliche Stimme antwortete und bald darauf knurrten die Hunde. Wachiga trat aus dem Gebüsch.

»Wah!«, schrie er und prallte zurück. Dann eilte er zu Erkswine, untersuchte ihn kurz und schüttelte traurig den Kopf. Dann drehte er sich zu mir und ich zeigte ihm meinen geschwollenen Arm. Er befühlte ihn wortlos, bildete dann einen Trichter mit den Händen und stieß einen lauten Schrei in die Richtung aus, von der er gekommen war.

Ganz aus der Nähe wurde geantwortet und bald darauf waren der alte Konwell und der größte Teil der Indianer bei mir.

Ich schüttelte ihm traurig die Hand und erzählte mit wenigen Worten, was geschehen war. Der Alte schimpfte und meinte, wir wären selbst schuld. »Wenn die Hunde den Bären bedecken, ist es keine Kunst, ihm das Messer in die Seite zu stoßen. Wenn er aber freikommt und den Menschen, seinen größten Feind sieht, dann wirft er sich mit aller Wut auf ihn. Wehe dem Armen, der ihm zu nahe kommt!«

Er hatte gut predigen, er war nicht dabei gewesen, als ein Hund nach dem anderen getötet wurde. Fünf Minuten länger und keiner wäre übrig geblieben und wer weiß, ob er dann nicht uns angegriffen hätte.

Die Indianer hatten jetzt mit ihren Tomahawks ein Grab ausgehoben, wickelten den Toten in seine Decke, legten ihn hinein und bedeckten alles wieder mit Erde und schweren Steinen. Konwell schlug einige junge Stämme ab und machte damit eine rohe Einfriedung um den kleinen Grabhügel.

Ich sah dabei ruhig zu, aber kalt lief es mir den Rücken hinunter, wenn ich daran dachte, dass ich anstelle des jungen Erkswine im Grab liegen könnte. Wen hätte es dann noch interessiert, ob ich oder er dort lag? So wie ich war auch Erkswine allein und ohne Freund durch die Wildnis gezogen. Vor längerer Zeit war er aus England herübergekommen, und nie werden wohl seine Verwandten und Freunde erfahren, auf welche Weise er ums Leben gekommen ist.

Wie viele Tausende gehen auf diese Art in Amerika zugrunde, von denen man nie etwas hört und vielleicht nur noch nach ein paar Monaten weiß, dass sie überhaupt existierten!

Nachdem der Tote in der Erde ruhte, kam Wachiga mit einem älteren Indianer auf mich zu und besah meinen Arm. Wachiga bewegte ihn, während der andere mir ins Gesicht sah. Der Schmerz war zum Verrücktwerden, aber ich gab keinen Laut von mir. Nach einer Weile griff der alte Indianer meinen Arm und legte seine linke Hand an meine Schulter. Als Wachiga mich plötzlich von hinten umfasste, zog er kräftig am Arm.

Ich fühlte einen fürchterlich stechenden Schmerz in der Schulter und wäre fast ohnmächtig geworden. Aber das ließ bald nach und trotz meines festen Vorsatzes entfuhr mir ein lauter Schmerzensschrei. Konwell fragte mich, ob ich reiten könne, und ich bejahte. Sie halfen mir auf das Pferd, luden Fell und Fleischstücke auf und dann ging es langsam auf den Heimweg. Schreckliche Qualen hielt ich ohne zu Murren aus, ich sehnte mich nur nach Ruhe.

Als es dunkel wurde, hatten wir noch vier Meilen bis zu Konwells Haus. Er erkundigte sich, ob wir weiterreiten oder rasten sollten, weil es gerade hier Holz und Wasser gab. Ich wäre aber statt der vier auch noch 40 Meilen geritten, um endlich einmal zur Ruhe zu kommen. Eine Stunde nach Dunkelwerden kamen wir an. Ich war so steif geworden, dass ich kaum vom Pferd konnte.

In der Stube warf ich mich todesmatt auf ein Lager und hatte während der Nacht heftiges Fieber. Gegen Morgen schlief ich besser und erwachte gegen Mittag gestärkt.

Mein Alter hatte inzwischen alles erzählt und sie pflegten mich wie einen Sohn. Zwei Tage musste ich das Bett hüten und litt sehr viel. Aber dann siegte meine gesunde Natur.

Kaum war ich wieder so weit hergestellt, um ordentlich umherstreifen zu können, als der Alte darauf bestand, wieder eine Jagd zu versuchen. Ich mochte nicht ablehnen und am 6. Februar ritten wir erneut aus. Der linke Arm war aber noch ziemlich steif und ich konnte ihn kaum bewegen. Seit dem traurigen Vorfall war auch kein rechtes Leben mehr in der Sache.

Wir fanden die Indianer wieder und jagten ein paar Tage mit ihnen, schossen Hirsche und Truthähne und einen jungen Bären, kehrten aber am 12. Februar wieder zurück. Konwell hatte zwei Hirschfelle und einige Hirschkeulen dabei, ich einen Truthahn.

Mein Arm war jetzt ganz geheilt. Unterwegs hatte ich den Entschluss gefasst die Berge zu verlassen und wieder mehr nach Süden zu ziehen. Einerseits trieb mich meine alte Wanderlust, andererseits wollte ich einmal etwas aus der alten Heimat hören. Seit Monaten hatte ich keine Nachrichten mehr bekommen. Das Wild wurde durch die vielen Jäger auch so rar, dass man sich kaum noch im Wald ernähren konnte.

Wir hörten, dass am Richland zwölf Mann waren und alles zusammengeschossen oder verjagt hatten. In den letzten drei Tagen fand man keinen Truthahn mehr zum Schießen und auch von den anderen Plätzen kamen keine besseren Jagdberichte. Mich trieb es fort, fort …

Als ich vor die Familie meines freundlichen Alten trat und wieder einen Abend bei den lieben Leuten verbrachte, wurde ich unschlüssig. Aber in der Nacht überlegte ich meinen Plan reiflich und teilte ihnen am Morgen mit, dass ich noch am selben Tag fortwollte.

Das wurde aber abgestritten und Konwell fragte mich jetzt ernsthaft, ob ich nicht für immer bei ihnen bleiben wollte und – die Schule übernehmen wollte. Ihr Schulmeister gefiel ihnen nicht, er trank zu viel. Einen Augenblick durchzuckte es mich wie ein Lichtstrahl: ein häusliches Stillleben in den Bergen, eine neue Heimat! Als ich aber über das Bild schaute, sah ich meinen alten Dorfschulmeister mit dem alten, abgetragenen schwarzen Frack und seiner mageren Gestalt vor mir. Ich schüttelte den Kopf, es graute mir!

Der Alte meinte nun, ich könnte ja auch Ackerbau betreiben, aber das hatte ich mir selbst schon viel zu oft überlegt. Ich war arm, blutarm und wenn mir auch die guten Leute nach Kräften geholfen hätten, so wäre ich doch dadurch viel zu abhängig geworden. Obwohl nun in Amerika nicht viel zu einem solchen Beginn gehört, muss doch wenigstens etwas da sein, mit dem man beginnen kann. Wenn der Anfänger von seinem Nachbarn ständig Pferd, Pflug, Axt, Hacke, Säge und alles andere borgen muss, so wird er damit auch dem großzügigsten Menschen lästig.

Ich habe solche Anfänge selbst beobachtet. Die Leute, die mit nichts in den Wald zogen, wurden von ihren Nachbarn tätig unterstützt. Sie halfen beim Reißen der Fenzriegel, errichteten das Haus, machten Land urbar und liehen ihm alles. Was hatte der arme Kerl davon? Jahrelang war er von seinen Nachbarn abhängig und brauchte Jahre, um sich nur die notwendigsten Dinge selbst anzuschaffen. Ein langes, entbehrungsreiches und mühseliges Leben gehörte dazu, bis der arme Farmer sagen konnte: »Ich habe, was ich brauche.« Gott weiß, dass das immer noch wenig genug ist. Mein Alter sah das wohl ein und meine Abreise wurde auf den nächsten Tag festgesetzt.

Was ich an Fellen und Bärenfett hatte, war nicht sehr viel. Ich konnte alles bequem auf ein Pferd laden. Der größte Teil der Felle, die wir im Regenwetter draußen gelassen hatten, war uns doch verdorben. Die Häute hatte ich übrigens an den Seiten des Pferdes in zwei Packen hängen und etwa acht Gallonen Bärenfett in einem Schlauch aus Hirschhaut. So zog ich mit einem von Konwells Söhnen, der dessen Beute verkaufen sollte, zur kleinen Stadt Ozark am Arkansas. Das Pferd sollte er dann wieder zurücknehmen.

Es tat mir weh, den Platz zu verlassen, den ich durch

die freundliche Behandlung der guten Leute so lieb gewonnen hatte. Ich musste schnellen Abschied nehmen, um meine Bewegung zu unterdrücken. Noch etwas machte mir das Herz schwer: Ich musste meinen Hund zurücklassen. Ich wollte die Jagd ganz aufgeben und nach New Orleans hinuntergehen. Das letzte Unglück hatte mir die Lust am Wald verleidet. Da ich nicht wusste, in welche Verhältnisse ich kam, wollte ich nicht gern den Hund aus der Jagd herausreißen und ihn zum gewöhnlichen Straßenköter machen. Konwell hatte ihn auch lieb gewonnen und mich gebeten ihn dazulassen. Als ich fortritt, hatten sie ihn angebunden. Wie er so nicht mitdurfte und mich treu und bittend mit seinen klugen Augen ansah, musste ich mich schnell abwenden und ich glaube, ich habe geweint. Es war der letzte Freund, den ich verließ.

Trüben Gedanken hing ich nach, als ich mit meinem Gefährten durch den Wald ritt. Der brachte mich aber mit allerlei Schnurren und Geschichten bald wieder in das alte Gleis und ich bemühte mich heiter zu sein.

Gegen Abend erreichten wir unweit vom Städtchen ein Wirtshaus, das auch Handels- und Warenhaus war. Mit dem Yankee hatten wir bald unseren Handel abgeschlossen. Wie alle Jäger, die an Händler verkauften, wurden wir natürlich übervorteilt. Aber das war mir gleichgültig, ich hatte wieder etwas Geld und dachte an andere Dinge als meine Waren etwas teurer an den Mann zu bringen. Dem Handwerksgebrauch entsprechend, forderten wir einen Quart Whisky, weil er nicht in einzelnen Gläsern verkauft werden durfte. Dann setzten wir uns in eine Ecke und tranken ein paar Schlucke.

Außer uns waren noch andere Jäger anwesend. Zwei saßen auf einem umgeschlagenen Baum und spielten Karten, ein dritter lehnte schlafend am Haus. Sein Gesicht kam mir sehr bekannt vor und ich überlegte, wo ich ihm schon einmal begegnet war. Da sah sich einer der Kartenspieler zu uns um, musterte mich kurz und streckte mir die Hand zum Gruß entgegen. Er fragte mich, ob ich mich noch an die verdammte Stahlmühle erinnerte, an der wir gemeinsam gemahlen hatten. Jetzt erkannte ich die Männer wieder. Schlafend hatte ich den Dritten damals verlassen und er schlief noch. Es waren die Männer, mit denen Slowtrap und ich eine Nacht am Fourche la Fave verbracht hatten.

Der junge Konwell hatte seine Geschäfte abgeschlossen und wollte sich nicht länger aufhalten. Wir nahmen herzlichen Abschied und er ritt davon.

Die beiden Jäger hatten ihr Spiel beendet. Wir saßen beim Whisky und unterhielten uns über vergangene Zeiten und die Jagd. Da trafen sechs junge Leute ein, wie wir mit Leggins und Mokassins bekleidet, die Büchse auf der Schulter, die Messer an der Seite. Sie hatten mehrere leere Flaschen bei sich, die sie wieder füllen ließen und schienen schon ziemlich berauscht zu sein.

Im Herumtaumeln trat einer von ihnen dem Schlafenden auf den Fuß, der nur ein paar Worte murmelte und weiterschlief. Das schien die jungen Kerle zu amüsieren, und sie fingen an ihn mit Grashalmen unter der Nase zu kitzeln. Über seine Miene lachten sie sich kaputt.

Seine beiden Gefährten baten die Männer ganz ruhig damit aufzuhören, der Schlafende sei ihr Freund und seine Schlafsucht eine Krankheit, für die er nichts könne. Ein lautes Gelächter war die Antwort und sie schrien, sie würden machen, was sie wollten. Einer von ihnen erklärte uns gütig, dass sie uns auch im Notfall handgreiflich davon überzeugen konnten.

Mir war das Blut schon lange heiß geworden, aber ich dachte doch, dass mich die Sache nichts anging. Durch einen etwas zu rohen Spaß wurde aber der Schlafende, ein baumstarker Mann, aufgeweckt.

Er streckte und dehnte sich, sah uns der Reihe nach an und erkannte dann wohl, was hier geschah. Er hörte auf zu Gähnen und horchte auf die Bemerkungen. Da trat der größte Prahler aus der Gruppe vor, lachte ihm ins Gesicht und wünschte ihm einen guten Morgen. Im selben Augenblick erhielt er einen Faustschlag und ging blutend zu Boden. Das war das Zeichen und im Nu fuhren die gefährlichen Jagdmesser aus den Scheiden.

Obwohl ich nichts damit zu tun hatte, zog ich ebenfalls meine Waffe und war mitten im Handgemenge. Alles ging sehr schnell und ich erinnere mich nur noch, wie ich mich gegen zwei lange Kerle verteidigte, meine linke Hand, mit der ich einen Stich parierte, mir sehr wehtat und einer der Burschen laut aufschrie. Da fiel ein Schuss und einer unserer Gegner taumelte und fiel. Wie ein elektrischer Schlag wirkte das auf die anderen, die Klingen sanken und jeder kümmerte sich nur um den Gestürzten. Unser schläfriger Bursche war nicht mehr faul. Ohne sich weiter umzusehen warf er sich auf sein Pferd, das angebunden am Tor stand, und verschwand gleich darauf im Wald.

Die ganze Gesellschaft war plötzlich nüchtern geworden, aber keiner dachte daran, ihm nachzusetzen. Alles kümmerte sich um den Verletzten, aber die Mühe war vergeblich. Als die Sonne in ihrem roten Glutmeer versank, hauchte er seinen Geist aus.

Die beiden anderen Amerikaner winkten mir ihnen zu folgen. Man konnte nicht wissen, wie die Freunde des Erschossenen reagierten. Sie stiegen auf ihre Pferde, ich setzte mich hinter einen und wir folgten dem schmalen Weg in gestrecktem Galopp. Als es zu dunkel zum weiterreiten wurde, hielten wir, machten ein Feuer und brachen dann vor Tagesanbruch wieder auf. Nach kurzer Zeit kamen wir an das niedergebrannte Feuer unseres Kameraden, der sanft und ruhig schlief. Er hatte zwar eine gespannte Pistole neben sich, war aber wohl von der Schlafsucht übermannt worden.

Ich nahm die Pistole zur Seite, um ein Unglück zu verhindern, und weckte ihn. Sein erster Griff war auch zur Waffe, dann erkannte er uns. Wir erklärten ihm, dass das nicht der geeignete Platz zum Ausruhen war, mit den deutlichen Spuren im weichen Boden hinter sich. Er sah das ein, ein flüchtiges Frühstück wurde verzehrt, und wir nahmen uns die Zeit, um die Hände vom Blut zu waschen. Es war teilweise eigenes, teilweise fremdes und meine Hand schmerzte wieder stark. Ich hatte einen Stich in das Handinnere bekommen und die Sehnen lagen bloß. Einer der Amerikaner gab mir den Rat die Wunde mit Asche zu füllen und sie dann ordentlich zu verbinden. An der linken Hand hatte ich auch einen Schnitt, aber der war unbedeutend, da er bloß durch die Haut gegangen war. Alle waren mehr oder weniger verwundet, wobei ich noch am besten davongekommen war.

Nach dem Essen verließen wir den Pfad und zogen in den Wald. Hier trennten wir uns, da meine Richtung südwestlich lag. Wir verabschiedeten uns freundlich und sahen uns nie wieder, kannten noch nicht einmal unsere Namen. Und doch hatten wir zusammen gekämpft und waren zusammen geflohen. Der Zufall hatte uns zusammengeführt, uns für einen Augenblick verbunden und jetzt kehrte jeder wieder zu seiner Beschäftigung zurück. Ein wahres Bild des amerikanischen Lebens.

Ich war wieder allein und zu Fuß und konnte nur kleine Tagesreisen machen. Teilweise tat mir die Hand weh, teilweise die Seite. Am Morgen schoss ich einen Bock. Als ich das Jagdmesser zog, um ihn aufzubrechen, schauderte ich. Die dunklen Blutspuren waren Menschenblut, das ich sorgfältig abwusch, ich konnte den Anblick nicht ertragen.

Den Bock konnte ich mit einer Hand nicht aufbrechen, schnitt ihn auf, nahm Leber und Niere heraus, schnitt einen Teil des Rückens herunter und machte ein gutes Feuer. Bald lag ich daneben, körperlich ruhig, geistig nicht.

Lange starrte ich in die Glut und ließ mein vergangenes Leben an mir vorüberziehen. Trübe Zukunftsbilder entstanden, die mir ein paar Tropfen in die Augen trieben. Vor Ermüdung schlief ich endlich ein. Ein kaltes Schauern weckte mich.

Es regnete, was vom Himmel herunterwollte. Das Feuer war ausgegangen, tiefe Finsternis umgab mich. Die Gegenwart war nicht geeignet mir die Vergangenheit zu versüßen und mit bitteren Gefühlen hüllte ich mich fester in meine nasse Decke, die vier Elemente mit Wind und Regen, Schlammboden und erloschenem Feuer verfluchend.

Endlich brach der Tag an. Der Städter, der morgens in seinem warmen Bett erwachte und den Regen an die Scheibe schlagen hörte, schaut wohl einen Moment auf die vorbeieilenden Menschen, die bei dem unfreundlichen Wetter unterwegs sind. Dann schlürft er seinen Kaffee, ist vielleicht unzufrieden, dass er nicht heiß genug ist, und wirft sich auf sein Sofa.

Dem Streifschützen ergeht es da etwas anders, wenn er sich morgens aus seiner nassen Decke schält, den Regen aus den Haaren schüttelt und dann, vor Frost zitternd, ein kaltes, nasses und von Asche beschmutztes Stück Hirschfleisch verzehrt – nicht wegen des Wohlgeschmacks, sondern um den Hunger zu befriedigen.

Dann wringt er seine Decke aus, bindet sie zusammen, hängt sie auf den Rücken und beginnt erneut seinen Marsch durch den kalten, unfreundlichen Wald. Das Schloss seiner Büchse und das Pulverhorn sind das einzige Trockene am ganzen Menschen. Wie verschieden sind doch die Lose in der Welt verteilt!

Meine Hand war durch die Nässe und Kälte entzündet und geschwollen und schmerzte sehr. Ich schnitt mir deshalb einen langen Streifen aus dem Rückenfell des Hirsches, machte eine Schlinge daraus und hing den Arm hinein. Dann warf ich mir meine Sachen um, schulterte die Büchse und ging unter den triefenden Bäumen weg, dem kalten Sturmwind den Rücken zukehrend.

Ich war weder mit dem Wetter noch mit meinem Schicksal zufrieden, war gegen beides gleichgültig geworden. Als mir ein Busch die Mütze vom Kopf und in eine Pfütze schleuderte und die nasskalten Zweige in mein Gesicht schlugen, konnte ich sogar lachen.

Der Regen hörte endlich auf und ein scharfer Wind trocknete mich bald oben herum. Unten schlugen mir die nassen Leggins noch immer um die Füße.

Mein Kurs war jetzt auf Little Rock gerichtet, was ich aber eigentlich wollte, wusste ich selbst nicht. Glücklicherweise erreichte ich am Abend ein Haus, bekam einen guten Verband und ein trockenes Lager.

Am 27. Februar erreichte ich Slowtraps Haus. Er begrüßte mich herzlich, aber ich blieb nur eine Nacht bei ihm und ging dann den Fluss hinunter zu Klingelhöfer, der mich mit der alten Herzlichkeit wieder aufnahm. Aber auch hier hatte ich keine Ruhe und zog nach wenigen Tagen weiter südlich gen Little Rock.

Little Rock ist jedenfalls eines der langweiligsten Nester in den Vereinigten Staaten. Ich hätte da keine zwei Stunden ausgehalten, wenn ich nicht liebe Menschen kennen gelernt hätte, die mich den Ort vergessen ließen. Viele Deutsche wohnten jetzt hier und einigen ging es sehr gut. Auch in der Umgebung hatten sich viele angesiedelt und hübsche, einträgliche Farmen angelegt.

Oberhalb der Stadt ist das Land vollkommen dürr und unfruchtbar. Aber auf der gegenüberliegenden Seite des Arkansas und eine Strecke entfernt ist herrlicher Boden. Nördlich von der Stadt befinden sich, abgesehen vom Flusstal des Arkansas, überwiegend steinige Fichtenwaldungen.

Von Little Rock unternahm ich Ausflüge in die Nachbarschaft. Dabei lernte ich einen jungen Amerikaner kennen, der mit einer Deutschen verheiratet war. Bei ihnen blieb ich einige Zeit und jagte Truthähne. Aber die Jagd war schlecht, die Moskitos durch die vielen Bayous oder Lagunen sehr zahlreich, um den im Freien Campierenden verrückt zu machen. Trotzdem hielt ich mich einige Wochen dort auf. Wäre ich noch länger geblieben, hätte ich wohl für immer der Jagd abgeschworen.

Mein Jagdhemd war so zerfetzt, dass es nur noch vom Gürtel zusammengehalten wurde. Da beschloss ich an den Fourche la Fave zurückzukehren, weil die Hirschfelle jetzt zum Gerben wieder tauglich waren. An den Salzlecken wollte ich mir genügend Hirsche schießen, um mir aus den Häuten ein gutes Jagdhemd zu machen. Die Idee nach New Orleans zu gehen hatte ich wieder aufgegeben, weil ich keine Briefe vorfand. In den letzten Tagen des April wanderte ich Nordnordwest zum Fourche la Fave.

Schon am zweiten Tag erreichte ich meinen alten Jagdgrund wieder, verließ den Weg und schlug mich durch den Wald zu einer »lick«, an der ich früher schon viele Hirsche geschossen hatte. Ich hoffte mein Gerüst noch vorzufinden.

Vor Sonnenuntergang erreichte ich den Platz und trug Kien zusammen und spaltete ihn. Mit harter Arbeit schleppte ich vor der einbrechenden Dunkelheit genug zusammen. Die Dämmerung in Amerika ist nur sehr kurz und kaum ist die Sonne verschwunden, bricht auch die Nacht an. Dann machte ich mich daran, das auf einer Seite eingestürzte Gestell wieder aufzurichten. Die Erde lag noch darauf und als ich meine Schulter unter die eingestürzte Ecke stemmte, konnte ich die weggerutschte Stütze wieder anbringen.

Die Anstrengung war aber zu viel für mich. Seit dem vergangenen Abend hatte ich auch nichts mehr gegessen, dazu der lange Marsch und das Kienspalten. Ich wurde ohnmächtig. Wie lange ich da gelegen hatte, weiß ich nicht. Als ich zu mir kam, war es stockdunkel. Ich richtete mich auf und hörte einen Hirsch erschrocken aus der »lick« springen. In großen Sätzen floh er durch das dürre Laub.

Ich ging an die Quelle, nahm einen herzhaften Trunk und fühlte mich erfrischt. Dann schlug ich Feuer und zündete das Holz auf dem Gestell an. Ich wickelte mich in meine Decke und wartete ab.

Keine Stunde wartete ich, als mit leisen, bedächtigen Schritten ein Bock herankam. Ich hörte ihn schon zehn

Minuten durch das dürre, raschelnde Laub, ehe er in den Lichtkreis trat. Er war etwa 40 Schritte herangekommen, blieb stehen und schaute ruhig in die Flammen. Seine Lichter funkelten wie zwei Sterne vor dem dunklen Hintergrund. Dann trat er behutsam weiter vor, fast weiß im hellen Schein des Feuers aussehend. Ich pfiff, er warf den Kopf in die Höhe und stand. Meine Kugel fuhr ihm durch beide Schulterblätter und ohne Laut brach er zusammen.

Ganz gegen die Jagdregel lud ich nicht gleich wieder und wartete auch nicht auf einen weiteren Hirsch. Ich sprang hinaus, zog ihn zum Feuer und brach ihn auf. In wenigen Minuten stak die Leber und ein bedeutendes Fleischstück am Feuer. Während ich briet, lud ich meine Waffe. Aber der Geruch des Fleisches hielt wohl das Wild fern. Ich hörte mehrere verschreckt davonspringen, ohne sie zu sehen. Mein Magen ging aber vor und wollte nicht warten.

Bald hatte ich das Fleisch beseitigt und schürte das Feuer wieder zu einer hellen Flamme. Zufrieden mit mir und der Welt saß ich erneut unter den Kienbränden.

Bis ein Uhr wachte ich vergeblich, dann aber hörte ich leise, abgemessene Schritte und ein Alttier kam in gerader Richtung auf mich zu. Es hatte keine Ahnung von der Gefahr, sondern blieb kaum sechs Schritte von meinem Gestell stehen und sah ruhig in die Flamme. Es war beschlagen, aber ich musste ein Jagdhemd haben, auch wenn ich diese Aasjägerei hasste. Als ich den todbringenden Lauf hob, kamen zu ihrer Rettung drei andere auf den Schauplatz, allen voran ein stattlicher Bock. Sie blieben zehn Schritte hinter dem ruhig stehenden Alttier.

Ich wandte die Büchse etwas zur Seite, zielte, drückte ab, und hoch sprang der tödlich getroffene Hirsch. In Windeseile floh das Alttier, das so dicht neben mir gestanden hatte, dass es vom Pulver verbrannt sein musste.

Eine Zeit lang herrschte wieder Totenstille und ich war etwas eingenickt. Als ich plötzlich erwachte, entdeckte ich gerade vor mir zwei glühende Augen. Gleich darauf erschien der helle Körper des Hirsches. Er kam auf mich zu, blieb stehen und war im Krach der Büchse verschwunden.

Ich kümmerte mich nicht weiter um ihn, sondern lud und wartete auf mehr Wild. Aber der Whip-poor-will begann schon sein eintöniges Morgenlied wie immer kurz vor der Tagesdämmerung. Er ist eine Nachtschwalbe und gehört zu den Ziegenmelkern. In mondhellen Nächten und vor Tagesanbruch kann man seinen eintönigen Gesang hören, der den englischen Worten ähnelt, nach denen er benannt wurde. Er ähnelt in Größe und Farbe unseren Nachtschwalben.

Als der Tag graute, hörte ich aber erneut bedächtige Schritte im Laub und bald darauf kam der vierte Hirsch vor meine Büchse. Von dem Dritten fand ich aber weder Haare noch Schweiß und nahm an, dass ich ihn verfehlt hatte. Die drei anderen wurden aufgebrochen und abgestreift sowie aufgehängt. Dann wanderte ich zu einem zwei Meilen entfernten Farmer, mit dem ich gut bekannt war. Er sollte das Wildbret holen und als er seinen Hund mitbrachte, fanden wir den vierten Hirsch waidwund in einem Dickicht.

Am selben Tag wanderte ich zu dem nicht mehr weit entfernten Haus Klingelhöfers und wurde wieder gut aufgenommen. Hier blieb ich ein paar Tage und ruhte mich aus. Als ich von einer anderen »lick« hörte, lagerte ich noch am selben Abend unter einem neuen Gestell.

In dieser Jahreszeit bietet der Wald in Arkansas mit seinen blühenden Dogwoodbäumen einen herrlichen Anblick. Das sind kleine, niedrige Bäume, selten mehr als sieben Zoll stark. Die Blüten sind weiß und in der Größe einer Rose und bedecken den ganzen Bau. Die zahlreich vorhandenen Bäume geben dem Wald etwas von einem Garten. Dazu die milden Frühlingsnächte, der klagende Ruf des Whip-poor-will, das monotone Geheul der Eule – man könnte es wirklich romantisch finden, wenn nicht die verwünschten Zecken wären.

In dieser Nacht schoss ich zwei Hirsche und nahm ihnen das Gehirn heraus, das ich auf einen flachen Stein strich und langsam am Feuer backen ließ, um es zu erhalten. Ich wollte es später zum Gerben verwenden.

Zum Unterschied zu unseren Hirschen gehört der amerikanische oder virginische Hirsch eigentlich nicht zum Rot-, sondern zum Damwild. Allerdings hat er keine Schaufeln, sondern ein vom Kopf etwas zurück und dann nach vorn gebogenes Geweih und wird auch nicht so groß wie unser Edelhirsch. Die stärksten Böcke, die ich geschossen hatte, wogen aufgebrochen kaum mehr als 180, höchstens 200 Pfund. Das Geweih wiegt drei Pfund und weniger. Der Virginia-Hirsch hat den langen Wedel wie das Damwild, ist aber mit seltenen Ausnahmen nie gefleckt, sondern hat die Farbe des Rotwildes. Er schreit nicht während der Brunft. Die Brunft selbst und das Abwerfen des Geweihes richtet sich nach dem unterschiedlichen Klima in den nördlichen oder südlichen Staaten.

Der Elk oder Riesenhirsch kommt in den Staaten nicht mehr vor, nur noch westlich in den Prärien und Felsengebirgen.

Ich nahm an genügend Felle zu besitzen und wollte, wenn sie etwas getrocknet waren, den alten Slowtrap wieder aufsuchen und sie dort zubereiten. Er war berühmt für seine Gerbarbeiten. Wenige Tage später saß ich wieder am alten, wohl bekannten Kamin meinem gemütlichen, alten Freund gegenüber. Er war noch ganz derselbe, hatte seinen alten Frack an und briet wie gewöhnlich süße Kartoffeln in der heißen Asche.

Ich hielt mich nicht lange bei der Vorrede auf und schon der nächste Morgen fand mich bei der Arbeit. Mit einem extra dafür selbst gemachten Messer stieß ich die Narben vom Fell ab. Noch fehlte mir aber zum Gerben das Hirn mehrerer Hirsche, da ich nur das vom zuletzt erlegten mitgenommen hatte. Ich musste deshalb erst wieder auf die Jagd gehen.

Hogan, der nicht weit von dort wohnte, war jedoch gern bereit ein paar Tage mitzukommen. Schon am nächsten Morgen wollten wir hinaus, als fünf Reiter am Tor hielten. Sie stiegen ab und wurden von Hogan freundlich zum Frühstück eingeladen. Erst nachdem sie gegessen hatten und sahen, dass wir zum Aufbruch fertig waren, bat uns einer von ihnen, heute nicht zu jagen. Wir möchten doch mitkommen und einen »Akt der Gerechtigkeit« ausüben, wie sie sich ausdrückten.

Es ging um folgende Sache: An dem kleinen Fluss hatte sich seit einiger Zeit eine Klasse Menschen angesiedelt, die das Pferdefleisch ein wenig zu sehr liebte, ohne sich danach zu erkundigen, wem es eigentlich gehörte. Freund Curtis hätte sie unbestritten »heretics« genannt.

Sie wohnten alle miteinander dort oben, etwa 20 Meilen im Umkreis. Fast unumstößliche Beweise wegen Pferdediebstahls waren gegen zwei von ihnen vorhanden. Für ein Gericht hätte es trotzdem nicht gereicht, denn ein Anwalt hätte sie wieder herausgeholt und vor den Anwälten haben die Backwoodsmen eine besondere Furcht. Um also die Sache kurz abzumachen, hatten sie beschlossen das Gesetz in die eigene Hand zu nehmen. Ein Mann namens Brogan und mein armer Curly waren die Opfer.

Hogan war gleich bereit mitzugehen und auch ich beabsichtigte dabei zu sein, wenn ich mich auch nicht beteiligen wollte. Wir machten uns auf den Weg und überholten bald die armen Teufel, die gebunden zwischen zwei Pferden geführt wurden. Curly war sehr niedergeschlagen, Brogan sah wild und bösartig drein.

Am Platz angelangt, fanden wir eine größere Versammlung als erwartet vor. Es waren zwischen fünfzig und sechzig Personen anwesend.

Eine Jury wurde gewählt, Zeugen aufgerufen, geschworen, befragt und alles ganz nach Art eines Gerichtsverfahrens vorgenommen. Dabei kam nun heraus, dass Brogan im vergangenen Jahr eine Zeit lang abwesend gewesen war. Nachdem er zurückkehrte, seien die zwei fraglichen

Pferde in der Nachbarschaft gesehen worden, und zwar an einem Platz mit dichtem Wald. Dort in der Nähe hatte man auch Brogan gesehen. Curly hatte später eines der Pferde für kurze Zeit gebraucht und dann verkauft. Der Beweis war überzeugend, beide leugneten aber hartnäckig.

Zwei Männer entkleideten Curlys Oberkörper, banden ihn an einen jungen Baum und schlugen ihm mit Hickoryruten. Curly sah ein, dass er sich nur schadete, wenn er stur blieb, und beichtete. Er wurde losgebunden und sein Sündenregister war bald aufgezählt.

Er hatte nach seiner Aussage nie ein Pferd gestohlen, sich aber zum Hehler gemacht und war den Pferdedieben, wie er selbst sagte, »gefällig« gewesen. Als die letzten Pferde gestohlen werden sollten, waren es vier gewesen. Einer von ihnen sollte die Pferde stehlen, gemeinsam sollten sie dann verkauft werden. Ausgesucht wurde der Pferdedieb untereinander durch das Jagdglück. Wer an einem bestimmten Tag die wenigsten Hirsche schoss, sollte den gefahrvollen Diebstahl übernehmen.

Curly schoss an diesem Tag vier Hirsche, die anderen beiden jeder zwei und Brogan einen. Zum Schluss gab er noch ein Register der Pferdeliebhaber, sechsundzwanzig wohl bekannte Namen. Er war aber bescheiden genug, sich nicht selbst mit auf den Zettel zu setzen.

Brogan, der mit einem verächtlichen Lächeln zugehört hatte, wurde jetzt befragt. Aber alle Versuche zu einem freiwilligen Geständnis waren vergeblich. Er blieb bei seinem Leugnen, wurde ebenfalls an den Baum gebunden und von zwei Männern schrecklich geschlagen.

Es war ein trauriges Schauspiel. Erst fluchte und schimpfte er, dann war er eine Weile ganz ruhig und ertrug mit wahrer Seelenstärke die schmerzhaften Hiebe, endlich aber schrie er laut: »My poor wife and children!« In dem Augenblick kamen zwei Neger mit Schaufeln und Spaten und begannen ein Grab auszuheben. Ihnen folgte ein Weißer, der in der linken Hand einen Strick hielt, in

345

der rechten ein Talgstück. Mit kaltblütiger Miene schmierte er das Seil ein, um den armen, misshandelten Mann aufzuhängen.

Das war nun zu arg und mehrere von uns traten auf und machten denen, die noch am mildesten gesinnt schienen, begreiflich, dass man den Mann nicht so zerfleischen dürfe, wenn man ihn aufhängen wolle. Das schien ihnen auch einzuleuchten, es wurde abgestimmt und ihm diesmal das Leben geschenkt, doch nur unter der Bedingung, die County innerhalb der nächsten vier Wochen zu verlassen und nie wieder zurückzukehren.

Er versprach nichts, sank aber, als man ihn losband, ohnmächtig ins Gras.

Ich hatte genug gesehen und Hogan und ich trabten dem Gebirge zu, um endlich die Jagd zu beginnen. Mein Kamerad war aber sehr nachdenklich geworden, vielleicht mit gutem Grund. Später hörte ich, dass auf ihm selbst kein kleiner Verdacht ruhte.

Ich hatte mich jetzt lange genug von meiner Arbeit abhalten lassen und wollte nicht länger in Hemdsärmeln herumlaufen. Ich nahm die Gehirne, ging zu Slowtraps Haus und begann eifrig meine Felle zu bearbeiten. Da es vielleicht interessant ist, will ich es hier näher beschreiben.

Zuerst werden die Häute, die zubereitet werden sollen, eine Nacht lang eingeweicht. Am nächsten Tag kommen sie auf ein glattes, rundes Holz, den so genannten Baum. Dort wird der »grain«, die Narben, abgestoßen, wie das bei jeder Art der Gerberei gemacht wird, nur dass hier das Handwerkszeug viel einfacher ist.

Für jedes Fell benötigt man ein Hirn, das man in einen Eisentopf mit so viel Wasser, um es darin später gut durchzuarbeiten, tut. Das Hirn, das man vorher in einen kleinen Beutel aus grober Leinwand gefüllt hat, kocht man etwa eine Stunde in dem Wasser. Wenn es sich etwas abgekühlt hat, wird es mit der Hand durch das Leinen gerieben und gewaschen. Es muss sich gleichmäßig im

Wasser verteilen, das dadurch eine milchige Farbe annimmt. Die faserigen Teile bleiben im Sack zurück.

In diesem Wasser werden nun die Felle kräftig geknetet und durchgearbeitet, bis das Hirn überall in sie eingedrungen ist. Dann nimmt man sie heraus, wringt sie so gut wie möglich aus und hängt sie zum Trocknen auf. Wenn man überall, besonders an den Stellen, unter denen der Hüftknochen gesessen hat, die Luft in das nasse Fell einfassen und durch die Poren pressen kann, ist das Fell gut durchgegerbt. Jetzt beginnt erst die harte Arbeit, denn die Felle dürfen nicht völlig an der Luft trocknen, sondern müssen vom Gerber auf einem extra dafür geschärften Brett so lange gerieben und gezogen werden, bis sie ganz trocken, schneeweiß und weich wie Samt sind.

Jetzt sind sie zwar gegerbt, aber würden doch steinhart werden, wenn sie wieder nass sind. Um das zu vermeiden und alles Leimartige aus ihnen zu holen, werden die Häute geräuchert. Dazu näht man immer zwei aneinander wie einen Sack mit nur einer Öffnung. Dann gräbt man ein gut 16 Zoll tiefes und acht Zoll breites Loch in die Erde und zündet ein Feuer an. Sobald es Glut entwickelt, wird es mit faulem Holz bedeckt, sodass dicker Qualm aufsteigt. In diesen Rauch werden nun die Häute gehängt. Er muss sie so durchdringen, dass sie sich an der Außenseite zu bräunen beginnen. Dann wird der Sack umgedreht und der Prozess auf der anderen Seite wiederholt. Erst jetzt sind sie wirklich gegerbt und weder Wasser noch Sonne kann ihnen etwas anhaben. Sie bekommen dadurch eine braungelbe Farbe.

Nachdem ich meine Felle so bearbeitet hatte, ging ich zu einem nur wenige Meilen entfernten alten Jäger namens Wells, dessen Frau mir ein Jagdhemd aus den fünf besten Häuten zuschnitt. Sie gab mir auch Hinweise, wie ich es zusammennähen musste. Drei Tage emsiger Schneiderarbeit folgten und ich hatte ein vorzügliches Stück fertig. Auch neue Mokassins schnitt ich mir aus einer der stärksten Häute, nahm dann Rinde vom schwarzen Walnussbaum mit etwas blauem Vitriol und färbte meine neue Kleidung dunkel, damit sie die richtige Waldfarbe bekam. Dann war ich wieder ordentlich jagdmäßig ausstaffiert.

Ich unterhielt mich viel mit Wells über die Jagd und er beklagte sehr den Wildmangel, der am Fourche la Fave immer deutlicher wurde. Früher war hier der beste Jagdgrund von ganz Arkansas. Dann kam das Gespräch auch auf die Hunde und ihre Träume. Ich erzählte ihm, was ich gehört und dann selbst erlebt hatte. Er pflichtete mir bei und versicherte, dass er es auch einmal versucht hatte.

»Ich lag eines Abends am Feuer ausgestreckt und konnte nicht einschlafen«, erzählte er. »Mein Hund lag neben mir. Er war den ganzen Tag im Wald umhergejagt und schnarchte leise. Jetzt begann er mit den Füßen zu strampeln, klagte, winselte und bellte sogar leise. Schon als Kind hatte mir mein Vater vom Traumeinfangen mit einem Taschentuch erzählt. Ich legte also mein Halstuch über seinen Kopf und wartete auf sein Erwachen. Als er zu bellen aufhörte und den Kopf hob, um die ungewohnte Hülle abzuschütteln, nahm ich das Tuch, faltete es zusammen und schob es mir unter den Kopf. Bald war ich eingeschlafen und träumte, dass ich in einer unerklärlichen Wut hinter einem Kaninchen herrannte und es durch die dicksten Dornengebüsche verfolgte. Als es in einem Erdloch verschwand, schob ich meinen Kopf wie ein Hund hinterher und bellte oder schrie hinein, um es herauszubekommen. Ich habe es später noch manchmal probiert und immer hundeartige Träume gehabt.«

Er glaubte steif und fest an das, was er sagte. Ich war nicht so sehr abergläubisch, beschloss aber doch bei nächster Gelegenheit einen erneuten Versuch zu machen. Aber dann habe ich es bis heute nicht wieder versucht.

Nachdem ich mein Jagdhemd fertig hatte, nahm ich herzlichen Abschied von dem alten Jäger und seiner Familie und wanderte wieder zum Haus von Slowtrap, bei dem ich einige Tage wohnte. Von dort zog ich zu Klingelhöfer.

In dieser Gegend besuchte ich wieder meine alten Salzlecken und erneuerte die Gerüste, schleppte Kien in Massen zusammen und lag wohl zwölf Nächte draußen. Die Moskitos sogen mich fast aus und die Holzböcke schleppten mich weg. In keiner Nacht bekam ich einen Hirsch zum Schuss.

Ob sie alle tot waren oder die Jahreszeit zu spät war, konnte ich nicht sagen. Ich weiß nur, dass ich unermüdlich auf der Lauer lag und manche lange, lange Nacht auf den ersehnten Tritt des Wildes horchte. Ich sah den Mond aufgehen, seine Bahn verfolgen und wieder hinter den Baumwipfeln verschwinden, lauschte den Tönen der Eule und des Whip-poor-will und verließ den Platz jeden Morgen wieder ohne Beute, um irgendwo an einem kühlen Platz auszuschlafen und den Anbruch der nächsten Nacht abzuwarten.

Endlich war mein Proviant ausgegangen und ich musste zu Klingelhöfer zurückkehren, um mich wieder zu versorgen. Ich beschloss die Feuerjagd an den Nagel zu hängen und wieder am Tag zu jagen. Tatsächlich erlegte ich auch einige sehr starke Hirsche. Ich hätte es früher tun sollen.

Unter den Hirschen war der größte, den ich je schoss. Ich ging an einem kleinen Abhang entlang und hatte mein Gewehr eben auf einen jungen Bock abgedrückt. Er stand hinter einem umgestürzten Baum und ich konnte nur auf den Kopf zielen und – verfehlte ihn. Kaum war ich mit dem Laden fertig, stand dieser gewaltige Hirsch oben auf dem Abhang, keine 15 Schritt von mir entfernt, und sah auf mich herab. Meine Kugel warf ihn in seiner Fährte nieder und ich hatte nie ein feisteres Wildbret.

Endlich erhielt ich Nachricht aus Little Rock, dass dort Briefe für mich angekommen waren. So entschloss ich mich kurz und nahm Abschied von meiner Wirtsfamilie. Das Scheiden tat mir wirklich weh, denn ich wollte mich anschließend weiter südlich einschiffen. Ich war in seinem Haus wie ein Familienmitglied behandelt worden.

Wenn ich je in Amerika eine Heimat hatte, dann bei der Familie Klingelhöfer. Nur in einer Sache stimmten wir nicht überein: Ich war ein leidenschaftlicher Jäger und er tadelte oft mein zweckloses Umherstreifen in den Wäldern und hielt mir vor, dass ich das wohl nicht für immer so treiben könnte und schließlich mich irgendwo niederlassen müsse, um ein nützlicher, vernünftiger Mensch zu werden.

Wohl sah ich bei solchen Gelegenheiten ein, dass er Recht hatte, und war schon mehrfach drauf und dran seine brüderlich gemeinten Vorschläge anzunehmen und die Büchse an den Haken zu hängen, um die Axt zu nehmen. Aber die Gewohnheit eines unsteten, wilden Lebens, das mir durch mein langes Umherwandern lieb geworden war, die noch immer starke Sehnsucht die deutsche Heimat einmal wieder zu sehen hielten mich immer ab. Auch jetzt war die Wanderlust mächtiger als irgendetwas anderes. Ich schulterte die Büchse, warf meine Habseligkeiten über die Schulter, drückte allen die Hand und zog am Fourche la Fave hinunter nach Little Rock.

An der Mündung des kleinen Flusses angelangt, wusste ich nicht, ob ich zu Wasser oder zu Lande weiterreisen konnte. Unglücklicherweise war die Jagd dort ziemlich gut, ich warf mein Bündel unter einen Baum, errichtete ein Rindendach und begann erneut mit der Jagd.

So wurde es Ende Juni und mein Proviant hatte ziemlich abgenommen, weil ich seit mehreren Tagen nicht zum Schuss gekommen war. Das heiße Wetter verdarb das Fleisch schnell, wenn es nicht gut getrocknet wurde. Als ich eines Morgens am Ufer des Fourche la Fave stand, entdeckte ich im Treibholz ein altes Kanu, das sich irgendwo losgerissen hatte. Ohne lange nachzudenken, schwamm ich hin und holte es zu meinem Lagerplatz. Dort warf ich meine Habseligkeiten hinein und war schon am Nachmittag auf dem Arkansas unterwegs.

Am Ufer entlanggleitend, entdeckte ich eine Unmasse

Hirschfährten und landete sofort. Ich entdeckte, dass hier zahllose Fährten einen schmalen, kleinen Felsstieg zum Arkansas hinunterliefen. Die Tiere kamen hier an den stark salzhaltigen Fluss zur Tränke.

Schnell hatte ich einen Plan gemacht. Es gab in Little Rock genügend Freunde, denen ich ein Stück Wildbret mitbringen konnte. Ich nahm meinen Tomahawk und befestigte in kurzer Zeit ein kleines Gestell im Kanu. Das ging umso leichter, da ich im Kanu einige Löcher entdeckte, die wohl dem gleichen Zweck dienten. Das Gestell deckte ich mit Zweigen und einigen Zoll Erde ab, holte mir vom Berg, an dem ich gelandet war, Kienholz und erwartete ruhig die einbrechende Nacht.

Endlich wurde es dunkel und ich zündete mein Feuer an. Dann lehnte ich mich zurück und betrachtete gedankenverloren den schön gestirnten Nachthimmel.

Als ich mich nach einer Weile vorsichtig aufrichtete, entdeckte ich ein glühendes Auge über der Wasserfläche. Es war ein Hirsch, der geräuschlos herabgekommen war und kaum 20 Schritte von mir gierig das salzige Wasser einsog.

Leise hob ich die Büchse, zielte bedächtig und drückte ab. Laut schallte der Krach des Gewehres auf dem ruhigen Wasser hin und brach sich in weiter Ferne an den Uferbergen. Ich nahm einige Kienspäne und stieg aus. Den Bock brach ich auf, briet mir die frische Leber, das Delikateste vom Wildbret, warf meine Beute ins Kanu, band es los, wickelte mich in eine Decke und ließ mich sanft in der stillen Nacht den Fluss hinuntertreiben. Wohlbehalten erreichte ich am anderen Morgen Little Rock. Nur wenige Tage hielt ich mich dort auf und fand einen Brief aus Deutschland, einen aus Louisiana vor, in dem mir Korn schrieb, ich möchte zu ihm kommen. Beschäftigung fände ich dort leicht. Am nächsten Tag kam der Dampfer Arkansas von Fort Smith und zeigte an, dass er am 5. Juli um zehn Uhr nach New Orleans abginge. Da war mein Entschluss gefasst und ich nutzte

noch die verbleibende Zeit, um mit meinen neu gewonnenen Bekannten zusammen zu sein, zu denen besonders
neben Seckendorfs auch die kleine, liebe Familie aus
Hamburg gehörte

Der 4. Juli, der amerikanische Unabhängigkeitstag,
sollte wie immer in Little Rock gefeiert werden. Dazu
wurde auf öffentliche Kosten ein riesiges Barbecue veran-
staltet. Dabei wurde das Fleisch im Freien über Kohlen
geröstet. Die Bewohner hatten dazu in etwas großartiger
Ankündigung den ganzen Staat eingeladen.

Ich sah es mir an und fand ungefähr ein Dutzend
schwarzer Köche mit der Zubereitung eines großartigen
Mittagessens beschäftigt. Zwei Gruben von etwa 100
Ellen Länge und vier Fuß Breite waren vor der Stadt in
einem Garten gegraben. Der Boden wurde mit glühenden
Kohlen bedeckt, die von riesigen, in der Nähe brennenden
Feuern immer wieder aufgefrischt wurden. Darüber lagen
Querhölzer mit so riesigen Mengen Fleisch, dass man
wohl wirklich glauben konnte, ganz Arkansas käme zum
Essen. Die zwei Hälften eines ungeheuren Ochsen, eine
Menge Schweine, Kälber, Hirsche, Bären, Schöpfe usw.
lagen dort bratend und schmorend und Leute mit Fla-
schen und Krügen voller Whisky gingen herum und
schenkten den Neuankommenden ein.

Das Essen selbst war übrigens nicht so sehr appetitlich,
weil sich jeder ein Stück abschnitt und es in der Hand
beim Essen spazieren trug. Am Lagerfeuer lässt man sich
das wohl gefallen, wo aber eine solche Menschenmenge
mit fettigen Händen und Mäulern umherlief, sieht es
doch etwas unappetitlich aus.

Ich hielt mich nicht lange dort auf, sondern ging in die
Stadt zurück, blieb die Nacht über bei Herrn von Seckendorf und ging am anderen Tag um zehn Uhr auf mein
Boot. Ganz gegen die Gewohnheit dieser Dampfer legte er
pünktlich ab und brauste den Arkansas hinunter. Am zweiten Tag kamen wir in den Mississippi und ließen den Staat
Arkansas, den ich wirklich von allen in Amerika gesehe-

nen Plätzen am liebsten gewonnen hatte, weit zurück. Vielleicht sehe ich es nie wieder, aber nie werde ich die Freuden vergessen, die ich dort genoss, oder die Freunde, die ich dort fand.

Unser Boot flog an den grünen Ufern vorbei und schon in der dritten Nacht setzte mich der »Arkansas« am Ufer von Louisiana, in Bayou Sara, an Land.

12. Kapitel

Aufenthalt in Louisiana und Heimfahrt

Es mochte ein Uhr sein, als ich den Boden von Louisiana betrat. Mein Gepäck war an Land, die kleine Schaluppe, die mich vom Dampfer aus ans Ufer gefahren hatte, stieß wieder ab, flog pfeilgeschwind zum rauchenden Koloss zurück, der Lotse gab das Zeichen zum Weiterfahren, und schnaubend und rauschend war er bald meinen Blicken entschwunden.

Alles war finster in der Stadt, kein einziges Licht mehr zu sehen. Weil ich hier ganz fremd war, wickelte ich mich ruhig in meine Decke und legte mich am Ufer hin.

Die Nacht war warm und sehr angenehm, aber wie rasend umtobten mich Millionen von Moskitos, und an Ruhe war nicht zu denken. Zog ich mir die Decke über den Kopf, hatte ich etwas Ruhe, bis ich nach Luft röchelnd wieder auftauchte.

Endlich läutete am gegenüberliegenden Ufer die erste Negerglocke, das Zeichen zum Aufstehen für die Schwarzen. Bald darauf zeigte sich auch der erste blasse Streifen im Osten. Aber meine Peiniger schienen jetzt wie wahnsinnig zu werden und ich vermutete sämtliche Moskitos Louisianas auf diesem Platz, die mich auslaugen, trocknen und aufbewahren wollten. Ich musste aufspringen und umherlaufen, um nur etwas Ruhe vor ihnen zu haben.

Der Tag brach endlich an und mit ihm wurden mehrere Häuser geöffnet, unter anderen auch das eines deutschen »Kaffeewirtes«. Ich legte dort meine Sachen ab und wanderte durch den Ort. Nach etwa einer Stunde glaubte ich, es sei spät genug, um Korn aufzusuchen, der Buchhalter bei einem Kaufmann war. Bayou Sara ist nicht so groß und so fand ich ihn bald und wurde herzlich von ihm empfangen.

Vor allen Dingen musste ich mich aber jetzt in andere Kleidung stecken. Jagdhemd und Leggins sind im Wald vorzüglich, aber in einer Stadt nicht geeignet. Schon gar nicht unter der heißen Sonne Louisianas. Sommerzeug war dort jedoch nicht teuer. Es gab viele deutsche Juden, die sich niedergelassen hatten und sich gegenseitig überboten. Für wenige Taler hatte ich bald einen ganz anständigen, leichten Anzug.

Bajou Sara ist ein kleines Städtchen, das von der Bayou (= kleiner Fluss), die sich gleich dahinter in den Mississippi ergießt, den Namen bekommen hat. Die Häuser waren damals alle aus Holz, vielleicht drei oder vier Backsteinbauten ausgenommen. Es hatte wohl etwa 800 Einwohner, darunter viele Deutsche. In der Zwischenzeit hat es sich beträchtlich vergrößert und die Stadt soll nach einem Brand sehr verschönert sein. Besonders viele deutschstämmige Juden gab es dort, die sich mit dem Verkauf fertiger Bekleidung beschäftigten und nicht selten viel Geld verdienten. So verwundert es auch keinen, dass viele von ihnen, sehr geschmacklos herausgeputzt, vornehm mit einer Lorgnette umherschlendern. Andere kommen mit Einspännern in die Stadt gefahren, die Beine lässig an einer Seite herausgestreckt, weit zurückgelehnt und eine Zigarre rauchend. Sie machen sich sehr gut und ähnliche Exemplare habe ich nur unter Berliner Firmen auf der Leipziger Messe wieder gefunden.

Korn war bei sehr netten Leuten angestellt und wir verlebten eine vergnügte Zeit, bis ich Arbeit am gegenüberliegenden Ufer, in Pointee-Coupée, fand. Es war die Führung des Hotels, das erst Röttken gehört hatte und das er dann an einen Herrn Fischer verkauft hatte. Der war krank und schwächlich und musste lange Zeit im Bett liegen. Er hatte das Haus einem Amerikaner überlassen, der fürchterlich wirtschaftete. Fischers Brüder sahen ein, dass das Geschäft in kurzer Zeit zugrunde gehen musste. Durch Korn empfohlen, erhielt ich die Führung des Hotels.

Ich arbeitete mich schnell in dieses völlig neue Gebiet ein und fühlte mich wohl dabei. Ich war unabhängig und konnte tun und lassen, was ich für gut hielt. Mit Lust und Liebe besorgte ich meine Geschäfte und kann wohl sagen, dass ich das Hotel wieder richtig in Schwung brachte. In Pointe-Coupée lebte es sich auch viel angenehmer als in Bayou Sara. Ich hatte fast nur mit wohlhabenden Pflanzern zu tun und lernte wackere Leute dabei kennen. Im Hotel wohnte zudem ein irischer Anwalt, der eine ausgezeichnete Praxis besaß und in dem ich einen wahren Freund fand.

Einen unangenehmen Eindruck macht hier die Sklaverei auf den nicht daran Gewöhnten. Obwohl ich mich schon lange in Sklavenstaaten aufgehalten und die Behandlung der armen Schwarzen mit angesehen hatte, war mir das Schreckliche ihrer Lage noch nie so bewusst geworden wie bei der ersten Auktion, die ich erlebte. Die Sklaven wurden wie ein Stück Vieh an den Meistbietenden verkauft. Mit Zittern und Zagen standen die armen Geschöpfe da und folgten mit ängstlichem Blick dem Bietenden, um zu erkennen, ob sie einen guten oder strengen Herrn bekämen. Zwar werden nicht mehr so häufig wie früher Familien und Mütter von Kindern getrennt, solange die noch klein sind. Bei größeren Auktionen ist das Gericht auch immer menschlich genug, nur ganze Familien zu verkaufen. Aber der einzelne Amerikaner kümmert sich nicht um die in dieser Hinsicht vielleicht milden

Gesetze, er veräußert die Sklaven auch einzeln. Wie oft geschieht es dann, dass die heiligsten Bande wegen einiger hundert Dollar zerrissen werden.

Ich habe dabei herzzerbrechende Szenen gesehen. Übrigens ist die Behandlung der Schwarzen besser, als von den Missionaren oder Abolitionisten verbreitet wird. Es liegt ja auch im eigenen Vorteil des Eigentümers, den Sklaven, den er besitzt, gesund und arbeitsfähig zu erhalten. So ist auch das Essen nicht viel schlechter, als das, was im lieben Vaterland der arme, freie Mann bekommt. Dass nun auch davon Ausnahmen bestehen, oft einzelne Pflanzer ihre Sklaven schlecht und unmenschlich behandeln, will ich nicht bestreiten. Aber ich habe auch wieder Leute gesehen, die ihre Sklaven fast wie die eigenen Kinder behandelten.

Wir hatten selbst in unserem Hotel zwei Schwarze, eine Köchin und ein Stubenmädchen, beide Sklavinnen. Außerdem gab es einen Hausknecht. Keiner musste sich während meiner Anwesenheit über schlechte Behandlung beklagen.

Der Schwarze oder Abkömmling von Schwarzen darf sich nicht von seinem Wohnort entfernen, ohne von seinem Herrn einen Pass zu erhalten. Der freie Neger muss seine Papiere bei sich tragen, um sich jederzeit ausweisen zu können. Hat ein Sklave keinen Pass, kommt er in das Gefängnis, bis ihn sein Herr abholt und die Kosten bezahlt.

Häufig flüchten entflohene Neger in den Wald. Ich erinnere mich, dass sie in Tennessee richtige Treibjagden abhielten, um sie wieder einzufangen. Zwar dürfen jetzt keine afrikanischen Neger mehr eingeführt werden bei strenger Strafandrohung, aber ich habe in Pointe-Coupée und der Umgebung noch viele gesehen, die direkt aus ihrem Vaterland gekommen waren. Um sie von den in Amerika geborenen zu unterscheiden, wurden sie »Guinea-Neger« genannt.

Schrecklich ist es, dass den armen Schwarzen jede

Erziehung versagt wird. Wenn sie lesen und schreiben könnten, würden sie vielleicht ihre Pässe selbst schreiben und dadurch vielleicht entfliehen. Wie die Haustiere werden sie zur Benutzung und Vermehrung aufgezogen, und doch haben die Vereinigten Staaten den schönsten Satz in ihrer Unabhängigkeitserklärung, dass »alle Menschen frei und gleich seien«.

In den Städten nehmen die Methodistenprediger den armen Schwarzen das bisschen Verstand, das ihnen Gott gelassen hat, indem sie sie in ihrem Glauben unterrichten und sie dabei springen und jauchzen lassen. Springen und jauchzen! Sie müssen dem lieben Gott noch dafür danken, dass sie auf der Welt sind und sich quälen dürfen, müssen die Rute noch küssen, die sie schlägt. Ja, oft pressen sie ihre Lippen daran, aber sie lassen den Abdruck der Zähne zurück und Blut fließt nach dem gewaltigen Druck. Wenn sie sich nicht offen gegen die Tyrannei der Weißen auflehnen dürfen, geschieht es heimlich. Manch einer der verhassten Weißen stirbt durch die mutwillig Misshandelten. Die Beispiele sind häufig und wenn auch die Strafe fürchterlich ist, die den Neger, der Hand an einen Weißen legt, erwartet, kann sie die Tat nicht verhindern. Nur die Täter macht sie vorsichtiger.

Meine Streif- und Jagdzüge hören hier allerdings auf, denn von jetzt an bis zu meiner Heimreise im nächsten Jahr veränderte ich meinen Wohnsitz nicht mehr. Die Jagd selbst gab ich noch nicht völlig auf. Wo es meine Mußestunden erlaubten, bot mir Pointe-Coupée wieder manches Neue. Allerdings musste ich hier mit Ausnahme von Alligatoren größerem Wild entsagen.

Der Winter war sehr mild und an den kältesten Tagen zeigte sich nur auf kleinen Lachen und Pfützen Eis, Schnee war selten. In dieser Jahreszeit kamen dann auch Massen von Enten herunter. Ich schoss sie morgens und abends auf dem Anstand mit der Schrotflinte.

Im Frühjahr und Herbst ging ich eifrig auf die Schnep-
fenjagd, anders als bei uns jedoch bei stockfinsterer Nacht
mit der Kienfackel, wie ich in Arkansas Hirsche geschossen hatte. Man durfte jedoch nur eine sehr schwache
Ladung nehmen, da man sehr dicht an die sorglos umher-
laufenden Schnepfen herankam. So zutraulich sind die
Tiere, dass die Neger, die ohne Erlaubnis ihres Herrn kein
Gewehr benutzen dürfen, sie mit dem Knüppel totschla-
gen können.

Zwei Arten, viel kleiner als unsere, gibt es in ungeheurer Menge. Am Tag liegen sie in dichten Schilfbrüchen
und Sümpfen, kommen abends in die feuchten Wiesen
und Baumwollfelder. Wenn sich der Jäger mit der Fackel
nähert, ducken sie sich nieder und lassen sich geduldig
abschießen. Ich habe oft gut zwanzig an einem Abend
innerhalb von zwei Stunden erlegt. Erst wenn das Wetter
wieder wärmer wird, ziehen sie nach dem Norden fort. Sie
sind delikat und noch zarter als die deutschen.

Der Frühling begann jetzt und Frühling in Louisiana ist
bezaubernd schön. Überall kamen Blumen und Blüten
hervor, von den Zweigen der Bäume quollen Knospen und
Blüten. Besonders herrlich sah jetzt das graue, silberhaa-
rige Moos aus, das in langen Behängen von den Bäumen
wehte. Im Winter verleiht es ihnen ein trauriges Aussehen,
umso lieblicher sieht es im Frühjahr aus. Überall wird es
von den maigrünen Blättern und Blütenknospen durchbrochen und schmückt dann den Baum wie ein silber-
graues, grün durchflochtenes Kleid. Am schönsten sehen
die langen, schlanken Zypressen mit den Schleiern aus.

Alle möglichen Vogelarten ließen sich erst jetzt blicken
und der »mocking bird« (= Spottvogel), oder auch »Amerikanische Nachtigall« genannt, zeigte sich in großer
Menge und flötete besonders nachts sehr lieblich und
sanft und nicht so schwermütig und bezaubernd wie
unsere Nachtigall.

Vor dem Haus wie überhaupt vor allen Plantagen in
Louisiana standen mehrere Chinabäume, die wegen der

358

Zierde und dem Schatten angepflanzt werden. Darunter war ein alter Patriarch, der seine Äste weit ausgebreitet hatte und von dem früheren Eigentümer für einen Sommersitz verwendet wurde. Es gab eine Treppe hinauf und oben war ein kleiner runder Tisch mit mehreren Bänken angebracht. In diesem Baum hatte ich von Zweig zu Zweig meine Hängematte aufgespannt, ein Moskitonetz darüber geschlungen und schlief nun hier zwischen den heliotropartigen Blüten des Baumes. Laue Nachtwinde umschaukelten mich, Tausende von Glühwürmchen schwärmten und der Mockingbird flötete. Dazu rauschte mächtig der Mississippi, der kaum 20 Schritt vom Baum entfernt vorbeiströmte. Oh, es waren himmlische Nächte!

Die Hitze wurde schon im Mai, besonders während der Mittagsstunden, drückend. Die Sonne schien herabzubrennen. Wenn sich alle Weißen zur Siesta zurückgezogen hatten, nahm ich meine Büchse und Harpune und ging in die Sümpfe, um Alligatoren zu schießen, die sich in dem warmen, stehenden Wasser in unglaublicher Menge aufhielten.

Schreckliche Geschichten wurden über die furchtbaren Alligatoren geschrieben, die mit einem wahren Heißhunger und entsetzlicher Mordlust die Annäherung eines Menschen abwarteten und ihn dann anfielen.

Ich habe sie stets als liebe, harmlose Tiere gefunden, die ihre Jagd mit großem Eifer betrieben. In den ungeheuren Sümpfen Louisianas und überhaupt im ganzen südlichen Teil der Vereinigten Staaten lebt im warmen Wasser der Lagunen und Flüsse der Alligator (crocodilus lucius Cuv.).

Ein nicht weit von uns wohnender Pflanzer hatte mich schon lange geplagt, einmal eine ordentliche Alligatorjagd vorzunehmen. Er hätte gern einige Gallonen von ihrem Fett. Da ich die einzige gute Harpune der Gegend besaß, kam er eines Tages mit seinem Sohn und zwei pechschwarzen Negersklaven bei mir vorbei. Er erzählte, dass er schon am vorigen Abend zwei leichte Kähne in den See hinter seinem Haus bringen ließ, der mit mehreren Lagunen in Verbindung stand. Also schulterte ich meine Harpune, steckte mein kleines Skalpiermesser in den Gürtel und überließ dem jungen Harbour die Büchse, mit der er ziemlich gut umgehen konnte. Dann schlenderten wir auf den gut anderthalb Meilen entfernten See zu.

»Was trägst du denn da, Ben?«, fragte ich den einen Neger, der etwas in grobe Baumwolltücher gewickeltes unter dem Arm trug, das mir lebendig vorkam.

»Kann selber reden, Massa!«, sagte der Schwarze grinsend und riss den fürchterlichen Mund von einem Ohr zum anderen auf. Dabei zeigte er zwei Reihen blendend weißer Zähne. »Kann selber reden«, und dabei presste er das Bündel.

»Quietsch!«, sagte ein kleines Ferkel, das jetzt heftig zu trampeln begann.

»Stille halten, Kleines«, beruhigte es der Neger.

Er trug es mit, um durch sein Schreien die Alligatoren anzulocken. Endlich erreichten wir einen schmalen Damm, der den größten See in zwei Hälften teilte und an dessen Einlauf die Kähne anlegen. Obwohl wir schon Ende Juni hatten, war das Wasser noch sehr hoch. Der Mississippi, der durch den Schnee der Felsengebirge anschwillt, hielt die tiefer als seine Ufer liegende Niederung gefüllt. Auch dieser Damm ragte kaum zwei Zoll aus dem Wasser auf.

Zwei Drucker des »Pointe-Coupée-Chronicle« hatten sich uns angeschlossen. Mit dem Ferkel verteilten sich jetzt acht Personen auf die Boote. In jedes Boot kam ein Neger zum Rudern und ein Drucker zum Zusehen, der junge Harbour mit der Büchse in das eine, ich mit der Harpune in das andere. Das Ferkel kam zu mir ins Boot, der alte Harbour stieg zu seinem Sohn ein. Beide, Vater und Ferkel, sollten zum Quietschen mitkommen, erklärte der junge Harbour.

Die Sonne brannte grimmig heiß und kein Schatten bot sich auf der ganzen Wasserfläche. Kein Lüftchen regte

sich, kein Vogel zirpte, kein Frosch quakte, alles lag in trä-
ger, schlaffer Ruhe. Selbst die wenigen Alligatoren, die
wie Holzstücke auf dem See trieben, sahen aus, als ob sie
schliefen.

»Selbst die Alligatoren langweilen sich hier«, sagte
Kelly, der eine Drucker.

»Wird schon lebhaft werden, Massa«, lachte der Neger,
»wenn das Kleine hier spricht!«

Das Ferkel seufzte wehmütig im Sack.

Wir stießen vom Land ab, hielten uns zuerst dicht
zusammen und versuchten leise an die Alligatoren heran-
zugleiten. Sie waren aber zu scheu und sanken immer wieder unter. Ich hatte mich auf das Vorderteil des Kahnes
gestellt und erwartete ruhig das Erscheinen eines Burschen, aber der alte Harbour wurde ungeduldig und rief
zu uns herüber:

»Drückt doch einmal das Ferkel, in Teufels Namen!«

Der Buchdrucker hatte sich ebenfalls hingestellt und
trat kurzerhand gegen den Sack. Das Ferkel quietschte in
fürchterlicher Todesangst.

»Massa, um Gottes willen!«, rief auch erschrocken der
Neger und hörte auf zu rudern. »Das mein Schwein, ihr
tretet es tot!!«

Das Experiment hatte jedoch den gewünschten Erfolg.
Mehrere der langen Gesellen drehten jetzt auf uns zu. Wir
verhielten uns ganz ruhig und ließen sie bis auf 30 Schritt
heran. Ein gewaltiger, alter Bursche von zwölf Fuß Länge
schien dem Boot nicht zu trauen. Der Neger hatte nach
seinem Schweinchen gesehen und ließ es einen ganz kleinen Schrei tun und dadurch wurde er herbeigelockt.

»Feuer!«, rief der alte Harbour, die Büchse krachte, und
im selben Augenblick fast drehte sich das tödlich getroffene Tier herum und zeigte den weißen, schuppigen
Bauch. Damit war es nahe genug bei mir, im Nu saß ihm
die scharfe, dreizackige Harpune in den Weichen.

Der Schuss, der ihm das Hirn zerschmettert hatte,
erlaubte ihm nicht mehr viel zu reißen und zu zerren. Mit

dem Tier ruderten wir rasch an Land und schleppten es hinauf, wobei es noch heftig mit dem Schwanz schlug.

Der Versuch mit dem Ferkel wurde noch mehrfach wiederholt und der junge Harbour schoss noch vier Alligatoren, von denen wir jedoch nur zwei bekamen, weil ich nicht schnell genug mit der Harpune herankonnte. Ich harpunierte noch drei, die sich zu nahe an mich gewagt hatten. Zwei waren jung und saftig und ich schnitt ihnen sofort die Schwänze ab.

Nach und nach bekamen sie aber wohl mit, dass es mit dem Schwein nichts war, denn in immer größeren Kreisen umschwammen sie unsere Kähne und wir konnten keinen mehr auf Schussweite anlocken. Leider ruderte unser Neger so ungeschickt und machte dabei so viel Lärm, dass an ein leises Anschleichen mit dem Boot nicht zu denken war. Ich ließ ihn von der Ruderbank aufstehen und nahm seinen Platz ein. Die Harpune übergab ich an Kelly, der mich inständig bat auch einmal harpunieren zu dürfen. Er beteuerte, dass er zu Hause in Kentucky manchen großen Catfisch auf diese Art gefangen habe.

Unsere Kähne entfernten sich voneinander und ich ruderte nur noch mit einem Ruder, um so geräuschloser heranzukommen.

Lange hatte ich versucht an einen ziemlich großen Alligator heranzukommen, aber immer wieder war er mir entgangen. Ich hatte mir genau gemerkt, wann er untertauchte und in welcher Entfernung er wieder an die Oberfläche kam. Jetzt sank er wieder und mit aller Kraft brachte ich den Kahn vorwärts, um ihn beim Auftauchen zu überraschen. Ich rief Kelly zu aufzupassen. Kaum hatte ich das Wort gesagt, als der schwarze Kopf der Bestie sichtbar wurde. Ebenso schnell wollte er wieder abtauchen, doch wir waren zu nahe, um ihn zu verfehlen. Das Eisen saß und mit gewaltigem Ruck schoss er vorwärts.

Eine solche Harpune hat dreizackige, mit Widerhaken versehene Eisen, ist etwa 18 Zoll lang und ca. drei bis vier Pfund schwer. Daran sitzt eine leichte, zehn Fuß lange

Stange, die beim Wurf vom Eisen abgeht. Die Harpune ist mit einem starken Seil versehen, das an der Stange entlangläuft, oben festsitzt und noch etwa zwölf bis 16 Fuß Spielraum bietet. Die ganze Länge des Wurfes darf 13 bis 14 Schritt betragen. Das Ende des Seils ist um das Handgelenk des Werfers befestigt, damit es ihm nicht noch durch die Finger gleitet.

Ich hatte, durch Erfahrung belehrt, Kelly ermahnt sich vor dem Wurf festzustellen und nicht das Gleichgewicht zu verlieren. Im freudigen Gefühl einen Alligator zu harpunieren dachte er nicht weiter daran. Als das verwundete Tier jetzt davoneilte, riss ein plötzlicher Ruck den Schützen aus dem Boot. Der Neger, der so etwas wohl geahnt hatte, warf sich auf ihn. Wenn ihm auch der Körper entging, erwischte er doch noch ein Bein, das er festhielt, bis es unseren vereinten Kräften gelang, Drucker und Alligator, die unzertrennlich waren, ins Boot zu ziehen.

Der junge Harbour hatte inzwischen auch noch einige kleine Alligatoren erlegt und zufrieden mit unserer Beute kehrten wir langsam zum Haus zurück. Die Hitze der Mittagsglut wurde langsam unerträglich. Die Neger fuhren die Alligatoren mit Handkarren zum Haus, denn ein Pferdegespann ist für diese Fracht nur schwer zu bewegen.

Ich habe oft Alligatoren wie die Hirsche im Schein der Kienfackel geschossen. Ihre Lichter glühen wie rotheißes Eisen. Zu einer solchen Jagd nahm ich eines abends meine Büchse, die Pfanne mit Kienholz und die Harpune und ging an Ort und Stelle. Der Anblick des Sumpfes erschien mir im Licht der lodernden Flamme zauberhaft.

Die dunkle Wasserfläche, in der ungeheure Zypressen mit in der Nachtluft wehendem Moos standen, der düstere, finstere Wald, der sie umgab, das Geheul der Eule und das melancholische Gebrüll des Ochsenfrosches waren gewöhnliche, mir nur zu gut bekannte Sachen. Im Wasser aber plätscherte und sprang es und schlug die aufgeregte Fläche. Als ich die Kienfackel auf die dunkle Flut

hielt, schauten mich von allen Seiten Hunderte rot glü-
hender Augen an. Es waren alles Alligatoren.

Da ich nur eine Hand frei hatte, konnte ich Büchse und
Harpune nicht gleichzeitig führen. Deshalb schoss ich
dem nächsten in den Kopf, legte die Büchse hin, ergriff
die Harpune und warf sie dem nächsten in den Leib. Mit
der Schnur holte ich ihn an Land.

Zwei hatte ich schon so in Sicherheit gebracht, als ich
ein Paar große Augen auf mich zukommen sah. Ich zielte,
schoss, warf die Büchse hin und benutzte, schnell die
Harpune aufgreifend, den Zeitpunkt, als sich der Verwundete im Wasser umherwälzte und den weißen Bauch
zeigte, und schleuderte ihm den Dreizack in den Leib.

Im Augenblick des Wurfs stand ich dicht am Rand des
Wassers, das Ende der Schnur um mein rechtes Handgelenk gewickelt. Kaum aber fühlte der Alligator das spitze,
mit Widerhaken versehene Eisen, als er wütend davon-
schoss und untertauchte, ehe ich mich nur feststemmen
konnte. Mit aller Gewalt riss er mich ins Wasser. Die
Pfanne entfiel mir, der Kien verlöschte zischend und ich
konnte beim besten Willen nicht loslassen. Die Schnur
war gut befestigt und zweimal musste ich schon durch das
kräftige Reißen untertauchen. Da fühlte ich festen
Boden, denn die Sümpfe sind dort nicht sehr tief. Ich
stemmte mich fest ein und kam zum Halt. Der Alligator
war wohl auch durch den Blutverlust und die Anstrengung erschöpft. Leise und vorsichtig ziehend erreichte ich
das Ufer. Erst als ich mich vollkommen sicher glaubte, zog
ich wieder fester, um das angeschossene Tier auf den
Damm zu holen und abzufangen. Da raffte die Bestie
noch einmal ihre letzten Kräfte zusammen und wieder
flog ich Hals über Kopf in die dunkle, hoch aufspritzende
Flut. Doch das Wasser war dort kaum vier Fuß tief, ich
fühlte Boden und konnte jetzt den nur noch matt Wider-
strebenden ans Ufer bringen.

Den großen Alligator, der gut zehn Fuß lang war, konnte
ich zu nichts gebrauchen, denn er war zu alt, um genieß-

bar zu sein. Den beiden zuerst erlegten schnitt ich die Schwänze ab und nahm sie mit, um sie zu essen. Nur sehr wenige Creolen und noch nicht einmal die Neger trauen sich das Fleisch der Alligatoren zu essen. Teilweise ekeln sie sich davor oder glauben, dass es giftig sei. Ich fand es jedoch vorzüglich und spürte nie böse Folgen. Das Fleisch ist weiß und fest und schmeckt ganz fischähnlich, eigentlich hummerartig, sieht auch genauso aus. Nur muss man immer den Schwanz sofort vom Körper trennen und den Rückenknochen oder die Rückengräte herauslösen, um den moschusartigen Geruch zu vermeiden.

Später gingen wir immer zu zweit auf Alligatorenjagd. Einer schoss, der andere harpunierte und das erleichterte die Jagd sehr.

So scheu übrigens der Alligator flieht, wenn er Weiße bemerkt, so arg ist er hinter Negern und Hunden her und verfolgt besonders die Vierbeiner mit merkwürdiger Wut.

Ich stand einmal nachmittags mit der Harpune in der Hand bis an den Gürtel im Wasser. Obwohl ich viele Alligatoren schwimmen sah, wollte doch keiner nah genug an mich herankommen. Ich weiß nicht, was mir einfiel, jedenfalls begann ich zu bellen. Kaum hatte ich das mehrfach wiederholt, kamen sechzehn ziemlich starke Tiere auf mich zu. Das war mir doch zu viel so tief im Wasser und mit gewaltigen Schritten arbeitete ich mich zum etwa 100 Fuß entfernten Ufer zurück. Dort bellte ich wieder, aber weil ich nun ganz offen und frei stand, scheuten sich die Bestien davor, dicht heranzukommen. Sie schwammen in sicherer Entfernung herum.

Erst gegen Ende des nächsten Jahres entschloss ich mich endlich nach Deutschland zurückzukehren. Korn war schon lange in New Orleans, wo er mit dem Franzosen Bourquin ein Kommissionsgeschäft betrieb. Ich fing an mich einsam und verlassen in Pointe-Coupée zu fühlen. Daher brachte ich meine Sachen in Ordnung. Ein Bruder des Inhabers war bereit das Hotel zu übernehmen, und so konnte ich meine Stellung problemlos kündigen. Alles ging jetzt einen geregelten Gang und das Hotel hatte den guten Ruf, den es unter Röttken hatte, zurückgewonnen. So verließ ich am 5. Juli – am selben Tag, an dem ich ein Jahr vorher Little Rock verlassen hatte – Pointe-Coupée und schiffte mich auf dem Dampfer »Eclypse« ein. Am nächsten Tag erreichte ich New Orleans.

Im unteren Teil von Louisiana bieten die Ufer des Mississippi dem Vorübereilenden ein wunderbares Panorama von Städten und einzelnen Plantagen. Herrlich liegen die zwischen dunklen Orangen- und Granatbaumhecken versteckten Herrenhäuser. Um sie gruppiert sieht man die Sklavenwohnungen, die meistens aus lauter gleichförmigen, weiß gestrichenen Häusern bestehen. Daneben geben die ungeheuren Zucker- und Baumwollfelder, in denen Scharen von Schwarzen unter der Aufsicht von berittenen Weißen arbeiten, Herden von kleinen Mustangs, die mit hoch erhobenen Schweifen und Mähnen am Ufer galoppieren, dem Ganzen ein lebendiges, freundliches Ansehen. Die kleinen Schoner und so genannten »Hühnerdiebe«, Boote, die mit geblähtem Segel am Ufer hinschießen, vervollständigen das Bild. Der Mississippi war bedeutend gestiegen und hatte an mehreren Stellen den Damm durchbrochen. Viele Baumwoll- und Zuckerfelder lagen unter Wasser. Das gab der Landschaft etwas Wüstes, Unheimliches. Der Reichtum des Landes ließ sich aber nicht verkennen. Wenn man nach dem Äußeren ging, musste der blaue Himmel hier ein glückliches Land überspannen – ob das wohl auch die Sklaven sagten?

Etwa gegen neun Uhr am nächsten Morgen näherten wir uns dem Stapelplatz des Südens, dem mächtigen New Orleans. Eine Masse Schaluppen, Schoner, Briggs und Barken, die oberhalb der Stadt lagen, gaben Zeugnis von dem geschäftigen Treiben der ungeheuren Handelsstadt.

Wir hatten wohl vierzig Stück Vieh an Bord, die von St. Louis herunterkamen. In Lafayette, einer Vorstadt von New Orleans, wurden sie an Land gesetzt. Dazu legte das

Boot dicht am Ufer an und die Ochsen und Kühe wurden über Bord getrieben. Mit seltsamen Kapriolen und Purzelbäumen landeten sie dabei oft im Wasser und mussten an Land schwimmen.

Die Maschine arbeitete wieder und an Schiffen aller Art und Nationen vorbei fuhren wir weiter. Gegen zehn Uhr landeten wir zwischen gut sechzig anderen Dampfern an der Levée von New Orleans.

Ich fand Korn schnell und ging mit ihm in das Wirtshaus, in dem er wohnte, um meine Sachen abzulegen. Dann schlenderten wir in der Stadt umher, um uns über die vergangenen Zeiten zu unterhalten. Die Hitze war drückend und wir mussten bald Schutz im kühlen Schatten des Hauses suchen, um den sengenden Sonnenstrahlen zu entgehen. Gegen Abend, als es schattig und kühl wurde, fuhren wir nach Lafayette. Dort sollten mehrere Bremer Schiffe liegen. Ich wollte sie mir ansehen und ihre Abfahrtszeiten erfahren. Der »Olbers« und der »Johann Friedrich« lagen dort, ein anderes war einen Tag vorher abgesegelt.

Die Abfahrt der beiden Schiffe war noch nicht ganz klar und ich sah es schon kommen, dass ich noch einige Wochen in New Orleans bleiben musste.

Die Stadt hatte sich seit meinem letzten Besuch ungeheuer vergrößert und auch verschönert. Sie dehnte sich jetzt sieben Meilen am Ufer des Mississippis entlang, vor ihr lag eine fast unübersehbare Anzahl Schiffe. Besondere Merkwürdigkeiten bietet die Stadt nicht. Sie hat schöne Straßen mit großen, sauberen Häusern und geschmackvollen Läden. Interessant ist es, die Menschen zu beobachten, die sich zu jeder Tageszeit durch die Straßen treiben. Zwischen Schwarz, Braun und Weiß kann man alle möglichen Schattierungen sehen.

Besonders anziehend war für mich der untere Markt, dicht an der Levée, wo man alles kaufen kann, was man nur in Amerika auftreiben kann. Einladend sehen die Stände der Obsthändler aus und auch die Fischhändler, die alle möglichen Fischarten anbieten. Überall sind mitten im dichtesten Gedränge kleine Ruhehäfen angelegt. Dort steht eine blank gescheuerte, kolossale Messingkaffeemaschine auf einem kleinen Tisch. Ein paar Stühle dazu, Tassen, Teller mit Backwerk und ein paar hübsche Mädchen machen den Ausschank. Zu jeder Tages- und Nachtstunde kann man hier heißen Kaffee, manchmal auch Schokolade bekommen. Ich bin fast jede Nacht, wenn ich es in den heißen Zimmern nicht aushielt, in die immer belebten Straßen gegangen und habe Kaffee getrunken. Bei Tagesanbruch ging ich dann auf dem unteren Markt umher und beobachtete das Leben und Treiben und Gewimmel von Amerikanern, Franzosen, Creolen, Engländern, Deutschen, Spaniern, Italienern, Negern, Mulatten, Mestizen, Indianern usw. Dann ging ich nach Hause und frühstückte. Nach der Sitte der Creolen wurde dazu statt Kaffee Rotwein mit Eis getrunken. Dann legte ich mich für ein paar Stunden hin. Soweit er es geschäftlich konnte, leistete mir Korn Gesellschaft und manche Stunde verplauderten wir gemeinsam.

Nach drei Wochen Wartezeit war der »Olbers« endlich zum Auslaufen bereit. Ich hatte alles an Bord geschafft und überall herzlichen Abschied genommen, besonders von Korn, der für mich wie ein Bruder war. Um zehn Uhr abends legte der Schleppdampfer »Porpoise« an unserer Seite an. Er hatte außerdem noch eine französische Brigg und drei Schoner im Schlepp. Wie eine kleine Flotte setzten wir uns in Bewegung, den dunklen Strom hinunter.

Gegen Mittag erreichten wir die Mündung des Mississippi und warfen Anker. Aber was für eine Gegend war das hier! Es gab keinen richtigen Boden, kein Ufer, sondern nur grünes, dünnes Rohr, das aus dem Wasser wuchs.

Der Mississippi ist hier noch ein Strom, aber er hat keine Ufer mehr. Trotzdem sieht er durch das Rohr so aus, als hätte er sein Bett. Wie groß war aber mein Erstaunen, als ich Häuser aus dieser Schilfwüste ragen sah und sogar lebende Wesen bemerkte, die sich dazwischen bewegten.

Nach Aussage des Lotsen konnten wir erst am nächsten Morgen bei hellem Tage und Eintritt der Flut die Überfahrt über eine Sandbank, die hier quer über den Fluss lief, versuchen. So beschloss der Kapitän einen Ausflug zu den Häusern zu machen. Er wollte sehen, ob man dort Austern oder etwas anderes Essbares kaufen konnte. Kapitän Exter nahm außer mir noch zwei andere Passagiere mit, den Hamburger Beuk und einen Amerikaner. Nach einer halben Stunde kräftigen Ruderns hatten wir die Brettersteige erreicht. Einen schrecklicheren Ort als diesen habe ich in meinem Leben noch nicht gesehen.

Dieser Vorposten amerikanischer Glückseligkeit ruht auf Pfählen, auf denen man die Häuser erbaut hat. Während der Flut spült sie unter ihnen hindurch. Jetzt war Ebbe und ein dünner, zäher Schlamm blieb zurück, auf dem niemand gehen konnte, ohne für immer zu verschwinden. Um die Verbindung zwischen den Häusern zu ermöglichen, hatte man Pfähle eingeschlagen und Bretter darauf befestigt. Wie die Pfähle in dem Schlamm hielten, weiß ich nicht.

Früher hörte ich einmal einen Amerikaner, der sagte, dass der liebe Gott gar nicht beabsichtigt hatte, dass Menschen in Louisiana leben sollten. Er hatte das Land vielmehr für Moskitos, Alligatoren und Ochsenfrösche erschaffen. Hier wurde mir das erst richtig klar. Bis heute begreife ich nicht, wie jemand in dieser Gegend leben konnte.

Die Bewohner fangen in der Nähe Austern und verkaufen einen Teil an die Schiffe, den Rest bringen sie mit Booten nach New Orleans. Dort tauschen sie ihren Fang gegen Vorräte für ihre Familien ein, denn sie leben dort tatsächlich mit Frauen und Kindern. Die Männer arbeiten fast alle als Lotsen.

Als wir ankamen, gab es nicht eine einzige Auster in dem Nest. Man erwartete sehnsüchtig das Proviantboot zurück. Nur ein Glas Brandy, mit Vitriol vermischt, konnten wir bekommen. Froh den wahnsinnigen Moskitos der kleinen Ansiedlung zu entkommen fuhren wir wieder an Bord zurück.

Am nächsten Morgen um neun Uhr lichteten wir die Anker. Das Dampfboot kam wieder heran und brachte uns knapp über die Sandbank, die wir deutlich unter dem Kiel scheuern hörten. Es schleppte uns noch mehrere Meilen in den Golf hinein und verließ uns dann.

Meine Mitpassagiere bestanden aus dem schon erwähnten Hamburger Kaufmann und dem Amerikaner, der nach Deutschland ging, um Leute für Texas zu werben. Dabei wollte er seine Tausende von Ackern, die er dort besaß, verkaufen. Ich habe übrigens noch nie einen Mann aus Texas erlebt, der angeblich dort keine 10 000 Acker gutes Land besaß. Dazu kam noch ein Lübecker, der in Amerika geheiratet hatte und jetzt mit Frau und zwei Kindern zurückkehrte, um wieder in Deutschland zu leben.

Bei vollkommener Windstille sprang ich am 25. Juli über Bord und badete in der kristallklaren Flut. Es war ein wonniges, kaum beschreibbares Gefühl, im warmen Wasser des Golfes herumzuschwimmen, unterzutauchen und sich zu tummeln. Fast kam es mir vor, als könne man in dem salzhaltigen Wasser gar nicht untergehen, so gut trug es mich. Ich fühlte eine große Sehnsucht, nach der Seelenwanderung ein Delphin zu werden und dann zum Golf von Mexiko zu ziehen, um mich dort anzusiedeln. Neu gestärkt entstieg ich endlich der blauen Flut und legte mich hin. Jetzt war ich richtig müde geworden.

Das Seebad ist mir übrigens noch nie gut bekommen und am nächsten Tag fühlte ich mich auch etwas unwohl. Schon in New Orleans war ich in der letzten Zeit nicht ganz in Ordnung, wollte aber keine Medizin nehmen. Jetzt aber löste ich vorsichtshalber in einem Glas Madeira Brechweinstein auf und trank ihn. Ich nahm eine etwas zu starke Dosis, die gewaltig wirkte, aber ich fühlte mich danach etwas besser.

Am 28. und 29. Juli fingen wir zwei Haie, die ziemlich gutes Fleisch hatten und gegessen wurden. Ich konnte nur wenig genießen, wurde richtig krank, bekam Fieber und furchtbare Stiche in der Brust. Dann konnte ich mich ohne Schmerzen nicht mehr bewegen. Es war beunruhigend, dass sich noch fünf Matrosen hinlegten und ihre Krankheit ganz merkwürdig verlief.

Ich lag abends da und hatte mich vor den Mondstrahlen geschützt, die in diesem südlichen Klima gefährlicher als die Sonnenstrahlen sein sollen. Da hörte ich, wie sich der Steuermann mit einem ebenfalls kränklichen Amerikaner unterhielt. Dabei meinte er ganz freundlich, dass wir wohl fünf Mann in Segeltuch über Bord geben würden, noch bevor wir den Golf verlassen hatten. Da hörte für mich der Spaß auf. Ich war doch nicht allen Mühseligkeiten und Gefahren des Landes entgangen, um auf der Heimfahrt wie ein kranker Hund zu verenden. Ich beschloss deshalb nach dem Grundsatz: »Was man will, kann man«, wieder gesund zu werden.

Zusammen mit Herrn Beuk hatte ich in New Orleans mehrere Likörsorten gekauft. Jetzt ließ ich mir von ihm einen tüchtigen Arrak reichen. Ich glaubte, glühende Lava strömte durch meine Adern. Dann schüttete er mir etwas auf Brust und Schulter und rieb es tüchtig ein. Ermattet schlief ich in wenigen Minuten ein und am nächsten Morgen fühlte ich mich besser und leichter.

Am 2. August konnte ich wieder umhergehen, wenn auch noch etwas matt. Aber ich fühlte mich bedeutend wohler.

Am Nachmittag des Tages entdeckten wir im Osten die erste Wasserhose, die sich wie ein dünner schwarzer Streifen aus den Wolken ins Wasser zog. Sie war jedoch weit entfernt und wir konnten sie bald nicht mehr erkennen.

Unsere Matrosen wurden jetzt aber bedenklich krank. Da kein Arzt an Bord war und wir nur eine Medizinkiste hatten, mit deren Inhalt kein Mensch umgehen konnte, gab es nur wenig Hoffnung für die armen Teufel. Es gab keinen Zweifel, dass sie von New Orleans das Gelbe Fieber an Bord gebracht hatten.

Am Abend starb einer von ihnen. Als er in den letzten Zügen lag, bekam er einen Blutsturz aus Mund und Nase. Es sah fürchterlich aus. Um drei viertel neun starb er und um zwölf wurde er ohne weitere Zeremonie in Segeltuch eingenäht und über Bord geworfen. Er begann bereits zu verwesen.

Am 4. August fuhren wir an der »Pan of Matanza« vorbei. Weil wir am Abend aber zu nahe an die Küste kamen und keinen günstigen Wind hatten, mussten wir wieder lavieren und steuerten dem Festland von Florida zu.

Am 6. August war wieder Windstille und die Hitze fast unerträglich. Gegen elf Uhr starb der zweite Matrose und wurde noch vor Tagesanbruch über Bord geworfen.

Am 7. August dieselbe Hitze und derselbe schlechte, schwache Wind wie gestern. Auf dem Verdeck lag der Kajütensteward schwer krank, vorn am Bugspriet noch zwei andere Matrosen, ein Italiener und ein Franzose.

Ich hatte mich wieder ziemlich erholt und war nur noch etwas schwach, aber außer Gefahr. Aber wir waren alle niedergeschlagen und missmutig. Die beiden Sterbefälle und die andauernde Krankheit machten keinen günstigen Eindruck auf uns.

Gegen Abend wurde der arme Teufel kränker und bekam blaue Flecken am Körper. Der Kapitän ließ ihm ein Fußbad mit Senf und Wasser machen. Er schrie fürchterlich, als zwei Matrosen seine Füße hineinhielten. Um acht Uhr begann er zu phantasieren und redete von seiner Heimat und seiner Mutter. Dann wurde seine Zunge schwer und er röchelte, halb neun kam das sichere Todeszeichen: Blut aus Mund und Nase. Noch einmal streckte er sich und war nicht mehr.

Um zehn Uhr mussten ihn seine Kameraden, in seine Decke genäht, über Bord werfen, weil wir nach kaum anderthalb Stunden den Geruch nicht ertragen konnten.

Leise hoben sie ihn auf das Schiffsgeländer, sprachen

ein kurzes Gebet und der dumpfe Fall des Körpers in die Flut sprach schaurig das Amen dazu.

Wir hatten keine Steine und Gewichte, um die Füße des Toten zu beschweren. Vom leichten Wellenschlag gehoben, trieb der Körper auf den schaukelnden Wogen. Es sah fast aus, als schwimme er und bemühe sich das Schiff wieder zu erreichen, um nicht in der schauerlichen Wasserwüste zurückgelassen zu werden.

Der Mond beschien hell die flimmernden Wellen und in dem breiten Licht- und Glutstreifen, den er auf dem Wasser zog, sahen wir noch lange die dunkle Leiche mit den Wogen steigen und fallen.

Schweigend schauten wir alle dem Armen nach und hatten wohl genug Ursache ängstlich zu sein. Niemand wusste, ob er nicht der Nächste war. Nach dem Verlust von zwei Matrosen wären wir gezwungen gewesen wieder in einen amerikanischen Hafen zu laufen, denn wir waren schon mit zu wenig Leuten aus New Orleans losgesegelt. Sechs deutsche Matrosen waren dort entlaufen und einer gestorben. Dafür konnte unser Kapitän nur zwei Amerikaner, einen Franzosen und einen Italiener bekommen.

Gegen elf Uhr drehte sich der Wind nach Westen und blies scharf und kühl. Die Segel blähten sich und das Schiff neigte und hob sich. Am nächsten Morgen ließen wir das Land weiter hinter uns und liefen am 9. August in den Atlantischen Ozean ein. Die Kranken erholten sich und am 14. August war alles gesund und arbeitsfähig.

Das Schiff schoss jetzt mit gutem Wind lustig vorwärts. Als wir den Golfstrom verließen, in dem immer Gewitter herrschen, hatten wir das schönste Wetter der Welt. Dazu kam ein scharfer Südwestwind und wir waren bald guter Dinge.

Morgens vertrieben wir uns die Zeit mit einem Buch oder einer Partie Schach, nachmittags regelmäßig »Whist mit dem Blinden«. Neben Kapitän Exter waren Beuk und ich immer dabei. So verflog die Zeit wirklich schnell. Gab es einmal eine Pause in der Unterhaltung, verprügelte die

Amerikanerin ihren Mann und warf ihm dann irgendein Haushaltsstück an den Kopf. Oder der Amerikaner wurde vom vielen Trinken halb verrückt und redete viel Unsinn. So unterhielten wir uns prächtig bis zur Einfahrt in den Kanal Anfang September.

Hier kam ein europäisches Küstenfahrzeug, ein kleiner Kutter, heran und verkaufte uns Kartoffeln und frische Fische. Sie waren nicht schlecht nach so langer Zeit mit gesalzenem Essen. Dichter Nebel umhüllte jedoch das Ufer. Erst bei Dunkelwerden erkannten wir zuerst an der Küste von England, später an der Küste der Normandie die Leuchtfeuer.

Es war wieder ein nebliger, feuchter Tag gewesen, an dem wir mit ungünstigem Wind ständig lavieren mussten. Da erhob sich gegen Abend ein frischer Westwind, jagte die dicken Nebel vor sich her und ausgebreitet im Glutlicht der Sonne lag die englische Kreideküste vor uns. Tausende von Fahrzeugen schaukelten davor – wir erblickten das Land und waren begeistert von dem wundervollen Schauspiel.

Das Meer war nur leise bewegt. Wie weiße Schwäne schossen Unmassen von kleinen, leichten Fischerkähnen hin und her. Darüber hinaus ragte Albion, die weißen Küsten vom rosenroten Schimmer der Abendröte übergossen.

Ich stieg hinauf in den Mastkorb, um ungestört zu sein. Dort hing ich und überschaute das alte, liebe, so lang ersehnte Europa, das mit seinem freundlichsten Lächeln den armen, seemüden Wanderer begrüßte. Erst als tiefe Nacht alles überschattet hatte, stieg ich wieder auf das Deck hinunter.

In der Nacht erlebten wir ein kleines Intermezzo. Das Wetter war wundervoll. Ich lag auf dem Deck und schlief. Der Steuermann hatte Wache, als ich plötzlich durch wildes Geschrei und Stampfen geweckt wurde. Erschrocken sprang ich auf, denn das Schiff lag ganz auf der Seite. Eine Böe heulte durch Masten und Takelwerk und vorn am Bug prasselte und brach es, dass ich glaubte, die Masten schlügen uns über dem Kopf zusammen.

Eine Art Wirbelwind musste uns erfasst haben, der den Klüverbaum dicht am Bugspriet abbrach und nach Starbord hinüberwarf. Die Oberbramstenge bog sich wie eine Rute und knickte ein, das Schiff legte sich auf die Seite. Glücklicherweise dauerte das nur wenige Minuten und der Schaden wurde am nächsten Morgen wieder ausgebessert.

Um zwölf Uhr drehte sich der Wind und am nächsten Tag begann erneut das Lavieren. Aber heute war der Tag klar und wir konnten die Küste deutlich erkennen. An Brighton kamen wir so nahe vorbei, dass wir die Menschen in den Straßen beobachten konnten. Die Badewagen der Stadt standen in langer Reihe ausgefahren am Ufer.

An Dover fuhren wir ebenfalls dicht vorbei und schnitten dann hinüber nach Calais, das wir ziemlich gut zu sehen bekamen. Dann verließen wir die Nähe des Landes und liefen in die Nordsee ein.

Am 17. September kam endlich der Lotse an Bord und mit ihm neue Hoffnung. Am 18. warfen wir in der Wesermündung Anker und mussten aufgrund des ungünstigen Windes die Flut abwarten und dann jeden Fußbreit hinauflavieren.

Erst am 19. September erreichten wir abends Bremerhaven. Etwa eine Viertelstunde von der Einfahrt entfernt warfen wir bei eintretender Ebbe erneut Anker. Hier erklärte uns der Lotse zu unserem Entsetzen, dass wir wegen der Sterbefälle in Quarantäne kämen. Erst nach einer Untersuchung an Bord durften wir das Schiff verlassen. Das war ein trauriges Ende unserer schönen Hoffnungen bald festes Land zu betreten. Ärgerlich und missmutig sah ich den grünen Lappen, die Pestflagge, am Fockmast gehisst.

Am nächsten Morgen rückten wir bis unter die Kanonen des hannoverschen Forts, das dicht neben Bremerhaven errichtet ist. Eine kleine Schaluppe mit wehender grüner Flagge, die das Bremer und hannoversche Wappen vereinigte, kam herüber. Die Bootsleute hielten es mit Stangen fest und verbaten sich wegen der Ansteckung alle Stricke vom Schiff. Im Boot saßen zwei äußerst sorgfältig eingewickelte Gestalten, von denen eine der Herr Doktor war. Der ließ uns alle über Bord schauen, damit er unsere Gesichter beobachten konnte, ob er nichts Verdächtiges fand. Dann wurden wir verlesen, ob wir alle da wären. Darauf erkundigte er sich sehr sorgfältig nach den genaueren Umständen der Sterbefälle.

Nachdem er alles erfahren hatte, machte er sein Buch zu und bemerkte ganz ruhig, dass er es nach Bremen berichten wolle und wir wohl in ein paar Tagen Nachricht erhielten.

Das war ein schöner Trost und wir behielten kaum genug Zeit den Bootsleuten zuzurufen, was sie uns an Bord bringen sollten: frisches Fleisch, Brot, Butter, Kartoffeln, Kohl usw. Ein gutes Zeichen, dass wir Pestkranke waren. Ohne sich weiter aufzuhalten segelte das kleine Boot mit der verwünscht langweiligen grünen Flagge wieder ab und war bald im Hafen verschwunden.

Die Amerikanerin, einzige Frau an Bord, hatte in der Zwischenzeit manchen Kampf mit ihrem Mann ausgestanden. Aber er ertrug alles in einer mir unerklärlichen Geduld. Sie schlug ihn, sie biss ihn, sie versteckte die Sachen, die er brauchte oder warf sie über Bord. Dabei benahm sie sich auf eine Art, die ihr von jedem anderen eine rohe Behandlung eingebracht hätte, aber der Ehemann ließ alles ruhig über sich ergehen. »Was soll ich machen?«, war seine Entgegnung auf jeden Rat. Jeder der Schiffsmannschaft wünschte, dass die Frau ihren Lohn für ihr nichtswürdiges Betragen erhielt. »Was will ich denn machen, ich kann sie doch nicht schlagen?«

Seine liebe Ehehälfte hatte aber einmal zufälligerweise das Wort schlagen gehört und verstanden, obwohl sie kein Deutsch sprach. Wie eine Furie sprang sie auf ihren ganz verdutzten Mann los und hielt ihm die Faust unter die Nase. Dabei erklärte sie ihm mit unzweideutigen Worten, dass sie ihm ein Messer in die Rippen rammen würde, falls er sie anfasse.

Wir schüchterten sie übrigens etwas ein, denn Beuk erzählte ihr, dass ihr Mann in Deutschland das Recht habe sie an den Nächsten zu verkaufen, was ich auch bekräftigte. Sie wurde stutzig und als wir in Quarantäne lagen, wurde sie ganz ruhig. Das Herz mochte ihr wohl etwas pochen, wenn sie das fremde Leben und Treiben sah und fühlte, dass sie ohne ihren Mann allein und hilflos war. So vergingen zehn Tage, in denen wir nur ab und zu die Schaluppe sahen, die uns entweder Proviant brachte oder unsere Briefe abholte. Die wurden allerdings nicht frei abgenommen, sondern mit einer grün lackierten Zange angefasst und in einen grün lackierten Blechkasten mit grün lackiertem Vorhängeschloss getan. Alles war grün, die Ruder, die Bänke, das Boot, die Segelstangen, die Haken – ganz Bremerhaven sah grün lackiert aus.

Endlich setzte sich Beuk hin und schrieb eine Art Gesuch an den Amtmann in Bremerhaven. Er bat wenigstens uns Passagiere freizugeben, da wir mit der Ladung nichts zu tun hatten. Wider Erwarten fiel die Antwort günstig aus. Schon am nächsten Morgen legte sich ein Bremer Kahn oder Eberführer seligen Andenkens längsseits. Der Befehl lautete, dass die Passagiere mit ihren Sachen erst privat geräuchert werden sollten. Es war bitterer Ernst.

Unsere Kisten und Koffer wurden in den Kahn gebracht, ausgepackt und ausgebreitet, dann alles fest verschlossen, damit der Rauch nicht herauskonnte. Dann stellte man ein schwarzes Pulver hin, das wie Schießpulver aussah, und schüttete eine Flüssigkeit hinein. Sofort wurde alles in einen fürchterlichen Rauch eingehüllt.

Als alles durchgeräuchert war, mussten wir selbst hinunter und uns etwa eine Viertelstunde in dem fürchterlichen Qualm herumtreiben, der einem noch nach drei Tagen in der Lunge steckte.

Endlich war auch das überstanden. Wir packten unsere Sachen ein und bereiteten uns nun vor nach langer, langer Abwesenheit wieder deutschen Grund und Boden zu betreten.

An diesem Tag kam auch erst der Bescheid von dem Bremen-Hannoverschen Gericht, dass das Schiff und die Ladung, die aus Tabak bestand, gründlich ausgeräuchert werden sollte. Die geladene Baumwolle sollte ans Ufer geschafft und getrennt gereinigt und gelüftet werden.

Da diese Arbeit noch einige Tage dauern würde, waren wir froh schon früher erlöst zu sein. Wir winkten unseren letzten Abschiedsgruß Kapitän Exter zu, dessen liebevolles Verhalten ich nicht genug rühmen kann. Dann begaben wir uns unter die grüne Flagge, die jetzt keine Pestflagge mehr war, sondern ein freudiger Hoffnungsbote. Mit leichtem, frohem Herzen ruderten wir der lieben deutschen Muttererde wieder zu.

Editorische Notiz

Die Grundlage für dieses erste Werk aus der Feder Friedrich Gerstäckers (1816–1872) bildeten seine Tagebücher. Der stets heimwehkranke, unruhige Weltenbummler begann bereits an Bord des Auswandererschiffes mit der Niederschrift seiner Erlebnisse. Auch in späteren Jahren verfasste er ähnliche Berichte, dann allerdings nur noch in Briefform für seine Frau, seine Mutter und auch an die Schwester. Da er alle weiteren Reisen so einrichtete, dass seine Familie finanziell durch vorher fertig gestellte Werke abgesichert war, schrieb er unterwegs Skizzen und Erzählungen und schickte sie direkt an die verschiedenen Zeitschriften. Zur späteren Kontrolle diente ihm eine Durchschrift in so genannten Copy Books, von denen einige glücklicherweise erhalten blieben und so einen interessanten Einblick in die Arbeitsweise des Reiseschriftstellers vermitteln.

Gerstäcker war sich der Schwächen seines Erstlingswerkes wohl bewusst. Spätere Ausgaben wurden von ihm umgearbeitet. So enthält z.B. die Ausgabe innerhalb der *Gesammelten Schriften* im Costenoble-Verlag (1872–1879) Änderungen. Damit wird aber auch einwandfrei belegt, dass diese Werkausgabe als Ausgabe letzter Hand gelten muss, denn ein Bearbeiter hätte wohl streichen, aber nicht Erlebnisse Gerstäckers hinzufügen können, wie es hier geschah. Die vorliegende Buchausgabe folgt deshalb dieser letzten Ausgabe.

Bei der Bearbeitung wurde versucht Gerstäckers Reisebericht behutsam zu kürzen, wo er zu weitschweifig war, ohne seinen Text zu verstümmeln. Darüber hinaus waren geringfügige Anpassungen an den heutigen Sprachgebrauch erforderlich, die in ähnlicher Weise vorgenommen wurden wie bei der vor Jahren erschienenen sechsbändigen Gerstäcker-Ausgabe des Union-Verlages.

Weiterführende Literatur

Empfehlungen für Leser, die mehr über
Friedrich Gerstäcker wissen wollen

Thomas Ostwald: Friedrich Gerstäcker – Leben und Werk, Braunschweig ³1989.

> *Die grundlegende Gerstäcker-Biografie. Für Einsteiger und Kenner gleichermaßen geeignet.*

Mitteilungen der Friedrich-Gerstäcker-Gesellschaft, Braunschweig 1979 ff.

> *Erscheinen unregelmäßig mit Informationen über Leben und Werk sowie Ausstellungen und die Arbeit der Gesellschaft.*

Friedrich Gerstäcker: Die Flucht über die Kordilleren/ John Wells, Stuttgart (Reclam) 1979.

> *Gut lesbare Kurzgeschichten als Einstieg in Gerstäckers Werk. Ansonsten sind zurzeit leider nur wenige Veröffentlichungen Friedrich Gerstäckers im Buchhandel erhältlich, wobei es sich zumeist um bearbeitete, gekürzte Ausgaben handelt.*

Friedrich Gerstäcker: Frühe Veröffentlichungen in Zeitschriften, Braunschweig 1991 ff.

> *Eine Reihe mit Zeitschriftennachdrucken der Erstveröffentlichungen Friedrich Gerstäckers.*

Friedrich Gerstäcker: Werke, Braunschweig 1980 ff.

Eine Sammleredition mit Nachdrucken der ersten Buchausgaben. Diese sind wie auch die Zeitschriftennachdrucke und die Mitteilungen der Gerstäcker-Gesellschaft *über die Gerstäcker-Gesellschaft, Geschäftsstelle Am Uhlenbusch 17, 38108 Braunschweig, zu beziehen.*

Neubearbeitungen von Romanen Friedrich Gerstäckers durch Wolfgang Bittner und Thomas Ostwald sind nur noch im Antiquariatshandel erhältlich. Erschienen sind im Union-Verlag: *Die Flusspiraten des Mississippi, Die Regulatoren in Arkansas, Im Busch, Unter dem Äquator, Gold* und *Tahiti.*

Die Deutsche Bibliothek – CIP-Einheitsaufnahme
Ein Titeldatensatz für diese Publikation ist bei
Der Deutschen Bibliothek erhältlich.

Friedrich Gerstäcker
Streifzüge durch Amerika
ISBN 3 522 60032 0

Umschlaggestaltung und Vorsatzkarte: Roman Lang, Stuttgart
Umschlagtypografie: Michael Kimmerle, Stuttgart
Reproduktion: Die Repro, Tamm
Schrift: Fairfield
Satz: KCS GmbH, Buchholz/Hamburg
Druck und Bindung: Friedrich Pustet, Regensburg
© 2000 by Edition Erdmann in
K. Thienemanns Verlag Stuttgart – Wien
Alle Rechte vorbehalten. Printed in Germany.
5 4 3 2 1* 00 01 02 03

Das Leben des „weißen" Indianers

John Tanner
Dreißig Jahre unter den Indianern Nordamerikas
1789-1822
320 Seiten mit Illustrationen und Karten
Leinen mit Büttenumschlag, ISBN 3 522 61280 9

Nachdem der neunjährige John Tanner von zwei Indianern aus dem Stamm der Ottawa geraubt wurde, führt dieser über dreißig Jahre lang das Leben eines „weißen" Indianers. John Tanners autobiographischer Bericht ist eines der wenigen authentischen Zeugnisse über die Kultur der amerikanischen Ureinwohner zu Beginn des 19. Jahrhunderts – der Bericht eines Mannes, der nicht nur dreißig Jahre unter den Indianern lebte, sondern selbst zu einem geworden war.

EDITION ERDMANN

Ein Klassiker der Indianerliteratur

George Catlin
Die Indianer Nordamerikas
Abenteuer und Schicksale 1832-1840
336 Seiten mit Illustrationen und Karten
Leinen mit Büttenumschlag, ISBN 3 522 61220 5

George Catlins Reise führte ihn zu insgesamt 48 Stämmen, darunter die Schwarzfußindianer, Assinniboins und Sioux. Sein Bericht und die Gemälde über den Aufenthalt bei den nordamerikanischen Indianern der Prärien und Plains (1832-1840) gehören zu den Klassikern und Standardwerken der Indianerliteratur. Dank der Fülle an Informationen in Catlins spannender und detailgetreuer Darstellung wissen wir heute, wer die Indianer waren und wie sie lebten.

EDITION ERDMANN

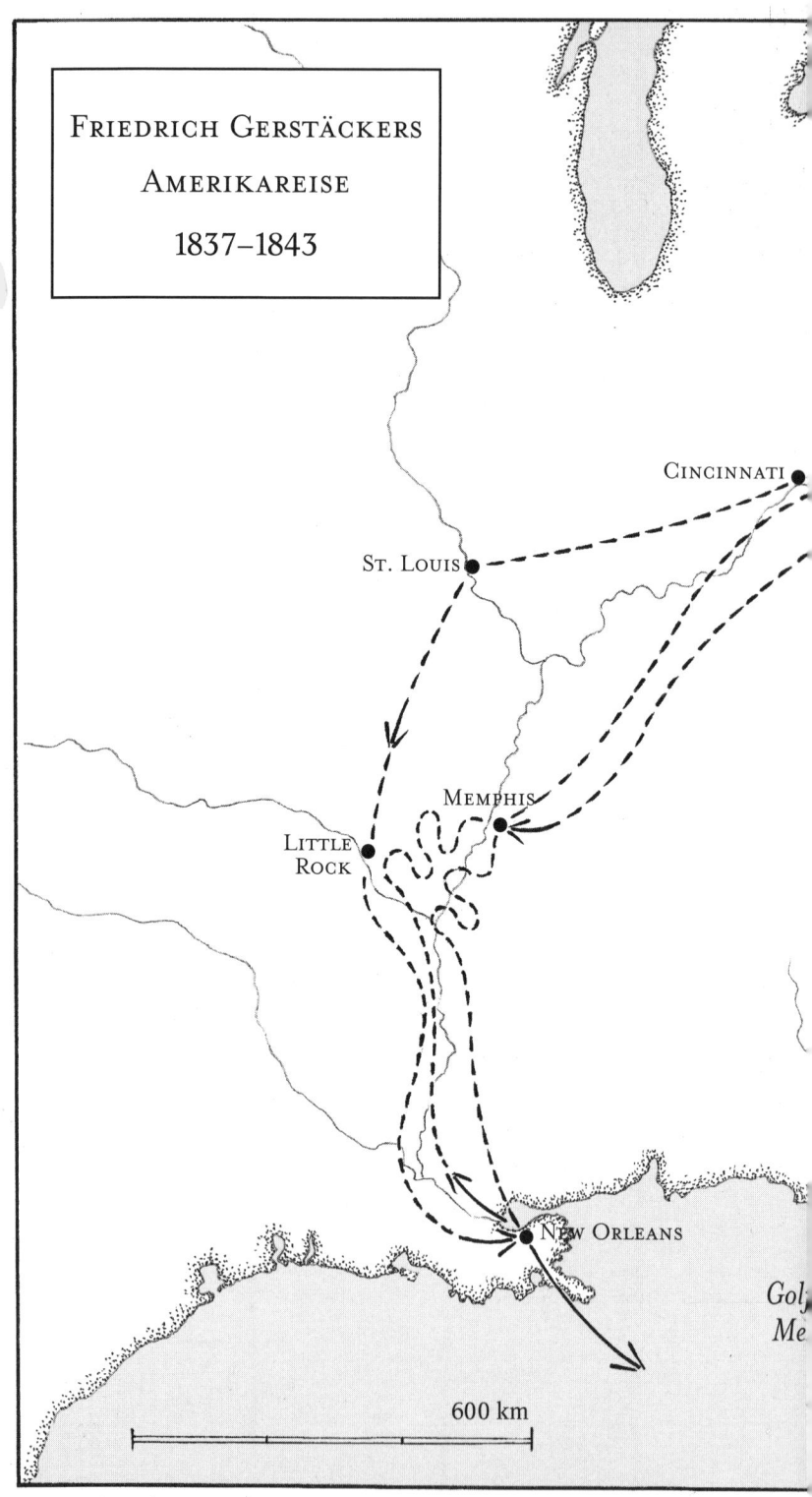

FRIEDRICH GERSTÄCKERS

AMERIKAREISE

1837–1843

CINCINNATI

ST. LOUIS

MEMPHIS

LITTLE
ROCK

NEW ORLEANS

Gol,
Me

600 km